Heinrich Bredemeier

SCHLACHTSCHIFF
»SCHARNHORST«

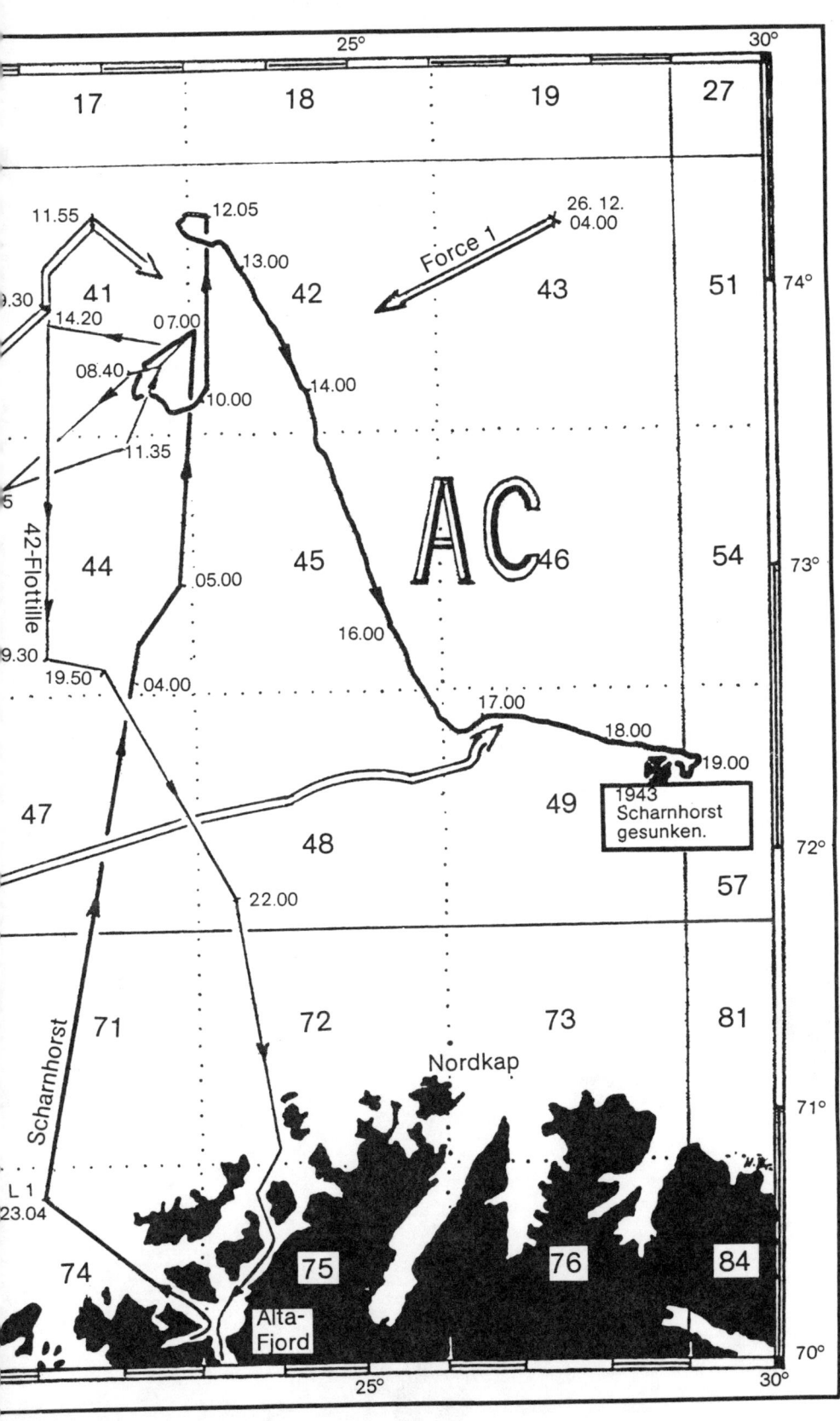

Heinrich Bredemeier

SCHLACHT-SCHIFF SCHARNHORST

Koehlers Verlagsgesellschaft mbH
Hamburg

Die Deutsche Bibliothek - CIP-Einheitsaufnahme

Bredemeier, Heinrich
Schlachtschiff Scharnhorst / Heinrich Bredemeier. Unter
Mitarb. von Kurt Caesar Hoffmann und Helmut Giessler.
- 5. Aufl. - Hamburg : Koehler, 2000
ISBN 3-7822-0592-8

ISBN 3 7822 0592 8
© Copyright 1962 by Koehlers Verlagsgesellschaft mbH, Herford
5. Auflage, 2000 (5)
Alle Rechte, insbesondere das der Übersetzung, ausdrücklich vorbehalten
Umschlaggestaltung: Martina Billerbeck, Bielefeld,
unter Verwendung eines Fotos
aus dem Archiv der Marine-Offizier-Vereinigung, Bonn
Gesamtherstellung: Offizin Andersen Nexö Leipzig
Printed in Germany

ZUM GELEIT

Mit Dank an Verfasser und Verlag für die Herausgabe eines Buches, das die Geschichte des „Schlachtschiff Scharnhorst" und ein ungeschminktes Bild des Geistes seiner Besatzung vermittelt, folge ich als Kommandant des Schiffes in den ersten Kriegsjahren gern der an mich gerichteten Bitte, ihm ein Geleitwort vorauszuschicken.

Anschaulich schildert Heinrich Bredemeier in seinem Buch die leitenden Gedanken für Planung und Bau des Schiffes, das Zusammenwachsen der großen Besatzung, das Leben an Bord und das sich durch Bewährung im Kriegseinsatz festigende gegenseitige Vertrauen zwischen Schiffsführung und Besatzung. Seine Darstellung der kriegerischen Ereignisse beruht auf eigenen Tagebucheintragungen, die er unmittelbar danach zu Papier gebracht hat. So wirkt sie besonders lebendig und kann dokumentarischen Wert beanspruchen.

Das „Schlachtschiff Scharnhorst" hat sich, ebenso wie sein Namensvorgänger, das Flaggschiff des Grafen Spee, durch seine kriegerische Tätigkeit auf kühnen Operationen über See einen Namen in aller Welt gemacht. Nach den Worten von Roskill, dem englischen Seekriegshistoriker, hat das Schiff den Briten von den ersten Kriegstagen an schwere Sorgen bereitet. Durch ihre gemeinsam mit dem Schwesterschiff „Gneisenau" durchgeführten Angriffsoperationen hat „Scharnhorst" den Gegner zu einer bei seinen vielseitigen Aufgaben äußerst schwierig zu bewältigenden Anspannung seiner schweren Streitkräfte gezwungen. Die Briten haben keine Anstrengungen gescheut und mit verschiedensten Mitteln versucht, diese ihnen sehr lästigen Gegner, „the ugly sisters", wie sie bei der Royal Air Force hießen, auszuschalten. „Scharnhorst" jedoch konnte ihre die Seewege bedrohende Tätigkeit jahrelang ausüben, weil sie bei den vielen Luftangriffen auf sie von ernsten Treffern verschont blieb und bei ihren Operationen eine die überlegene gegnerische Stärke in Rechnung stellende Taktik beachtet hatte. Schließlich aber ist das Schiff der zahlenmäßigen Überlegenheit, besserer Radartechnik und der Führungskunst des Gegners erlegen.

Die beispielhafte Haltung der Besatzung im Endkampf und bei Untergang des Schiffes kann nicht überzeugender zum Ausdruck gebracht werden als durch die ritterlichen Worte des britischen Flottenchefs, Admiral Sir Bruce Fraser, die er am Tage nach der Schlacht an die Offiziere seines Flaggschiffs gerichtet hat und deren Wortlaut in diesem Buch zu finden ist.

In dankbarer Ehrfurcht gedenken wir Überlebenden der gefallenen Kameraden unseres stolzen Schiffes.

Kurt Caesar Hoffmann
Vizeadmiral a. D.

VORWORT ZUR DRITTEN UND VIERTEN AUFLAGE

Nachdem die Engländer das Geheimnis der Entschlüsselung der deutschen Funksprüche bekanntgegeben haben, erscheint es nötig, für die 3. Auflage des Scharnhorst-Buches ein Kapitel anzuhängen, in dem auf Grund des Aufsatzes von Patrick Beesly und Jürgen Rohwer in (Heft 10) der Oktober-Ausgabe der Marine-Rundschau „Special Intelligence" und die Vernichtung der „Scharnhorst" diese Frage behandelt wird.

Die Bearbeitung hat Kapt. z.S. a.D. Helmuth Gießler übernommen. Der Schriftleitung der Marine-Rundschau wird sehr herzlich gedankt, daß sie es gestattet hat, dieses Material zu benutzen.

Die vierte Auflage wurde unverändert übernommen.

Herford, im Februar 1994

Der Verlag

VORWORT ZUR ZWEITEN AUFLAGE

Im Dezember 1971 verstarb Heinrich Bredemeier. Noch zu seinen Lebzeiten hatte er unter Mitarbeit der Vizeadmirale a.D. K.C. Hoffmann und F. Hüffmeier (†) sowie des Kapitäns zur See a.D. Helmuth Gießler sein Buch für eine Neuauflage überarbeitet und wesentlich erweitert.

Nach dem Studium weiterer britischer und deutscher Quellen wurde nach seinem Tode eine nochmalige Überarbeitung des Kapitels „Die letzte Fahrt" erforderlich, die Vizedamiral a.D. K.C. Hoffmann besorgte.

Herford, im Juli 1975

Der Verlag

Den gefallenen Kameraden

SCHIFFSSTAMM SCHARNHORST

Der „Herbststellenwechsel", diese alljährlich von den Betroffenen immer wieder mit recht unterschiedlichen Gefühlen erwartete große Umkommandierung, bescherte mir im Jahre 1938 eine Kommandierung zum Schiffsstamm des Schlachtschiffes „Scharnhorst". Ich kann nicht sagen, daß mich diese Kommandierung glücklich machte: Wie man so hörte, sollte dieses neue Schiff so wie sein kurz zuvor in Dienst gestelltes Schwesterschiff „Gneisenau" eine Besatzung von fünfzehnhundert Mann erhalten. Ja, man sprach sogar von weit mehr. Das Offizierskorps allein sollte schon ungefähr sechzig Köpfe umfassen. Und dann auch die phantastischen Ausmaße dieses Schiffes! Ich hatte zwei Jahre zuvor noch in Wilhelmshaven das riesenhaft anmutende Vorschiff von der Helling weit über die Werftmauer hinwegragen sehen, ohne allerdings im entferntesten zu ahnen, daß ich auch einmal zur Besatzung dieses Riesen zählen würde. Meine freundlichen Kameraden gossen nun überflüssigerweise auch noch Öl ins Feuer mit ihrer Meinung, daß das Bewegen eines solchen „Kasernenschiffes" ja wohl nicht mehr als Seefahrt bezeichnet werden könnte und daß es mit der Kameradschaft auf einem so Dicken auch bestimmt nicht weit her sei. Kein Wunder, daß ich recht trübsinnig aus dem Abteilfenster und in die Zukunft schaute, als ich endlich nach herzlicher Verabschiedung von den Kameraden und ihren Frauen mit Familie im „Rasenden Samländer" saß. Zwei herrliche Jahre bei der V. MAA[1]), eine wundervolle Kameradschaft, das schöne Ostpreußen, das kleinstädtisch-familiäre Klima Pillaus, mit der Ilskefalle, dem alten Leuchtturm, der ehr-

---

[1]) = V. Marine-Artillerie-Abteilung besetzte die Batterien der Seefestung Pillau.

würdigen Zitadelle, der Nehrung, dem Haff, und – und – – – alles das war nun wieder einmal vorbei. Schnaufend setzte sich der „Expreß" in Bewegung. Draußen fand das übliche Abschiedszeremoniell seinen Abschluß:

Musikmeister Koenig veranlaßte das obligate „Muß i denn, muß i denn –", die vollzählig vertretenen Kameraden und ihre Frauen winkten mit allen zur Verfügung stehenden Tüchern und riefen nochmals ihre guten Wünsche hinterher.

Da Kiel als Heimathafen für die Scharnhorst bestimmt war, siedelte meine Familie nach dort über, während ich mich beim Schiffsstamm in Wilhelmshaven meldete. Der Stamm war in der Jachmann-Kaserne untergebracht, die man ihres Volumens wegen in der Marine auch gern als Tausendmann-Kaserne bezeichnete.

Von den verschiedensten Kommandos strömten die Soldaten aller Dienstgrade zusammen. Teils kamen sie so wie ich als Einzelfahrer von Land- oder Bordkommandos, Schulen, Ausbildungsabteilungen, Schiffen oder Booten, teils kamen sie aber auch in größeren Transporten von den Schiffsstamm-Abteilungen. Dies war vor allem bei den jüngeren Mannschaften der Fall, sie hatten meist ihre Rekrutenausbildung eben hinter sich. Das Zusammenfügen einer so großen Besatzung aus einer Unzahl von Einzelteilen, die sich gegenseitig nicht kannten, hatte natürlich ganz empfindliche Nachteile gegenüber dem Idealfall, der Übernahme eines neuen Schiffes durch die Besatzung eines anderen, zu diesem Zwecke außerdienstgestellten, Schiffes. Während man im letzteren Falle unverzüglich und ungeteilt daran gehen kann, die Besatzung in die neuen Verhältnisse einzuführen, muß sie im Falle einer Neubildung – vor allem auf einem Kriegsschiff – zunächst eine gewisse Verschmelzung erfahren. Nicht nur die Vorgesetzten müssen erst ihre Männer, die Vorgesetzten und Männer müssen sich auch untereinander kennenlernen, ehe sie sich in der Weitläufigkeit des Schiffes und des Borddienstes verlieren.

Lange vor der Aufstellung des Schiffsstammes war schon die „Baubelehrung Scharnhorst" gebildet worden, eine Gruppe von Spezialisten, meist Technikern aller Laufbahnen und Dienstgrade, die mit fortschreitender Bautätigkeit ständig größer wurde. Von den Uranfängen an lernten diese Leute der „Baubelehrung" den komplizierten Aufbau ihrer Maschinen- und Kesselanlagen, der Schiff-

10

sicherungseinrichtungen, der Artillerie- und der Funkanlagen usw. usw. kennen, um sie später zu beherrschen. Bei der Aufstellung des Schiffsstammes wurde die „Baubelehrung" personell eingegliedert. Ihre Aufgaben an Bord erfuhren dadurch jedoch keine Änderung.

Bei meiner Meldung beim Führer des Schiffsstammes Korv.Kpt. Kähler, unserem späteren II. AO*, erfuhr ich, daß ich die I. seemännische Division übernehmen sollte. Die II., III. und IV. Division waren gleichfalls seemännische Divisionen. In der V. Division waren die Funktionäre, in der VI. die Artilleriemechaniker und Feuerwerker vereinigt. Die VII.—X. Division umfaßten das technische Personal, und in der XI. Division war das Nachrichtenpersonal (Funker, Signalgasten, Fernschreiber) zusammengefaßt.

Die seemännischen Divisionen hatten an Bord vor allem die Schiffsführungsposten und die Waffen zu besetzen.

Bei Kriegsausbruch wurden die Fla-Mannschaften jedoch aus den seemännischen Divisionen herausgelöst und unter gleichzeitiger Verstärkung von außen zu den neuen XII. und XIII. Divisionen zusammengefaßt.

Die Divisionsstärken schwankten je nach ihren Aufgaben erheblich. Sie waren im Durchschnitt etwa 130—140 Mann stark. Der Divisionsoffizier hatte aber keine Disziplinarbefugnisse wie z. B. der Komp.Chef an Land. Diese hatte an Bord nur der I. Offizier bzw. der Kommandant.

Diese alte Regelung war im Interesse einer unter den engen Bordverhältnissen erforderlichen einheitlichen Steuerung der Disziplinarfragen zwar unerläßlich, sie stellte den I. Offizier aber auch vor eine schwere Aufgabe. Ganz abgesehen davon, daß der „Erste" auf einem so großen Schiff schon auf Grund seiner vielseitigen Aufgaben ein stark geplagter Mann war und er eine erhebliche Verantwortung für das Schiff selbst, die Ausbildung und das sonstige Zubehör des Bordlebens zu tragen hatte, forderte seine Stellung als Disziplinarvorgesetzter neben starken Nerven auch ein besonders hohes Maß an Erfahrungen, Menschenkenntnis und Fingerspitzengefühl. Man bedenke, achtzehnhundert Mann!

Sie waren aber Freiwillige, die mit Begeisterung ihren Dienst versahen. Es hieß nur, diesen aus allen Himmelsrichtungen zusammengewehten Einzelwesen eine einheitliche Marschrichtung zu geben.

---

* II. Artillerieoffizier

Wie im Fluge vergingen die Wochen. Unterricht, Bootsdienst, Ausmärsche, Formaldienst, Singen und Schießübungen folgten einander in bunter Reihenfolge. Kameradschaftsabende unterstützten die persönliche Kontaktnahme.

Der Kontakt unter den Divisionsoffizieren war lange Zeit recht dürftig. Ein feucht-fröhliches Ereignis besonderer Art, eine „Kohl-und Pinkel-Fahrt", die ein mit den Landessitten vertrauter Kamerad veranlaßte, änderte diese Lage dann aber schlagartig.

Im Unterricht wurden neben den üblichen dienstlichen Themen natürlich auch das Leben und Wirken des Generals Scharnhorst und die Geschichte des Panzerkreuzers „Scharnhorst" bis zu seinem Untergang als Flaggschiff des Admirals Graf Spee in der Schlacht bei den Falklandinseln behandelt. Die Tradition dieses großen Namens war für die Besatzung der neuen „Scharnhorst" eine besondere Verpflichtung.

Endlich war der große Tag da, an dem die Divisionen das Schiff erstmals betreten durften, um in kleinen Gruppen Schiffskunde zu betreiben. Zwar waren die wichtigsten Daten im Unterricht schon besprochen worden — d. h. so weit sie veröffentlicht werden durften —, die meisten waren aber doch sehr überrascht, ja betroffen, als sie dieses mächtige Schiff nun am Ausrüstungskai vor sich liegen sahen. Das war doch etwas anderes als die alten Linienschiffe! Die Größe dieses Schiffes verursachte bei der neuen Besatzung zunächst aber auch erhebliche Kopfschmerzen, bis sich alles so einigermaßen in den vielen und fast endlos erscheinenden Decks mit ihren über 20 wasserdichten Abteilungen und ihren zahllosen Räumlichkeiten, Kammern, Lasten, Gängen usw. zurechtfand. Dann mußten die Lagen der zahlreichen Feuerlöschanschlüsse, Niedergänge, Schotten und dergl. erkundet werden. Es war schon eine aufregende Sache, diese ersten Erkundungsvorstöße in die unerforschten Tiefen und Winkel des weiträumigen und fast menschenleeren Schiffes.

Daß unser großes Schiff statt einer sicherlich doch möglichen Armierung von 38-cm-Geschützen nur eine solche von 28-cm-Kaliber aufwies, wurde von einem großen Teil der Besatzung zunächst mit einiger Verwunderung aufgenommen. Schon rein äußerlich betrachtet wirkten die langen 28-cm-Rohre auf dem massigen Schiffskörper direkt zierlich. Auch der dicke Gürtelpanzer von 350 mm hätte entsprechend der alten Faustregel, nach der sich auf Schlachtschiffen üblicherweise die Stärke dieses Panzers und das Kaliber der schweren Artillerie ungefähr gleichen sollen, eigentlich eine Bestückung durch 38-cm-Geschütze erwarten lassen. Jedes Kriegsschiff ist letztlich aber das Produkt aus den vor seinem Bau angestellten strategischen, taktischen, politischen und technischen Überlegungen. Auch der Bauplan unseres Schiffes war ein Kompromiß zwischen all diesen Erwägungen, er wurde jedoch ganz besonders bestimmt durch unsere politische und militärische Lage in den dreißiger Jahren.

Der Versailler Vertrag von 1919 gestattete uns als Ersatzbauten für unsere völlig veralteten Linienschiffe (13 000 t – vier 28 cm) nur Schiffe bis zu 10 000 t mit einer Armierung bis zu höchstens 28 cm. Die etwa nach diesen Bestimmungen erbauten und in den Jahren 1933–36 in Dienst gestellten drei Panzerschiffe „Deutschland", „Admiral Scheer" und „Admiral Graf Spee" hatten an schwerer Artillerie zwei 28-cm-Drillingstürme und waren mit ihrer Geschwindigkeit von 28 kn (Dieselantrieb) und ihrer Fahrstrecke von etwa 20 000 sm (fast Erdumfang) die idealen Handelsstörer.

Die beiden folgenden Neubauten D und E, unsere späteren Schlachtschiffe „Scharnhorst" und „Gneisenau", sollten ursprünglich die gleiche Größe und Einrichtung erhalten. Hitler befürchtete, daß durch Verstöße gegen die Versailler Bestimmungen das in Aussicht stehende Flottenabkommen mit England scheitern könne. Die Forderung Admiral Raeders auf Verstärkung der Artillerie auf drei 28-cm-Drillingstürme und auf eine dadurch bedingte Erhöhung der Tonnage auf 26 000 t wurde deshalb von Hitler strikt abgelehnt. Er bewilligte schließlich nur eine Tonnageerhöhung auf etwa 19 000 t, um die dringend erforderliche Verstärkung der Panzerung zu ermöglichen. Auf Anordnung Hitlers mußte die Tonnageänderung aus den erwähnten Gründen jedoch streng geheim gehalten werden. Schließlich gelang es Admiral Raeder aber doch noch, Hitler von der Notwendigkeit zur Ausrüstung der Neubauten mit neun 28-cm-Geschützen zu überzeugen. Dies hatte natürlich eine Vergrößerung der Tonnage zur Folge.

Nach Abschluß des deutsch-britischen Flottenabkommens vom Juni 1935 — das uns im wesentlichen den Bau von 45 % der britischen U-Boots-Tonnage und 35 % aller übrigen Klassen ermöglichte — kündigte das Bauprogramm der Kriegsmarine die beiden Neubauten offiziell als „Panzerschiffe" mit einer Verdrängung von 26 000 t an. Die Anzahl der vorgesehenen schweren Geschütze wurde noch nicht erwähnt.

Das Flottenabkommen erlaubte uns nun zwar auch eine schwere Artillerie bis zu 40,6-cm-Kaliber. Die dadurch ermöglichte und von Hitler nun auch geforderte Armierung unserer Schlachtschiffe D und E mit 38-cm-Geschützen hätte infolge des damit erzielten höheren Geschoßgewichtes einer Vollsalve zweifellos auch eine Erhöhung der Kampfkraft ergeben. Diese Maßnahme hätte jedoch zwangsläufig eine weitere — aus außenpolitischen Gründen aber bedenkliche — Verzögerung des Baues zur Folge gehabt: Seit dem Ausgange des ersten Weltkrieges gab es auf unseren Schiffen keine 38-cm-Geschütztürme mehr. Sie mußten daher nun in zeitraubender Arbeit erst wieder neu entwickelt werden. Das Hin und Her der schiffbaulichen Erwägungen hatte schon bewirkt, daß die Baupläne bis zur Kiellegung wiederholt abgeändert werden mußten und daß der Bau sich dadurch bereits länger als ein Jahr verzögert hatte. Es wurde deshalb nunmehr beschlossen, die Schiffe aus Zeitersparnisgründen zunächst mit 28-cm-Drillingstürmen zu versehen, diese aber — sobald es die außenpolitische Lage zuließ — durch 38-cm-Doppeltürme zu ersetzen.

Auch die Antriebsanlage unseres Schiffes hatte ihre Besonderheiten.

Statt mit den auf Turbinenschiffen herkömmlichen Naßdampf-Anlagen waren „Scharnhorst" und „Gneisenau" mit Hochdruck-Heißdampf-Anlagen ausgestattet worden. Diese technische Neuerung war erst wenige Jahre hindurch auf den schnellen Flottenbegleitern und auf dem Aviso „Grille" erprobt worden, ehe sie nun auch auf unserem Schiff Verwendung fand. Aus Berichten der Geleitbootfahrer wußten wir aber, daß die Kinderkrankheiten der neuen Anlage noch keineswegs überwunden waren. Unsere Techniker sahen der Zukunft daher doch mit etwas gemischten Gefühlen entgegen. Wir alle konnten nur hoffen, daß sich die Störanfälligkeit unserer

Anlage in erträglichen Grenzen halten würde. Es kann aber berichtet werden, daß es unseren Technikern verhältnismäßig schnell gelang, der erwarteten allgemeinen Anfangsschwierigkeiten Herr zu werden. Ganz ohne Störungen hat die Anlage aber auch späterhin nie gearbeitet. Die Kompliziertheit ihrer Regelanlage, wie auch ihre Neigung zu Rohrreißern gaben immer wieder Anlaß dazu. Für unsere hervorragenden Spezialisten blieb sie ein Grund ständigen Kampfes gegen die Tücke des Objekts. Ohne sie wären unsere späteren weiträumigen Unternehmungen aber auch wohl nie durchführbar gewesen. Die drei Getriebe-Turbinen-Anlagen unseres Schiffes, die von insgesamt 12 Kesseln mit einem Druck von 63 atü max. gespeist wurden, erzielten eine Gesamtleistung von rund 160 000 PS. Eine Antriebsanlage mit einer so gigantischen Leistung war in Deutschland zuvor noch nicht gebaut worden. Der Verbrauch der neuen Anlage war geringer als der einer Naßdampf-Anlage. Infolge dieses Umstandes und der durch den gleichfalls geringeren Gewichts- und Raumbedarf der neuen Anlage ermöglichten größeren Bunker war der Aktionsradius des Schiffes mit einer Fahrstrecke von etwa 8000 sm relativ groß. Dieser hohe Grad an Bewegungsfreiheit und unsere sehr hohe Geschwindigkeit ließen unser Schiff deshalb für den Handelskrieg besonders geeignet erscheinen.

Die endgültige Form der beiden Schlachtschiffe „Scharnhorst" und „Gneisenau" war sehr stark nach den 1937 bzw. 1938 in Dienst gestellten französischen Schlachtschiffen „Dunkerque" und „Strasbourg" (8 – 33 cm/26 500 t) ausgerichtet. In der Artillerie waren die Schiffe etwa gleichwertig, in der Panzerung waren unsere Schiffe den Franzosen jedoch weit überlegen. Unsere „Antwort" auf die französischen Neubauten entsprach dem seestrategischen Denken in der Reichsmarine, die sich in ihrem Aufbauplan immer nur von der Möglichkeit einer französischen oder polnischen Gegnerschaft leiten ließ.

Die Gefahr einer solchen Entwicklung schien gegen Ende des Jahres 1938 jedoch für lange Zeit gebannt: Auf die Beteuerung Hitlers, daß dies seine letzte territoriale Forderung sei, hatte die Konferenz von München (Hitler, Mussolini, Chamberlain, Daladier) die Abtretung der sudetendeutschen Gebiete an das Reich beschlossen. Dadurch wurde die politische Lage, die sich seit der Einführung unserer allgemeinen Wehrpflicht (März 1935) über die Remilitarisierung der Rheinlande (März 36) und den gewaltsamen Anschluß Österreichs (März 38) ständig zugespitzt hatte, entschärft. Der Beschluß von München bedeutete die Rettung des Friedens. Er wurde deshalb allgemein freudig begrüßt.

Stapellauf
am 3. 10. 1936
Kriegsmarinewerft
Wilhelmshaven

Schlachtschiff „Scharnhorst" vor und nach dem Umbau im Sommer 1939
Neuer Steven zur Verbesserung der Seefähigkeit, verlängerte Flugzeughalle und
achterer Mast nach achtern versetzt.

„Allemann" auf der Schanze unter den Rohren von Turm C angetreten
Der Kommandant spricht zur Besatzung

Kpt. z. See Kurt Caesar Hoffmann
Er führte das Schiff als Kommandant
während der ersten Kriegsjahre

Fregattenkapitän Günther Schubert
Er hat sich als erster IO des Schiffes um den
Geist und den Ausbildungsstand
der Besatzung besonders verdient gemacht

INDIENSTSTELLUNG, AUSBILDUNG

*D*ie feierliche Indienststellung des Schiffes erfolgte am 7. Jan. 1939. Schon am Tage zuvor war der größte Teil der persönlichen Ausrüstung an Bord gebracht und dort eingeräumt worden. Am 7.1. früh rückten nun die Divisionen von der Jachmann-Kaserne an Bord. Zum erstenmal trat jetzt die Besatzung in geschlossener Form auf der Schanze an. Dann lief das bei Indienststellungen übliche Zeremoniell ab. Von der Hütte aus sprach der Kommandant, Kapitän z. See Ciliax, zur Besatzung über die Bedeutung des Tages und über die verpflichtende Tradition des großen Namens auf dem Mützenbande. Auf das Kommando: „Heiß Flagge und Wimpel!" und unter den Klängen des Deutschlandliedes grüßte nun die Besatzung mit Front nach achtern die Flagge ihres neuen Schiffes, die dort langsam und feierlich am Flaggenstock vorgeheißt wurde. Bald wehte sie weit aus im scharfen Januarwind. Sie wie auch der nun am Mast flatternde lange und schmale Kommandantenwimpel. waren die äußeren Zeichen dafür, daß der bisher tote Schiffsrumpf nun zu leben begann, und daß unsere Flotte damit um ein stolzes Schiff gewachsen war. Daß es aber bis zur Frontbereitschaft noch vieler Anstrengungen und einer langen und harten Ausbildung bedurfte, darüber war sich selbst der jüngste Matrose klar[1]). Nicht nur von den verschiedenen Marine-Kommandos, sondern auch von Firmen, Verbänden, Zeitungen und Privatpersonen aus dem ganzen Reich trafen eine Menge Glückwünsche zur Indienststellung der „Scharnhorst" ein. Von allen Seiten wurde uns eine glückhafte Fahrt gewünscht.

Der Schiffsstamm des Schweren Kreuzers „Blücher" beendete seinen Glückwunsch mit den „drei Seemannswünschen":

Anmerkung 1 siehe Seite 199.

„Stets ein Meter Wasser unter dem Kiel,
ein Meter Wasser an der Bordwand
und einen Schluck in der Buddel."

Das Schlachtschiff „Gneisenau" funkte:

„Scharnhorst und Gneisenau — zweimal in der Geschichte untrennbar verbunden durch ruhmvolle Taten und treue Kameradschaft — ein drittes Mal das gleiche zu erstreben, sei unser gemeinsames Ziel.

— Glückliche Fahrt dem Schwesterschiff!"

Mit Energie wurde die Ausbildung der Besatzung in Angriff genommen.

Während sich das Programm der seemännischen Divisionen zunächst auf Schiffskunde, Rollendienst, Bootsdienst und — vor allem — Einführung in den Brückendienst, Übergänge auf die Reservesteuerstellen u. dergl. konzentrierte, wirkten die technischen Divisionen Tag für Tag in Kessel-, Turbinen- und Hilfsmaschinenräumen, in ihren E-Werken und den zahlreichen anderen Abschnitten ihres geheimnisvollen Bereiches. Ständig wechselnde Qualmwolken über dem Schornstein und das von den drei Schiffsschrauben aufgequirlte Hafenwasser zeugten von ihren eifrigen Bemühungen, deren Auswirkungen auf das Schiff aber durch starke Festmacher gebändigt wurden. Schon nach wenigen Wochen konnten wir erstmals — allerdings unter Beachtung aller erdenklichen Vorsichtsmaßregeln — die Schleuse auslaufend passieren, um auf und vor der Jade zunächst die ersten schüchternen „Gehversuche" und kleinere Erprobungen durchzuführen. Als Vorstufe für den späteren Gefechtsdienst setzte nun auch die Waffenausbildung ein. Nach der Gefechtsrolle hatten die I. und IV. Division vor allem je die Hälfte der Mittelartillerie — bestehend aus vier 15-cm-Doppeltürmen und vier 15-cm-Einzelgeschützen — zu besetzen. Sie teilten sich außerdem in der Besetzung des achteren 28-cm-Drillings-Turmes (Cäsar). Turm Anton wurden von der III., Turm Bruno von der II. Division besetzt. Durch diese Einteilung wurde erreicht, daß die Steuerbordwache (I. u. III. Div.) und die Backbordwache (II. u. IV. Div.) jeweils die Hälfte der schweren Artillerie (SA) und der Mittelartillerie (MA) besetzen konnten. Das war vor allem für die wechselseitige Ablösung der Wachen auf Kriegsmärschen wichtig.

18

Wider alles Erwarten brachte der Monat März neue politische Spannungen, die diesmal aber den europäischen Krieg in bedrohliche Nähe rückten. Mitte des Monats wurde das „Reichsprotektorat Böhmen und Mähren" errichtet. Diese Gewalttat stellte einen klaren Bruch des Münchener Vertrages dar und mußte deshalb auch das letzte internationale Vertrauen zum Reich zerstören. Das deutsche Angebot an Polen (21. 3.), das die Eingliederung Danzigs in das Reich, die Schaffung exterritorialer Verbindungswege durch den Korridor sowie eine Garantie der gegenseitigen Grenzen vorsah, wurde durch Polen abgelehnt. Am 31. 3. erfolgte die englisch-französische Garantieerklärung für Polen. Inzwischen war die Wiedervereinigung des Memelgebietes mit dem Reich durchgeführt worden. All diese Ereignisse kamen uns in ihrer vollen Tragweite gar nicht so recht zu Bewußtsein. Das Einleben in unser neues Schiff nahm uns zu sehr gefangen.

Der 1. April 1939 war ein besonderer Tag in der erst drei Monate alten Geschichte der „Scharnhorst". An diesem Tage lief auf der K.M.-Werft Wilhelmshaven das Schlachtschiff „Tirpitz" vom Stapel. Am Nachmittag dieses Tages waren auch die Reichsregierung und weit über hundert Ehrengäste zu einem Frühstück an Bord der „Scharnhorst", die wie die übrigen Flotteneinheiten großen Flaggenschmuck trug und am Fliegerdeich festgemacht hatte. Der besondere Anlaß war die feierliche Ernennung des Oberbefehlshabers der Kriegsmarine Raeder zum Großadmiral auf der Schanze unseres Schiffes und die Übergabe des Großadmiralstabes in Gegenwart aller Befehlshaber, Schiffskommandanten und Flottillen-Chefs sowie zahlreicher inaktiver Admirale durch Hitler.

Für die seemännische Wache an Deck, die wie am Indienststellungstage von der I. Division gestellt wurde, war der 1. April ein „Großkampftag". Über die vordere und achtere Stelling und die Fallreeps wogten die hohen und höchsten Amts- und Würdenträger nur so hin und her. Jeder, der mit den Fragen der Bordetikette vertraut ist, wird verstehen, daß an diesem Tage nach dem Salutschießen die Hornsignale, das „Seite"-Pfeifen, das Springen der Fallreepsgäste, das Präsentieren der Ehrenwachen und die Trommelwirbel stundenlang nicht abrissen. Obgleich auf dem Vor- und dem Achterschiff eigens für diesen Ausnahmetag je eine volle Wache aufgestellt war, geschah das Unfaßbare, daß eine Gruppe von etwa zwanzig Admiralen und Exzellenzen der ehemaligen Kaiserlichen Marine völlig unbemerkt (!) über die achtere Stelling an Bord kam. Die achtere Wache mußte während dieser Zeit gerade einen hohen Besuch am Fallreep wahrnehmen. Der WO* (das war ich) und die ebenfalls völlig erschütterten Leutnante der Wache Densow und v. Gulat-Wellenburg kamen in dem Trubel noch nicht einmal dazu, sich die Haare zu raufen.

Bis Juni 1939 wurde nun Ausbildungsdienst in der Ostsee betrieben und während dieser Zeit Pillau, Memel, Saßnitz und auch — zum erstenmal — der Heimathafen Kiel angelaufen.

Die wenigen Liegetage in Kiel wurden mit Freuden dazu benutzt, die schon lange gewünschten Divisionsfeiern gemeinsam mit den nächsten Angehörigen durchzuführen. Schon Wochen vorher liefen die Vorbereitungen für dieses Ereignis. Die Vergnügungsausschüsse taten sehr wichtig, natürlich durften auch die Festzeitungen nicht fehlen. Die I. Division beging ihr Fest am 17. 6. in der gemütlichen Sennhütte in Kiel-Diedrichsdorf. Die frohen, unbeschwerten Stunden blieben allen in bester Erinnerung. Der schon drei Monate später tobende Krieg verhinderte leider jede Wiederholung.

Neben der Ausbildung der Besatzung liefen die Erprobungen des Schiffes. Es waren dies für die Besatzung der „Scharnhorst" die einzigen friedensmäßigen Ausbildungswochen in der Ostsee. Trotz der im Vordergrund stehenden Aufgabe, das Schiff möglichst bald frontreif werden zu lassen, erinnerten diese Fahrten doch auch ein wenig an die bekannten Sommer- oder die sogenannten Bäder-Reisen unserer Schiffe in den schönen Friedensjahren. Das prächtige Sommerwetter, die frohgelaunten zahlreichen Besucher in den Häfen, die schönen Tage in Kiel, all diese erfreulichen und besonders unsere jüngsten Männer so beeindruckenden Umstände konnten aber die auffällige Hast der Ausbildung nicht ganz übertönen. Lag etwa schon die drohende Kriegsgefahr in der Luft? Wir wußten es damals noch nicht.

Im Juli und August 1939 lag das Schiff zur Durchführung von Restarbeiten wieder in der Kriegsmarinewerft Wilhelmshaven. Dabei erhielt „Scharnhorst" den neuen Klippersteven. Außerdem wurde die Flugzeughalle entsprechend den neuen Abmessungen umgebaut und der achtere Mast hinter die verlängerte Halle gesetzt. Der ausladende Vorsteven sollte dem Schiff eine bessere Seefähigkeit geben. Die neue Flugzeughalle konnte zwei Bordflugzeuge (Arado 196) aufnehmen, nachdem man die Tragflächen beigeklappt hatte. Ein elektrischer Fahrstuhl diente zum Ein- und Ausbringen der Maschinen durch das aufschiebbare Hallendach. Mit der Verlängerung der Flugzeughalle fiel der Sockel für die Schleuder weg und die Schleuder wurde nun auf das Hallendach gesetzt. Die achtere Schleuder auf dem Turm „Cäsar" blieb vorläufig bestehen.

An der Backbord-Bordwand, querab von der Halle, befand sich die Landesegel-Anlage, eine ungeheuer schwere und auch schwierige Apparatur. Auf einer langen, starken und horizontal ausschwenkbaren Welle war das schwere Landesegel aufgewickelt. Das Ende des abgewickelten Segels schleppte durch die Fahrt des Schiffes eben unter der Wasseroberfläche nach. Das Flugzeug mußte sich nun beim Landen von achtern kommend auf dieses Segel setzen, wurde dann in den Haken des Flugzeugkrans gepikt und an Bord gehievt. Das Segel sollte eine möglichst ruhige Lage der Maschine bewirken.

Da das Katapult auf Turm Cäsar zu weit hinter dem Bereich des ortsfesten 4-t-Flugzeugkrans lag, mußte zum Besetzen dieser Schleuder erst ein besonderer und sehr gewichtiger Umsetzkran aufgerichtet werden, der dann die Maschine vom Flugzeugkran abnahm und auf den Turm setzte. Da sich die Landesegelanlage wie auch das Umsetzen der Maschine auf die Schleuder des Turmes C aber schon bald als zu schwerfällig erwiesen, und weil die Maschine oberhalb des Turmes zudem wegen der Möglichkeit von Benzinbränden eine akute Bedrohung der Gefechtsbereitschaft des Turmes bedeutete, wurden diese Anlagen später wieder beseitigt. Es bestand dann nur noch die Schleuder über der Halle. Zum Landen machte das Schiff einen „Ententeich", d. h. es machte mit wenig Fahrt eine harte Drehung nach Backbord, so daß an dieser Seite neben dem Achterschiff eine verhältnismäßig ruhige Wasseroberfläche entstand, auf die die Maschine gegen den Wind aufsetzte, um dann unter den Kran zu „rollen". Nun galt es nur noch, den günstigsten Zeitpunkt zum Anhieven zu erwischen. Keinesfalls durfte das Takel im Auf- oder Abschlingern steif kommen.

Die als Schwimmerflugzeuge gebauten Arados 196 sollten in der Hauptsache für Aufklärungs- und Sicherungszwecke eingesetzt werden. Sie waren mit einem Flugzeugführer und einem Beobachter besetzt.

Maschinen und Besatzungen wurden uns von den Marinebordfliegerstaffeln zugewiesen.

Die preßluftgetriebene Flugzeugschleuder stand etwa 15 Meter über dem Wasser. Der für den Schleuderstart erforderliche Luftdruck war von verschiedenen stets wechselnden Faktoren, z. B. Windrichtung und -stärke sowie Gewicht der Maschine, abhängig. Ein zu hoher Schleuderdruck ergab eine zu hohe Beschleunigung der Maschine, die sich z. B. durch Blutleere im Gehirn sehr unangenehm auf ihre Besatzung auswirken konnte. Durch den zu harten Aufprall auf die Luft konnte auch die Maschine erheblichen Schaden nehmen. Bei zu niedrigem Druck bestand dagegen die Gefahr des Absturzes.

Auf einem mehrwöchigen Sonderlehrgang bei der Flugzeugführerschule See in Warnemünde hatten der zweite Schleuderoffizier und ich Gelegenheit, uns mit diesen Problemen vertraut zu machen. Dazu gehörten auch für jeden zwölf passive Schleuderstarts. Sie waren für uns als „Beobachter" ebenso unangenehm wie instruktiv. Bei den späteren ungezählten Schleuderstarts von Bord aus trat dann auch nicht eine Panne ein.

Gegen Ende August fühlte selbst der diensteifrigste Mann an Bord, daß ein drohendes Gewitter am politischen Himmel aufzog. Wenn aber auch die scheinbar unsinnigsten Gerüchte über Truppenverschiebungen und andere auffallende militärische Maßnahmen im Reich durch das Schiff kursierten, an einen Krieg dachten wohl die wenigsten — bis am 1. September die von Fanfarenklängen eingerahmte Meldung vom deutschen Angriff auf Polen aus den Lautsprechern erscholl. Zwei Tage später erklärten uns England und Frankreich den Krieg, der sowohl unser Schiff wie auch die Kriegsmarine als Gesamtheit noch in der Entwicklung vorfand.

Seit Mai 1939 hatte das Reich ein Militärbündnis mit Italien. Wir rechneten deshalb bei Kriegsbeginn täglich mit einer entsprechenden Reaktion unseres Verbündeten. Ich möchte jedoch hier schon erwähnen, daß Mussolini erst im Juni 1940 in den Krieg eintrat, als die endgültige Niederlage Frankreichs nur noch eine Frage von

Tagen war. — Der im August — 8 Tage vor Beginn des Polenfeld-
zuges — mit der Sowjetunion geschlossene Nichtangriffspakt fand
nun auch seine Erklärung. Da war aber doch noch der aus den welt-
anschaulichen Gegensätzen geborene Antikominternpakt von 1935!
Wie konnte sich dieser auf die Dauer mit der anscheinend wieder-
erstandenen Bismarckschen Rückversicherungstheorie vertragen? Die
Ansichten über dieses Problem gingen sehr auseinander, in einer Beziehung gab es aber keine unterschiedlichen Meinungen: unser Schiff
und die Besatzung mußten so schnell wie möglich frontklar werden.

Der Kriegsausbruch überraschte uns auf der Werftprobefahrt in
der Nordsee. Nach dem Wiedereinlaufen in Wilhelmshaven wurde
die Besatzung durch den sogenannten Kriegszuschlag verstärkt.
Während bisher nur aktives Personal an Bord war, kamen nun in
der Folgezeit neben weiteren Aktiven auch Reservisten aller Dienstgrade hinzu, die sich fast durchweg — genau so wie wir neun Monate
zuvor — zunächst doch recht unwohl auf diesem „Dicken Pott"
fühlten.

Nun erst kam uns so recht zu Bewußtsein, wie stark sich doch
schon unsere Besatzung aneinander und an das große Schiff gewöhnt
hatte. Sie war schon eine Gemeinschaft geworden, die nun auch
überall und ganz selbstverständlich den vergrämten „Kriegszuschlag"
mit offenen Armen wahrnahm.

Auch in der Offiziermesse erhielten wir Zuwachs. Mir sind vor
allem noch die Leichenbittermienen der Kapitänleutnante Flister
und Wolf in Erinnerung, die zuvor Lehrer bei der Sperrschule bzw.
IO auf dem Vermessungsschiff „Meteor" waren. Bei ihren letzten
Kommandos waren sie Autoritäten. Das war auf diesem „Riesen-
Dampfer" aber vorbei. Sie befürchteten, hier nur noch eine Nummer darstellen zu können. Mit einem wahren Schauder aber dachten sie an die auf sie lauernde Bordetikette. Man mußte den Ärmsten über diese Dinge unglaubliche Greuelmärchen erzählt haben: sie
wagten nicht einmal, laut zu sprechen. Da mußte natürlich für
schnellstmögliche Akklimatisation gesorgt werden.

Abends wurden die beiden „Kriegszuschläge" von den Kameraden aus ihren Kammern in die Messe gelotst. Als sie diese einige
Stunden später wieder verließen, war unsere „Scharnhorst" das Schiff
ihres Lebens. Flister hatte inzwischen Goethes Faust vor- und rück-

wärts rezitiert und auch eine erstaunliche Virtuosität auf seiner Geige gezeigt. Als er dann mit ihr zum Schluß den Niedergang zu seiner Kammer hinabflitzte, hatte er seinen Spitznamen „Flitz" weg, den er nie wieder verlor. Mein Crewkamerad Wilhelm Wolf hatte sich während dieses „Einstands"-Abends unter dem Einfluß des von ihm so geliebten Gerstensaftes mit erstaunlicher Stimmgewalt als bajuwarischer Sängerknabe produziert. Der DO III. Kptl. Krönke gab ihm bei dieser denkwürdigen Sitzung den Namen „Wilhelm, der Kriegszuschlag". Er behielt ihn in unserem Kreise nicht nur bis zu unserem Aussteigen 1943. Er war ein besonders prächtiger und allseits beliebter Kamerad und war später als Rollenoffizier und Gefechts-WO eine ebenso geschätzte Stütze des IO im Hafen wie des Kommandanten auf unseren Unternehmungen.

Beide hatten an dem freien, offenen und kameradschaftlichen Ton in der Messe zu ihrer größten Überraschung feststellen müssen, daß auf unserem großen Schiff das gleiche gute Bordklima herrschte, wie sie es von den von ihnen so geliebten kleineren Kommandos her gewohnt waren. Sie konnten es zunächst gar nicht fassen.

Auch die später noch zu uns stoßenden Kapitänleutnante der Res. Dr. Benecke, Brödermann, Dr. Dankworth und Dr. Roehrig, wie auch der Mar.Stbs.Arzt d. Res. Dr. Schley, die bisher in führenden Stellungen der Wirtschaft, des Geschäfts- und des öffentlichen Lebens gestanden hatten, kamen als Skeptiker, ließen sich aber von der Wirklichkeit gerne eines Besseren belehren.

Der Geist, der in der Offiziermesse herrscht und maßgeblich vom IO als Messe-Ältestem bestimmt wird, ist aber auch der Spiritus rector, die Seele des Bordklimas schlechthin.

Am 20. Sept. 1939 gingen wir durch den KW-Kanal nach Kiel. Dort übergab Kpt. z. See Ciliax am 23.9. das Kommando an Kpt. z. See Kurt Cäsar Hoffmann, der das Schiff dann bis zum Frühjahr 1942 führte.

Auf dem Vormars wurde in jenen Tagen ein ebenso eigenartiges wie geheimnisvolles Gerät angebracht, das fast wie eine aufrechtstehende Sprungfedermatratze aussah. Es war schrecklich geheim, und es werden damals auch wohl höchstens zehn Bevorzugte und Spezialisten an Bord seine wahre Bedeutung gekannt haben. Unsere Seeleute tauften diesen Apparat, der sich da oben immer so geheimnisvoll hin und her drehte, ziemlich treffend „Matratze". Diese volkstümliche Bezeichnung wurde später auch noch gebraucht, als seine vielen offiziellen Bezeichnungen: Dete, EM II. und Funkmeßgerät schon lange bekannt waren. Was in den ersten Tagen über die Leistung dieses Gerätes gemunkelt wurde, klang in den Ohren der Laien nach Hexerei und Zauberkunststückchen und wurde daher von solide denkenden Leuten milde belächelt. Man wollte mit der Matratze angeblich ohne optische Sicht, also auch bei Nacht und sogar bei Schneetreiben, Ziele auf große Entfernungen orten können. Das klang zwar sehr schön, aber auch ebenso verrückt.

Niemand ahnte damals, daß die Weiterentwicklung dieser Technik durch die Engländer, das Radar, vier Jahre später maßgeblich zum Untergang unseres Schiffes wie auch zu den schweren Verlusten im U-Boot-Krieg führen sollte. In wenigen Wochen und in einem wahren Höllentempo wurde nun die Gefechtsausbildung des Schiffes in der Ostsee vorangetrieben und auch zu einem gewissen Abschluß gebracht. Nachdem die Einzelausbildung an den Waffen beendet war, konnte jetzt das Zusammenspiel aller Waffen gegen einen angenommenen Gegner geübt werden. Während die Seeziel-Artillerie beider Kaliber auf Weisung der Schiffsführung hin einen oder mehrere harmlose Dampfer gleichzeitig als bösen Feind — natürlich nur theoretisch — beschoß und die Flak auf die gleiche Weise imaginäre Bomber- — u. ä. — Verbände mit Schwung unter „wohlgezieltes Feuer" nahm, während vom Signaldeck aus die bunten Gefechtssignale auf und nieder gingen und auch einmal eine Bordmaschine zur Aufklärung gestartet wurde, während im weiten Bereich der Antriebsanlage und der Leckwehr Hunderte von Hände- und Augenpaaren voll mit der Bedienung, Wartung und Beobachtung der technischen Einrichtungen beschäftigt waren, lief das Schiff den angenommenen Gefechtslagen entsprechend seine Kurse. Um der rauhen Wirklichkeit aber möglichst nahe zu kommen, wurden nun nach und nach an verschiedenen Stellen des Schiffes und in allen Waffenbereichen Störungen eingelegt. Als Folgen angenommener Feindeinwirkungen wurden Ausfälle von Personal, Waffen und sonstigen Einrichtungen und Anlagen dargestellt.

Leitungen wurden plötzlich abgeschaltet, angenommene Wassereinbrüche mußten abgeriegelt werden, die Krankenträger und unsere Ärzte im Schiffslazarett bekamen Arbeit durch „Verwundete". Zum Teil wurden diese Störungen durch die Waffenleiter für ihre Bereiche selbst eingelegt, zum größten Teil wurden sie aber durch den IO veranlaßt, der seine Weisungen durch den Störungstrupp per Handzettel an die vorgesehenen Stationen leitete. Es hatte erhebliche Auswirkungen, wenn z. B. ein ganzes E-Werk auf Grund eines solchen Störungszettels „ausfiel". Prompt mußten dort alle Leitungen abgeschaltet werden, so daß im gleichen Augenblick die von diesem E-Werk versorgten Stellen im Schiff ohne den lebenswichtigen Strom waren. Ärgerlich war es für den AO im Leitstand, wenn er mitten im Gefecht plötzlich keinen „Saft" mehr in seinem Telefon hatte. Mindestens ebenso ärgerlich war es aber auch, wenn die Kommandozentrale nach mehrmaligen vergeblichen Anrufen einmal auf der Brücke nach dem Rechten sehen ließ und dort feststellen mußte, daß nicht nur alle Schiffsführungselemente sondern auch die Schiffsführung selbst (kenntlich an den verkehrt aufgesetzten Mützen) laut Störungszettel schon einige Minuten „ausgefallen" war und daß sich das führerlose Schiff deshalb schon einmal im Kreise gedreht hatte.

Hunderte ähnlicher Gefechtsstörungen wurden während dieser Gefechtsausbildung bei Tag und Nacht eingelegt und ihre Auswirkungen und Beseitigungen anschließend gemeinsam besprochen. Das Grundrezept für die Beseitigung aller Gefechtsstörungen lautete: „Schalten! Noch schneller schalten!!"

Ende Oktober folgten ein paar Liegetage an unserer Boje auf der Kieler Förde. Während dieser Tage lief das U-Boot des Kptl. Prien von der Feindfahrt ein, auf der es in Scapa Flow das fast 30 000 t große britische Schlachtschiff „Royal Oak" versenkt hatte. Als es vorüberglitt, war die „Scharnhorst"-Besatzung in Paradeaufstellung angetreten und grüßte dieses erfolgreiche Boot mit Hornsignal, drei kräftigen Hurras und Mützenschwenken.

VORSTOSS IN DIE ISLAND-ENGE

*M*itte November verlegten wir wieder zur Jade.

Von dort aus ging es am 21. November erstmals mit unserem Schwesterschiff „Gneisenau" gemeinsam in See. Auch einige Zerstörer begleiteten uns zunächst als U-Boot-Sicherung. Sollte es zur ersten Unternehmung gehen? Das Rätsel war aber gelöst, als der Kommandant — wegen des schlechten Wetters — über die Lautsprecheranlage in alle Wohndecks bekanntgab, daß wir mit „Gneisenau" einen Vorstoß in die Island-Färöer-Enge beabsichtigten. Die Führung des Verbandes hatte der Flottenchef Admiral Marschall auf „Gneisenau". Nach dem Passieren des Außenjade-Feuerschiffes zog eine Kriegswache auf. Damit war die Hälfte der Waffen für einen Eventualfall sofort einsatzbereit. Voll fiebernder Erwartung sah die Besatzung den kommenden Ereignissen entgegen. Wie würde nun wohl die Praxis nach all der Theorie aussehen? Parallel zu den Nordfriesischen Inseln ging es zunächst nach Norden. In der Nacht zum 22. Nov. passierten wir den Westeingang des Skagerraks. Nun wurden die Zerstörer entlassen und der Verband ging mit 27 sm auf nordwestlichen Kurs. Die Nacht war dunkel, aber klar. Das Passieren der Shetland-Bergen-Enge, der gefährlichsten Stelle des ganzen Marsches, mußte mit besonderer Vorsicht geschehen. Ein absolut perfekter Abblendezustand der Schiffe und ein ebenso guter und verläßlicher Ausguck waren gerade während dieser Strecke unerläßlich, ja lebensnotwendig. Als wir am 22. Nov. mittags aber auf der Höhe von Bergen standen, hatten wir — eigentlich wider Erwarten — nicht ein einziges fremdes Schiff auf der ganzen Strecke gesichtet. Während wir bis zu diesem Zeitpunkt im Notfalle noch mit einer Unterstützung durch unsere Luftwaffe rechnen konnten, gab es diese Möglichkeit infolge der Entfernung für den weiteren Teil der Unternehmung nicht mehr. Von Nordwesten her setzte allmählich eine immer höher werdende Dünung ein und versetzte das Schiff in ständig stärkeres Rollen. Die ersten grünlich-weißen Gesichter von Seekranken tauchten an Oberdeck auf, die ersten Brecher rollten über die Back und die Seitendecks. Nun lernten unsere jungen Seeleute auch die Vorzüge der Leeseite eines Schiffes persönlich kennen. Das war nun doch ein anderes Straßenpflaster als in der Ostsee! – Für das Wachsen der Seebeine unserer jüngsten Männer war dieses Wetter wie geschaffen.

In der folgenden Nacht, in der Nacht zum 23. Nov., stand der Verband schon weit nördlich der Färöer. Nach mehrstündigem Westkurs drehte er um 7.00 Uhr wieder auf Nordwest.

Um ein möglichst weites Gebiet überblicken zu können, marschierten die Schiffe in Steuerbord-voraus-Staffel mit etwa 180 Hektometer (hm) Abstand. Nun standen wir zwar im Gebiet der „Northern Patrol", dem Seegebiet zwischen Island und den Färöern, das der Engländer durch einen Patrouillen-Dienst von Kreuzern und Hilfskreuzern gegen Durchbruchsversuche deutscher Schiffe gesichert hatte, es ließ sich aber trotz bester Sicht vorerst noch kein feindlicher Mast sehen. Ein winzig kleiner Fischdampfer, dem wir vormittags als erstem Objekt seit unserem Auslaufen begegneten, war bestimmt kein Patrouillen-Fahrzeug. Der Ärmste hatte in der schweren See außerdem auch mehr als genug mit sich selbst zu tun. Endlich, kurz nach 16 Uhr, meldete der Seezielausguck vom Vormars einen großen Dampfer Steuerbord querab — aber noch sehr weit. Das mußte in dieser Gegend ein Hilfskreuzer sein! Der Kommandant enterte jedoch zunächst in den Vormarsstand auf, um sich selbst über die Lage zu informieren. Das Ergebnis nach längerer Beobachtung war „Alarm!!!"

Wie während der Gefechtsausbildung so häufig geübt, jagte nun die eben erst abgelöste Freiwache polternd und sich auf den engen Niedergängen schiebend wieder auf die Gefechtsstationen. In wenigen Augenblicken waren alle Wohnräume verlassen und leer. Nur die in der Eile nicht mehr verstauten Kleidungsstücke und Backsgeschirre begannen, sich mit den Schlingerbewegungen des Schiffes wie üblich selbständig zu machen.

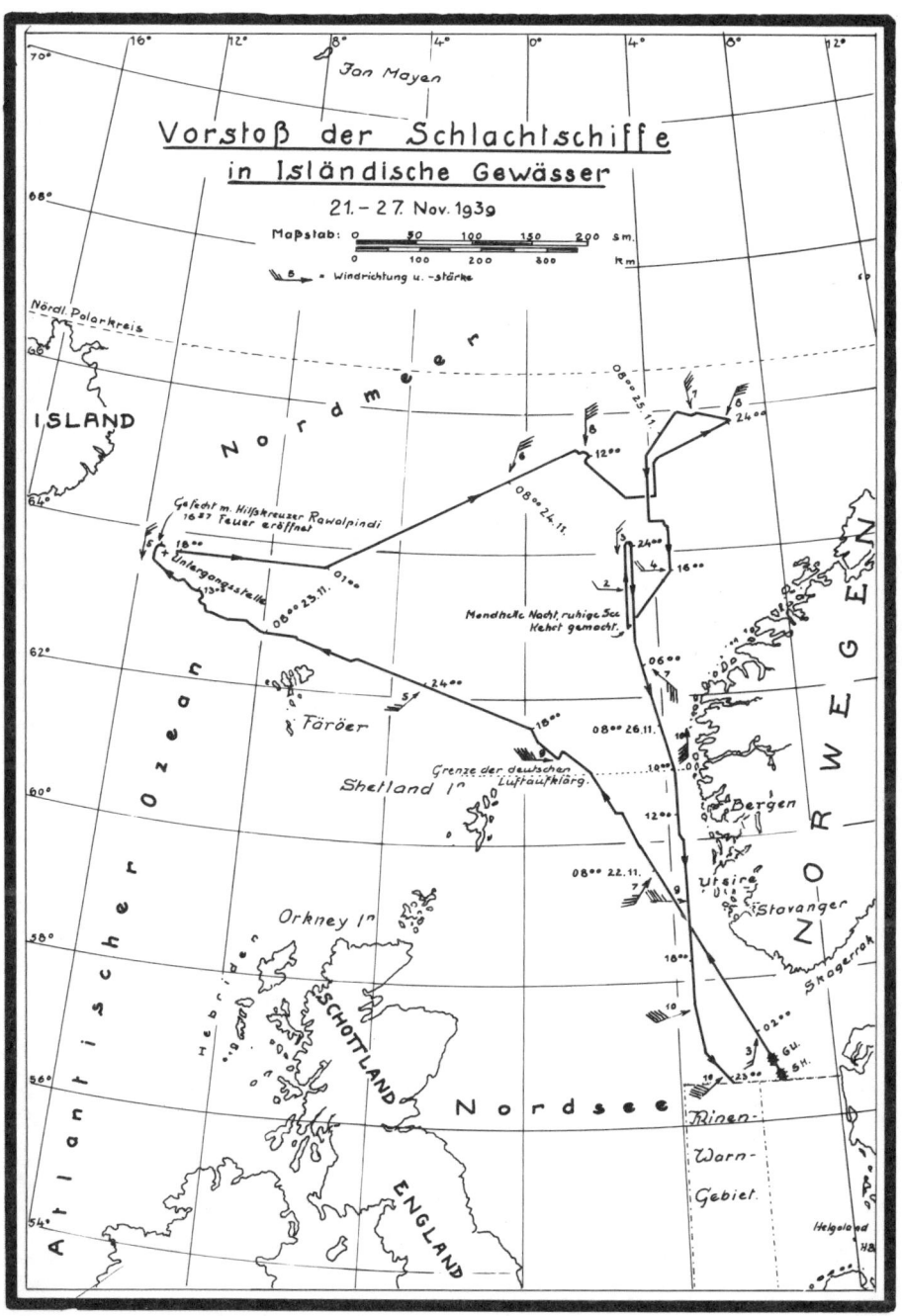

Inzwischen hatten aber bereits alle Waffen an die Schiffsführung klar gemeldet. Der I. AO, Freg.Kpt. Löwisch, und der II. AO, Korv.Kpt. Kähler, hatten den Dampfer mit ihren Zielgebern im Vormars und im vorderen Artillerie-Leitstand erfaßt und verfolgten nun seine Bewegungen ständig mit dem Fadenkreuz. Die Seitenrichtungen und andere von den Zielgebern ermittelte Werte wurden auf elektrischem Wege laufend an die Artillerie-Rechenstellen übermittelt. Das gleiche geschah mit den Messungen der E-Meßgeräte. Die elektrischen Geräte der Rechenstellen ermittelten aus den von allen Seiten eingehenden Unterlagen die Schußwerte und gaben diese wiederum auf elektrischem Wege als Schußrichtung und Erhöhung kontinuierlich an die schweren Türme und — natürlich gesondert — auch an die Türme und Geschütze der Mittelartillerie weiter. Die Geschützführer hatten bei diesem Verfahren lediglich darauf zu achten, daß sich ihre (mit den Geschützbewegungen gekoppelten) Gegenanzeiger ständig mit den von den Rechenstellen gesteuerten Empfänger-Zeigern der Richtungs- und Höhenweiser deckten.

Während wir schon mit hoher Fahrt auf den Dampfer zudrehten, erhielt der Flottenchef durch UK-Spruch (Ultrakurzwelle) unsere Sichtmeldung. Unser erst in Deutsch, dann in Englisch an den Dampfer gerichteter Morsespruch, zu stoppen und nicht zu funken, wurde von diesem nicht beachtet. Unter Fahrterhöhung und Nebeln versuchte er vielmehr zu entkommen. Es war inzwischen bereits etwa 16.45 Uhr geworden, in etwa einer halben Stunde mußte es deshalb auf diesem Breitengrad schon dunkel sein. Der Dampfer schien dieses auch ausnutzen zu wollen: mit hoher Fahrt, erkennbar an seiner starken, weiß schimmernden Hecksee, jagte er auf den schon schwärzlichen Osthimmel zu.

In diesem Augenblick feuerte ein Rohr des Turmes Anton ohne jeden Befehl einen Schuß. Nach kurzer allgemeiner Verblüffung ging dann erst einmal das obligate Gewitter über den unschuldigen Häuptern des I. AO und des Turmkommandeurs nieder. Es stellte sich jedoch bald heraus, daß nicht etwa irgend ein hiddeliger Artillerist, sondern die durch Wassereinbruch kurz geschlossene elektrische Sicherung des Rohres Schuld hatte. Diese Störung wurde durch die Turmmechaniker schnell beseitigt.

Inzwischen waren wir auf weniger als 100 hm an den Dampfer herangekommen, der, ohne auf unsere Morsesprüche zu achten, ständig funkte und auch weiterhin seine Fahrt erhöhte. Ein Warnschuß von Turm Anton, der ihm eine haushohe Fontäne vor den Bug setzte, beirrte ihn nicht. Er warf vielmehr nun auch noch Nebelbojen, um sich unserer Sicht zu entziehen. Somit sah sich Kpt. z. See Hoffmann schließlich gezwungen, auf 75 hm die Feuererlaubnis zu geben. Nach unserer ersten Vollsalve aus den vorderen Türmen setzte der Dampfer Gefechtsflaggen. Sie ließen erkennen, daß wir einen britischen Hilfskreuzer vor uns hatten. Gleichzeitig eröffnete der Gegner auch das Feuer auf uns mit seinen 15-cm-Geschützen. Sein Schießen lag gut. Ein Treffer verursachte einigen Blechschaden auf unserer Schanze, ein Splitter durchschlug einen Schwimmer des z. Z. noch auf dem Katapult des Turmes Cäsar stehenden Bordflugzeuges.

Unsere dritte Salve faßte den Dampfer mittschiffs. Gleichzeitig begann auch unsere Mittelartillerie zu feuern.

Wie sich später herausstellte, hatten wir den früheren Passagierdampfer „Rawalpindi" mit fast 17 000 t vor uns. Als Hilfskreuzer hatte er nun eine Besatzung von rund 300 Mann und eine Seezielartillerie von vier 15-cm-Geschützen. An Oberdeck des Gegners und in seinen Aufbauten breiteten sich schnell schwere Brände aus. Bald quoll aus allen Öffnungen dicker Rauch.

Die nächste Salve schien eine Munitionskammer getroffen zu haben. Hohe Stichflammen ließen erwarten, daß das Schiff jeden Augenblick auseinanderbrechen würde. Minutenlang war der Gegner in Qualm und Nebel völlig verschwunden. Ein grausiges Bild! In die im starken Wind langsam abziehenden, vom flackernden Feuerschein rot angehauchten Qualmfetzen stiegen aber auch schon wieder die Aufschläge der MA.

Als sich die Sicht auf dem Gefechtsfeld einmal kurzfristig besserte, konnten wir zu unserer größten Überraschung beobachten, wie der schon bewegungslos daliegende Gegner langsam wieder Fahrt aufnahm und mit lodernden Bränden und Qualmwolken in der inzwischen eingebrochenen Dunkelheit zu entkommen trachtete. Sogar seine Geschütze feuerten wieder auf uns. Der Kräfteunterschied zwischen uns und diesem nur leicht armierten Dampfer war

„Rise — rise ...!" Wecken im Wohndeck der I. Division durch den UvD

„Backen und Banken", der angenehmste Dienst
Die Hängematten sind verstaut und die Backen und Bänke aufgeschlagen

Auf Kriegsmarsch
„Scharnhorst" im Kielwasser
der „Gneisenau"

Rückkehr der U-Prien nach erfolgreicher Feindfahrt auf der Kieler Förde
Die Besatzung der „Scharnhorst" zur Begrüßung in Paradeaufstellung am Oberdeck

aber doch zu groß. Er konnte auch nicht durch den unerhörten Schneid der britischen Seeleute ausgeglichen werden.

Zu allem Überfluß griff nun auch noch unser mittlerweile herangekommenes Schwesterschiff in das ungleiche Gefecht ein. Grell leuchteten seine langen Mündungsflammen aus der Dunkelheit zu uns herüber, gefolgt vom Grollen der Salven. Als der Flottenchef nach wenigen Minuten — etwa um 17.10 Uhr — den Befehl zum Feuereinstellen gab, war die letzte Gegenwehr des tapferen Gegners erloschen. Brennend und qualmend trieb er vor dem Wind in der groben See. Seine Schlagseite nahm ständig zu, und nachdem noch in mehreren Detonationen die Munitionskammerbestände mit unzähligen Feuerbahnen in die Luft gegangen waren, konnte man im Schein der Brände Leute beim Klarmachen der Rettungsboote beobachten. Dort drüben war aber sicherlich nicht mehr viel zu retten. Gebannt schaute alles, was im Besitze eines Doppelglases war, den Bemühungen der britischen Seeleute zu. Diese durch das Gefechtsgeschehen körperlich und wohl auch seelisch stark angeschlagenen Männer hatten nun im Dunkel und in der groben See eine außerordentlich schwere Aufgabe zu lösen, die schon mit dem Zuwasserlassen und dem Ablegen von dem schräg liegenden Wrack in den heftig auf und nieder sausenden Booten begann.

Nach langem, angestrengtem Suchen gelang es beiden Schiffen endlich — etwa eine halbe Stunde nach dem Feuereinstellen — je ein Boot mit Überlebenden der „Rawalpindi" in der Dunkelheit zu finden und die Leute an Bord zu nehmen, wo für ihre Aufnahme im Schiffslazarett mit Wärmflaschen, Essen, Getränken, Zigaretten usw. usw. schon alles vorbereitet war. Es hätte bei uns eines besonderen Befehls zum Wahrnehmen des Bootes gar nicht bedurft. Anscheinend stand an Oberdeck alles klar zum Sprung. Vorleine, Fender, Seefallreeps und andere, jedem Seemann bekannte Dinge waren wie von Heinzelmännchen gezaubert plötzlich da. Jeder wollte helfen. Das war unter Seeleuten doch Ehrensache!

Erst eine Viertelstunde nach dem Wahrnehmen des ersten Bootes konnte auch das dritte und letzte gesichtet werden. Inzwischen war es fast 19.00 Uhr geworden.

Das brennende Wrack trieb nun zwischen den beiden Schlachtschiffen. Das dritte Boot lag bald an langer Leine querab von Turm

Cäsar. Heftig tanzte es in der rauhen See auf und ab, während die vom Feuerschein ihres Schiffes noch matt angestrahlten Gesichter der Männer zu uns herüberstarrten.

Wie beim ersten Boot, so hatte auch jetzt der IO die Leitung der Aktion übernommen. Natürlich war auch Oberbootsmann Überheide, unser „Schmadding", mit seiner Bootsmannsgruppe dabei. Aber nicht nur die Bedienungen der benachbarten Flakgeschütze wollten noch überall mit Hand anlegen, auch die Bedienung des Turms Cäsar sprang hilfsbeflissen sukzessive durch das Einsteigeluk auf die Schanze.

Da die Lage bei der herrschenden Dunkelheit keinesfalls als sicher anzusehen war, mußte ich diesen Tätigkeitsdrang der Turmbedienung doch etwas bremsen. Eben war an Bord alles klar zur Übernahme der Bootsbesatzung, als der von der Hütte herniederturnende NO*, Korv.Kpt. Gießler, dem IO mit erregter Stimme etwas zurief. Es mußte etwas Ungewöhnliches sein: ungläubig, ja fassungslos starrten die Männer den NO und ihren IO an, der in seiner impulsiven Art seinem Unwillen über irgend etwas in heftigen Worten Luft machte. Beim Nähertreten erfuhr ich, daß das Schiff aus irgendeinem uns allen unerklärlichen Grunde sofort angehen sollte und daß das Boot deshalb unverzüglich losgeworfen werden mußte. Alles war starr — der IO wild. Es half aber nichts, der Flottenchef hatte befohlen! Knurrend folgte der Oberbootsmann dem ebenso knurrend gegebenen Befehl des IO und kappte die lange Seefangleine des Kutters. Fast gleichzeitig begann das Achterschiff wieder unter den Schraubenumdrehungen zu erzittern. Wütend vor sich hinschimpfend verließen IO und NO das Seitendeck. Nur nicht mehr hinsehen! Es war doch eine ausgemachte Schweinerei, diese armen Kerls nun einfach ihrem Schicksal zu überlassen! Das gleiche dachten auch alle anderen. Man entsann sich der Schimpfworte, die die feindliche Propaganda dem Deutschen schon während des ersten Weltkrieges anhing: „Hunnen! Barbaren!" In den letzten Jahren waren Ausdrücke wie „Nazi-Schweine!" hinzugekommen. Gaben wir hier nicht Anlaß dazu? Verlegen drehte sich alles ab, während der Kutter mit seinen Männern in der Dunkelheit und der scheußlichen See langsam achteraus sackte. War das der Krieg, den wir hier zum ersten Male erlebten?

* Navigationsoffizier

Mit großer Erbitterung wurde dieses unbegreifliche Verhalten gegenüber den Schiffbrüchigen auf allen Gefechtsstationen diskutiert, während „Scharnhorst" im Kielwasser der „Gneisenau" mit hoher Fahrt nach Osten ablief. Es war doch schon so erschütternd, daß wir der kleinen Gruppe Überlebender, die vom Heck ihres brennenden Schiffes aus immer wieder mit flimmernder Laterne um ein Boot baten, nicht helfen konnten. Die Lage ließ es einfach nicht zu, und außerdem hatten wir ja auch gar keine Kutter an Bord und auch kein einsatzbereites Motorboot. Das wußte und verstand jeder Mann der Besatzung. Daß man hier aber keine fünf Minuten mehr für die armen Kerle erübrigen konnte, nachdem sie sich unter größten Mühen schon zu uns durchgekämpft hatten, war einfach unbegreiflich. Die Erklärung sollte jedoch bald kommen. Wir waren etwa fünf Minuten dem Flaggschiff gefolgt, als vom achteren Nachtleitstand in achterlicher Richtung der Schatten eines größeren abgeblendeten Schiffes gesichtet wurde. Unter Einsatz von künstlichem Nebel lief der Verband weiter nach Osten ab. Wahrscheinlich hatte „Gneisenau" diesen Schatten schon während der Rettungsaktion auf seiner uns abgewandten Seite gesichtet, so daß der Flottenchef aus Sicherheitsgründen den unverzüglichen Abmarsch befahl. Unerklärlicherweise unterließ er es aber, unserer Schiffsführung den Grund seines Befehls mitzuteilen. Man konnte jetzt nicht wissen, was sonst noch aus der Dunkelheit auf die wie eine große Fackel brennende „Rawalpindi" zusteuerte. Auf ihre wiederholten Funk-Alarmrufe hin lief nun bestimmt alles, was in der Nähe stand, dort zusammen. Höchste Eile war daher geboten.

Unserem Kommandanten war die Verwirrung der Besatzung über das Loswerfen des Kutters natürlich nicht verborgen geblieben. Er verstand aber seine Männer nur zu gut, denn auch er selbst war anfangs bestürzt, ja entsetzt über diese unbegreifliche Maßnahme. Zur Unterrichtung der Besatzung ließ er deshalb noch am gleichen Abend ein Schreiben an alle Stationen verteilen und auch an den schwarzen Brettern aushängen, in dem er nach einer kurzen Schilderung des Gefechtsablaufes auch eine Erklärung für den Abbruch der Rettungsaktion gab. Wie später bekannt wurde, konnten sowohl die Kutterbesatzung wie auch die Überlebenden von dem brennenden Schiff durch britische Schiffe geborgen werden.

Wir wußten in diesem Augenblick noch nicht, daß es der leichte britische Kreuzer „Newcastle" war, dessen Schatten wir gesichtet hatten und der deshalb der Anlaß zu unserem Absetzen vom Gefechtsfeld war. Seine Aufgabe als Fühlungshalter war es nun, britische Seestreitkräfte auf uns zu ziehen. Eine besonders dichte Regenbö, die uns eine kurze Zeit lang seiner Sicht entzog, und der Umstand, daß wir gerade in diesem Augenblick mit hoher Fahrt in der Dunkelheit untertauchten, ließen zu unserem Glück die Fühlung mit uns abreißen — und mit Radar waren die britischen Schiffe damals noch nicht ausgerüstet. Als es schließlich wieder sichtig wurde, war „Newcastle" mit der brennenden „Rawalpindi" alleine. Eine hastig gestartete Suchaktion — gemeinsam mit einem inzwischen noch hinzugekommenen zweiten Kreuzer — verlief ergebnislos, weil man uns in anderen Richtungen vermutete. — Von diesen Vorgängen aber war uns an jenem Abend natürlich noch nichts bekannt.

Unser Verband lief zunächst seinen Kurs unverändert weiter.

Die Fackel im Dunkel achteraus wurde kleiner und kleiner. Da, kurz vor 19.30 Uhr, flammte sie plötzlich noch einmal zur mehrfachen Größe auf, um dann jäh zu verlöschen.

Erst gegen 23.00 Uhr änderten wir unseren Kurs, aber nicht etwa nach Süden — Richtung Skagerrak —, sondern nach Nordosten — Richtung Eismeer! Der Flottenchef wollte anscheinend erst einmal Zeit gewinnen, weil die Briten auf den Alarm der „Rawalpindi" hin nun sicherlich alle verfügbaren Schiffe in der Shetland-Bergen-Enge zusammengezogen hatten, um uns den Rückmarschweg zu sperren.

Bis zum 26. November früh hielt sich der Verband mit wechselnden Kursen im Seegebiet südlich des Polarkreises und östlich des Meridians von Greenwich auf. Dem Flottenchef schien bis dahin das Wetter für den Durchbruch durch die Shetland-Bergen-Enge nach Süden zu gut. Bei der herrschenden sehr klaren Sicht war es kaum möglich, sie ungesehen zu passieren, und dann war es für die bereitliegenden schweren britischen Verbände ein leichtes, uns auf dem weiteren Marsch nach Süden zu stellen. Wider Erwarten, aber wie bestellt, verschlechterte sich die Wetterlage urplötzlich. Unser Bordmeteorologe, Herr Schnebel, hatte uns schon am Tage zuvor in der Messe auf dieses Ereignis vorbereitet. Man traute jedoch seiner Weisheit nicht so recht: nach den Tagen völlig gleichbleibender Wetterlage klang diese Vorhersage zu utopisch und in unserer Lage auch zu sehr nach einem Wunschtraum. Und dann kam es doch: das schlechte Wetter. Die Prognosen unseres Bordmeteorologen wurden späterhin nie mehr bezweifelt, selbst wenn sie noch so unwahrscheinlich klangen. Unter ständigem Auffrischen drehte der Wind auf Süd. Er heulte durch die Takelage und schob schon in wenigen Stunden mächtige Seen vor sich her. Da unser Kurs gegenan führte und wir der Lage entsprechend auch eine möglichst hohe Geschwindigkeit laufen mußten, glich unsere Sturmfahrt am 26. November parallel zur norwegischen Küste mehr einer Unterwasserfahrt. Pausenlos krachte das Vorschiff in die von vorn anrollenden Wellenberge und schoben sich die grünen Seen über das Vorschiff. Über die Seitendecks bis achteraus zur Schanze jagten die Sturzseen und donnerten die Brecher. Pfeifend zog der Sturm mit den Gischtwolken ab. Wie Hammerschläge knallten die Spritzer gegen die Aufbauten. Niemand hätte es wagen können, das Oberdeck zu betreten. Selbst der Aufenthalt auf der Brücke war lebensgefährlich. Immer wieder rauschten die Seen über die vorderen Türme und die Brückenschanzung wie über Treppenstufen bis hinauf auf die Brücke. Schon zu Beginn dieser Sturmfahrt fand sich die Schiffsführung da oben plötzlich bis zur Brust im Wasser stehend vor, so daß sie spontan in den vorderen Kommandostand überwechselte und anschließend das Schiff nur noch von dort aus fuhr. Da später jeder Verkehr dorthin über die Brücke unmöglich war, mußte der Umweg über die unter Panzerdeck liegende Kommandozentrale und durch den von dort nach oben führenden Schacht genommen werden. Die Elektrik der vorderen Türme Anton und Bruno war schon mittags restlos ausgefallen. Diesen schweren Brechern, die ständig gegen die Stirnwände und die Schartendichtungen krachten, und den Wassermassen, die anschließend die Türme bis über die Peilfernrohre überfluteten, war einfach keine Gummidichtung gewachsen. Die beiden vorderen 15-cm-Türme und die vier 15-cm-Geschütze in Einzellafetten waren gleichfalls durch Seewasserschäden ausgefallen. Diese Schäden konnten später behoben werden. Man mußte sie zunächst als unabwendbar in Kauf nehmen.

Wichtiger war es, daß der Verband unter Ausnutzung der Wetterlage und seiner Geschwindigkeit den Durchbruch durch die Enge erzielte. Es war auch wohl ziemlich zweifelhaft, ob leichtere Bewachungsfahrzeuge — und mit solchen war ja wohl vorwiegend zu rechnen — bei diesem tobenden Orkan zu einer Gefechtshandlung überhaupt fähig waren. Der Durchbruch gelang aber, ohne daß es zu einer Feindberührung kam. Das Zerstörergeleit erwartete uns in der Nacht zum 27. Nov. wieder am Westausgang des Skagerraks und begleitete uns nun weiter nach Süden zur Jade, wo wir am 28. Nov. um 11.00 Uhr auf Wilhelmshaven-Reede zu Anker gingen.

Diese erste Feindfahrt war für die Besatzung von besonderer Bedeutung: sie festigte ihr Vertrauen in die Umsicht und das Geschick der Führung wie auch in die Leistungsfähigkeit ihres Schiffes. Die Wetterlage ließ aus den jungen und teilweise noch ängstlichen Bordrekruten selbstbewußte Seeleute werden.

Die gemeinsamen Erlebnisse, vor allem aber die aus den praktischen Erfahrungen dieser ersten Kriegsunternehmung geborene Achtung auch vor den anderen Waffen an Bord, schweißten die Besatzung zu einer Einheit zusammen.

GEFECHT BEI DEN LOFOTEN

*I*m Winter 1939/40 tritt immer deutlicher in Erscheinung, daß die Alliierten auf die Dauer nicht gewillt sind, der deutschen Schifffahrt die Benutzung der norwegischen Küstengewässer zu gestatten. Insbesondere ist ihnen der Transport der kriegswichtigen schwedischen Erze durch diese Gewässer ein Dorn im Auge. Churchill drängt unermüdlich auf Verminung der norwegischen Küstengewässer, von England und Frankreich wird im Zusammenhang mit dem finnisch-russischen Krieg offen die militärische Besetzung Nordnorwegens durch alliierte Streitkräfte gefordert und vorbereitet.

Ohne Rücksicht auf die norwegische Neutralität und gegen den Widerspruch norwegischer Kriegsschiffe laufen britische Zerstörer Mitte Februar 1940 in die norwegischen Hoheitsgewässer ein und entern hier den deutschen Dampfer „Altmark". Dieses Schiff war auf der Fahrt von Südamerika in die Heimat und hatte 300 britische Seeleute an Bord, deren Schiffe das Panzerschiff „Admiral Graf Spee" aufgebracht bzw. versenkt hatte. Sie werden von den Engländern gewaltsam befreit und ein Teil der deutschen Besatzung gefangengenommen.

In Erkenntnis der für uns äußerst wichtigen Erhaltung der norwegischen Neutralität und der schweren Bedrohung unserer Nordflanke durch eine etwaige militärische Besetzung Norwegens durch die Alliierten werden diese Ereignisse mit Sorge verfolgt und diskutiert. Die Spannung ist groß. Es liegt etwas in der Luft, das zur Entladung drängt. —

7. April 1940

Kurz nach Mitternacht laufen „Gneisenau" und „Scharnhorst" kriegsmäßig abgeblendet die Jade hinab zur Nordsee. Ihre Schatten verschwimmen in der dunklen Nacht. Fern im Südosten wird der schwarze Nachthimmel von hinundherfingernden Scheinwerfer-kegeln erhellt. Dort rollt anscheinend der nächtliche Angriff weiter, mit dessen Ausläufern wir soeben auch noch zu tun hatten.

Die Führung des Verbandes hat Vizeadmiral Lütjens in Ver-tretung des erkrankten Flottenchefs auf „Gneisenau". Er hatte am 6. 4. nachmittags die Besatzung unseres Schiffes in einer Ansprache auf der Schanze begrüßt. Einige Tage hatten die in Bereitschaft liegenden Schiffe auf Wilhelmshaven-Reede im Gezeitenstrom um ihre Anker geschwojt, als am Nachmittag des gestrigen Sonnabends endlich der Seeklarbefehl für 24.00 Uhr bekanntgegeben wurde. Damit löste sich auch die Spannung, die die Besatzung nun schon seit langem erfüllt hatte. Jetzt war der Startschuß gefallen. Mit Feuereifer ging es deshalb daran, noch die notwendigen Klarschiff-Vorbereitungen auf den Gefechtsstationen zu treffen. Zwar waren Zweck und Ziel der Unternehmung noch nicht bekannt, aber das war unseren Männern im Augenblick auch weniger interessant. Die Hauptsache war, es ging endlich wieder in See zu einem Einsatz, den die Kameraden der Armee, der Luftwaffe und der anderen Marine-Einheiten ja täglich zu bestehen hatten.

Gegen Abend wurde der gelbliche Ölqualm über unserer schrägen Schornsteinkappe stärker. Auch unsere Maschine führte ihre See-klar-Vorbereitungen durch. Bald ließ ein gelegentliches, leichtes Quirlen des Heckwassers erkennen, daß sich unsere drei mächtigen Schrauben schon langsam und vorsichtig drehten, wie es so vor dem Inseegehen zum Anwärmen der Turbinen üblich war. Kurz vor Mitternacht sorgte dann aber der Tommy dafür, daß unser Aus-laufplan doch noch eine Verzögerung erfuhr.

Etwa eine halbe Stunde vor dem geplanten Ankerlichten wurde vom Flagruko[1]) Vorwarnung gegeben. Kurz darauf flammten von Westen bis weit hinauf im Norden eine Unzahl Scheinwerfer auf.

---

[1]) Flak-Gruppenkommando = örtliche zentrale Befehlsstelle der Luft-abwehr.

Die langsam nach Osten weiterwandernden Flak-Sprengpunkte und Bahnen der Leuchtspurgeschoße ließen aber bald darauf schließen, daß uns dieser Angriff anscheinend nicht galt. Unser Fla-Einsatz hatte sich von den fernen Vorgängen nicht ablenken lassen. So gelang es unserem Einsatzleiter, Korv.-Kapitän Dominik, das Motorengeräusch einer von Bb vorn tief anfliegenden Maschine noch rechtzeitig genug aufzufassen. Unserem heftigen 2- und 3,7-cm-Feuer konnte sich das Flugzeug — eine zweimotorige Maschine — kurz vor dem Schiff nur durch hastiges Abdrehen entziehen. Als nun mit kurzer Verspätung der Anker gelichtet werden sollte, wurden wieder Motorengeräusche über dem Schiff gehört. Abwarten!! — Scheinwerferleuchten und Flakfeuer im Osten — Richtung Bremerhaven — lösten dann abermals einen „Fliegeralarm" aus. Wieder hieß es: „Abwarten!" Endlich, es war schon fast 1 Uhr, kam der erlösende Befehl des Flottenchefs: „Anker lichten!"

Dumpf rumpelten und knarrten gleich darauf die Kettenglieder durch die Klüse. Nur das kurze Aufflackern einer abgeblendeten Taschenlampe ließ hin und wieder auf die Arbeit der Bootsmannsgruppe im Dunkel weit vorn auf der Vorback schließen. „Kette zeigt auf und nieder" wiederholte der Brücken-BÜ die telefonische Meldung von der Back. „Anker ist los" — „Anker ist aus dem Wasser". — Langsam nahmen die Schiffe Fahrt auf — der nächtlichen Nordsee und einer Unternehmung entgegen, die vor dem größten Teil der Besatzung zur Stunde noch gleichermaßen im Dunkel lag.

Was wird sie uns bringen? Diese Frage beschäftigt besonders die, die jetzt im Wachdienst sind, den WI im Maschinenleitstand, die Funkwache, die Turbinen- und Kesselraumbesatzungen, die Wachen an Deck, auf der Brücke und in den Reserve-Steuerstellen. Kommt es wieder zu einem Vorstoß in die nördliche Nordsee?

Bei Hellwerden gegen 5 Uhr sammelt sich frei von der Küste in der Nähe des Feuerschiffes F ein Verband von Kriegsschiffen, der sich durch weitere Zugänge noch verstärkt. Überrascht und interessiert wird diese Flottenschau von der Besatzung gemustert. Was mag das nur bedeuten?

Außer den beiden Schlachtschiffen werden der schwere Kreuzer „Admiral Hipper" und 12 Zerstörer gezählt, zu denen später noch zwei weitere kommen. Zum müßigen Betrachten bleibt aber nicht viel Zeit, der Kriegsmarsch-Verschlußzustand ist herzustellen. Eine Besatzungshälfte zieht als Kriegswache auf. Der Verband formiert sich, nimmt Fahrt auf und geht auf nördlichen Kurs. Kurz nach 7 Uhr stoßen von Osten kommend Flugzeuge zum Verband. Sie schießen schon von weitem ihr ES. Es sind Me 109, die unsere Luftsicherung durchführen sollen.

Endlich, um 7.45 Uhr, wird das große Rätsel durch die Bekanntgabe des Operationsbefehles „Weserübung" über alle Waffentelefone des Schiffes gelöst. Nun weiß jeder, daß uns ein wirklich großes Unternehmen bevorsteht, eine Aufgabe, die in der deutschen Seekriegsgeschichte wohl ohne Vorgang ist. Nun ist es aber auch klar, warum die uns begleitenden Zerstörer so stark mit Gebirgsjägern besetzt sind. An allen möglichen windgeschützten Stellen der Aufbauten haben sich die Kameraden von der grauen Farbe eingerichtet, während der Verband, dessen Kern die „dicken Schiffe" bilden, bei anfangs schönem Mützenwetter mit hoher Fahrt nach Norden läuft.

Nach einem Fliegeralarm um 15.00 Uhr, der von 12 Wellingtons ausgelöst wird, verschlechtert sich das Wetter sehr schnell. Bei feinem Nieselregen frischt der SSW-Wind auf Sturmstärke auf.

Zum Durchbruch durch die Shetland-Bergen-Enge sind während der Nachtstunden Allemann auf Gefechtsstationen. In diesem engen Seegebiet sind Überraschungen durch den Gegner besonders leicht möglich. Der höchste Grad der Gefechtsbereitschaft, der Klarschiff-Zustand, ist daher unerläßlich. Die dunkle Nacht, das unerwartet diesige, regnerische und stürmische Wetter sind jedoch für einen unbemerkten Durchbruch wie geschaffen. Wie muß dieses Wetter aber den seeungewohnten Gebirglern aus Kärnten und Steiermark unter den besonders engen Verhältnissen auf den Zerstörern zusetzen! Gedrängt hocken sie Stunde um Stunde in den kleinen Wohnräumen. Schwer arbeiten die Zerstörer in der hohen achterlichen See. Mitgeführtes Landungsgerät, Motorräder und Geschützteile, die an Oberdeck festgezurrt sind, reißen sich los und werden über Bord gespült.

Am 8. 4. gegen 9.15 Uhr meldet unser Zerstörer „Bernd von Arnim", der etwa 10 sm achteraus steht, Gefechtsberührung mit einem britischen Zerstörer. „Bernd von Arnim" hat seinem Gegner schon mehrere Treffer beibringen können, er ist aber durch seine starke Überbelegung in seiner Einsatzfähigkeit sehr behindert. Es wird daher „Admiral Hipper" zur Unterstützung detachiert. Der Brite schlägt sich mit außerordentlicher Bravour, ehe er sinkt. Nur wenige Überlebende können gerettet werden. Mittags werden „Admiral Hipper" und 4 Zerstörer planmäßig zur Durchführung ihrer Aufgabe aus dem Verband entlassen. Diese Gruppe hat mit 1700 Mann Landetruppen der 3. Geb.Div. Trondheim als Ziel. Bald ist sie achteraus aus Sicht, während der übrige Verband nun mit hoher Fahrt Kurs auf die Lofoten nimmt.

Der Flottenchef weiß, daß das Auslaufen unseres Verbandes der britischen Admiralität bekannt ist. Jetzt, nach dem Gefecht vom Vormittag, muß er damit rechnen, daß wir jederzeit auch auf schwerere britische Seestreitkräfte stoßen können. Einige Ortungen durch das Funkmeßgerät scheinen diese Vermutungen auch zu bestätigen. Dank dem unsichtigen Wetter kann diesen Objekten jedoch ausgewichen werden.

Gegen 15.00 Uhr trifft beim Flottenkommando ein Funkspruch der Gruppe West ein, nach dem unsere Luftaufklärung etwa eine Viertelstunde zuvor einen gegnerischen Verband von drei schweren Schiffen und sechs Zerstörern südlich von uns gesichtet hat. Er steuert wie wir nördlichen Kurs.

Allmählich dreht der Sturm auf NW. Er trifft jetzt den Verband mit voller Wucht schräg von vorn. Während die dicken Schiffe unter ständigen tiefen Verbeugungen die schweren Seen übernehmen, die dann unter Gepolter über die Back und die Seitendecks abrauschen, brandet die grüne See unaufhörlich über die schwer rollenden Zerstörer hin.

In ständigem Wechsel entschwinden sie unseren Blicken in den tiefen Wellentälern, um gleich darauf torkelnd und von den überkämmenden Seen eingedeckt in halsbrecherischer Weise auf einem Wellenberg zu balancieren. Und schon stürzen sie wieder mit lang flatternden Gischtfahnen in das nächste Wellental hinab, bis die schlanken Vorschiffe durch das tiefe Einkeilen in die heranwuchtende nächste grüne Wand gebremst werden. Wasser und Gischt verdecken diesen irren und manchmal geradezu beklemmenden Tanz unserer braven Zerstörer so sehr, daß meist nur kurzfristig Teile ihrer Aufbauten sichtbar werden.

Einen Vorteil werden indessen Sturm und schlechte Sicht für uns haben: Die englische Luftaufklärung verliert die Fühlung mit unserem Verband. Wir können daher hoffen, daß der Gegner über unseren Kurs und unser Ziel im unklaren bleibt.

Gegen 19.00 Uhr stößt „Bernd v. Arnim" wieder zum Verband. In den Abendnachrichten wird von britischen Minenunternehmungen in norwegischen Gewässern berichtet. Sollten wir schon zu spät kommen? Diese Frage bewegt alle und ist daher Anlaß zu eifrigen „Lagebesprechungen" an allen Stellen des Schiffes. Um 20.00 Uhr steht der Verband vor dem breiten Eingang des Vestfjords. Eine Stunde später werden unsere zehn Zerstörer unter dem Kommando ihres Kommodore, Kapitän z. See Bonte, planmäßig detachiert. Sie sollen die unter dem Befehl des Kommandeurs der 3. Geb.Div., General Dietl, stehenden 2000 Gebirgsjäger durch den Vestfjord und Ofotfjord nach Narwik bringen und dort im Morgengrauen eintreffen.

Nachdem es schon am Spätnachmittag stark diesig geworden war, setzt nach Einbruch der Dunkelheit auch noch ein immer stärker werdendes Schneetreiben ein. Die Sicht wird dadurch zeitweise sehr schlecht.

Aufgabe der Schlachtschiffe „Gneisenau" und „Scharnhorst" ist es nun, vor dem Vestfjord stehend, die Landungsaktion gegen etwa gleichgerichtete Maßnahmen der alliierten Seestreitkräfte zu schützen und die Zerstörer nach Erledigung ihrer Aufgabe wieder aufzunehmen.

Die Schiffe stehen deshalb während der Nacht zum 9. April in Kriegswachbesetzung mit zunächst nordöstlichen und später nordwestlichen Kursen vor dem Vestfjord. Infolge ihrer nur geringen Fahrt rollen sie relativ langsam und schwerfällig in der hohen See und nehmen auch nur gelegentlich einen Brecher über.

Der Nordweststurm nimmt im Verlauf des Abends sehr schnell Orkanstärke an. Bald schiebt er schwere Seen vor sich her. Der Kurs des in Kiellinie fahrenden Verbandes muß daher immer mehr nach Westen — dem Sturm entgegen — geändert werden. Kurz vor 23.00 Uhr schlägt eine schwere See auf „Scharnhorst" das Schott zum

Steuerbord-Seitengang ein. Dieses Ereignis zeigt, daß die befohlene Fahrt von 12 Seemeilen noch zu hoch ist, wenn nicht die so außerordentlich empfindliche Elektrik der Artillerie Schaden erleiden soll. Auf Antrag unseres Kommandanten wird nun die Marschfahrt auf 9 Seemeilen herabgesetzt. Gleichzeitig befiehlt aber der Flottenchef, daß während der Nacht nur ein Kessel je Welle in Betrieb bleiben soll, daß aber je ein zweiter Kessel in Zehn-Minuten-Bereitschaft zu halten ist. Auf „Scharnhorst" werden trotzdem 2 Kessel je Welle in Betrieb gehalten. Nach Besprechung mit seinem LI, Fregatten-Kapitän Liebhard, hält Kpt. z. See Hoffmann diese Maßnahme aus Sicherheitsgründen für dringend geboten. Bald muß unser IO, Fregattenkapitän Schubert, dem Kommandanten weitere Seeschäden melden. Die schweren Stauchungen durch die anrollenden Seen haben Risse in einigen Trägern unseres langen Vorschiffes und Verwerfungen des Oberdecks verursacht. Auch die Aufbauten auf der Achterback sind erheblich mitgenommen. Weil durch ein abgeschlagenes Entlüftungsrohr Wasser in einen Heizölverbrauchsbunker gelangen konnte, muß sogar die Bb-Maschine eine Zeitlang stoppen.

Die Nacht ist dunkel und kalt. Im heulenden Sturm jagen in bunter Folge Regen-, Hagel- und Schneeschauer heran. Augen, Kleidung und Gläser triefen. Vermummte Ausguckposten beobachten angespannt rundherum die dunkle, aufgewühlte See. Trotzdem, nach der stürmischen Überfahrt herrscht nun fast so etwas wie Ruhe.

Im Batteriedeck schwappt mit den starken Schlingerbewegungen das Seewasser hin und her, das durch die offenen Alarmniedergänge hierher gelangte.

Dazwischen liegen hier wie auch in den anderen Decks auf ihren Kriegsfreiwachschlafplätzen nahe ihren Gefechtsstationen die Männer der Kriegsfreiwache alarmbereit auf ihren gezurrten Hängematten. Die blaue Nachtbeleuchtung erhellt die Gänge und Räume nur spärlich. Die müden Krieger schlafen. Es ist schon eine Kunst, sich bei schaukelndem Schiff auf der am Boden liegenden runden Hängematte zu halten!

Die Kriegswachstationen sind am 9. April in der Zeit von 0.00 Uhr bis 4.00 Uhr von der Steuerbordwache besetzt. Die Zeit scheint zu stehen. Draußen starren die Männer Stunde um Stunde in die tobende Nacht. Sie müssen sich im Ausguck kurzfristig ablösen, weil die vom Sturm rot verquollenen Augen sonst ihren Dienst versagen. Langsam dringen Kälte und Nässe selbst durch die dichtesten Lederkombinationen. Die Unterdeckstationen sind zwar den direkten Einwirkungen des Wetters nicht ausgesetzt, es gibt aber wohl niemanden, der etwa die Kameraden beneidet, die bei diesen Schiffsbewegungen ihren ebenso verantwortungsvollen wie schweren Dienst in der Hitze und der öldunstgeschwängerten Luft der Kessel- und Turbinenräume versehen.

So sehr auch jeder Mann von seiner Verrichtung in Anspruch genommen ist, ein Ohr lauscht doch immer auf die Nachrichten und Berichte, die von Zeit zu Zeit durch das Schiff gehen. Man hat ein Gefühl, als ob sich schon in der nächsten Sekunde etwas Besonderes ereignen würde. Eben kam eine kurze Nachricht von der Schiffsführung an alle Stellen des Schiffes, nach der die norwegische Marineleitung das Löschen der gesamten Küstenbefeuerung angeordnet hat. Sollte die Landungsaktion schon verraten sein? Die Stunde „X", d. h. der Zeitpunkt der überraschenden Landung an verschiedenen Plätzen Norwegens, war doch erst auf 5.15 Uhr festgelegt!

Die Artillerie-Rechenstelle weiß auch über Leitertelefon zu berichten, daß angeblich die Home-Fleet ausgelaufen ist und nun in Gruppen an verschiedenen Stellen der Nordsee von Island bis zur norwegischen Küste stehen soll. Nur leise und geheimnisvoll wispert die Stimme des BÜ. Da hat wohl wieder mal einer auf der Brücke gelauscht und nur die Hälfte mitbekommen! Diese Nachrichten und zahlreichen Parolen sorgen aber dafür, daß die Spannung ständig wächst.

Da erscheinen um 4.00 Uhr pünktlich wie immer die Leute der Bb-Kriegswache auf allen Stationen, um abzulösen. Nach Übernahme des Dienstes und Eingewöhnung der Augen an die Dunkelheit verschwindet die Stb-Wache bald auf ihren Schlafplätzen, auf den Wegen dahin aber peinlichst das Oberdeck meidend. Dort rollen nach wie vor die Seen entlang.

Im Storchenschritt vorsichtig über die im Halbdunkel des Batteriedecks liegenden Freiwächter hinwegstaksend, erreiche auch ich schnell die Kammer neben meinem Turm Cäsar — die letzten Schritte im Abschlingern und daher in Schußfahrt und mit einem Wasserschwall zurücklegend. Kragen auf —, Augen zu!! An Schlafen ist aber zunächst nicht zu denken. Wer kann das auch so schnell in diesem Zustand innerer Spannung, wenn schon alleine der herrschende Mief und das ständige Hin- und Herrollen in voller Kriegsausrüstung dies kaum zulassen. —

Eine Stunde später dröhnen die Alarmglocken durch das Schiff. Sie reißen selbst den müdesten Seemann aus seiner verdienten Freiwachruhe hoch. Alles rennt wie verrückt. Hastiges Gedränge an den wenigen Alarmniedergängen, und in kürzester Zeit ist die gesamte Besatzung auf ihren Gefechtsstationen.

Meine Gefechtsstation, der Turm Cäsar, ist inzwischen von der Bb-Kriegswachbesetzung schon in Schußrichtung gefahren. Der RW zeigt 250 Grad, also Bb achteraus. Schnell hänge ich mein Artillerieleiter-Telefon um, während Oberstückmeister Hamacher schon das Kommando zum Laden der ersten Chargierung gibt. Durch das schwenkbare Turmpeilfernrohr ist vom Gegner jedoch einfach nichts zu sehen. In Schußrichtung ist alles schwarz in schwarz. Nur die vorüberjagenden Schnee- und Graupelschauer geben dieser schwarzen Fläche zur Abwechslung mal einen grauen Anstrich. Aus den kurzen telefonischen Bemerkungen entnehme ich aber, daß die Schiffsführung im vorderen Kommandostand wie auch der I. AO im Vormarsstand — wohl infolge der größeren Augenhöhe — den Gegner aufgefaßt und inzwischen auch schon als ein Schiff der Renown- und Repulse-Klasse ausgemacht haben. In Lee dieses Gegners scheinen noch weitere Schiffe zu stehen.

Inzwischen habe ich vom Turm-BÜ in aller Eile erfahren, daß unsere „Scharnhorst" von dem Auftauchen dieses Gegners anscheinend völlig überrascht wurde, während „Gneisenau", die bislang alleine beschossen wurde, das Feuer gleich nach dem Fallen der ersten gegnerischen Salve erwiderte. Seither wurden aber nur einzelne Salven gewechselt, und schon sind wir auch soweit[2]).

Mit dem Schrillen der Salvenglocken in den drei schweren Türmen verläßt die erste Vollsalve von neun 28-cm-Panzersprenggraten die Rohre unserer schweren Türme. Das ohrenbetäubende Krachen und der ungeheure Luftdruck dieser Salve dringen kaum bis in das Turminnere.

Dagegen spürt man den schweren Rückstoß sehr gut, der das große Schiff erbeben läßt. Meine Uhr zeigt 5.10 Uhr. Das Gefecht hat begonnen, und damit das erste Gefecht dieses Krieges zwischen Schlachtschiffen.

Es sei vorweggenommen, daß es sich bei unserem Gegner um den britischen Schlachtkreuzer „Renown" handelte, der eine Armierung von sechs 38-cm-Geschützen in Doppeltürmen und eine Anzahl von 11,7-cm-Geschützen als Mittelartillerie hatte. Es sei ferner erwähnt, daß das Funkmeßgerät der „Gneisenau" diesen Gegner kurz vor dem optischen Sichten auf etwa 190 Hektometer erfaßte, so daß die Flotte für beide Schiffe Alarm auslöste. Unser eigenes Funkmeßgerät hatte infolge einer vorher nicht erkennbaren Verstimmung nichts angezeigt. Eine Einrichtung zur Innenabstimmung fehlte zu dieser Zeit noch. Der Fehler konnte, wenn leider auch verspätet, nun aber durch Vergleich der elektrischen mit der optischen Messung schnell wieder ausgeglichen werden.

„Laufendes Gefecht an Backbord" nennt man das in der Sprache der Artilleristen, was wir jetzt in der Praxis erleben. Ich glaube aber nicht, daß ein Schießen unter so scheußlichen Wetterbedingungen jemals bei Schießübungen durchgeführt wurde. „Fast so könnte es jedoch am 1. Nov. 1914 bei Coronel gewesen sein —", zuckt es mir durch den Sinn. Damals kämpfte ja die erste „Scharnhorst" als Flaggschiff des Grafen Spee mit der Vorgängerin unserer „Gneisenau" und drei Kreuzern bei ähnlichem Wetter gegen einen britischen Verband. Hoffen wir, daß wir dieses Gefecht genau so gut bestehen werden wie unsere ersten Namensträger!

„Deckend!" höre ich die Stimme des I. AO im Telefon. Donnerwetter! Da sind ja auch die Aufschläge zu sehen! Dazwischen — nur schemenhaft — der lange, hochragende Steven eines großen Schiffes, von dem es wie aus Riesen-Lötlampen zu uns herüberlodert. Im Osten scheint es heller geworden zu sein: unsere haushohen Fontänen stehen schneeweiß vor dem dunkel verhangenen Westhimmel. Mit ihrem Zusammenbrechen ist aber auch der Gegner hinter einer hohen See verschwunden. Oder hat sich eine der mit dem heulenden Nordwest dahinjagenden Schneeböen wieder einmal wie eine Wand dazwischen geschoben. Alles scheint grau in grau.

Nach den ersten Salven der Schweren ist gelegentlich auch das hellere Krachen unserer 15-cm-Mittelartillerie zu hören. Bei diesem Wetter werden die frei stehenden Einzellafetten aber wohl kaum zum Einsatz kommen. Außerdem wird unter den herrschenden Verhältnissen die Schuß-E von etwa 160 Hektometer für unsere MA doch schon reichlich hoch sein. Hin und wieder dringt auch von fern her das Rollen der Salven unseres Schwesterschiffes zu uns in den Turm. Hoffentlich gibt es da nicht zu viel Schwierigkeiten mit der Aufschlagbeobachtung. Das Schießen an sich scheint schon nicht so einfach zu sein. Meinen Turm-E.messer höre ich trotz des Gefechtslärms in seinem Sitz unter der Turmdecke häufig recht kräftig über miserable Meßbedingungen vor sich hinfluchen. Wenn nun wenigstens die höher gelegenen Geräte im vorderen und achteren Stand und das im Vormars bessere Leistungen erzielen können! Vielleicht kommt es hier auch etwas auf die Augeshöhe an.

Der Zwang zur plötzlichen Fahrtvermehrung führt zu Beginn des Gefechtes zu Störungen in der Maschinenanlage. Die dadurch bewirkte Drosselung unserer Höchstgeschwindigkeit auf nur 20 sm ist in dieser Lage natürlich besonders fatal. Der Schaden kann aber glücklicherweise recht bald wieder behoben werden.

Im Turm Cäsar wird mit friedensmäßiger Präzision gearbeitet. Anfänglich haben sich zwar einige junge Seeleute mit der Seekrankheit zu plagen. Dieser Zustand ist jedoch wohl weniger auf die Schiffsbewegungen und die zunächst nicht richtig funktionierenden elektrischen Rauchabsauger als vielmehr auf die Erregung durch das noch ungewohnte Kampfgeschehen zurückzuführen.

Nach einigen Salven haben sich die meisten aber schon wieder gefangen. Das Pflichtgefühl hat sich durchgesetzt. Ein jeder hat ja eine bestimmte Funktion in dem komplizierten Räderwerk des Turmes zu erfüllen, und alle 84 Mann der Turmbedienung wissen, daß es in der augenblicklichen Lage neben der Schnelligkeit und Wendigkeit des Schiffes ganz besonders auf ihren Turm Cäsar ankommt. Von den Bedienungen der Geschoß- und der Kartuschplattform sind die gut sechs Zentner schweren Geschosse und die großen Kartuschen zu den hydraulisch betriebenen Aufzügen zu schaffen, die die Chargierungen dann leise summend nach oben seitlich hinter die Bodenstücke der Rohre bringen. Fauchend laufen die drei Rohre beim Schuß zurück und wieder vor, um von einem Turm-Geschützführer sofort hydraulisch in Ladestellung gefahren zu werden. Während die Verschlüsse auffliegen, werden die ausgeworfenen leeren

Kartuschhülsen gefaßt und aus dem Turm befördert. Ein Handgriff läßt die Geschosse auf die Lademulden hinter die Bodenstücke rollen. Schon werden sie von den gleichfalls hydraulisch angetriebenen Ansetzern erfaßt und mit Schwung in die Rohre gestoßen. Das gleiche geschieht dann mit den Kartuschen. Spielend klicken die schweren Verschlüsse wieder zu, und schon senken sich fast geräuschlos die tonnenschweren, schimmernden Bodenstücke. Die Rohre stehen wieder in Feuerstellung.

Hunderte Male ist dies alles durchexerziert worden. Nun muß es sich zeigen, ob die Ausbildung erfolgreich war. Die sonst friedensmäßig eingelegten Störungen sind nicht notwendig. Das schwer arbeitende Schiff und die hohe Materialbelastung durch das zwar häufig unterbrochene, aber doch fast zweistündige Schießen mit Gefechtsladung sorgen schon dafür, daß nicht alles programmgemäß verläuft. So fallen während des Schießens leider die technisch besseren, aber auch empfindlicheren Richt- und Abfeuerarten der Höhen-Fernsteuerung und des Seitenvorzündewerkes aus. Sie müssen durch die vorgesehenen Reservemittel ersetzt werden. Wie diese Ausfälle, so werden auch Ladestörungen durch verklemmte Kartuschen und ähnliche Pannen ruhig und sicher überbrückt, teilweise durch die Bedienungen selbst, in schwierigeren Fällen aber durch die „Feuerwehr", die Turmmechaniker. Auf Leute wie den bierruhigen Bauer und den flinken von Ahn kann man sich schon verlassen. In der Regel genügt aber ein kurzes Wort oder eine schnelle Schaltbewegung des prächtigen Oberstückmeisters Hamacher, der, als Turmführer neben seinem erhöhten Schaltschrank stehend, die ganze Turmtechnik und die Bedienung ständig im Auge und auch im Ohr hat, der dann aber auch einmal mit einem Hechtsprung persönlich in eine besonders brenzlige Lage hineinjumpt. Der Turmführer ist eben doch die Seele vom Ganzen.

In den Regen- und Schneeböen geht die Gefechtsberührung zeitweise verloren. Während nun in den Leitständen eifrig nach dem Gegner gesucht wird, steht im Turm nach eiliger Durchführung notwendiger Maßnahmen alles wieder „Klar zum — —". Die Rohre sind in Feuerstellung, leise summen die elektrischen Kontroll- und Weisergeräte, alles steht still und gespannt auf seinen Plätzen im magischen Halbdunkel der blauen Nachtbeleuchtung. Noch liegt starker Pulvergeruch in der Luft, den die Rauchabsauger nicht restlos schafften, da geht's wieder los: „Salve!" — — „Feuer!!!" — —

Auf den unteren Plattformen des Turmes geht alles reibungslos vonstatten. Nur auf der Geschoßplattform kommen die Geschosse zweimal schräg in die Aufzugsmulden. Diese wie auch zwei andere Störungen am Ladetisch und der Hub- und Fahrwinde sind jedoch durch die überaus starken Schiffsbewegungen bedingt und bei den Geschoßgewichten schließlich auch nicht verwunderlich. Die Männer auf der Geschoßplattform und in den anliegenden Geschoßkammern haben es nicht leicht. Das notwendige schnelle Bewegen der schweren und unhandlichen Geschosse in den nicht gerade sehr beliebten, schlecht zugänglichen Räumen tief unter der Wasserlinie erfordert schon starke Leute.

Der Turmkommandeur hat seinen Platz während des Gefechtes am Peilfernrohr des Turmes. Durch das Kopftelefon ständig über alle Maßnahmen der Artillerie unterrichtet, muß er in der Lage sein, jederzeit die Artillerieleitung für seinen Turm oder auch für einen Teil der Gesamtartillerie selbst zu übernehmen. Unabhängig hiervon hat er natürlich die Verantwortung für seinen Turm.

Wenige Minuten nach Gefechtsbeginn führt unser Verband eine Gefechtswendung um 2 Dez nach Backbord durch und geht gleichzeitig auf 24 Meilen. Diese Fahrterhöhung bereitet aber dem Turm Anton auf der Back ganz erhebliche Schwierigkeiten. Die von vorn auf uns zu rollenden Seen werden bei der hohen Fahrt von dem langen Vorschiff nun fast pausenlos übergenommen. Meterhoch schiebt sich die grüne See über die Back, um dann immer wieder mit ungeheurer Wucht gegen ihr erstes Hindernis, die Barbette und die Seitenwand des in Schußrichtung quer oder achteraus zeigenden Turmes Anton, zu donnern. Brecher, die dabei durch die Hülsenauswurfklappen auf die Geschützplattform gedrückt werden, setzen wiederholt die Geschützbedienungen, leider aber auch Teile der so empfindlichen Turmelektrik unter Wasser. Bald feuert der Turm nur noch lückenhaft mit. Der ständige Kampf seiner Bedienung gegen Wasser und Störungen und der Zwang zur Benutzung der langsameren Reservemittel verhindern weiterhin ein exaktes Salvenfeuer. Diese Ereignisse und ihre schwerwiegenden Folgen auf die Bereitschaft des Turmes spiegeln sich in den kurzen Anfragen und

Meldungen zwischen Schiffsführung und I. AO wider, die hin und wieder über das Leitertelefon auch zu uns gelangen.

Auch unser Tommy arbeitet schwer in der See, dort, wo im Südwesten die graue, aufgewühlte See mit ihren vom heulenden Orkan zerfetzten Wogenkämmen ohne merklichen Unterschied in den ebenso düsteren Morgenhimmel und das schwärzliche, niedrig dahinjagende Sturmgewölk übergeht. Mal sind dort trotz scharfer Optik nur undeutlich — grau in grau — die tanzenden Spitzen seiner Aufbauten zu sehen. Dann wiederum rauscht er schaumumsprüht und mit wehendem Gischtbart eine steile See hinan, zeigt sich eine Weile, um gleich darauf wieder hinter einer hohen See zu verschwinden. Aber er schießt! Und zwar nicht nur sehr schnell, sondern auch in einem geradezu minuziösen Salventakt. Vor allem aber machen auch seine vorderen Türme hier keine Ausnahme. Da er die gleich hohe Fahrt gegen die See laufen muß wie wir, ist das störungsfreie Arbeiten seines vorderen Turmes wohl durch eine höhere und günstigere Form seines Vorschiffes bedingt.

Die Salvenfolge der „Renown" ist erstaunlich und nötigt unseren Artilleristen größte Hochachtung ab. Dabei stampft sie manchmal so stark, daß sich das ganze Vorschiff bis zum Kiel aus dem Wasser hebt.

Welch unvergeßlichen Eindruck bietet doch dieses Schiff, das in unserer starken Optik trotz der Entfernung von 150 hm und mehr zum Greifen nahe scheint! Von der nun langsam hinter uns aufgehenden Sonne bestrahlt, sind der graue Anstrich, gelegentlich auch der rötliche Schiffsboden und die von der hochragenden Back ablaufenden Wassermassen deutlich zu erkennen.

„Schiff dreht auf Kurs 30 Grad!" Das sind sechs Dez nach Steuerbord, und damit kommen wir auf einen Kurs quer zur See. Langsam wandert die Schußrichtung des Turmes achteraus zum Heckgefecht. Es ist etwa 5.25 Uhr. Jetzt fallen die vorderen Türme infolge ihrer Seitenbegrenzung für das Schießen aus, so daß ein paar Worte zur Lage an die Männer der verschiedenen Plattformen und Kammern unten im Schiff wohl angebracht sind.

In diesem Augenblick holt aber auch das Schiff bereits schwer nach Steuerbord über. Krampfhaft suchen die Männer nach einem Halt, ich hänge an der Turmlautsprecheranlage. Durch die Einsteig-

luke hört man schon die erste Sturzsee die Barbette des Turmes um-
rauschen. Die nun mit Urgewalt gegen die Bordwand prallenden
Querseen erschüttern immer wieder das Schiff. Hochsteilende Brecher überschütten Seitendeck und Aufbauten. Rauschende Kaskaden
und gurgelnde Wassermassen verwandeln dann das Luv-Seitendeck
immer wieder in einen reißenden Strom, der schäumend achteraus
und nach der Leeseite hin abläuft.

„Schiff geht auf 27 Meilen!"

Die folgende Gefechtsphase wird im wesentlichen von Turm C
bestritten. Nach etwa 20 Minuten können durch eine Drehung des
Schiffes um 2 Dez nach Backbord auch Anton und Bruno kurzfristig
wieder eingesetzt werden. Die gleich darauf zu hörende Meldung
„Turm Anton beide Schwenkwerke durch Wassereinbruch ausgefallen" läßt aber vermuten, daß wir nun das weitere Gefecht wohl
ohne Anton bestehen müssen. Die Mittelartillerie hält in diesem
Gefechtsabschnitt mit, bis die Entfernung, die zum Schluß etwa
210 hm beträgt, für sie zu groß wird.

Das schwere Rollen des Schiffes auf diesem Kurs beansprucht die
Turmbedienung wie auch das Material auf das äußerste. Das Arbeiten an den Geräten und mit schwersten Gewichten auf den
metallblanken Plattformen, die sich ständig in völlig unberechen-
baren Kippbewegungen befinden, erfordert schon halbe Akrobaten.
Und das nun noch in der Spannung und im Lärm der Gefechtshandlung, im stickigen Pulverqualm, der beim Aufreißen der Verschlüsse vom genau auf den Mündungen stehenden Sturm in den
Turm gedrückt wird! Dabei führen zwei Nachflammer zu glücklicherweise nur leichten Gesichtsverbrennungen. Die blauen Flecke
werden schon gar nicht mehr gezählt. Seit der Fahrterhöhung sorgt
die heftige Vibration des Achterschiffes zudem noch für eine gleichmäßige Untermalung der wechselnden Turmereignisse. Turm und
Apparaturen dröhnen, klappern und schüttern seither lautstark
und eintönig in gleicher Frequenz mit. In den kurzen Verschnauf-
pausen läßt die Härte der Erschütterungen die Männer wie im
Schüttelfrost zittern. Man meint, das Klappern der Zähne zu hören.
Diese Erscheinung kennen wir aber schon von den Probefahrten
her.

Die langen Mündungsflammen des Gegners kündigen immer wieder eine neue Sendung der schweren 38-er Panzersprenggranaten an. Nur Ruhe! Kopf einziehen nützt nichts! Hohe Fontänen, zum Teil sehr dicht beim Schiff, und ein in den unteren Decks hörbares, unangenehm klirrendes, schepperndes Geräusch lassen dann die Einschläge — ins Wasser — erkennen. Kein Treffer! Sie hätten infolge unserer Entfernung zu den heimischen Stützpunkten evtl. doch recht ernste Folgen auf unsere weitere Gefechtsbereitschaft haben können.

Gegen 6.00 Uhr und bei einer Schuß-Entfernung von 210 hm kommt der Gegner achteraus in einer Bö aus Sicht. Der Befehl „Halt, Batterie halt!" beendet daher das Schießen. In der folgenden Gefechtspause werden in aller Eile kleinere Störungen beseitigt. Auf einem kurzen Rundgang teile ich den Männern auf den unteren Plattformen meine eigenen geringen Kenntnisse von der Lage mit. Sie, die hier unten in der Enge ihrer Räume weit unter der Wasserlinie die bei den schweren Schiffsbewegungen so außerordentlich schwierige Aufgabe des Munitionsnachschubs zu bewältigen haben, erfahren von dem Gefechtsgeschehen ja nichts. Nur das entnervende Scheppern der in Bordwandnähe in das Wasser einschlagenden schweren Brocken des Gegners läßt sie gelegentlich merken, daß wir unter Beschuß liegen. Um so dankbarer sind sie für jeden kleinen Lagebericht.

Der Verband ist inzwischen bei unverändertem Kurs auf 20 Meilen gegangen. Nach wenigen Minuten Ruhe lebt die Telegrammstil-Unterhaltung zwischen Schiffsführung auf der Brücke und I. AO im Vormars plötzlich wieder auf: „Gegner Steuerbord achteraus wieder in Sicht. 240 hm!"

„Schiff dreht Backbord zum Freimachen der Schußlinie Gneisenau."

„Gegner hat wieder Feuer eröffnet."

Es ist nun schon fast 6.20 Uhr geworden. Das Nichtbeantworten des gegnerischen Feuers läßt vermuten, daß der Kommandant unseren beschränkten Munitionsbestand schonen will. Fünf Minuten später schrillt jedoch schon wieder die Salvenglocke zum Gefecht recht achteraus, das daher nur vom Turm Cäsar ausgetragen werden kann. „Renown" ist mit ihren vorderen 38-cm-Doppeltürmen trotz überkommender Seen in einen schnellen Salventakt übergegangen. Sie scheint auch mit der Fahrt hochgegangen zu sein. Die Entfernung nimmt ab. Da müssen eben alle Rücksichten auf den Munitionsbestand fallen.

Um 6.34 Uhr wird die Fahrt wieder auf 25 Meilen erhöht. So wie wir, so macht auch der Gegner ständig Ausweichbewegungen. Trotzdem liegen unsere Aufschläge teilweise deckend am Ziel. Da aber nur unser Turm feuern kann, ist an ein Wirkungsschießen leider nicht zu denken. Turm C unseres Schwesterschiffes kommt bei diesem hinhaltenden Gefecht nicht zum Einsatz, weil wir auf Befehl des Flottenchefs wieder in Kiellinie, d. h. also in seiner Schußrichtung, folgen.

Bei einer Entfernung von 210 hm wird das Schießen schließlich gegen 6.40 Uhr eingestellt.

„Renown" feuert mit kurzen Unterbrechungen noch bis etwa 7.00 Uhr verbissen weiter. Dann kommt sie in einer besonders starken Bö aus Sicht.

Im Verlaufe des immer wieder von den vorüberziehenden Schneeböen unterbrochenen und schließlich endlos erscheinenden Artillerie-Duells gelang es, der „Renown" zwei Treffer beizubringen. Sie konnte jedoch bei unserem Schwesterschiff drei Treffer landen. Einer davon traf gleich zu Beginn des Gefechtes den Vormars. Der I. AO und seine beiden Zielgeber-UO fielen. Die Artillerieleitung der „Gneisenau" fiel dadurch einige Zeit aus. Unser Schiff erhielt keine Treffer.

Die „Renown" hatte besonders im ersten Gefechtsabschnitt eine ausgezeichnete Position. Vor dem duster verhangenen Westhimmel stehend, war sie selbst vom Vormars aus anfangs recht schwer auszumachen. Unsere Schiffe standen, vom Gegner aus gesehen, jedoch vor dem helleren Osthimmel. Sie mußten deshalb wie schwarze Silhouetten gewirkt haben und folglich frühzeitig erkannt worden sein und gute Ziele geboten haben. Deshalb lagen auch die gegnerischen Aufschläge zeitweise so nahe, daß die hohen Wassersäulen im Niedergehen das Oberdeck überfluteten. Ein Aufschlag besorgte sogar einigen Leuten auf dem hochgelegenen Vormars ein Vollbad.

Unser Schießen litt stark unter den schlechten Meßbedingungen. Infolge des ständigen Untertauchens unseres Gegners in den schützenden Schnee- und Regenschauern mußte der I. AO gelegentlich auf die Werte des Funkmeßgerätes zurückgreifen, das nach seiner anfänglichen Verstimmung gut arbeitete. —

Nun, da die Gefechtsberührung mit „Renown" anscheinend endgültig abgerissen ist, fällt uns plötzlich ein, daß die „X"-Zeit für die Landungsaktion — d. h. 5.15 Uhr — inzwischen lange vorüber ist. Daß man so etwas doch glatt vergessen kann! Wie mag es nun unseren Zerstörerbesatzungen und den Kameraden der Armee in Narvik ergehen? Von der Schiffsführung erfährt die Besatzung, daß nach einem Funkspruch der Gruppe West die norwegische Regierung der Landungsaktion Widerstand entgegensetzen will. Demnach werden unsere Gebirgler — vielleicht auch unsere Zerstörerleute — im Augenblick wohl ihren Kampf zu bestehen haben. —

Ein Unglück kommt selten allein! Das schlechte Wetter bescherte nicht nur dem Bereich der Artillerie erhebliche Schwierigkeiten und Schäden, auch unsere Maschinenanlage wurde hart mitgenommen. Zwischen 6.00 und 7.00 Uhr mußte die Mittelmaschine schon zweimal für mehrere Minuten stoppen, weil in beiden Fällen der Schnellschlußschieber infolge eines Materialfehlers zugeschlagen war. Nach 7.00 Uhr sieht sich der LI aber gezwungen, dem Kommandanten nach und nach eine ganze Serie von Ausfällen zu melden: Zunächst wird es notwendig, die Backbordmaschine vorübergehend zu stoppen. Die Turbine kann anschließend nur noch Umdrehungen für 24 Meilen machen. Ursache: Ausfall der Bb-Hauptspeisepumpe. Kurze Zeit darauf fallen auch noch zwei Kessel aus, der eine infolge eines Rohrreißers, der zweite auf Grund eines Brandes im Luftvorwärmer. Die Störungen insgesamt verursachen eine Herabsetzung unserer höchstmöglichen Dauergeschwindigkeit auf 25 Meilen. Wann wir wieder unsere volle Höchstfahrt laufen können, ist im Augenblick noch gar nicht abzusehen.

Sehr lästig ist es, daß wir infolge der Maschinenstörung anhaltend schwarz qualmen. Nachdem wir beim Lösen vom Gegner noch aus Tarnungsgründen nebelten, folgt uns jetzt diese schwarze Qualmwolke unentwegt wie ein Schatten in Lee, während wir im Kielwasser des Flaggschiffes mit 25 Meilen weiter nach Norden ablaufen. Mit Rücksicht auf unsere eigenen Seeschäden, wie auch auf die unsichere Feindlage bleibt dem Flottenchef keine andere Wahl, als ins Nordmeer auszuweichen. Mit Sicherheit wird jetzt auch die Shetland-Bergen-Enge durch schwere Feindverbände völlig abgeriegelt sein. Ein gewaltsames Durchstoßen verhindert unsere angeschlagene Artillerie. Außerdem soll der Verband ja die Narwik-Zerstörer wieder aufnehmen, über deren Schicksal noch nichts bekannt ist.

Langsam wird die Luft klarer, auch die dunkle Bewölkung reißt allmählich auf. Der mehr nach West herumschwenkende Sturm läßt etwas nach und bläst bald nur noch mit Stärke 9. Ganz so schnell beruhigt sich der schwere Seegang aber nicht. Stunde um Stunde pflügt nun der Verband mit unverminderter Fahrt die See auf seinem Marsch in die Weite des Nordmeeres. Mit dem schwerfälligen Auf und Ab der Steven rollen weiterhin gewaltige Seen über die Vorschiffe, donnern die Brecher gegen Türme und Aufbauten und pfeifen Gischt- und Schaumwolken weithin nach Lee. Stundenlang —. Zeitweise wirbelt wieder dichtes Schneegestöber um die Schiffe. An der Kimm ist vom Gegner nichts mehr zu bemerken. Deshalb kann der Alarm nach fünfstündiger Dauer um 10.00 Uhr aufgehoben werden. Jetzt können auch die Gefechtsstationen aufgeklart werden.

Turm C hat u. a. die zahlreichen leeren Kartuschhülsen von der Schanze zu bergen, die während des Gefechtes durch die Auswurfklappen der Geschützplattform einfach aufs Oberdeck befördert wurden und nun dort mit den Schiffsbewegungen klappernd hin und her rollen. 139 Panzersprenggranaten und 6 Sprenggranaten mit Bodenzünder hat der Turm verfeuert, also fast 50 volle Salven. Die beiden vorderen Türme hatten insgesamt nur fünfzig 28-cm-Granaten verschossen. Die Mittelartillerie hatte einen Verbrauch von 91 Sprenggranaten KZ*.

Inzwischen läuft der Verband mit hoher Fahrt weiter nach Norden. Es wird merklich kälter. Die Schiffe schlingern immer noch stark in der groben See.

Gegen Mittag befinden wir uns nördlich des 70. Breitengrades, etwa auf der Höhe von Jan Mayen, der nördlichsten bewohnten Insel dieses Gebietes, wie die Schiffsführung durch alle Telefone geben läßt. Da Turm A infolge seiner Seeschäden unklar ist, werden die in Turm C fehlenden Munitionsbestände von dort ergänzt. Eine schwere, bis zum anderen Morgen dauernde Arbeit. Schwierig ist vor allem der Transport der schweren Geschosse. In großen Zangen

* Sprenggranaten mit Kopfzünder

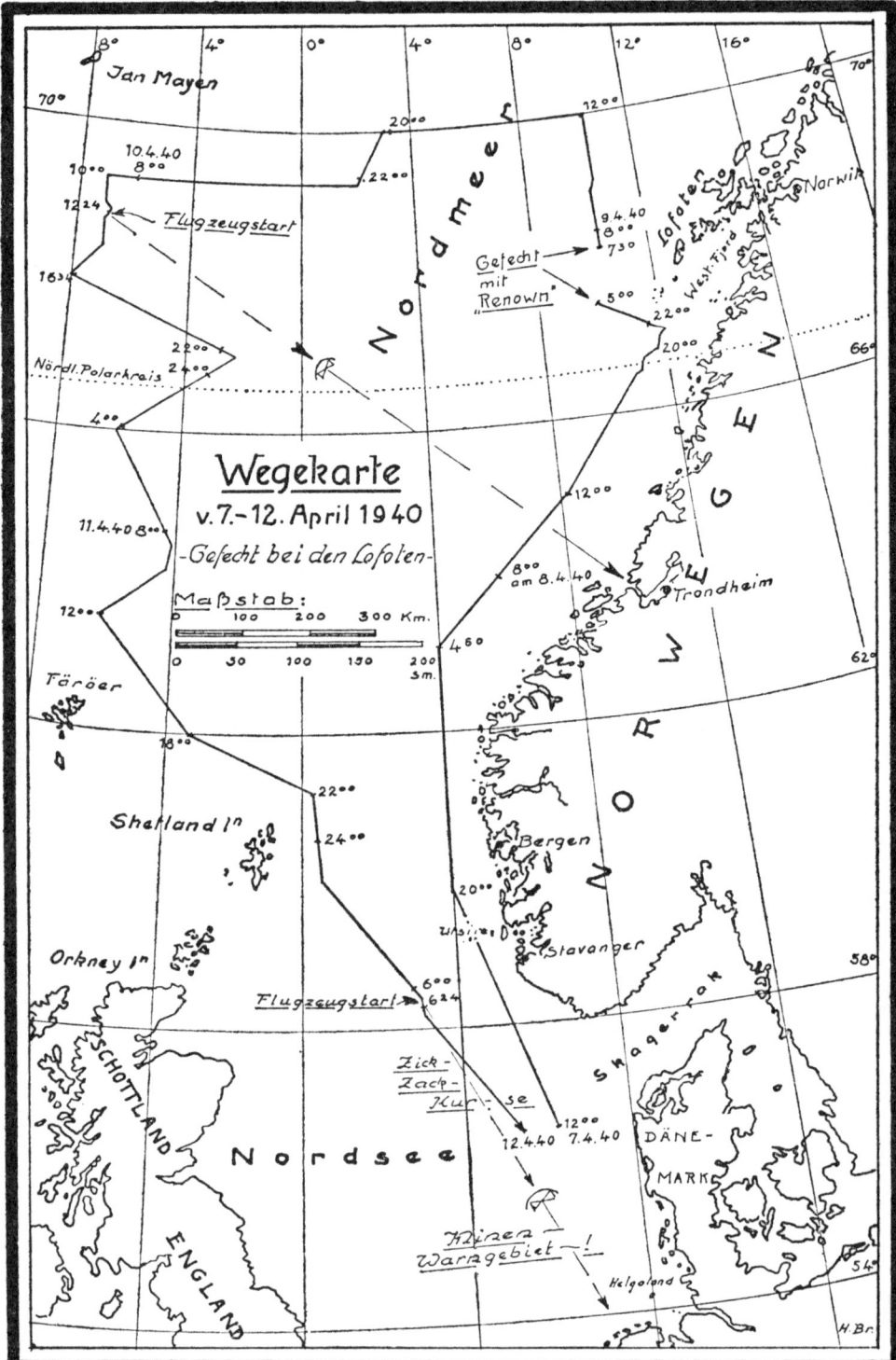

Wegekarte

v. 7.–12. April 1940

-Gefecht bei den Lofoten-

Maßstab:

0   100   200   300 Km.

0   50   100   150   200
                        Sm.

Jan Mayen

Nordmeer

70°

20°⁰⁰

22°⁰⁰

12°⁰⁰

10.4.40
8°⁰⁰

10°⁰⁰

12²⁴

Flugzeugstart

16³⁴

9.4.40
8°⁰⁰
7³⁰

Gefecht
mit
"Renown"

5°⁰⁰

Lofoten

Narvik

West-Fjord

22°⁰⁰

20°⁰⁰

66°

22°⁰⁰
24°⁰⁰

Nördl. Polarkreis

N O R W E G E N

4°⁰⁰

11.4.40 8°⁰⁰

12°⁰⁰

Faröer

18°⁰⁰

12°⁰⁰

8°⁰⁰
am 8.4.40

Trondheim

4⁵⁰

62°

Shetland I"

22°⁰⁰

24°⁰⁰

Bergen

20°⁰⁰

Utsire I.

Stavanger

Orkney I"

Flugzeugstart

6°⁰⁰
6²⁴

Zick-
Zack-
Kur - se

SCHOTTLAND

N o r d s e e

12.4.40

12°⁰⁰ 7.4.40

DÄNE-
MARK

Skagerak

ENGLAND

Minen
Warngebiet !

Helgoland

H. Br.

58°

54°

an einer Transportschiene hängend, sind diese im Seegang pendelnden Brocken über 150 Meter durch die engen Räumlichkeiten des Zwischendecks zu rollen.

Die Besatzung ist in fieberhafter Erwartung der ersten Nachrichten aus der Heimat. Wie ist die Landungsaktion in Norwegen verlaufen? Wie steht's vor allem um die Gruppe Narwik, die wir begleitet haben? Gegen Mittag kann die Schiffsführung der Besatzung endlich Kenntnis von den ersten eingegangenen Meldungen geben, die von schweren Kämpfen unserer Gebirgsjäger- und Zerstörerkameraden berichten.

Infolge dieser Lageentwicklung entfällt die zweite Aufgabe der Schlachtschiffe, das Rückgeleit der Zerstörer.

Was beabsichtigt nun die Verbandsführung?

Die ganz großen Strategen unter der Besatzung sind der Überzeugung, daß uns der Engländer wohl in der Nähe der norwegischen Küste vermuten wird und daß wir daher sicherlich weiter westlich nach Süden durchbrechen werden.

Bei Windstärke 10 und dichtem Schneetreiben drehen wir 12.00 Uhr auf westlichen Kurs und gehen später auf 19 sm herunter. Bei den überkommenden Seen, der Kälte, dem vereisten Deck und dem Schneetreiben wird der Dienst an Oberdeck immer unangenehmer. Die Wachsamkeit dort oben darf aber nicht einen Augenblick erlahmen.

Unsere beiden in der Flugzeughalle untergebrachten Arados 196 sind während des Gefechtes ineinandergefahren und daher stark beschädigt. Die auf der Schleuder stehende Maschine ist dagegen ziemlich klar geblieben. In emsiger Arbeit bauen nun unsere Flugzeugmonteure in der Halle aus zwei beschädigten eine heile Maschine zusammen.

Am späten Abend wird Turm Anton wieder klar gemeldet. Er konnte infolge der Schwere der erlittenen Schäden mit den nur beschränkten Bordmitteln zwar nur behelfsmäßig wiederhergerichtet werden, aber auch das hatten wir kaum zu hoffen gewagt. Nun ist uns doch schon wieder etwas wohler.

Die Folge dieser unerwarteten Entwicklung ist, daß der Munitionsmangel des Turmes Cäsar nun zum Teil auch aus den Beständen des Turmes Bruno gedeckt wird.

Während der Nacht kann die Munitionsergänzung abgeschlossen werden. Bei Hellwerden am 10. April ist die Sicht wieder klar und die See ruhiger. Um 8.00 Uhr beginnt ein reges Treiben auf der Flugzeughalle und der Schleuder. Die Arado wird zum Start klargemacht und vollgetankt. Darum muß auch jeder überflüssige Ballast ausgepackt werden. Die Oberleutnante Peter Schrewe und Schreck haben den Auftrag, die norwegische Küste anzufliegen und von einem bestimmten Punkt aus einen Kurzfunkspruch über Standort, Zustand und Absichten des Verbandes an die Heimat abzusetzen. Wegen der Gefahr, eingepeilt zu werden, kann der Verband selbst nicht funken.

Der zunächst für 10.00 Uhr angesetzte Start verzögert sich immer wieder.

Uns allen ist nicht wohl, weil die Bordmaschine die große Flugstrecke trotz restlos gefüllter Tanks normalerweise nicht schaffen kann. Außerdem hat die Arado infolge ihres Tankinhalts jetzt ein Gewicht, das uns zum Katapultieren mit ungewöhnlich hohem Druck zwingt. Werden Besatzung und Maschine diesen Druck vertragen? Unser Kommandant meldet dem Flottenkommando auch seine Bedenken an. Die Flotte hält den Flug jedoch für durchführbar.

Einsteigen! — Ein letztes Winken, während der Propeller wieder aufheult. Auf ein Zeichen des Flugzeugführers hin gebe ich als Schleuderoffizier — mit angehaltenem Atem — die Preßluft für das Katapult frei. Teleskopartig sich verlängernd schießen die Teile der Gleitbahn mit der auf dem Schlitten stehenden Maschine in den Wind. Es sind Riesenkräfte, die — zwar weich an- und ebenso auslaufend — auf kürzester Strecke der fast 4 t schweren Maschine die notwendige Beschleunigung geben müssen. Da gibt der Schlitten die Maschine auch schon frei. Sie fällt anfangs durch!! — — — Aber dann zieht sie doch langsam wieder hoch, um bald als kleiner Punkt am Osthimmel zu verschwinden. Alles atmet hörbar auf.

Die Spannung hatte uns gar nicht fühlen lassen, daß wir während des fast 2¹/₂stündigen Wartens im eisigen Fahrtwind auf der freistehenden Schleuder völlig steif gefroren waren.

Wie wir später aus einer Wettermeldung unseres neuen Fliegerhorstes Trondheim entnehmen können, wird unsere Maschine auf dem zweiten Teil ihre Fluges Schiebewind haben. Wir können daher nun hoffen, daß sie ihr Ziel doch erreichen wird. Sie darf nur nicht auf gegnerische Flugzeuge stoßen. Auch ihre Bordwaffen mußte sie aus Gewichtsersparnisgründen zurücklassen.

Der Vollständigkeit halber sei berichtet, daß es unseren beiden Bordfliegern gelang, ihren FT programmgemäß zu senden und später auch ihre Maschine zwischen den äußersten Schären der norwegischen Küste aufs Wasser zu setzen, so daß sie von dort eingeschleppt werden konnte. Eine ausgezeichnete Leistung! Vor allem ist zu berücksichtigen, daß die Flieger nur mit sehr primitiven navigatorischen Hilfsmitteln für diesen Flug ausgerüstet werden konnten[3]).

Der Verband hat seit dem Gefecht mit „Renown" Funkstille bewahren müssen. Eine Kontaktnahme mit den zuständigen Kommandostellen in der Heimat ist nun unerläßlich geworden. Aus aufgefangenen Funksprüchen ist bekannt, daß der Engländer bereits die Vernichtung unserer Schiffe veröffentlicht. Der Funkspruch des Flottenchefs an das Marinegruppenkommando West, der natürlich verschlüsselt aufgegeben wurde, hatte folgenden Text: „Standort 6 Grad West, 68 Grad Nord. — Beabsichtige Nacht zum 12. Durchbruch Nähe Shetlands von Nordwesten. — Bitte ansetzen „Hipper" im Osten. — Am 11. klar 28 sm bis auf Gneisenau Turm A."

Nachmittags erhalten wir per Richtstrahler die ersten Nachrichten über die Erfolge unserer Landungsunternehmungen. Aber auch die schweren Verluste der Flotte bei diesen Aktionen werden bekannt.

Stolz und Trauer spiegeln sich auf den Gesichtern der Besatzung wider, die diese Ereignisse überall eifrig und ernst bespricht.

Um 18.30 Uhr drehen wir unter Fahrterhöhung auf 26 sm auf Kurs 105°. Wie bekannt wird, wollen wir uns wohl mit einigen unserer Zerstörer treffen. 1 1/2 Stunden später geht es jedoch wieder zurück auf südwestlichen Kurs: In der Nähe des beabsichtigten Treffpunktes ist eine schwere englische Gruppe festgestellt worden, zu der auch die „Renown" gehört. Die „Repulse" soll sich — von Süden kommend — gleichfalls auf dem Marsch zu dieser Gruppe befinden. Auch der Anmarsch des Flugzeugträgers „Furious" und anderer schwerer Streitkräfte ist gemeldet worden. Bei dieser Unruhe in der Nordsee wird es daher von uns begrüßt, daß die Sicht wieder zusehends schlechter wird.

Am 11. April 3.00 Uhr geht's mit 25 Meilen auf 160°, d. h. also General-Kurs Mitte Shetland-Enge. Wenn alles klappt, wollen wir heute abend schon davor stehen. Die Sicht ist sehr schlecht geworden. Da wir uns bei Tage durch den Bereich der britischen Luftaufklärung bewegen müssen, wäre ein Anhalten dieses Wetters sehr zu wünschen.

Inzwischen sind in verbissener Arbeit auch die letzten Schwierigkeiten im Bereich unserer Maschinenanlage wieder beseitigt worden, die teils durch das schnelle Hochfahren der Anlage bei der Gefechtsführung mit „Renown", teils aber auch durch die abnorm schlechte Wetterlage entstanden und die unsere Höchstgeschwindigkeit so empfindlich reduzierten. Nun können wir wieder unsere volle Höchstfahrt laufen, aber auch die Beendigung des verräterischen Schwarzqualmens ist erfreulich.

Gegen Mittag klart es schnell auf. Bei glasklarer Sicht strahlt die Sonne aus wolkenlosem Himmel. So ein Pech! Hoffentlich gibt's nun keine Überraschungen! Zur Sicherheit werden alle Mann auf Gefechtsstationen gerufen. Die zum Teil aus kurzem Nickerchen aufgescheuchte und daher etwas vergrämte Freiwache wird durch einen Schlag Makkaroni mit Gulasch bald wieder friedlich gestimmt. Allerdings wird die gesamte Besatzung ihren Schlaf nun wohl während der nächsten Stunden durch gerade Haltung ersetzen müssen. Um 14.00 Uhr steht der Verband mit Kurs auf die Nordspitze Shetland etwa 56 sm ostwärts der Färöer. Eine hohe Atlantikdünung macht sich bemerkbar, und bald rauschen über das stark rollende Schiff wieder die schweren Brecher in bekannter Manier dahin.

Im Turm Cäsar erklingt Zigeunermusik. Das alte Grammophon auf dem Eisendeck der Geschützplattform tut sein Bestes. Die süßen Weisen klingen jedoch infolge der rollenden Plattform und der Schraubenerschütterungen meist etwas gequält. Dieser kleine Schönheitsfehler wie auch das häufige Springen der Nadel stören jedoch wenig. Andächtig lauschend stehen oder sitzen die Seeleute im Kreise. Besonders eindrucksvolle Stellen werden auch durch die Turmlautsprecher-Anlage an die unteren Plattformen übermittelt und von dort freudig quittiert. Zwischendurch überprüft der Turm-führer seine Schaltungen, ein BÜ antwortet durch sein Kopftelefon auf eine Anfrage der Artillerie-Rechenstelle, Ob.Fw.Mt. Schmitz von der Geschoßplattform erkundigt sich für seine Leute nach der Lage, während die Ausguckposten durch die Turmpeilfernrohre un-ablässig ihre zugewiesenen Sektoren absuchen. So verläuft der Tag im Turm teils in angespannter Aufmerksamkeit, teils in ruhiger Gelassenheit mit Musik und später auch mit Gesang zur Quetsche. Langsam werden die Füße vom Stehen auf dem Eisendeck kalt. Trotzdem werden noch lange mit sehr viel Gefühl und Ausdauer Shanties, Schlager, Volks- und Marschlieder gesungen.

Um 18.00 Uhr stehen wir kurz vor den Shetlands. Bis zur Hei-mat sind es noch 555 sm oder etwa 1000 km. Nachdem der Tag — eigentlich wider Erwarten — keine Zwischenfälle gebracht hat, fragt man sich, was uns nun wohl die Nacht bescheren wird. Das Flotten-kommando hat angeordnet: „18.00 Uhr Beginn des Durchbruches, Höchstfahrt, Gefecht bei Tage annehmen, bei Nacht ausweichen, beschädigtes Schiff selbständig!"

Um 21.00 Uhr geht der Verband von 105° auf 115°, Fahrt 26 sm. Unser Turm schüttert wieder sehr stark infolge der hohen Schrau-bendrehzahl. Nachdem das gemeinsame Abendbrot auf den Ge-fechtsstationen mit Speck und Blutwurst den Kalorienbedarf vor-übergehend wieder gedeckt hatte, friert nun aber doch alles nach z. T. schon 13stündigem Aufenthalt im kalten Turm recht heftig.

21.50 Uhr: Kurs Süd — Richtung Heimat!

Um 23.00 Uhr jagen die Alarmglocken alle Müdigkeit und Kälte aus den Knochen. Ein Ausguckposten hat angeblich einen Schatten in 50° gesehen. Es zeigt sich dann aber doch nichts.

Die Nacht zum 12. April endet ohne weitere Ereignisse. Im Mor-gengrauen kann man in Leeseite des Turmes auf der Schanze ein-zelne Gestalten beobachten, die sich durch heftige gymnastische Be-wegungen bemühen, ihre Lebensgeister wieder in Schwung zu brin-gen.

Da mit feindlichen U-Booten gerechnet werden muß, wird nach Hellwerden das aus den beiden beschädigten Maschinen zusammen-geflickte Bordflugzeug zur U-Boots-Sicherung gestartet. Nachdem um 7.00 Uhr ein uns in Sichtweite folgender englischer Fühlunghalter noch einen kurzen Fliegeralarm auslöste, stößt um 8.30 Uhr „Admiral Hipper" wieder zum Verband, den er am 8. April vormittags mit 4 Zerstörern zur Durchführung seiner Drontheim-Aufgabe verlassen hatte. Er scheint inzwischen einiges erlebt zu haben. Sein achterer Mast fehlt zur Hälfte.

Die Lage läßt es nun zu, die allgemeine Gefechtsbereitschaft in eine Kriegswachbesetzung abzumildern. Nach 24stündigem Aufenthalt auf den Gefechtsstationen eine freudig begrüßte Maßnahme! Eine B-Dienst-Meldung, die den Anflug von vier britischen Bomberstaffeln auf den Verband ankündigt, löst aber schon bald wieder einen Alarm aus. Von 11.10 Uhr bis 16.00 ist daher alles erneut auf den Gefechtsstationen und wartet gespannt auf das Erscheinen der Luftziele. Sie kommen aber nicht. Infolge der zunehmenden Diesigkeit hat uns der Tommy wohl verfehlt. Nur eine friedliche Spierentonne gibt während dieser Zeit noch einmal Anlaß zu einem „U-Boot-Alarm". Sie bleibt jedoch das letzte „feindliche Objekt" auf dieser Fahrt. Ohne weitere Zwischenfälle kann der Verband um 22.00 Uhr auf Wilhelmshaven-Reede vor Anker gehen. ———

„Wie die schweren Verluste an Menschen und Schiffen nur zu deutlich zeigen, bedeutete die Norwegen-Aktion für unsere kleine Flotte einen vollen Einsatz. Nie zuvor wurde ihr eine ähnlich schwere Aufgabe gestellt. Alle Teilnehmer an der Aktion haben bei Fahrtantritt im Hinblick auf die Größe der mit Sicherheit zu erwartenden Schwierigkeiten die Brücken zur Heimat abbrechen müssen. Die Rückkehrenden sind ihren Angehörigen nun neu geschenkt, auf sie als Soldaten warten aber auch neue und große Aufgaben im Kampfe für die Heimat.

Die Tragweite der nun zurückliegenden Unternehmung in bezug auf das weitere Kriegsgeschehen ist im Augenblick noch gar nicht abzusehen. ———"

In diesem Sinne etwa spricht der Kommandant noch in der Nacht zu seinen Offizieren, nachdem er zuvor Einzelheiten unserer eigenen Unternehmung behandelt hatte. Tiefes Schweigen herrscht in der überfüllten Messe, während er abschließend der in Norwegen noch im schweren Kampf stehenden Kameraden der drei Wehrmachtsteile, unserer gesunkenen schönen Schiffe und Boote, insbesondere aber unserer im Kampfe gebliebenen Kameraden gedenkt.

62

In gleicher Weise spricht der Kommandant auch am folgenden Morgen zur Besatzung, die — wie bei solchen Gelegenheiten üblich — nach dem Signal „Allemann achteraus!" nun dichtgedrängt auf der Schanze steht.

Von seinem erhöhten Platz unter den hoch gefahrenen, bräunlich verschwelten Rohren des Turmes Cäsar spricht „unser Alter" über die allgemeine Lage, von unserer Unternehmung, von unseren Verlusten und unseren Pflichten als Soldaten. Während er so nach unserem ersten wirklich ernsthaften Einsatz zu seiner Besatzung spricht, fühlt auch wohl der letzte, wie sehr doch der Erfolg eines Schiffes zunächst erst einmal vom Glück, aber auch gleichermaßen von dem Können und dem Einsatz jedes einzelnen wie auch jeder Waffengattung abhängig ist.

Was wäre z. B. geschehen, wenn die Maschine nicht in der Lage gewesen wäre, ihrer erheblichen Schwierigkeiten bei Gefechtsbeginn so schnell Herr zu werden? Wir hätten eine Hauptwaffe, unsere Schnelligkeit, nicht einsetzen können. Das Vertrauen in die Leistung des anderen und die Achtung vor dieser schweißt eine Schiffsbesatzung zusammen. Die zurückliegenden Erlebnisse haben dies bei der Besatzung unseres Schiffes beschleunigt. Der braune Ebbstrom der Jade zieht an unserem zu Anker liegenden Schiff entlang, während der Blick einmal verstohlen über das Wasser nach „Schlicktown" hinüberwandert. Wie grün doch die Deiche nach diesen paar Tagen Abwesenheit erscheinen! Dabei ist es doch erst Mitte April.

Auch die Möwen über dem Schiff unter dem auffallend blauen Himmel schreien so ganz anders, so — fast möchte man sagen — „sonntäglich".

Ja, genau so war es auf der Kieler Förde vor einem Jahr, als wir unseren Heimathafen zum ersten Male anliefen.

GEFECHT IM NORDMEER

*W*ir schreiben den 4. Juni 1940.

Der Kapitulation Polens am 27. Sept. des vergangenen Jahres waren während des Winterhalbjahres keine weiteren militärischen Aktionen auf dem Lande gefolgt. Der am 9. April begonnene Angriff auf Norwegen steht jetzt wohl kurz vor seinem Abschluß. Dänemark, dessen Besetzung dabei notwendig gewesen war, hatte sich kampflos ergeben. Und nun rollt seit dem 10. Mai der deutsche Angriff im Westen. Holland und Belgien haben schon kapituliert, und heute wird wohl eine neue Sondermeldung des Oberkommandos einen weiteren großen Erfolg unserer Kameraden von der Armee und der Luftwaffe ankündigen: die Besetzung Dünkirchens und damit auch die Umfassung des französischen Nordheeres. Schon seit Tagen verfolgen wir mit größter Spannung die Sprünge der bunten Nadeln auf den Übersichtskarten des westlichen Kriegsschauplatzes. Das, was der Wehrmachtbericht meldete, ist doch kaum zu fassen: die Engländer sollen sich in voller Flucht unter Zurücklassung ihres Kriegsmaterials von Dünkirchen aus auf ihre Insel zurückziehen!! —

Die Kieler Förde liegt unter einer strahlenden Morgensonne, während unsere „Scharnhorst" um 8.00 Uhr von ihrer Boje A 12 gegenüber der Wik loswirft. Am Abend zuvor war der Seeklarbefehl herausgekommen, der ab sofort jeden Landverkehr stoppte.

Nach kurzer Werftzeit in Wilhelmshaven, während der vor allem die bei der Narvik-Unternehmung eingetretenen Seeschäden beseitigt worden waren, lag das Schiff dort noch bis zum 10. Mai in abwechselnd zwölf- oder sechsstündiger Bereitschaft. Die Verlegung nach Kiel — zwei Tage vor Pfingsten — wurde von dem weitaus größten Teil der Besatzung mit Freuden aufgenommen, haben doch die meisten Verheirateten ihre Familien hier in Kiel, dem Heimathafen unseres Schiffes. Aber auch die übrige Besatzung fühlt sich wie immer durch die schöne Förde und die Abwechslungen, die das gute alte Kiel einem Seemannsherzen zu bieten hat, mächtig angezogen. Gleich nach Pfingsten folgte eine Zeit intensiver Ausbildung im Seegebiet vor Gotenhafen. Sie war angefüllt von Gefechtsübungen an Bord und von Verbandsübungen gemeinsam mit unserem Schwesterschiff.

Seitdem liegen wir aber schon wieder einige Tage auf der Förde. Es ist kaum verwunderlich, daß die Liegezeiten in der altvertrauten und anheimelnden Umgebung bei uns allen die Gedanken an den Krieg fast völlig verdrängten. Wie gerne sieht man doch stets hinüber zu den grünen Wipfeln des Düsternbrooker Gehölzes, zur Forstbaumschule und zur Bellevue-Brücke, die jetzt durch den leichten Frühdunst strahlendweiß über das stille, blaue Wasser zu uns herüberleuchtet! Nun ist es also wieder einmal soweit! Zwar fliegt noch manch verstohlener Blick hinüber zur Seydlitz-Brücke und zur Stadt, und es sind auch noch viele Gedanken bei den Familien, den Bräuten und Freundinnen. Sie alle werden heute vergeblich warten. Zum Trübsalblasen ist jedoch nicht lange Zeit. Nach dem Passieren des Leuchtturms Friedrichsort beginnen schon die Vorbereitungen auf allen Gefechtsstationen; sie lassen keine Zeit für Grübeleien. Langsam weitet sich die Außenförde. Ein NDC*-Dampfer mit winkenden Menschen kreuzt unseren Kurs, und während voraus schon das Feuerschiff Kiel wie ein rotes Pünktchen am Horizont erscheint, senkt sich unsere Flagge zum Gruß vor dem wuchtigen Marine-Ehrenmal Laboe. Sein hochragender Turm grüßt uns noch lange. Wie ein mahnend erhobener Finger scheint er uns auf unsere soldatischen Pflichten hinweisen zu wollen, bis er langsam achteraus unter dem südlichen Horizont untertaucht.

Gemeinsam mit „Gneisenau" (Gu), „Hipper" und vier Zerstörern geht der Marsch bei schönstem Frühlingswetter nordwärts durch den Großen Belt. Die Führung des Verbandes hat der Flottenchef, Admiral Marschall, auf Gu. Nachdem uns im Skagerrak schon drei Torpedolaufbahnen wieder auf den Ernst kriegerischer Unternehmungen hingewiesen hatten, passieren wir am 5. 6. um 11.15 Uhr

* Neue Dampfer Companie Kiel

die Sperrlücke bei Hanstholm am Westausgang des Skagerraks. Von nun ab wird wieder Kriegswache gegangen. Die Shetland-Bergen-Enge durchläuft der Verband während der folgenden Nacht bei mäßiger Sicht mit 27 sm und in voller Gefechtsbesetzung.

Die notwendige Ölabgabe an unsere Zerstörer bringt in der Nacht vom 6. zum 7. 6. eine Unterbrechung unseres Marsches ins Nordmeer. Wir ergänzen die Bestände des „Hans Lody". Während uns dieser auf unserem nordöstlichen Kurse mit langsamer Fahrt folgt, hüllt die Mitternachtssonne aus wolkenlosem Himmel die nächtliche Szene in ein eigenartiges Dämmerlicht. Am Abend des 7. 6. findet auf etwa 70° N, 3,5° O eine Kommandantensitzung beim Flottenchef statt.

Nach Weisung der SKL sollte der Verband überraschend gegen den als Hauptstützpunkt der in Nordnorwegen gelandeten englischen Truppen dienenden Hafen von Harstadt vorgehen. Entsprechend dieser Weisung hatte der Flottenchef Admiral Marschall folgenden Op.Befehl erlassen:

„Ich beabsichtige, mit Gu, Sh, Hp und 4 Zerstörern zur Entlastung der Heeresgruppe Narvik überraschend in den Andfjord-Waagsfjord einzudringen und dort angetroffene Feindstreitkräfte, Transporter und eingerichtete Feindstützpunkte anzugreifen. Je nach Entwicklung der Feindlage kommt auch ein Angriff auf Feindstreitkräfte bzw. Transporter im Ofotfjord in Frage.

Anschließend beabsichtige ich, unter Ausnutzung des Stützpunktes Trondheim mit den verfügbaren Seestreitkräften den Nachschubweg für das Heer im Raum Trondheim — Mo — Bodö — Saltdal zu sichern, um die Durchführung eines aus dem Raum Saltdal — Bodö mit einer ausgesuchten Hochgebirgstruppe beabsichtigten Entlastungsvorstoßes in den Raum Narwik zu ermöglichen." —

Zweck der Kommandantensitzung war, die Durchführung der gegen Harstadt beabsichtigten Unternehmung im einzelnen festzulegen und mit den Kommandanten durchzusprechen. Während dieser Sitzung gingen auf „Gneisenau" mehrere Funksprüche über Aufklärungsmeldungen der an der Operation beteiligten Fliegerverbände ein, wonach im Seegebiet nördlich Harstadt ein Geleitzug und 2 Flugzeugträger mit westlichem Kurs gesichtet worden waren. Dieses schien auf eine Absetzbewegung der englischen Streitkräfte

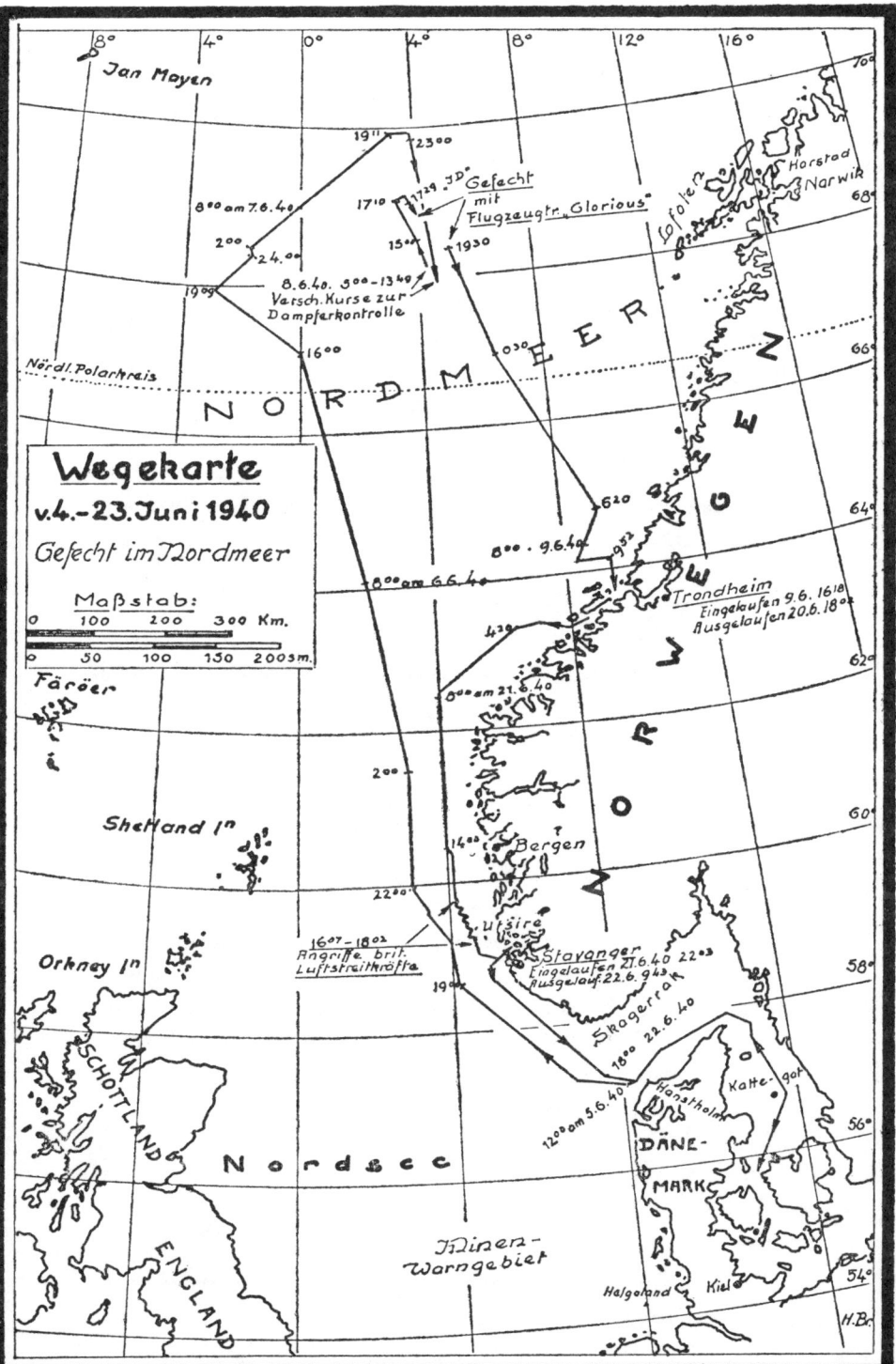

hinzudeuten. Vermißt wurde in den Meldungen der Luftwaffe die für eine Durchführung des Angriffs auf Harstadt unbedingt erforderliche Angabe über die dortige Feindlage. Unter Zustimmung aller Kommandanten entschloß sich Adm. Marschall auf Grund der nach den Funksprüchen vorliegenden Lage, die Ausführung des Harstadt-Unternehmens zunächst zurückzustellen und am nächsten Tage gegen den gemeldeten feindlichen Geleitzug zu operieren.

Nach der Sitzung beim Flottenchef geht der Verband zunächst auf südlichen Kurs. Wir stehen nun etwa 1 Breitengrad nördlich Narvik, der Länge nach etwa auf der Mitte zwischen dem Längengrad von Narvik und dem von Jan Mayen.

Die Absicht des Flottenchefs ist, in einem breiten Aufklärungsstreifen aller beteiligten Streitkräfte ab 6.00 Uhr am 8. 6. gegen den gemeldeten Geleitzug zu operieren. Kurz nachdem Sh ihre Position im Aufkl.Streifen eingenommen und auf Kurs 65° den Vormarsch angetreten hat, wird das Alarmsignal eines der eigenen Zerstörer empfangen. Nach Zulaufen auf das Quadrat werden 7.30 Uhr voraus „Gneisenau" und „Hipper" gesichtet. Ferner sieht man einen brennenden Tanker, der gegen 8.00 Uhr sinkt. Es handelt sich um den von Zerstörern gesichteten britischen Tanker „Oil Pioneer".

Während kurz nach dieser Episode der Aufklärungsstreifen wieder eingenommen werden soll und das Bordflugzeug schon zur Aufklärung gestartet ist, kommen weitere Fahrzeuge in Sicht. Wie später festgestellt wird, handelt es sich um den britischen Transporter „Orama" mit 22 000 BRT, das britische Lazarettschiff „Atlantis" sowie um den Bewacher „Juniper". „Hipper" erhält Befehl, „Orama" und „Juniper" zu versenken. Das Lazarettschiff wird nach völkerrechtlichen Bestimmungen nicht behelligt.

Mittags werden „Hipper" und die Zerstörer zur Brennstoffergänzung nach Trondheim entlassen. Die beiden Schlachtschiffe operieren nun allein gegen die gemeldeten Feindstreitkräfte im Sinne des Entschlusses des Flottenchefs.

Gegen 17.00 Uhr bemerkt das besonders scharfe Auge eines Fähnrichs von unserem Vormars aus ein feines Wölkchen über der Kimm im Südosten. Mit hoher Fahrt laufen die beiden Schlachtschiffe darauf zu. Die Konturen der langsam über dem Horizont auftauchenden Aufbauten lassen auf einen Flugzeugträger schließen.

Bald kann auch durch die scharfen Gläser ausgemacht werden, daß wir die „Glorious" vor uns haben, die nach unseren Unterlagen mit ihren 22 500 t, ihrer Besatzung von etwa 700 Mann und ihren 45 Flugzeugen eine Geschwindigkeit von 31 sm erreichen kann. Also ein in der Geschwindigkeit ebenbürtiger Gegner!

Nun hat man uns dort drüben aber auch wohl erkannt:

Mit einer dicken Qualmwolke über dem Schornstein dreht der Träger plötzlich ab und versucht, ständig schneller werdend, nach Süden zu entkommen. Sofort jagen die Schlachtschiffe hinter dem Flüchtling her. Ein buntes Gefechtssignal jagt an den Leinen zur Rah des Flaggschiffes hoch: „Jot-Dora" — Feuererlaubnis!

Im gleichen Augenblick lassen auch schon die ersten Salven der vorderen schweren Türme unser Schiff erbeben. Es ist jetzt 17.29 Uhr und die „Glorious" ist 297 hm — also fast 30 km — entfernt. Sie läuft einen fast südlichen General-Kurs, während wir uns ihr mit unserem mehr südöstlichen Kurs spitz von achtern nähern. Ihre Geschwindigkeit schwankt nach unserer Ortung zwischen 24 und 29 sm. Durch kleine Kursänderungen versucht sie, unser Schießen zu erschweren. Trotzdem liegen bereits unsere ersten Salven dank unserer ausgezeichneten Feuerleitmittel deckend im Ziel.

Steuerbord voraus läuft unser Schwesterschiff mit schäumender Bugsee. Wie bei uns, so fallen während des Wirkungsschießens auch drüben die Salven der vorderen Türme in ganz exakten Abständen. Nach dem Feuer und dem Krachen der Abschüsse zieht dann stets eine riesige, schwarzbraune Qualmwolke achteraus, zunächst das Vorschiff und dann die hohen Aufbauten eine Weile verdeckend. Die jagende Fahrt gibt aber bald wieder den Blick auf den weiß umsprühten Steven, dann auf die Back und schließlich auch wieder auf die Türme mit ihren steil aufragenden Rohren frei. Und wieder lodern sechs Feuerzungen auf, hüllt sich das Schiff in Pulverqualm und rollt der Donner der Salve über die See. — Das gigantische Bild eines Seegefechtes! Wie ungeheuer ist aber auch der Eindruck, den diese Schiffe auf den seitlichen Beobachter machen! Wie Riesen-Stahlberge wuchten sie breit und drohend aus dem Wasser, und doch vermögen sie die See — so wie jetzt — wie schnelle Kreuzer zu durchjagen. Nicht umsonst leisten unsere drei Turbinen 160 000 Pferdestärken!

Es gilt vor allem, den Einsatz der Hauptwaffe des Trägers, der Flugzeuge, zu verhindern.

Bleigrau hängt der Himmel über dem Nordmeer. Weit vor uns steht eine Regenwand, auf die unser Gegner zuläuft. Während er die Fahrt erhöht, wird er gewiß versuchen, seine Maschinen zu starten. Doch müssen nach unseren Beobachtungen schon unsere ersten Salven die Flugzeugförderanlagen des Trägers ernsthaft beschädigt haben.

In Begleitung der „Glorious" befinden sich zwei britische Zerstörer. Es sind dies die „Acasta" und die „Ardent" — wie wir später erfahren. In geradezu selbstmörderischen Einsätzen bemühen sie sich immer wieder, ihren schon brennenden großen Kameraden durch Nebelwände unserer Sicht zu entziehen. Durch diese stoßen sie dann urplötzlich hindurch, um einige Salven mit ihrer schwachen Artillerie zu feuern und ihre Aale zu schießen. Wieder und wieder müssen wir durch geschicktes Manövrieren den Torpedos ausweichen. 17.30 Uhr packt das Feuer unserer MA den ständig kurvenden nördlichen Zerstörer auf einer Entfernung von 145 hm. In schneller Folge rollen nun die Salven. Nach mehreren durch Nebel erzwungenen Feuerpausen und nach Einsatz auch unserer schweren Flak liegt die „Ardent" manövrierunfähig in unseren Aufschlägen. In einer erneuten Feuerpause ist zu erkennen, daß sie kurz vor dem Kentern ist. Um 18.22 Uhr schließt sich die See über diesem tapferen Gegner.

Da es sich um ein reines Verfolgungsgefecht handelt, kommen nur die schweren Türme A und B gegen die „Glorious" zum Einsatz. Ein Eingreifen des Turmes C wird durch die eigenen Schiffsaufbauten verhindert. Manchmal läßt das Drehen des elektrischen Richtungsweiser-Zeigers im Turm zwar vermuten, daß das Gefecht nun endlich etwas achteraus wandert, das sofortige Schwenken von Stbvoraus nach Bb-voraus nutzt aber nichts. Die Hartlage des Turmes kurz vor der Schußrichtung vereitelt alle Bemühungen. Die Bedienungen der unteren Turmplattformen und der Kammern werden ungeduldig. Sie hören und spüren da unten doch den Gefechtslärm. Auch die jagende Fahrt ihres Schiffes fühlen sie mit, die hochtourige Drehzahl der drei Schiffsschrauben läßt alles erschüttern. — Sie haben doch bei Narvik gezeigt was sie können, und nun sollen sie nur als Zuhörer mitfahren! Die wiederholten, vorwurfsvollen Anfragen per Turmlautsprecher veranlassen mich schließlich, in die unteren Plattformen und Kammern hinabzuturnen und dort in Kürze das Wichtigste über die Lage zu berichten. Bei meiner Rückkehr von dieser Reise auf die Geschützplattform ist es 18.40 Uhr. Im gleichen Augenblick scheint eine Riesenkraft das Schiff ruckartig anzuheben und zu schütteln. Männer und Geräte werden durcheinandergewirbelt. Dann ist es schlagartig dunkel und totenstill. Neben der Beleuchtung des Turmes sind auch alle elektrischen Geräte ausgefallen. Ihr leises Summen, das nun einmal zum Leben einem Turmes gehört, ist verstummt — ist tot. Durch die aufgesprungenen Einsteigeluken dringt schwaches Tageslicht. Erschreckt oder auch nur verwundert sehen die Männer mit fragenden Augen zu mir herüber, während sich Hamacher, der Turmführer, bereits wie ein Panther auf seinen Schaltschrank stürzt.

Aus dem Luk zur Maschinenplattform steigt dicker Qualm. Der Geruch nach verbranntem Pulver, die plötzliche Wärme und ein starker Druck auf den Ohren lassen mich vermuten, daß in einer Kammer Kartuschen abgebrannt sind. Ich muß deshalb damit rechnen, daß in Kürze der ganze Turm ausbrennen wird. Da mein Parole-Anruf nach unten ohne Antwort bleibt und mir statt dessen nur unerklärliche, verworrene Geräusche aus der Finsternis entgegenhallen, gebe ich Befehl, den Turm zu verlassen. Der Turm-GF, der auf seinem Richtsitz vor dem rechten Rohr eingeschlossen ist, muß sich seinen Weg erst durch die finstere und verqualmte Maschinenplattform suchen.

Blinzelnd schauen die Männer der Geschützplattform und die Turmmechaniker nach ihrem Sprung auf die Schanze in das helle Tageslicht. Dann sehen sie bestürzt auf ihren toten Turm. Mit hoch erhobenen und geladenen Rohren steht er voraus geschwenkt da, aus seinen Luken quillt aber dicker, brauner Qualm. Entsetzt bemerken sie die Schräglage des Schiffes, und fühlen sie die harten Schläge, die den Schiffsrumpf in kurzen Abständen immer wieder erschüttern. Unser Schiff macht aber noch Fahrt und Bb-voraus geht auch noch das Artilleriegefecht in unverminderter Heftigkeit weiter. Was ist aber hier achtern geschehen? Vor allem quält uns jedoch die Sorge um unsere Turmkameraden dort unten.

Inzwischen hatte 18.15 Uhr die schon im Achterschiff brennende „Glorious" das Feuer gegen uns eröffnet. Sie läuft nun ca. 30 sm und peilt etwa 10° an Stb. „Scharnhorst" und „Gneisenau" folgten mit Höchstfahrt. Das Feuer ihrer schweren Türme muß immer wieder unterbrochen werden, wenn der Gegner im Nebel aus Sicht kommt. Gegen 18.30 Uhr hat „Glorious" schon eine Schlagseite von fast 40°. Einige auf dem Flugdeck stehende Maschinen geraten ins Rutschen und kippen schließlich über Bord. Der Brand breitet sich jetzt auch schon über das Vorschiff aus.

Nach der Versenkung der „Ardent" hat nun die „Acasta" allein die Sicherung der „Glorious" durchzuführen. Sie nebelt unermüdlich, und während sie mit ihrer relativ leichten Artillerie uns schon auf 150 hm beschießt, kurvt sie mit hoher Fahrt zwischen unseren schweren Aufschlägen vor ihrem Schutzbefohlenen hin und her. Immer wieder stößt sie zu einem kurzen Feuerüberfall vor. Der britische Zerstörerkommandant wird aber wohl schließlich doch das Aussichtslose seiner Bemühungen eingesehen haben: plötzlich läßt die „Acasta" ihren Schützling im Stich — der von uns nun in etwa 350⁰ gepeilt wird — und rauscht mit full speed vor unserem Steven her nach Steuerbord. Mit Hartruder dreht dann das Boot genau so plötzlich wieder auf Gegenkurs. Und nun, im starken Überkrängen, läßt es 4 Aale ins Wasser klatschen. Es ist jetzt 18.33 Uhr. Nur 5° an Steuerbord peilt die „Acasta" beim Feuern ihrer Torpedos und ist 133 hm entfernt. Nach Meinung unserer Torpedofachleute ist es ausgeschlossen, daß die britische Torpedo-Gefechtspistole bei einer so spitzen Lage zünden wird. Sicherheitshalber veranlaßt die Schiffsführung aber doch ein Ausweichmanöver. Und trotz alledem soll uns sieben Minuten nach ihrem Abschuß einer dieser Aale treffen.

Die „Acasta" hat mit hoher Fahrt sofort wieder den Schutz der „Glorious" übernommen. Aber auch die neu gelegte schützende Nebelwand teilt sich wieder. Und wieder schlägt das Feuer der schweren Türme zu. Feurige Lohe läßt die Einschläge erkennen. Langsam legt sich das große Schiff weiter zur Seite und verliert seine Fahrt. Brennend und qualmend treibt das Wrack schließlich mit dem Wind. 19.07 Uhr — also nach fast zweistündigem schwerem Kampf — geht die „Glorious" kieloben auf Grund.

Die „Acasta" läßt aber nicht locker. Obgleich brennend, feuert sie verbissen weiter, so daß unsere MA nochmals eingesetzt werden muß. Treffer zerreißen ihr Vorschiff, ihre Fahrt läßt schnell nach. Trotzdem schießt das achtere Geschütz weiter. Wieder muß unsere MA einige Salven hinüberschicken. Nun endlich schweigt auch die „Acasta". Das Vorschiff brennt, langsam beginnt das Boot zu sinken. Weißer Dampf über dem Wrack läßt eine Kesselexplosion vermuten. Dann schließt sich auch über diesem so vorbildlich tapferen Gegner die See.

Die hervorragende Haltung der britischen Seeleute hinterläßt einen unvergeßlichen Eindruck auf unsere Besatzung. Ein Jahr später und nach zahlreichen neuen Kriegsereignissen führt die Erinnerung an die heutigen Erlebnisse zu einer besonderen Ehrung, über die noch berichtet wird: Drei Scharnhorst-Unterkünfte erhalten die Namen der heutigen Gegner. — Diese Maßnahme mag nach außenhin vielleicht unwichtig erscheinen, für die Scharnhorstmänner ist sie jedoch ein Ausdruck der Hochachtung vor ihren einstigen Gegnern im Nordmeer. —

Der Torpedo hat durch seine Detonation die Stb-Bordwand der Abteilungen III und IV und den weiter innen liegenden Heizölbunker querab von Turm C eingedrückt. Das eindringende Seewasser und das Heizöl überfluten sofort die Geschoß- und Kartuschkammern und die unteren Plattformen des Turmes. Auch andere Räumlichkeiten im Stb-Achterschiff laufen voll.

Etwas rätselhaft bleibt im Augenblick noch die Ursache für den Pulvergeruch, den Qualm und die Hitze im Turm. Sie können eigentlich nur auf die Torpedodetonation zurückgeführt werden, wenn es auch wegen des dazwischen liegenden vollen Heizölbunkers kaum glaublich erscheint.

Nach Erkennen der wahren Schadensursache dringen sofort zwei Turmmechaniker mit Taschenlampen von oben in den Turm ein. Aber schon nach dem Passieren der Maschinenplattform fallen die Lichtkegel auf eine schwärzliche, wabernde Fläche: — Heizöl! Ein weiteres Hinabsteigen ist damit unmöglich gemacht. Zwei hier in der Dunkelheit treibende Kameraden, Dietsch und Heine, können jedoch geborgen werden. Alle Bemühungen unserer Schiffsärzte, sie ins Leben zurückzurufen, verlaufen aber erfolglos.

Aus den Kammern und unteren Plattformen haben sich nur 1 Unteroffizier und 10 Mann retten können. Es sind also ein Unteroffizier und 42 Mann im Turm geblieben.

Die 26köpfige Besatzung der Geschützplattform und die vier Turmmechaniker haben keine Verluste. Auf der achteren Personalsammelstelle und dem Nebengefechtsverbandsplatz im Zwischendeck treffen sie nun mit den Männern zusammen, die sich aus der vorderen Kartuschkammer des Turmes retten konnten. Völlig ölverschmiert und teilweise auch vom Heizöl stark mitgenommen, werden sie dort gewaschen und ärztlich behandelt.

Sie haben gleichzeitig mit der Erschütterung durch den Treffer einen starken Feuerschein bemerkt. Dann brach auch schon von allen Seiten Wasser in den Raum ein. Der Ob.Gefr. Bracht als Dienstältester der Kammer bewährte sich vor allem als Führer seiner kleinen Gruppe. Ein Griff in der völligen Finsternis sicherte ihm sofort die Taschenlampe, die trotz der Erschütterung noch auf ihrem vorgesehenen Platz lag. Sie und die Besonnenheit aller rettete den Männern das Leben. Das Schließen der Schnellschieber zum Turm nutzte nichts, darum ging es sofort an das Öffnen des Notausganges, eines mit sechs Vorreibern gesicherten schweren Luks an der Decke. Verbissen und keuchend arbeiteten die Männer, sich wegen der Enge ständig ablösend. Einer leuchtete. Das schnell steigende Wasser, in das sich das von oben herablaufende Heizöl mischte, preßte die Luft in der Kammer immer stärker zusammen. Der starke Luftdruck gegen das Luk machte das Lösen der Vorreibermuttern schließlich so schwer, daß zwei Mann gleichzeitig zufassen mußten. Bald standen alle bis zum Halse in der öligen Brühe. Nur noch etwa 30 cm hoch war der Luftraum bis zur Decke. Bracht, mit der Taschenlampe im Munde, bemühte sich mit Wächtler gemeinsam, den letzten Vorreiber zu lösen. Ihre Füße fanden glücklicherweise auf den Kartuschracks Halt. Die anderen mußten, an die Rohre der Kühlanlage geklammert, untätig zusehen. Schließlich konnten sie sich aber nur noch bemühen, auf dem Rücken schwimmend ihre Nasen in dem fast auf 10 cm zusammengepreßten Luftkissen zu halten. Da, plötzlich flog das Luk infolge des starken Luftdruckes mit einem Ruck auf. Heizöl und Wasser preßten nun die Luft hinauf ins Zwischendeck und rissen die Männer mit. Im Nu stand das Zwischendeck aber auch schon fußhoch unter Wasser und Öl, und erst den vereinten Kräften aller greifbaren Leute gelang es, das Notluk gegen das mit Macht nachdrückende Seewasser-Öl-Gemisch wieder zu schließen.

Die beiden Überlebenden der Kartuschplattform Kramb und Duden konnten über den senkrecht mitten durch alle Plattformen des Turmes hindurchführenden schmalen Niedergang die Geschützplattform und das Oberdeck erreichen. Die eben mannstarken Durchsteigeöffnungen zwischen den verschiedenen Plattformen waren in der Dunkelheit und unter den herrschenden Verhältnissen besonders schwierig zu passieren.

Beide berichten, daß sie gleichzeitig mit der Erschütterung eine grelle Stichflamme bemerkten und daß sie unmittelbar darauf durch das einbrechende Wasser und Öl umgerissen und überflutet wurden. Die Eisenleiter fanden sie mehr zufällig, so daß sie sich an den Sprossen hochziehen konnten. Beide haben auch die schlagartige, stickig gelbe Verqualmung ihrer Plattform im Augenblick der Explosion feststellen müssen. Noch benommen vom Detonationsschock, halb ertrunken und halb erstickt, mit ölverschmierten Gesichtern und vom Heizöl entzündeten Augen gelang es schließlich beiden, die Schanze zu erreichen.

Daß sich aus der untersten, der Geschoß-Plattform, sogar drei Mann, der Feuerwerks-Ob.Mt. Schmitz, der Masch.Ob.Gefr. Dum und der Mtr. Suek retten konnten, haben diese neben einem unwahrscheinlichen Glück vor allem ihrer Ruhe und Besonnenheit und ausgezeichneter Kenntnis ihrer Gefechtsstation zu verdanken.

Ihre Beobachtungen waren die gleichen wie die der Männer auf der darüber liegenden Kartusch-Plattform: Starker Stoß — gleichzeitig grelles „Blitzlicht", atemraubender Qualm und starker Wasser- und Öleinbruch. Der Stoß warf zunächst alles zu Boden. Dann versuchte Schmitz mit einigen Leuten, die Notausgänge zu öffnen. Das schnelle Steigen des Wassers vereitelte jedoch diesen Versuch. Ihre Absicht, nun den schmalen Niedergang zur Kartuschplattform zu benutzen, scheiterte trotz starker Bemühungen längere Zeit daran, daß sich die leichte Klappe in der Durchsteigeöffnung nicht hochklappen ließ. Offenbar standen Männer der Kartuschplattform darauf, um ihrerseits die weiter nach oben führende Leiter zu benutzen. In etwa 15 Sekunden hatte sich die Geschoßplattform bis auf einen 10-cm-Luftraum unter der Decke mit Wasser gefüllt. Nun gab das Durchsteigeluk dem Druck nach, und die in der Nähe hängenden Männer kletterten nach oben. Schmitz, der sich auf dem Drehtisch stehend an den Decksspanten festhielt, beobachtete zunächst seine Männer an der nahen Leiter. Beim weiteren Steigen des Wassers bemerkte er, daß sich zwischen den Spantenvierecken an der Decke Luftkissen hielten. Diese benutzte er schließlich zum Atmen. Zwischendurch fühlte er nach, ob das Luk zum Entweichen frei war. Viermal war das Luk jedoch von seinen Männern besetzt. Der fünfte Versuch gelang endlich. Der Auftrieb riß ihn nach oben bis gegen die Decke der Kartuschplattform. Nach kurzer Orientierung gelang ihm auch der weitere Aufstieg durch die Zwischenplattform. In der Dunkelheit der Maschinenplattform traf er Dum und Suek, und nun ging es gemeinsam weiter nach oben.

Dum hatte sich nach seinem vergeblichen Versuch, den Notausgang zu erreichen, auf dem Rücken schwimmend und an der Decke von Spant zu Spant hangelnd zur Leiter zurücktasten müssen. In jedem Spantenviereck legte er eine kurze Atempause ein, ehe er durch das Heizöl zum nächsten durchtauchte. Endlich hatte er die Leiter gefunden. In der Annahme, das Luk sei geschlossen, stieß er sich mit seinen Füßen kräftig von den Sprossen ab, um den Deckel mit dem Kopf aufzustoßen. Er traf jedoch wider Erwarten auf keinen Widerstand. Sein Schutzengel ließ ihn — ohne in den so engen Durchsteigeöffnungen anzuhaken — nun mit einem Schwung durch die Kartusch- und die Zwischenplattform hindurch bis in die Maschinenplattform hochschnellen, in der das Heizöl auch schon einen Meter hoch stand und in der er auch Schmitz und Suek antraf. —

Ungläubig starrt der hier suchende Hilfstrupp auf die blasige, schmierige Fläche des Heizöls, aus der nach so langer Zeit und eigentlich gegen jede Regel der Vernunft im Licht ihrer Taschenlampe noch diese schwarzen, unkenntlichen Gestalten aufsteigen. Ungläubig stehen zunächst auch die Kameraden den Berichten dieser Männer gegenüber.

Bei der Schiffsführung und der Leckwehrleitung in der Kommandozentrale laufen nach dem Treffer — wie friedensmäßig geübt

— in kurzen Abständen Meldungen von den verschiedenen Stellen des Achterschiffes ein, die bald ein ungefähres Bild von der Ursache und dem Ausmaß des Schadens geben.

Der Leckwehrgruppenführer, der die Schiffssicherung in den achteren Abteilungen I bis V führt, ist bei der als Leckwehr aufgezogenen ersten technischen Wache der Turbinen-Obermaschinist Weidlich. Klar und sachlich sind seine Meldungen, die er durch seinen BÜ über den Leckwehrhauptfernsprecher an die Leckwehrzentrale geben läßt. Als dort nun die Meldung über eine starke Verqualmung des Batterie- und des Zwischendecks in der Nähe der Turmes C eintrifft, befiehlt der IO sofort das Fluten der Munitionskammergruppe dieses Turmes, um eine Explosionskatastrophe im Achterschiff zu verhüten. Dieser folgenschwere Befehl muß der wohldurchdachten Klarschiffvorschrift zufolge — weil er nicht vom IO am Trefferort selbst gegeben wurde — zusätzlich zur telefonischen BÜ auch noch auf einem zweiten BÜ-Wege übermittelt werden. Während der Flutbefehl noch im Klartext auf dem Leckwehrtelegraphen der Zentrale eingestellt wird, meldet sich aber schon Obermaschinist Weidlich selbst am Leckwehrhauptfernsprecher und verlangt dringend den Leckwehroffizier an den Apparat. „Herr Kaleu, wozu sollen wir fluten? Wir haben einen großen Wassereinbruch im Trefferbereich, wahrscheinlich hat uns ein Torpedo erwischt. Noch mehr Wasser wollen wir doch nicht ins Schiff lassen; die Kammern gehen *nicht* hoch!"

Gebannt schaut in der Zentrale alles auf die beiden Offiziere der Leckwehrleitung. Unverzüglich erteilt der IO den ihm vorgeschlagenen Befehl zur Stornierung des Flutbefehls. Der Leckwehroffizier veranlaßt sofort das Erforderliche, läßt den eingestellten Telegraphentext löschen und sagt dem Leckwehrgruppenführer selbst: „In Ordnung, Weidlich, Sie haben recht, IO hat den Flutbefehl storniert. Vielen Dank!" Alle Beteiligten und Zeugen dieser wahrhaft dramatischen Sekunden erlebten hier das fabelhafte Ineinandergreifen sinnvoller Organisation mit hohem Ausbildungsstand und vollem Vertrauen des Vorgesetzten zum Untergebenen und umgekehrt. Hier ging es um klare Meldungen, rasche Lagebeurteilung, spontane Entschlüsse, verantwortliches Mitdenken und diszipliniertes Verhalten.

Wie wir später bestätigt fanden, waren die Entschlüsse und Maßnahmen der Leckwehrleitung und der Leckwehr — trotz der begreiflichen Nervosität bei diesem ersten Treffer im Gefecht und trotz der Rasanz der Ereignisse — richtig.

So hat auch unsere Leckwehr ihre Feuertaufe erhalten — und diese gut bestanden. Alle weiteren Maßnahmen zur Bekämpfung der Trefferfolgen können anlaufen.

Langsam neigt sich das Schiff nach Steuerbord. Die baumstarke stählerne Welle der Stb-Schraube wurde durch die Torpedodetonation gebrochen. Nun läßt die sich im Fahrtstrom mitdrehende Schraube ihren Wellenstumpf im Schiffskörper schlagen. Bei jeder Umdrehung bebt das Schiff unter diesen Schlägen.

Ein im Stb-Wellentunnel stationierter Leckwehrposten meldet telefonisch an den Gruppenführer, daß er von Wasser eingeschlossen ist. Der Versuch, ihn durch Überschleusen eines Nebenraumes zu befreien, muß schließlich aufgegeben werden. Selbst die eingesetzten großen Lenzmittel versagen, weil durch das anscheinend sehr große Leck zu viel Wasser nachströmt. Nun läßt sich aber auch der Überschleusen-Absperrschieber nicht wieder schließen. Er hat sich wohl durch die Erschütterung beim Treffer verzogen. Da der Lenzvorgang über die Lenzpumpen des mittleren Turbinenraumes erfolgte, läuft dieser jetzt so weit voll, daß sich der Turbinenläufer infolge der plötzlichen Abkühlung verzieht. Damit fällt auch die Mittelmaschine und mit ihr die Mittelschraube aus. Und bis zur nächsten Werft ist es noch weit.

Nach Gegenfluten schwimmt das Schiff bald wieder auf einigermaßen ebenem Kiel. Das Heck taucht durch diese neuen Wassermengen nun aber so weit weg, daß es fast bis zur Schanze im Wasser liegt.

In guter Zusammenarbeit zwischen Leckwehrleitung und dem 1. Heizölmaschinisten, dem Obermaschinisten Lüsebrink, gelingt es, die Trimmlage des Schiffes durch Umpumpen von Heizöl zu verbessern und wesentliche Mengen des zum Gegenfluten zunächst benötigten Wassers aus den Flutzellen wieder lenzen zu können.

Der Wassereinbruch ist lokalisiert, die Meistergruppen haben gefährdete Luken und Wände gegen den Wasserdruck abgestützt. Wenn wir jetzt mit der uns allein verbliebenen Bb-Schraube auch

Allemann auf Gefechtsstation — „Klarschiff zum Gefecht"
Im Vordergrund ein auf die Back gemaltes Fliegersichtzeichen

„Gneisenau" hat das
Feuer auf den britischen
Flugzeugträger
„Glorious" eröffnet.
Salve der Schweren
Artillerie. Rechts eine
Rauchfahne der
vorhergehenden Salve

Der britische Zerstörer
„Ardent" legt eine
Rauchwand
vor „Glorious"

„Scharnhorst" greift
ein. Eine Salve
der vorderen schweren
Türme

„Glorious" kurz
vor dem Kentern.
Aufnahme
durch Teleobjektiv

noch bis zu 26 sm laufen können, so hat die Manövrierfähigkeit des Schiffes jedoch infolge der seitlichen Lage dieser Schraube, vor allem aber durch den Wasserballast von mehreren tausend Tonnen, ganz empfindlich gelitten.

Unser Schiffsort um 19.00 Uhr ist 68⁰ 19' N, 4⁰ 36' O.

Der Munitionsverbrauch während des Gefechts betrug: SA—210, MA—850 und Flak (10,5)—136 Schuß.

Ein Rückmarsch zur Heimat wäre in diesem Zustande zu gewagt. Der Flottenchef befiehlt deshalb nach Beendigung des Gefechtes, Trondheim anzulaufen.

Er hat die Absicht, die Unternehmung von dort aus nach erfolgter Brennstoff- und Munitionsergänzung mit „Gneisenau", „Hipper" und den vier Zerstörern fortzusetzen.

Gleichzeitig trifft folgender Winkspruch ein:

„Ich grüße in Ehrfurcht und Dank die auf Schlachtschiff ‚Scharnhorst' gefallenen Kameraden.

Durch die harten Schläge, die wir heute dem Engländer im Nordmeer erteilten, sind unsere tapferen Narwik-Zerstörer gerächt.

Marschall
Admiral und Flottenchef"

Rums — rums — rums — rums — — — dröhnt das schwere Schlagen des Wellenstumpfes in Sekunden-Abständen durch den Schiffskörper — pausenlos — Stunde um Stunde. Tief liegt das Achterschiff unter seiner traurigen Last im Wasser. Es zieht auf unserem Kurs nach Südosten — Trondheim — ein ungewöhnlich breites Kielwasser schnurgerade hinter sich her.

Die Blicke der Kriegswachposten auf dem Bootsdeck werden immer wieder von zwei flaggenbedeckten stillen Gestalten angezogen, die dort neben der Flugzeughalle liegen, und für die ein Kamerad mit gezogener Waffe die Ehrenwache hält.

Das Schweigen der Besatzung zeigt mehr als Worte, wie sehr sie alle persönlich von dem Schicksal der Kameraden dort im Achterschiff betroffen sind.

Das Leben an Bord muß aber seinen Gang weitergehen. Während der Nacht sind alle Bordflugzeuge umzusetzen, weil die auf der Schleuder stehende Maschine während des Gefechtes zertrümmert wurde. Die beiden verbliebenen Arados werden zur Sicherung unseres Marsches benötigt. Die erste wird schon während der hellen Nacht und die zweite am 9. 6. vormittags gestartet. Beide gehen nach Beendigung ihrer Aufgabe in norwegische Stützpunkte. Vor der Küste werden wir von Zerstörern in Empfang genommen, und 16.18 Uhr endlich können wir auf Trondheim-Reede den Anker fallen lassen. Damit kommt auch die Stb-Schraube zur Ruhe.

Durch Taucher wird festgestellt, daß unser Leck eine Länge von 12 m und eine größte Weite von 4 m hat. Da ist es verständlich, daß unsere Lenzmittel keinen Erfolg hatten. Das Signal „Allemann achteraus" ruft noch abends die Besatzung auf die Schanze. In seiner Rede gedenkt der Kommandant vor allem der toten Kameraden in den überfluteten Räumen. Dann gibt er auch die Absichten für die nächsten Tage bekannt, die zunächst ein provisorisches Abdichten des Lecks von außen vorsehen. Anschließend sollen die Räume gelenzt und dann die Gefallenen geborgen werden. Zur Verstärkung unserer Lenzmittel kommt das Werkstattschiff „Huascaran" mit weiteren Pumpen zu Hilfe, so daß wenigstens das Zwischendeck von oben gelenzt werden kann.

An den folgenden Tagen versucht der Engländer immer wieder, uns durch Bomben außer Gefecht zu setzen. Die gegen uns eingesetzten Flugzeugtypen lassen erkennen, daß die Maschinen von Flugzeugträgern gestartet sind. Die laufenden Angriffe halten unsere Bordflak Tag und Nacht an den Geschützen fest. Sie lassen aber auch die übrige Besatzung kaum zur Ruhe kommen. So ist es auch wohl zu verstehen, daß am 13. 6. ein Kammerbewohner im Bb-Batteriedeck einen Fliegeralarm verschläft. Die Alarmglocken und das fast gleichzeitig einsetzende schwere Flakfeuer vermögen nicht, ihn zu wecken. Erst ein besonders heftiger Bumser läßt ihn zornig auffahren. Er vergißt aber, das Schimpfwort gegen den nicht vorhandenen Störenfried auszustoßen. Statt dessen starrt er nur ungläubigen Blickes und mit offenem Mund zur Decke. Wenige Sekunden später erreicht er barfuß und in wenig gefechtsmäßiger Aufmachung völlig konsterniert seine Gefechtsstation.

Die Spitze einer 250-kg-Bombe hatte sich genau über seiner Koje durch das Deck gebohrt, funkelte ihn aus nächster Nähe böse an und verschwand dann wieder nach oben. Die nicht detonierte Bombe federte von der Auftreffstelle ab und blieb im Wassergang des Seitendeckes liegen. Aus achtungsvoller Entfernung begutachtet bald die halbe Besatzung dieses „Geschenk des Himmels", bis der Oberfeuerwerker als „zuständige Stelle" mit dieser Angelegenheit betraut wird. Nach tiefem Luftholen und mit dem notwendigen Respekt gelingt es ihm und seinen Männern auch, das anstößige Objekt ohne Gegenwehr im Fjord zu versenken.

Die Bombe ist bald vergessen, nicht aber die sportliche Spitzenleistung des verhinderten Schläfers, der wilde nächtliche Bord-Hindernislauf wider Willen. Er wird unter den alten Scharnhorstern unvergessen bleiben.

Zwischen den zahlreichen Fliegeralarmen wird mit Energie an der Verbesserung der Einsatzfähigkeit des Schiffes gearbeitet. Mit der Munitionsergänzung aus „Alstertor" am 10. 6. beginnen auch gleichzeitig die Arbeiten am Leck mit Hilfe des Werkstattschiffes, dem sich am folgenden Tage noch der Bergungsdampfer „Parat" zugesellt. Zur Wiederherstellung der Fahrbereitschaft der mittleren Turbine werden Spezialisten der Lieferfirma per Flugzeug aus der Heimat herbeigeholt.

Am Vormittag des 11. 6. werden die gefallenen Kameraden Dietsch und Heine auf dem kleinen Friedhof oberhalb der Stadt mit militärischen Ehren beigesetzt.

Ein in zweitägiger Arbeit gefertigtes großes Lecksegel kann in der folgenden Nacht ausgebracht werden. Zwei weitere Tage vergehen mit vergeblichen Versuchen, das Leck mit Hilfe dieses Lecksegels abzudichten. Die Lage des Lecks oberhalb der Wellenhose verhindert den notwendigen dichten Abschluß, und somit entfällt auch die Voraussetzung zum Lenzen der Räume des Achterschiffes. Deshalb werden nun im Anschluß an den Bordbesuch des Flottenchefs am 15. 6. die Abstützungen in den achteren Abteilungen verstärkt, um die notwendige Sicherheit gegen den Wasserdruck bei fahrendem Schiff zu erzielen.

Nach acht Tagen angestrengter Tätigkeit gelingt es im Zusammenwirken der Schiffsbesatzung mit den vorzüglichen Kräften des Werkstattschiffes und der Monteure von Brown-Boveri, die Fahrbereitschaft des Schiffes mit der Mittel- und Backbordmaschine wiederherzustellen.

Am 18. 6. können wir die erste vierstündige Probefahrt im Trondheim-Fjord durchführen. Sie zeigt, daß das Schlagen der Stb-Welle beseitigt werden muß. Dies geschieht dann auch durch 2 Stahlleinen, die in die beiden oberen Schraubenblätter eingeschäkelt und dann an Bord steif gesetzt worden. Eine Zerstörer-Ankerkette wird außerdem an der Schraubennabe befestigt. Sie soll durch ihren Zug von vorne ein Herausdrücken des Wellenstumpfes aus der Hose durch den Fahrtstrom verhindern. Die Probefahrt am folgenden Nachmittag verläuft zur Zufriedenheit der Schiffsführung. Am 20. 6. 17.00 Uhr kann daher der Anker zur Heimfahrt gelichtet werden. Die Marschsicherung wird von 3 Zerstörern und 2 Torpedobooten durchgeführt.

Bis Mitternacht marschiert der Verband noch durch Fjorde und innerhalb der Schären. Schon vor Erreichen des offenen Seeraumes gegen 0.30 Uhr werden die Gefechtsstationen besetzt. Turm Cäsar ist tot. Seine Rohre sind mit Spillhilfe achteraus geschwenkt, die überlebende Bedienung ist auf andere Stationen verteilt. Nach Passieren von Gripsholm 2.05 Uhr geht der Marsch in Küstennähe nach Süden auf die Shetland-Bergen-Enge zu. Die Einbuße an schwerer Artillerie, vor allem aber der Geschwindigkeitsverlust und die sehr schlechte Manövrierfähigkeit des Schiffes bereiten der Schiffsführung doch rechte Sorge. Allerdings liegen bisher noch keine Anzeichen dafür vor, daß unser Auslaufen dem Gegner bekannt wurde.

Die Ruhe des Vormittags wird 12.04 Uhr durch das Sichten eines achteraus stehenden Flugzeuges beendet. Es handelt sich um einen feindlichen Aufklärer (Sunderland-Flugboot), der nunmehr in weitem Abstand am Verband Fühlung hält.

Kurze Notizen berichten über die sich zeitweise überstürzenden Ereignisse der nächsten Stunden folgendes:

21. 6. 40 12.10 FT von Seekriegsleitung, wonach Kreuzer York, Newcastle und Southampton vom Scapa-Gebiet wahrscheinlich gegen eigene Streitkräfte angesetzt. (Stellt sich später als Irrtum heraus.)

13.22 FT von Gruppe West, wonach engl. Aufklärer 12.15 Uhr Scharnhorst und 5 Zerstörer in Quadrat 8788 gemeldet hat mit Kurs 240°.

(Meldung kommt von dem hier 12.04 gesichteten Flugzeug. Sh steuerte zu angegebener Zeit 180°).

16.00 Flugzeuge achteraus.

16.04 Von (Zerstörer) Steinbrink: „6 Flugzeuge an Bb". (Flugzeuge werden als angreifende Torpedoflgz. erkannt.)

16.07 Fliegeralarm. Flgzg. werden beschossen und werfen Torpedos.

16.11 Torpedo im Kielwasser.

16.20 Torpedoboot „Condor" meldet Abschuß. Ein weiterer wird durch Flak-Einsatz beobachtet.

16.22 Eigene Jäger treffen ein.

16.31 Fliegeralarm. Hochangriff engl. Bomber. Mit Flak unter Feuer genommen. Bomben durch Drehen nach Bb ausgewichen. Eigene Jäger gehen heran und schießen nach kurzem Luftkampf 2 Bomber ab.

16.43 3 Flugzeuge halten weiter Fühlung.

16.44 Kurs 120° zum Flugzeugstart an Bb. (Bordmaschine soll Jäger auf fdl. Flugboot lenken.)

17.00 Engl. Flugboot hält immer noch Fühlung. Zu weit. Jäger sehen es nicht. Richtungsschüsse.

17.08 Bomber Stb-voraus. Sehr hoch. Feuer eröffnet.

17.26 Feuer eröffnet auf 2 schwere Bomber. 2000 m. Eine Bombe fällt hart an Bb-Seite.

17.32 Ein Flugzeug Bb-voraus fliegt Schiff an. 2 Bombenbündel 300 m vor dem Schiff eingeschlagen.

17.34 Flugzeug über dem Schiff. 2 Flugzeuge achteraus abgeschossen.

17.49 6 schwere Bomber fliegen Schiff an und drehen im Feuer ab.

18.00 2 Flugzeuge im Anflug, drehen ab.

18.15 stehen an eigenen Flugzeugen beim Verband 10 Me 109 und He 111 und Do 18.

18.28 Befehl von Gruppe West: Stavanger einlaufen Skudesnesfjord.

18.57 FT Gruppe West an Admiral Norwegen: Sh einläuft mit 3 Zerstörern und 4 Torpedobooten etwa

20.00 Skudesnesfjord-Stavanger. Jagdschutz entsprechend. Lotsenboote entgegenschicken.

21.32 Seekommandant Stavanger übermittelt: 140 km westl. Sola 19.26 Uhr 2 engl. Kreuzer und 2 engl. Schlachtschiffe. Eigene Aufklärer haben Fühlung.

21.40 FT von Gruppe West: Sh soll gegen Torpedoangriffe geschützten Liegeplatz einnehmen. Sicherung durch Zerstörer und Torpedoboote gegen feindlichen Einbruch. Weitermarsch 22. 6. früh nach Luftaufklärung.

22.18 Geankert.

22.29 Funkspruch von Gruppe West: 19.20 2 britische Schlachtschiffe, 1 Zerstörer, 2 Kreuzer in Quadrat 3411 Kurs SO.

22.38 Von Gruppe West: Mit Zerstörern und Torpedobooten 4.00 Uhr auslaufen.

22. 6. 40 3.35 Anker lichten. Da noch kein Ergebnis der Luftaufklärung vorliegt, hält der Kommandant mit Auslaufen aus dem Fjord zunächst zurück und entsendet Torpedoboote zur Aufklärung.

5.04 Befehl Gruppe West: Nicht auslaufen! Befehl zum Wiedereinlaufen.

5.40 Gruppe West mitteilt Maßnahmen für Luftaufklärung und Bereitstellung von Kampfverbänden.

7.00 Fallen Anker.

Gegen 8.00 Aus Flugzeugmeldungen ersichtlich, daß die am Vorabend gesichteten Feindgruppen mit südwestlichem Kurs abmarschiert sind.

9.00 Befehl von Gruppe West: Auslaufen! Heimmarsch fortsetzen!

9.30 Seeklar.

Die Situation unseres Schiffes während der zweistündigen, fast pausenlosen Luftangriffe war zeitweilig doch recht bedenklich. Bei den ständig notwendigen Kursänderungen war das schwerfällige und zeitraubende Andrehen des Schiffes nach Bb besonders nervtötend. So hätten wir z. B. einem von St.B-achtern kommenden

Torpedo nicht mehr ausweichen können, wenn dieser, wie auch ein im Kielwasser anlaufender Torpedo, nicht rechtzeitig genug auf Tiefe gegangen wäre. Gelegentlich mußte auch Blasenbahnen und herabrauschenden Bomben gleichzeitig ausgewichen werden. Es lief aber alles klar, wie der Seemann schlicht und einfach sagt. Glück, sehr viel Glück, unsere ausgezeichnete Schiffsführung und unsere Flak waren die Hauptgründe dafür. Ich hatte während dieses Marsches infolge des Ausfalles meines Turmes die Funktion eines Torpedo-Gefahr-Beobachters auszuüben und als solcher meinen Platz auf dem Vormars, dem höchstgelegenen Punkt des Schiffes — dreißig Meter über der Brücke. Die Wasserfläche rund um das Schiff war von dort oben am besten zu überwachen. Ein möglichst frühzeitiges Erkennen der Blasenbahnen anlaufender Torpedos und eine verzugslose Weitergabe der Beobachtungen an die Schiffsführung waren notwendig, um in Gefahrlagen die erforderlichen Ausweichmanöver des Schiffes rechtzeitig genug einleiten zu können. So war es mir als Beobachter möglich, sozusagen aus der Vogelperspektive, den zeitweise hochdramatischen Abwehrkampf der Flak gegen die Bomber und Torpedoflugzeuge wie auch die Luftkämpfe unserer Jäger mit den Bombern mitzuerleben. Die in Abständen einzeln und in Gruppen anfliegenden Maschinen erzwangen eine weitgehende Zersplitterung der Abwehr. Das zeitweise aus allen Rohren und nach allen Richtungen hin geführte wütende Abwehrfeuer verursachte einen unbeschreiblichen Lärm. Es hatte aber auch den gewünschten Erfolg.

Immer wieder platzte eine Maschine in der Luft auseinander, stürzte eine andere brennend in die See oder verschwand ein Flugzeug mit langer Rauchfahne aus Sicht. Das rasende Flakfeuer veranlaßte auch anfliegende Maschinen zu Notwürfen und eiligem Abdrehen. Auch unsere Jäger waren in ihren wilden Luftkämpfen erfolgreich. Nur eines schafften sie nicht: Sie erkannten nicht unsere verzweifelten Bemühungen, sie auf den britischen Fühlunghalter aufmerksam zu machen, der uns unbeirrt außerhalb unserer Fla-Reichweite längere Zeit folgte. Selbst Richtungsschüsse mit der MA fruchteten nicht. Es fehlte hier eben noch die Möglichkeit unmittelbarer Funksprechverbindung Schiff—Flugzeug für den Jägereinsatz, der sich später beim Kanaldurchbruch so gut bewähren sollte.

Die in der Nähe der Geschütze liegende Bereitschaftsmunition war schnell verbraucht. Die rollenmäßig vorgesehenen Munitionsmanner konnten den unerwartet hohen Munitionsverbrauch schon bald nicht mehr ergänzen, so daß der Munitionsnachschub eiligst verstärkt werden mußte. Insgesamt verschoß die schwere (10,5 cm) Flak bei diesem Abwehrfeuer rund 900 und die 3,7- und 2-cm-Waffen insgesamt noch etwa 3600 Schuß. Wenn die trotz dieses Feuerzaubers noch in gezielten Abwürfen gelösten Bomben und Torpedos unserem Schiff doch keinen Schaden zufügen konnten, so war dies vor allem der Fahrkunst der Schiffsführung zu verdanken.

Von der Decke der Vormarsdrehhaube aus, auf der ich mich als vorsichtig denkender und infanteristisch vorgebildeter Mensch sehr schnell flach gemacht hatte, konnte ich gelegentlich auch einen Blick nach vorn auf die tief unter mir liegende Brücke und die dort wirkende Schiffsführung werfen. Während achtern unsere vierzehn 10,5-cm, die sechzehn 3,7- und die zahlreichen 2-cm-Flak-Waffen mit Krachen und Rattern ihr Eisen — z. T. wie Perlenschnüre — in die Luft jagten, während dort die kugelförmigen Fla-Leitstände, die Kanonen und Bedienungen bei ihren Zielwechseln herumwirbelten, Kommandoschreie tönten und Hülsen klapperten, herrschte da unten auf der Brücke eine erstaunliche Ruhe. Die vielen mit Kopftelefonen versehenen BÜ, sowie die verschiedenen Brückenposten und Läufer, die sonst immer auf der Brücke herumwimmeln, waren bis auf dringende Ausnahmen verschwunden. Sie waren in das splittersichere Schutzhaus auf der Brücke, die sogenannte Friedenssteuerstelle, zurückgezogen worden. Bei dem starken Gefechtslärm erhielt der Rudergänger seine Befehle meist durch Armzeichen. Es war vor allem die Aufgabe des WO, die richtige Ausführung dieser Befehle zu überwachen.

Nur wenige Personen bewegten sich auf der Brücke, meist waren es nur der Kommandant, der NO, der WO und ein Steuermannsmaat. Die Sehrohre des vorderen Kommandostandes waren zu schwerfällig für eine Beobachtung der turbulenten Ereignisse so nahe beim Schiff. Dieser hinter der Friedenssteuerstelle gelegene Stand, von dem aus sonst das Schiff im Gefecht geführt wird, hat eine Panzerung von fast 40 cm und ist durch einen gepanzerten Schacht mit der tief unten unter dem Panzerdeck liegenden vorderen Kommandozentrale verbunden. Von dort unten aus leitet der IO im Gefechtsfalle die Maßnahmen für die Schiffssicherung, über die dort untergebrachten Reserve-Kommandoelemente kann das Schiff aber auch — z. B. nach Ausfall des vorderen Standes — gefahren werden. —

Kptl. Wilhelm Wolf, als altbewährter Gefechts-WO, hatte zwar viel Mühe, alle Gefechtssituationen zu erfassen und den Kontakt mit dem Gefechts-Rudergänger nicht zu verlieren. Auch unserem NO, Korv.Kpt. Gießler, machte die Navigation offensichtlich mehr als sonst zu schaffen, von Nervosität war aber auf der Brücke keine Spur zu entdecken. Mit einer geradezu verblüffenden Präzision gelang es immer wieder, das durch den Ausfall der Stb-Schraube so außerordentlich schwerfällige Schiff genau im richtigen Moment zum Drehen zu bekommen oder den Dreh abzustoppen. Und alles das ohne jede Hysterie, ohne jeden Lärm! Betont ruhig war die Haltung des Kommandanten. Ihn ließen anscheinend die sich zeitweise fast überschlagenden Ereignisse völlig kalt. Ruhig und gelassen betrachtete er meist von einer Brückenseite aus die ständig wechselnde Lage. Zwischendurch gab er durch einige kurze Worte oder Zeichen dem NO oder WO seine Anweisungen für die Schiffsführung. Gelegentlich wechselte er auch einmal einen kurzen, kritischen Blick mit dem WO, wenn das Schiff in einer besonders brenzligen Lage trotz Hartruderlage — infolge der ausgefallenen Stb-Schraube — besonders schwerfällig nach Backbord andrehte.

Jeder wußte, daß das Funktionieren der Flak und der Schiffsführung entscheidend für das Überstehen der Angriffe war und daß die schlechte Steuerfähigkeit des Schiffes ein außerordentliches Gefahrenmoment bedeutete. Würde man auf der Brücke trotzdem mit der Lage fertig werden? Die Gedanken und — soweit möglich — auch die Blicke aller konzentrierten sich deshalb anfangs immer wieder besonders sorgenvoll auf die Brücke und auf die dort tätigen Offiziere und Männer. Die überlegene Ruhe der Schiffsführung und das wider Erwarten sichere Ausmanövrieren aller Gefahrsituationen gaben aber bald einen allgemeinen Auftrieb. Auch von der Vormarsgalerie aus versuchten die Männer der Fla-Leitung, wenn es irgend ging, mal einen kurzen Blick auf das so entscheidende Wirken der Schiffsführung da unten zu werfen. Wieder einmal riskierten zwei einen Blick in die Tiefe. — Mit strahlendem Gesicht und dem Schrei: „Mensch, unser Alter — — —!" schlug gleich darauf einer dem anderen auf die Schulter. — „Mensch — unser Alter — — —!" Der Rest des Satzes war stumme Hochachtung. Der „Alte", d. h. der Kommandant, hatte mir in diesem Augenblick gerade durch Heben einer Hand den Eingang einer Beobachtungsmeldung quittiert, um dann unverzüglich das gestörte Zeremoniell des Zigarrenanzündens zu Ende zu führen. Zwei Bomben, die nur so eben über die Back pfiffen und dicht beim Schiff ins Wasser gingen, konnten die heilige Handlung nicht stören. Erst dann beugte sich die große und breite Gestalt „Unseres Alten" über das Schanzkleid, um sich nach den Blasenringen der Bombeneinschläge im Wasser und den sonstigen Ereignissen umzusehen. —

Es war ein kurzes, dem Uneingeweihten vielleicht nebensächlich erscheinendes Intermezzo. So wie die beiden Männer auf der Vormarsgalerie, so sahen aber auch viele andere Augen aus der großen Besatzung das — trotz allem — so unbeirrbar sichere und ruhige Arbeiten der Schiffsführung. Die zwangsläufige Folge war, daß selbst die anfangs noch ängstlichen Gemüter bald von einer festen Zuversicht erfüllt waren: „Nun geht alles klar!!" —

Jeder Soldat weiß, daß es im Gefahrfalle ganz besonders auf die Haltung und die Fähigkeiten des militärischen Führers ankommt, und jeder Seemann, daß in solchen Lagen Ruhe, Besonnenheit und seemännisches Können des „Alten" von ausschlaggebender Bedeutung sind. Der Kommandant eines Kriegsschiffes ist beides und muß daher auch die Eigenschaften beider in sich vereinen.

Das Luftgefecht bei Utsire bedeutete für unser angeschlagenes Schiff einen Kampf auf Leben und Tod. Die Hochachtung vor unserer Bordflak und das unbedingte Vertrauen zu „Unserem Alten", wie auch zur Schiffsführung schlechthin, wurden während dieser Stunden härtester Bewährung geboren. Alle Leistungen der Besatzung wären letztlich aber doch umsonst gewesen, wenn unser B-Dienst nicht — oder nicht rechtzeitig genug — das Auslaufen der „Home Fleet" erkannt hätte. Der uns von ihr zugedachte heiße Empfang vor dem Ausgang des Skagerraks hätte bei unserer Lage wohl einen völlig eindeutigen Verlauf genommen.

Die Besatzung, die — bis auf die Schiffsführung — von der auf uns dort im Süden wartenden Überraschung keine Ahnung hatte, war von unserem Einlaufen in das Schärengewässer vor Stavanger „so dicht vor unserer Haustüre" wenig erbaut. Man war doch gerade so schön in Schwung!

Der Grund für unser Ankern im Schutz der Küste sprach sich jedoch bald herum. Im weiten Halbkreis um uns in Richtung nach See wählten sich unsere Begleit-Zerstörer und -Torpedoboote Liegeplätze im Schutze der flachen Felseninseln. Von dort aus sollten sie während der Nacht die Sicherung unseres Schiffes gegen feindliche Einbrüche ausüben. Bald vermischten sich ihre Silhouetten im mystischen Halbdunkel der nordischen Nacht mit den grauen Schatten der Schären. Völlige Ruhe herrschte in diesem abgelegenen Gebiet, auch unsere Kriegswachen vermieden jedes laute Wort. So dämmerte die Nacht langsam dahin. Das programmgemäß für den frühen Morgen vorgesehene Auslaufen wurde durch Funkspruch der „Gruppe West" wegen der noch fehlenden Luftaufklärung über das von uns zu durchlaufende Gebiet verhindert. Wir mußten wieder ankern. Endlich, 9.00 Uhr, gab die gleiche Stelle den langersehnten Start für den Weitermarsch frei. Die Frühaufklärung hatte inzwischen festgestellt, daß der britische Flottenverband das Warten auf uns vor dem Skagerrak aufgegeben und den Heimmarsch angetreten hatte. Ohne weitere Zwischenfälle und nun doch etwas aufatmend konnten wir schließlich 19.00 Uhr unser Schiff wieder durch die Sperrlücke bei Hanstholm bringen. —

Der heutige 23. Juni ist ein Sonntag — nicht nur dem Kalender nach! Der Kriegsmarsch ist beendet. Es geht wieder einfache Seewache, und der Heimathafen rückt immer näher. 8.00 Uhr wurde Schulz-Grund-Feuerschiff passiert. Nun kommen langsam von beiden Seiten die unter einer strahlenden Sonne liegenden grünen Küstenlinien näher. Spiegelglatt liegt die blaue See. Vor uns läuft ein wuchtiger Sperrbrecher, während Zerstörer und Torpedoboote in unserem breiten Kielwasser folgen. Der Blick auf unser tiefliegendes Heck läßt jedoch schlagartig alle sonntäglichen Gedanken entschwinden. Wie konnte man nur annehmen, daß wir heute mehr als einen simplen Kalender-Sonntag erleben. Die Gedanken eilen nun voraus und beschäftigen sich mit der schweren Aufgabe, die uns noch bevorsteht. — Einen kleinen Zustand gibt es auf der Brücke bei Lille-Lyse-Grund. Der sichernde Sperrbrecher hätte uns dort infolge unseres übernormalen Tiefganges fast auf Grund gelotst!

Beim Einlaufen in die Kieler Förde ist es bereits dunkel. In den Deutschen Werken erwartet uns schon ein abgesenktes Schwimmdock. Besondere Vorkehrungen sollen verhindern, daß das Heizöl beim Heben des Schiffes aus dem aufgerissenen Bunker und den überfluteten Räumen in die Förde läuft. Die Bergung der gefallenen Kameraden dauert bis zum Morgen. Sie wird im wesentlichen von älteren Leuten einer Kieler Krankenträgerformation unter der Anleitung des Turmkommandeurs und des Turmführers von Turm Cäsar durchgeführt. Keiner der Beteiligten wird wohl jemals diese Nachtstunden vergessen.

Trotz aller erdenklichen Maßnahmen haftet noch Monate später ein durchdringender Heizölgeruch in den Räumen des Achterschiffes.

Am 27. Juni vormittags werden unsere Gefallenen auf dem Ehrenfriedhof Kiel-Kleiststraße in einer gemeinsamen Grabstätte beigesetzt. Von der Besatzung nehmen an der Feierstunde eine Ehrenkompanie, das Musikkorps, der Spielmannszug und eine große Abordnung aus allen Divisionen teil. Auch eine große Anzahl Angehöriger ist erschienen.

Nach den Geistlichen der beiden Konfessionen tritt unser Kommandant an die offene Gruft, in der die flaggenbedeckten Särge stehen. Er findet herzliche Worte des Abschieds und der Teilnahme. Bei seinem Gelöbnis der Treue gegenüber unseren Gefallenen kann niemand ahnen, daß sich viele Jahre später — in einer ganz anderen Zeit — wieder Scharnhorster hier zusammenfinden werden, Männer, die inzwischen zwar den Krieg, ihr Schiff, viele Kameraden und manche Hoffnung, nicht aber ihre Kameradschaft verloren.

In dieser Feierstunde liegt unser weiteres Schicksal noch im Dunkel. Nach dem Liede vom guten Kameraden krachen die Ehrensalven über das Grab. Es folgt die Kranzniederlegung. Hinter wahren Blumenhügeln formieren sich schließlich die Abordnungen zum schweigenden Abmarsch. In alter soldatischer Tradition setzt nach dem Verlassen des Friedhofes die Musik ein, und so geht der Marsch nun mit klingendem Spiel über den Dreiecksplatz zur Elisabeth-Brücke.

Das Dröhnen der Preßlufthämmer und das Zischen der Schneidbrenner werden lauter, während sich unser Dampfer „Förde" mit den Abordnungen wieder langsam der Anlegestelle beim Dock nähert. Große Persenninge sollen zwar den Außenstehenden einen Blick auf das Heck unseres Schiffes verwehren, der Arbeitslärm, der ölverschmierte Dockboden, der schmierig glänzende Film auf dem schmutzigen Hafenwasser, vor allem aber dieser widerliche Heizölgeruch sagen uns jedoch auch ohnedies schon mehr als genug über das Ausmaß und die Tragweite unseres Schadens.

ATLANTIK-UNTERNEHMUNG

*D*ie Beseitigung des schweren Schadens durch den Torpedotreffer im Glorious-Gefecht sollte Monate in Anspruch nehmen. Inzwischen geht am 22. Juni 1940 der Krieg im Westen nach nur sechswöchiger Dauer durch Kapitulation Frankreichs zu Ende. Anfang Juli vernichten die Engländer die im Hafen von Oran liegende französische Flotte, um ihre Übergabe an Deutschland zu verhindern. Die gesamte europäische Atlantikküste von den Pyrenäen bis zum Nordkap befindet sich nun in unserer Hand. England aber bleibt unangreifbar. Die deutschen Vorbereitungen zu einer Landung auf der Insel werden im Oktober abgebrochen. Dem im Frühherbst geschlossenen Dreimächtepakt zwischen Deutschland, Italien und Japan treten im November Ungarn, Rumänien und die Slowakei bei. Griechenland setzt dem Ende Oktober begonnenen italienischen Angriff erfolgreichen Widerstand entgegen. Dem italienischen Vorstoß in Afrika folgt ein englischer Gegenstoß, der zur Eroberung der Küste der Cyrenaika führt. Die Bitte Italiens um deutsche Hilfe ist der Anlaß zur Bildung des deutschen Afrikakorps unter General Rommel im Februar des nächsten Jahres. —

Der langwierigen Reparaturzeit folgen im Spätherbst 1940 endlich wieder die ersten Ausbildungs- und Erprobungsfahrten in der Ostsee. Die Maschinenanlage muß nach den ausgedehnten Werftarbeiten neu erprobt und eingefahren werden. Vor allem aber muß die Besatzung durch hartes Training wieder die notwendige Übung in der Bedienung der Waffen und ihrer Zusammenarbeit erhalten. Der tägliche Gefechtsdienst erhält schließlich seine besondere Würze durch Störungen, die der IO in reichem Maße an allen Stellen der komplizierten und weitläufigen Anlage einlegen läßt. Das ständige Durchexerzieren solcher Störungen und Ausfälle soll die Besatzung

dazu erziehen, in einem Gefechtsfalle auch mit evtl. Feindeinwirkungen schnellstens fertig zu werden.

Während der Weihnachtstage hat das Schiff wieder an seinem
Liegeplatz 16 in den Deutschen Werken in Kiel festgemacht. Ein
Teil der Besatzung ist beurlaubt. Der Rest verbringt die Feiertage
an Bord nach alter Marineart. Die Räume sind mit Flaggen, geschmückten Bäumen und Tannengrün hergerichtet. Es gibt ein besonders gutes Essen und am Heiligen Abend Punsch zu den Feiern
der Divisionen. Kommandant und IO wechseln mit ihren Punsch-
gläsern von Raum zu Raum, bewundern die Ausschmückung, die
lustigen Transparente und dergl. und singen mit. Daß die gefühl-
vollen Weihnachtslieder bald durch Marsch- und Seemannslieder
abgelöst werden, gehört zu dieser Feier unter Seeleuten. Das Signal
„Ruh' im Schiff!" ertönt an diesem Abend üblicherweise sehr spät.

Nach dem Ablegen am 28. Dezember mittags soll es erneut zur
Ausbildung in die östliche Ostsee gehen. Wegen Minengefahr im
Fehmarnbelt hat sich beim Feuerschiff Kiel eine Menge Schiffe ge-
sammelt, durch die wir uns langsam hindurchschlängeln.

Unsere „Gneisenau" hat sich auch wieder eingefunden. 15.30 Uhr
wird die Besatzung völlig überraschend achteraus gerufen, um dort
vom Kommandanten zu erfahren, daß es nicht zur Übung, sondern
wieder auf Feindfahrt geht. Die Führung des Verbandes hat der Flottenchef, Vizeadmiral Lütjens, übernommen. Die Freude ist allgemein, denn
selbstverständlich wird von unseren tatendurstigen Männern das, wenn
auch riskantere, so aber doch auch freiere und abwechslungsreichere
Leben auf Feindfahrt dem in ihren Augen sturen Ausbildungsdienst
vorgezogen. – Als Seeleute fühlen sie aber auch mit ihrem Schiff.
Der Torpedotreffer vom 8. Juni war für die ganze Besatzung ein
harter Schlag. Während der Ausbildungsfahrten im Sommer hatte
ein jeder das Empfinden eines Rekonvaleszenten, der nach schwerer
Verwundung seine ersten Gehversuche unternimmt. Und nun zeigt
der Einsatzbefehl, daß Schiff und Besatzung als Einheit den Schlag
überwunden haben und wieder anerkannt werden. Kein Wunder
also, daß sich die Freude über diese Feststellung in stürmischer
Form äußert!

Hinter Sperrbrechern marschieren die Schiffe nach Norden durch
den Großen Belt. Das anfangs gute Winterwetter verschlechtert sich

bald. Bei dunkler Nacht und Nieselregen wird 3.47 Uhr die See-landsrev-Sperre passiert. Vormittags ist es stark diesig, nach Mittag wird die Sicht aber leider sehr gut. Unter Jagdschutz, Minen- und U-Bootssicherung geht es zunächst mit 25 sm durch das Kattegat. Da der Wind aber bald auf über 20 m/sec auffrischt, müssen wir mit Rücksicht auf die uns begleitenden T-Boote auf 23 sm herunter-gehen. Beim Passieren der großen Skagerraksperre bei Kristiansand gegen 18.00 Uhr und nach der Entlassung des Geleits gehen Gu und Sh auf die vorgesehene Marschfahrt von 27 sm. Die aus dem NW, also fast von vorne, anrollende schwere See macht den Schif-fen jedoch schwer zu schaffen. Infolge der hohen Fahrt sind die langen Vorschiffe mit den schweren Türmen fast ständig überflutet. Die bis gegen die Brückenaufbauten anrollenden Brecher lassen die Schiffskörper erschüttern.

Die Seeschäden bei der Artillerie zwingen schließlich dazu, die Marschfahrt auf 20 sm zu reduzieren. Infolge dieser Fahrtvermin-derung kann die Shetland-Bergen-Enge jedoch nicht mehr wie ge-plant bei Dunkelheit durchstoßen werden. Der Verband läuft des-halb vor Hellwerden aus Tarnungsgründen in einen Fjord südlich Bergen ein. Im völlig glatten Wasser spiegelt sich der blaue Him-mel, während die Schiffe den Vormittag über mit langsamer Fahrt durch die stillen Fjorde weiter nach Norden marschieren. Wer es irgend kann, genießt an Oberdeck die warme Sonne und das wun-dervolle, ständig wechselnde Bild, das uns die leicht verschneite, stille Landschaft auf beiden Seiten des Schiffes bietet. Mit vollen Zügen atmet alles die würzige Luft, die so typisch nach Norwegen duftet. Bei den Älteren unter uns werden infolge der unverändert friedlichen Szenerie Erinnerungen an die wundervollen Norwegen-fahrten in friedlicheren Zeiten wach.·

14.00 Uhr gehen wir etwa 10 sm nördlich Bergen vor Anker. Beim Ankerlichten 17.30 Uhr wird zur allgemeinen Enttäuschung bekannt, daß der Verband infolge der Seeschäden auf „Gneisenau" den Rückmarsch antreten muß. Während der Silvesternacht befinden sich die Schiffe im Sperrbrechergeleit wieder auf dem Marsch durch den Großen Belt südwärts. Des Jahreswechsels kann nur so neben-bei gedacht werden.

Am Neujahrsmorgen heißt es, daß die Schiffe aus Tarnungsgründen nicht nach Kiel, sondern in die östliche Ostsee gehen sollen. Im Marsch hinter „Gneisenau" passieren wir 23.00 Uhr Arkona. Am nächsten Mittag fällt der Anker bei dichtem Schneetreiben in der Danziger Bucht. Nach Sichtbesserung gehen wir einige Stunden später noch etwas dichter unter Land. Am 3. Januar gibt es Landurlaub nach Danzig. Dieser Umstand läßt bei unseren Seeleuten auch noch den letzten Groll über den vergangenen Fehlstart schwinden. —

22. Januar 1941. 16.00 Uhr legt Sh von der Mole des Scheerhafens in Kiel ab, wo unser Schiff — von Gotenhafen kommend — am 19. 1. festgemacht hatte. Erst vormittags war der Seeklarbefehl bekanntgegeben worden. Aus Tarnungsgründen mußten die Landverbindungen sofort gestoppt werden. Wieder einmal werden die Angehörigen heute vergeblich warten. Es ist deshalb kein Wunder, daß die Gedanken heute sehr stark bei den Familien, den Frauen und Kindern sind. Welche Absichten mit dem Auslaufen verknüpft sind, ist zwar noch nicht bekannt. Geht es zur Ausbildung in die Ostsee, oder steht wieder eine Unternehmung bevor? Die routinierten Strategen aller Dienstgrade wissen es aber ganz genau, daß der mißglückte Versuch vom Dezember nun wiederholt werden soll.

Die Förde ist voller Eisschollen. Ein leichter Nieselregen fällt. Langsam frischt der Wind auf. Vor der Außenförde erwartet uns schon unser Schwesterschiff. Mit einem Sperrbrecher und einem starken Schlepper als provisorischem Eisbrecher vor jedem Schiff setzt sich der Verband durch die dicken Eisschollen nach Norden in Marsch. Das stark diesige Wetter läßt es früh dunkeln. Gegen 20.00 Uhr ankert der Verband bei Kjels-Noor. In den Wohndecks und Messen werden, wie bei solchen Gelegenheiten üblich, Unterhaltungsfilme gezeigt. 6.00 Uhr werden die Anker wieder gelichtet zum Weitermarsch durch den Großen Belt. Das naßkalte, unfreundliche Wetter bleibt. Nach der Bekanntgabe der Befehle für den Kriegsmarsch am Vormittag werden nachmittags die Vorbereitungen zu Klarschiff getroffen. Ein großer Eisbrecher schließt sich dem Verbande an. 19.15 Uhr geht's nicht weiter, weil der vordere Sperrbrecher im Eise festsitzt. Die Schlachtschiffe setzen ihren Marsch daher hinter dem großen Eisbrecher allein fort. Eine halbe Stunde vor Mitternacht ankert der Verband.

Abends geht noch einmal ein Film über die Leinwand, das Lustspiel „Der dunkle Punkt". Es wird wohl für längere Zeit der letzte Film sein. Dann wird nochmals ordentlich gebadet und mit Genuß, d. h. friedensmäßig, in die Kojen bzw. Hängematten gestiegen. Wer weiß, wie lange wir ab morgen die Sachen nicht mehr ausziehen können!

Weil das Seeklar erst für 11.00 Uhr angesetzt ist, wird am 24. Jan. allgemein später geweckt. Der bevorstehende Kriegsmarsch fordert vor allem dickes Unterzeug. Da die als U-Bootsgeleit vorgesehenen Torpedoboote infolge Eisgang nicht aus ihren südnorwegischen Stützpunkten auslaufen können, verschiebt sich das Ankerlichten immer mehr. Die zunächst halbstündige Bereitschaft wird später in eine einstündige verlängert. Unsere Situation ist wenig erfreulich. Auf unserem Ankerplatz — nur etwa 15 sm östlich Skagen — liegen wir für die gegnerische Luftaufklärung besonders günstig. Das Eis treibt in großen Schollen vorbei. Die zu Minenschutz- und Geleitzwecken eingetroffenen M-Boote gehen vor Anker. Sie treiben aber wegen des Eisganges und machen deshalb bei uns längsseits fest. So vergeht der Tag mit erfolglosem Warten. Die Besatzung kommt nun wider Erwarten nochmals in den Genuß einer abendlichen Filmvorführung und einer ruhigen Nacht.

Der Dienst am 25. Jan. beginnt für die an besonders zugigen Stellen des Oberdecks eingesetzten Besatzungsteile mit der Ausgabe von Pelzmänteln. 11.00 Uhr ist endlich seeklar. Es war doch ein zu ungemütlicher Liegeplatz hier! Ab mittags zieht die Kriegswache der Mittelartillerie auf. 18.45 Uhr, beim Passieren der Skagerraksperre bei Kristiansand, wird sie durch die Schwere Artillerie verstärkt. Die See ist ruhig. Die Nacht ist leider sehr hell und sternenklar. Für eine Kriegsfahrt zwischen den Shetlands und Bergen sind dies schlechte Bedingungen. Ein „Durchbruch" durch diese Enge ist es nach Ansicht höherer Stellen allerdings nicht mehr, nachdem wir die norwegische Küste besetzt haben.

Mit einer Marschfahrt von 25 sm läuft der Verband nach Norden. 2.45 Uhr haben wir Stavanger, 5.00 Uhr Bergen querab. Zur Sicherung gegen Überraschungen in der Morgendämmerung sind von 8—10.30 Uhr Allemann auf Gefechtsstationen. Mit einer Fahrt von 22 sm steuert der Verband nun während des ganzen Tages etwa Kurs 340°. Eine lange Atlantikdünung läßt die Schiffe heftig rollen und Wasser schöpfen. Einigen jungen Seeleuten ist diese Schaukelei sichtlich zuwider. „Liebevolle" Kameraden nehmen aber — völlig selbstlos natürlich — ihre Erziehung zur Standhaftigkeit mit den gleichen uralten und bewährten Mitteln auf, mit denen sie als Anfänger selbst einmal beehrt wurden. Wie kann man da nur schmunzeln! —

Eine auf unserem Schiff neue Art der Kriegswache für die Artillerie wird heute eingeführt. Die Schwere Artillerie und die Flak gehen die Tages-, und die Mittel-Artillerie die Nachtkriegswachen. Diese Maßnahme bedeutet eine merkliche Entlastung der Artilleriemannschaften auf längeren Unternehmungen. Sie wird aber nur in abgelegenen Seegebieten durchführbar sein.

4.00 Uhr, auf einer Position etwa 400 sm nordöstlich Island, schwenkt der Verband auf südwestlichen Kurs, d. h. auf die Enge zwischen den Färöern und Island zu. Ein grandioses Nordlicht belebt den Himmel wie mit riesenhaften, sich ständig bewegenden leuchtenden Schleiern. Sonnenaufgang ist erst 11.35 Uhr. Während der sehr späten Dämmerung sind wieder Allemann auf Gefechtsstationen. Auf der Geschützplattform des Turmes C hat sich ein großes Mundharmonikaorchester gebildet. Es spielt nun zum ersten Male in voller Besetzung. Das gewünschte „Durchbruchswetter" ist leider nicht eingetroffen. Die klare Sicht wird nur gelegentlich durch leichtes Schneetreiben getrübt. Für die von Island aus eingesetzte britische Luftaufklärung ist das Wetter aber sehr günstig.

Im blauen Himmel stehen weiße Haufenwolken, die bei Sonnenaufgang rötlich angehaucht erscheinen. Ruhig liegt die tiefblaue See, nur von einer schwachen Dünung auf und ab bewegt. Unbeirrt von diesem malerisch schönen Bild ziehen die Schiffe den ganzen Tag über mit allmählich auf 27 sm gesteigerter Fahrt über die endlose Fläche der fernen See-Enge entgegen. Wird es uns gelingen, unbemerkt zum Atlantik durchzubrechen?

Aus Tarnungsgründen werden nachmittags die Fliegersichtzeichen auf den Turmdecken übermalt. Interessiert beobachten die Männer bei dieser Arbeit die Walherden und die Delphine, die teilweise dicht vor dem Schiff unseren Kurs kreuzen. 18.00 Uhr stehen wir etwa 150 sm östlich Island. Von diesem Zeitpunkt ab geht wieder volle Kriegswache. Um Mitternacht passieren wir die Stelle, auf der wir die „Rawalpindi" während unserer ersten Unternehmung versenkt haben — 90 sm südöstlich Island.

Die Auswirkung des Golfstromes ist in diesem Seegebiet doch deutlich spürbar. Während die armen Leute in Kiel heute 11⁰ Kälte hatten, maßen wir tagsüber trotz unserer nördlicheren Position 3⁰ Wärme.

Etwa um Mitternacht vom 27. zum 28. Januar erreicht der Verband endlich die Enge zwischen den Färöern und Island. Es scheint wohl alles klar zu gehen! Völlig programmwidrig ist allerdings die Helligkeit der für unsere Absicht besonders ausgewählten Neumondnacht. Ein ungewöhnlich starkes Nordlicht illuminiert die Gegend und zwingt den Ausguckdienst zu besonderer Aufmerksamkeit. Schon haben wir die engste Stelle passiert, und vor uns liegt — in der Dunkelheit allerdings nur zu ahnen — die Weite des Atlantiks. Aber leider —[4])!

Sechs lange Schatten quer vor unserem Bug lösen 6.30 Uhr Alarm auf unseren Schiffen aus, während wir gleichzeitig mit Hartruder auf Gegenkurs abdrehen. Auf Sh wird die gesamte Schwere und Mittel-Artillerie während des Abdrehens auf den achteren Artillerie-Leitstand geschaltet. Dort halten die Zielgeber-UO das Fadenkreuz ihre Gerätes fein säuberlich im Mittelpunkt des größten Schattens, eines Kreuzers. Schlagartig — wie eingeübt — kommen die Klarmeldungen der Rechenstellen und Batterien an den Leiter, und ebenso schnell erfolgt von diesem die Klarmeldung der Artillerie an Schiffsführung mit der Frage um Feuererlaubnis. Nur 70 hm ist der Kreuzer während des Abdrehens entfernt. Bei der herrschenden Helligkeit wäre die Schuß-E auch für ein Nachtschießen nicht zu groß; sie ist aber auf jeden Fall so niedrig, daß unsere schweren Salven vernichtend wirken würden. Mit nur etwa 5 sm Fahrt zieht der jetzt achteraus stehende gegnerische Verband weiter quer zu uns seinen Kurs. Unverändert wird der Kreuzer im Fadenkreuz unserer Optik gehalten. Wie später festgestellt wird, handelt es sich um den britischen Kreuzer „Naiad". Trotz wiederholter Nachfrage bleibt die Feuererlaubnis aus. Langsam werden die Schatten schwächer, während unser Verband auf Kurs 60⁰ mit 29 sm abläuft. Der Durchbruchsversuch ist gescheitert. Die Feuererlaubnis konnte vom Kom-

  Anmerkung 4 siehe Seite 199.

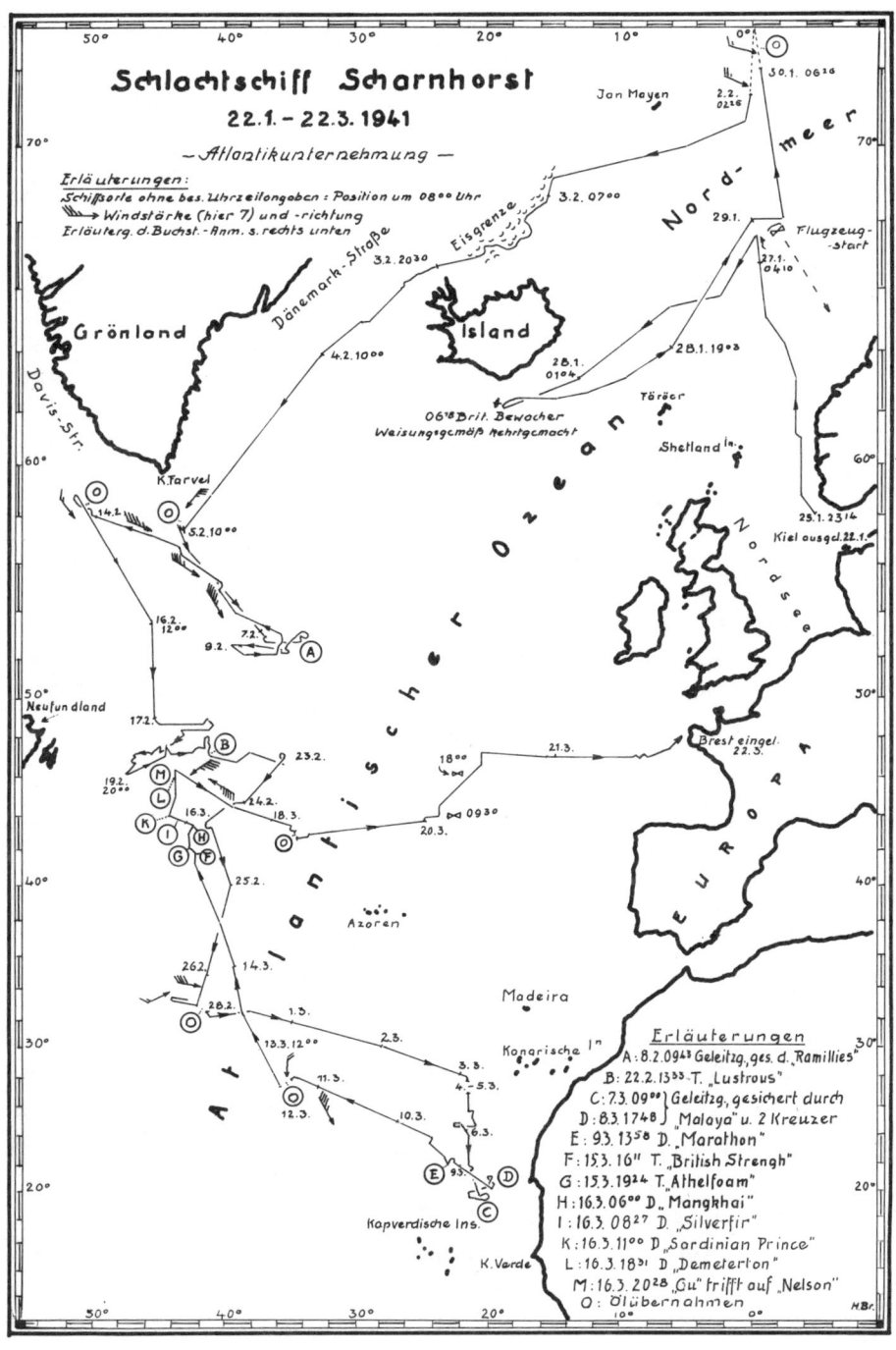

mandanten nicht erteilt werden, weil unser Verband den Auftrag hat, unbemerkt in den Atlantik einzudringen, und der Flottenchef aus dem Verhalten des Gegners zunächst schließen konnte, daß man uns — eigentlich unerklärlicherweise — nicht bemerkt hatte. Aus dem Ergebnis der Funkmessung nach dem Abdrehen ist jedoch erkennbar, daß der gesichtete Kreuzer den Schiffen folgt, wir also doch erkannt sein müssen.

Dies wird durch Beobachtung des feindlichen Funkverkehrs seitens des B-Dienstes auf Gu später anscheinend bestätigt. Durch einen Funkspruch der Gruppe Nord wird erst abends 22.30 Uhr bekannt, daß der britische Kreuzer „Naiad" 8.15 Uhr südlich Island zwei verdächtige Schiffe auf Kurs 60⁰ gemeldet hat. Dann muß er uns — wahrscheinlich infolge unserer wiederholten Kursänderungen — in einer Hagelbö verloren haben. — —

11.25 Uhr wird von Gu in 250⁰ eine Mastspitze gesichtet.

Alarm und Kursänderung nach Stb auf 100⁰!

Zieht der Gegner Streitkräfte gegen uns zusammen? Die Mastspitze wird nicht mehr gesichtet, so daß der Verband 12.30 Uhr wieder auf den alten Kurs 60⁰ und auf 27 sm herunter geht. Die Sicht ist glasklar. Nur deshalb ist es möglich, daß wir 13.50 Uhr Stb achteraus ein Flugboot beobachten können, das etwa 400 hm, also ca. 40 Kilometer, entfernt ist. Man scheint uns von dort aus aber nicht zu bemerken.

Am 29. Januar 8.00 Uhr steht der Verband etwa auf 68⁰ N 3⁰ W.

Auch in dieser Nacht läßt uns wieder ein traumhaft schönes Nordlicht den Krieg für eine kurze Zeit vergessen.

Nach Hellwerden geht Sh für einen Augenblick zur Postübernahme von Gu in den Wind. Alle technischen Fortschritte haben dieses uralte Manöver mit Wurfleine und wasserdichtem Beutel noch nicht verdrängen können. Gegen Mittag wird Martin mit seiner Maschine nach Trondheim auf die Reise geschickt. Er soll wohl den mißglückten Durchbruchsversuch und die weiteren Absichten des Verbandes melden. Die 250 sm bedeuten für die Arado 196 eine ziemliche Leistung. Da sie deshalb übernormal betankt und entsprechend schwer ist, wird sie vom Schleuderoffizier in einer besonders starken Aufschlingerbewegung des Schiffes katapultiert.

Toi! Toi! Toi! —

Nun geht es mit Halber Fahrt auf Kurs 355° — Richtung Jan Mayen — zur Ölergänzung. Der ständig steifer werdende Westwind läßt die schweren Schiffe heftig schlingern. Ein dichtes Schneetreiben setzt ein. Die voraus laufende Gu ist daher meist nicht zu sehen. Ab Mittag besteht für die Seezielartillerie „erleichterte Kriegswache". Sie löst sich jetzt nicht mehr im Zweier-, sondern im Viererturnus ab. Da Kamper und Roehrig krank sind, haben die Artl.-Leiter selbst leider nicht das Vergnügen. Dafür gibt es aber nach der früh einbrechenden Dunkelheit wieder Kino-Vorführungen in mehreren Räumen. Das Leben an Bord hat doch seine Vorzüge.

In der Messe sitzen nach beendeter Vorführung noch ein paar Offiziere zusammen. Das Bordflugzeug ist mit dem letzten Tropfen Sprit im Hardangerfjord notgelandet und konnte von dort eingeschleppt werden. Diese mit Spannung erwartete Nachricht beendet die Sorgen der Kameraden. Es ist daher selbstverständlich, daß man auf das Wohl der Flugzeugbesatzung, des Messekameraden Martin und seines Beobachters, ein — wenn auch den Umständen entsprechend nur kleines — Glas leert. —

Am 30. 1. 6.00 Uhr steht der Verband auf 72°N, etwa 400 sm nordwestl. Narvik und 500 sm östl. Grönland. Mit 10 sm Fahrt laufen wir noch den alten Kurs 355°. Die Wirkung des Golfstromes hat aufgehört. Bei absoluter Finsternis weht ein eisiger, alles durchdringender Wind aus Nord. Die an ihren Platz gebundenen Ausguckposten müssen halbstündlich abgelöst werden, um Erfrierungen zu verhindern. Ihre Augen tränen ständig im scharfen Wind, das Wasser friert an den Wangen sofort wieder an. In den ungeheizten Leitständen wärmen sie sich auf, obgleich die dort tätigen Männer trotz Pelzmänteln und dickster Vermummung infolge des unbeweglichen Stehens auch bis auf die Knochen durchgefroren sind.

Die Sonne wird heute kaum mehr als $1^1/_2$° über den Horizont steigen, so daß wir gegen Mittag nur eine Art Dämmerung erleben werden. Wir wollen uns hier hoch im Norden mit einem auf uns wartenden Tanker treffen, um unsere Heizölbestände wieder aufzufüllen. 8.00 Uhr mißt unser EMII-Gerät ein Objekt voraus. Das scheint er zu sein.

Der Artillerie-Leiter des achteren Standes und seine Zielgeber-UO waren bisher über die „verpaßte Gelegenheit" beim Durchbruchsversuch wenig erfreut. Die inzwischen eingegangenen Meldungen lassen aber erkennen, daß unser stillschweigendes Abdrehen doch die einzig richtige Maßnahme seitens unseres Flottenchefs war. Der Gegner hatte nur zwei unbekannte Fahrzeuge mit nordöstlichem Kurs beobachtet. Unsere Kennung, wie auch unser Anfangs-Kurs von 225°, der uns in den Atlantik hineinführen sollte, mußten also unerkannt geblieben sein. Die auf die „unbekannten Fahrzeuge" angesetzte Luftaufklärung verpaßte uns nur zufällig, weil wir infolge der von Gu beobachteten Mastspitze von unserem anfänglichen Ablaufkurs abgewichen waren. Wenn wir uns nun aber mit Artilleriefeuer nach Norden abgesetzt oder gar in den Atlantik durchgekämpft hätten, wäre es für uns anschließend nicht nur wesentlich unruhiger geworden, sondern der Zweck der Unternehmung hätte auch in Frage gestellt sein können. Auf jeden Fall hätte der Engländer in diesen Fällen alle verfügbaren Streitkräfte gegen uns eingesetzt.

Aus der Seekriegsgeschichte wissen wir heute, daß der englische Flottenchef, Admiral Tovey, in Erwartung unseres Durchbruches, südlich von Island eine ausgedehnte Bewachungslinie von Kreuzern und Zerstörern ausgelegt hatte und selbst mit „Nelson", „Rodney" und „Repulse" dahinter gestanden hat. Hätten wir die Bewachungslinie nicht rechtzeitig genug erkannt und sofort kehrtgemacht, wäre es mit Sicherheit zum Kampf mit diesen weit überlegenen Feindstreitkräften gekommen, dessen Ausgang wohl kaum zweifelhaft sein konnte. — —

10.30 Uhr und bei noch völliger Dunkelheit treffen wir auf den Tanker „Adria", der uns hier erwartet. So wie hier, so hat die Seekriegsleitung auch an bestimmten anderen Punkten Versorgungsschiffe stationiert, aus denen unsere Schiffe und Boote ihre Bestände an Treibstoffen, Lebensmitteln und Munition ergänzen können. Die Positionen dieser Schiffe werden natürlich geheim gehalten. Es ist kein leichtes Los, das die Männer auf diesen einsamen und stets gefährdeten Schiffen haben.

Gu beginnt bei einer Fahrt von 4 sm sofort mit der Ölergänzung aus der vor ihr herlaufenden „Adria". Wir folgen im Abstand von etwa 1 sm. Kurs gegen Wind und See 350°. Über die grobe, schwärzliche See pfeift mit Stärke 9 ein schneidender Nord. Auch während der kurzen Zeit der Dämmerung ist Gu meist hinter Schnee- und Hagelschauern verschwunden. Mittags bricht die Leinenverbindung zwischen „Adria" und Gu. Damit reißt auch der dicke Ölschlauch. Es riecht bis zu uns herüber. Das Arbeiten am Ölgeschirr auf der vereisten Back der Gu wird durch die herrschenden Wetterverhältnisse sehr erschwert.

Nachdem ab mittags normale Seewache geht, spricht nachmittags der Kommandant zur Besatzung über die Lautsprecheranlage zum Thema „Durchbruchsversuch". Die Übertragung der Großkundgebung zum 30. Jan. aus dem Sportpalast mit der Rede Adolf Hitlers gibt Anlaß zu langen Diskussionen. Wie herrlich, der Krieg soll noch in diesem Jahr zu Ende gehen! —

Zur Zeit sind wir aber noch auf Kriegsmarsch im Eismeer. Über der schwarzen See liegt ein eigenartiger niedriger Nebel, durch den die weißen Schaumstreifen hindurchleuchten. Über Mittag herrscht nur graues Dämmerlicht, das aber durch die jagenden Wolkenfetzen noch weiter abgeschwächt wird. Ein trostloses Bild und sicherlich sehr eindrucksvoll auf schwache Gemüter!

22.00 Uhr wird die Eisgrenze erreicht. Gu bricht deshalb die Ölübernahme ab, alle Schiffe machen kehrt und gehen auf Kurs Süd und 9 sm. Die an Oberdeck tätigen Männer atmen auf. Ihre Augen sind durch den Wind und die Kälte rot verquollen. Nun haben wir den Wind im Rücken.

Am 31. Januar läuft der Verband bis nachmittags weiterhin Kurs Süd. Unsere Bunker sind zur Hälfte leer. Wir schlingern daher wie toll. In den Räumen rollt alles durcheinander, was nicht festgezurrt ist. Während des Mittagessens dröhnen plötzlich die Alarmglocken. Alles ist zunächst starr. Manchem sitzt der Bissen im Halse fest. Dann setzt aber auch schlagartig das allgemeine Jagen zu den Gefechtsstationen ein. Die in allen Räumen sich selbst überlassenen Teller und sonstigen Backsgeschirre beginnen sofort, sich infolge der Schiffsbewegungen selbständig zu machen.

Unser EMII hatte in 180° auf 48 hm ein Ziel geortet. Als sich dieses nach Ortung schnell auf 35 hm näherte, folgten Alarm und Abdrehen.

Nach dem Abdrehen des Schiffes verschwindet das Zeichen des vermeintlichen Zieles sogleich. Eine halbe Stunde später wird der

Alarm beendet. Der größte Teil der Besatzung kann sich einfach nicht erklären, wer uns hier oben am Ende der Welt gefunden haben sollte. Unsere gelehrten Funkspezialisten haben die wahre Lage jedoch bald erfaßt. Nach ihrer Ansicht handelte es sich bei der Ortung unseres Funkmeßgerätes um ein sogenanntes „falsches Echo", hervorgerufen durch eine anomale Reflexion des Tankers. — —

Nach Abdrehen auf Kurs Nord führt Gu seine Restbetankung durch. Sie ist spät abends beendet. Nun geht es wieder auf Kurs Süd, mit dem Wind.

Der Nordsturm läßt während der Nacht nach. Am 1. Febr. ist es daher merklich wärmer. Bei Windstärke 4—5 und fast ruhiger See beginnen wir mittags mit der Ölübernahme. Gu folgt im Kielwasser. Wieder geht es den ganzen Tag über mit kleiner Fahrt gegen den Nordwind an. 23.20 Uhr haben wir nach Übernahme von 3500 t Heizöl wieder unsere Bunker voll. Um Mitternacht ist die Verbindung mit dem Tanker eingeholt und das Ölgeschirr verstaut. Nachdem abends erneut ein schneidender Nordweststurm aufgekommen war, war das Manöver in der Finsternis auf der eisglatten Back eine unendlich mühevolle Arbeit.

Die für den Durchbruch zum Atlantik ausgewählte Zeit der Neumondnächte ist nun vorüber. Zwischen den jagenden Wolken hindurch beleuchtet der Mond die dunkle See zeitweise taghell, und wie zum Hohn setzt später auch noch ein unwahrscheinlich helles Nordlicht ein. Allmählich fällt uns dieses Naturwunder aber doch schon auf die Nerven. Tanker „Adria" wird mit Dank entlassen. Werden die sich nun freuen! „Adria" wünscht uns per Klappbuchse noch: „Weiterhin viel Glück und Erfolg und eine glückliche Heimkehr" und verschwindet dann mit full speed vor dem Wind in der Dunkelheit nach Süden zu. Können die aber laufen!!

Signal von Flotte: „Karl gelb. — Drei Willi eins!" Kiellinie, Kurs 283⁰! Der Bordklatsch berichtet, daß es nun durch die Dänemarkstraße zum Atlantik gehen soll. Hoffentlich werden die Eisverhältnisse dort nicht zu schwierig sein!

Die erste und wichtigste Aufgabe für unseren Verband lautet, unerkannt in den Atlantik einzudringen. Unsere weitere Aufgabe ist dann, Kreuzerkrieg zu führen und dadurch die gegnerische Schiffahrt zu beunruhigen und feindliche Seestreitkräfte zu binden.

Mit Rücksicht auf die großen Entfernungen zu unseren Stützpunkten sollen Gefechtsberührungen mit Kriegsschiffen möglichst vermieden werden.

Wegen der Gefahr der Vereisung der Vorschiffe läuft der Verband am 2. Februar zunächst mit nur 10 sm, später mit 19 sm Fahrt südwestliche Kurse. 14.00 Uhr stehen wir etwa auf 70^0 N 4^0 W, 18.00 Uhr etwa auf 7^0W. Während der Nacht bewirken Mondschein und Nordlicht eine Sicht von über 70 hm. Der Wind hat nachgelassen. Es ist auch etwas wärmer geworden. Die ab morgen zu erwartenden Ereignisse werden die Besatzung sicherlich längere Zeit voll beanspruchen. Es wird deshalb der Besatzung heute noch einmal eine Abwechslung durch Filmvorführungen geboten. Diese werden von allen Teilen der Besatzung immer wieder mit Freuden begrüßt.

Eine der Hauptaufgaben des Fürsorgeoffiziers und seiner Mitarbeiter ist es daher, jede Gelegenheit zum Filmtausch wahrzunehmen und für die auf Feindfahrten seltenen ruhigen Momente immer die geeignete Kollektion bereitzuhaben.

Bei etwa 69^0 N 18^0 W erreichen wir am Vormittag des nächsten Tages die Eisgrenze Grönlands. Die dieser Insel vorgelagerte Eisbarriere soll hier in dieser Jahreszeit eine Breite von ungefähr 80 sm haben. Dadurch wird die Enge zwischen Island und Grönland zu einem bedenklich schmalen Schlauch. Der Durchbruch durch diese Enge hat jedoch den Vorzug, daß wir hier in einer größeren Entfernung von den britischen Hauptbasen operieren, als dies bei unserem ersten Durchbruchsversuch der Fall war. Na, bis morgen wissen wir ja mehr! Die schmalste Stelle der Dänemarkstraße soll im Januar/Februar infolge der Eisbarriere nur eine Breite von etwa 80 sm haben. Diese Stelle müssen wir heute kurz nach Einbruch der Dunkelheit erreichen. Darum beginnt nun ein außerordentlich gewagtes Kurven-Fahren der Schiffe. Die Zeit drängt, aber die ständig im Wege liegenden Eisbrocken mahnen zur Vorsicht. Sie ragen teilweise 3—4 Meter über die Wasserfläche hinaus. Kollisionen mit ihnen können in unserer Situation zur Katastrophe führen. Alle Achtung vor den Schiffsführungen, wie sie unsere Riesenschiffe mit 22 sm Fahrt durch dieses Eisgewirr in einem ununterbrochenen Hin- und Herzacken hindurchlavieren!

Aus der vollen Kriegswache kann kurz vor Mittag die Seeziel-

Artillerie abtreten. Bedenklich wird für uns nun die britische Luftaufklärung, die einen Stützpunkt bei Reykjavik auf Island hat. Nach Meinung unseres Bordmeteorologen sollen wir hier an der Eisgrenze einen etwa 10 sm breiten Streifen sogenannten Mischnebels vorfinden, der bis zu etwa 100 Metern Höhe reicht. Diesen Streifen wollen wir natürlich ausnutzen. Hoffen wir nur, daß unser Laubfrosch recht behält!

Ab 16.00 Uhr geht wieder die volle Kriegswache. Leider stellt es sich heraus, daß die Eisbarriere entlang der Ostküste Grönlands wesentlich breiter ist als angenommen. Wir müssen uns deshalb noch härter an dieser Eisgrenze halten und alle Buchten ausfahren, um möglichst weit nach Westen zu kommen — fort von Island.

Schneeweiß, grün und blau leuchten die Eisfelder und Schollen, die wir Stunde um Stunde hinter uns lassen. Erstaunt, aber sonst ungerührt mustert uns eine große Robbe von ihrer eisigen Unterlage aus, während wir in nächster Nähe an ihr vorüberrauschen.

Nach kurzer Unsichtigkeit und starkem Schneetreiben wird es wieder vollkommen klar. 17.00 Uhr sind wir nur noch 80 sm von Island entfernt, und wir werden der Insel mit ihrem Luftstützpunkt noch wesentlich näher kommen müssen. Die Eisbarriere zwingt uns dazu. 18.20 Uhr erreichen wir endlich wieder freies Wasser, so daß der Verband bei einem Kurs von 250^0 wieder auf 25 sm gehen kann. Es ist plötzlich warm geworden. Dieser Temperaturanstieg hat allerdings zur Folge, daß alle optischen Geräte von innen so stark beschlagen, daß sie nicht verwendungsfähig sind. Und das jetzt! Die Mechaniker rasen mit ihren Trockengeräten von Stand zu Stand. Glücklicherweise können sie den Schaden bald beheben. Wir wären sonst bei Feindberührung praktisch blind gewesen.

In der Abenddämmerung kontrollieren die Schiffe wieder wie üblich gegenseitig ihren Abblendezustand. Bei leichtem Nordwind hat sich der Himmel bezogen. Ein feiner Regen, vermischt mit Schnee, setzt ein. Der Mond ist meist verdeckt. Das ist „das" Durchbruchswetter! Unser NO versteigt sich bei dieser unerwartet günstigen Wetterentwicklung sogar zu der ketzerischen Behauptung: „Petrus ist *doch* ein guter Deutscher!" Der neben ihm im Regen auf der dunklen Brücke stehende Gefechts-WO findet keinen Anlaß, dieser tiefsinnigen Feststellung zu widersprechen. Er schmunzelt nur, während er triefend vor Nässe über die Brückenschanzung voraus in die „Waschküche" starrt.

20.30 Uhr mißt unser EM II in 280° auf 334 hm Land. Inzwischen konnte festgestellt werden, daß die Eisbarriere an der Küste Grönlands etwa doppelt so breit ist wie vorausgesagt. Wir sind daher gezwungen, Kap Shrammnes auf Island gegen Mitternacht in nur 19 sm Abstand zu passieren. Bei Tage hätte man uns von der Insel aus gut beobachten können. Nach dem Passieren dieser engsten Stelle der Dänemarkstraße scheint der Durchbruch zum Atlantik nun endgültig geglückt zu sein. 3.35 Uhr jagen aber die Alarmglocken wieder Allemann auf Gefechtsstationen. Unser Funkmeßgerät hat Bb-voraus ein großes Ziel, anscheinend einen Bewacher, geortet. Soll auch unser zweiter Durchbruchsversuch scheitern? Durch Abdrehen gelingt es jedoch, ihn in nur 70 hm Abstand unbemerkt zu passieren. 10.00 Uhr steht der Verband etwa auf 64° N 32° W und läuft mit SW-Kurs auf die Südspitze Grönlands zu. Die lange Dünung des Atlantiks empfängt uns. Nun haben wir es endlich geschafft! — 12.30 Uhr weht auf der Gu das stolze Flaggensignal: „Erstmalig in der deutschen Kriegsgeschichte ist deutschen Schlachtschiffen der Durchbruch in den Atlantik gelungen. Und nun ran! Flottenchef." Der Stolz der Besatzung ist kaum zu schildern. Für sie ist und bleibt dieses Erlebnis der Höhepunkt in der Geschichte der Sh. Kurz nach Mitternacht wird der 60. Breitengrad in der Nähe Grönlands überschritten. Zur Freude aller Oberdecksbenutzer weht ein für unsere Begriffe fast lauwarmes Lüftchen. 11.00 Uhr wollen wir den Tanker „Schlettstadt" auf seiner Position eben südlich Kap Farewell treffen. Wir müssen aber erst einige Stunden nach ihm suchen, ehe wir ihn — schon in leichter Sorge um sein Schicksal — endlich finden. Bis zum nächsten Vormittag dauert die Ölübernahme, dann geht es mit südöstlichem Kurs hinein in den Atlantik. Aus wolkenlosem Himmel strahlt die Sonne. Eine lange Dünung läßt die Schiffe ununterbrochen stark und schwerfällig schlingern, Gischtfahnen wehen über das Vorschiff bis hinauf zur Brücke. Genießerisch lassen sich aber die Männer dort oben die Sonne auf die Nase scheinen, während sie die wundervoll dunkelgrüne See beobachten. Nun kann der Kreuzerkrieg beginnen! Hoffentlich kommt bald der erste Geleitzug in Sicht.

Schiffsort 6. 2. 18.00 Uhr etwa 55⁰ N 40⁰ W.

Die Dünung wird immer schwerer, so daß wir Schlingerwinkel von 16⁰ erreichen. Das Schiff ächzt und stöhnt bei dieser Schaukelei, wie man es bei einem so schweren Untersatz kaum für möglich hält. Hilflos rollt alles hin und her. An Schlafen ist daher während der Nacht kaum zu denken. Auch ich kämpfe vergeblich gegen die Gesetze der Schwerkraft an, während ich mich in der Nacht — in voller Montierung natürlich — um meinen wohlverdienten Freiwächterschlaf bemühe. Alles Festklammern nützt jedoch nichts, man rollt doch immer bergab. Gerade will ich wieder einmal meinem grollenden Herzen Luft machen, als sich die Kammertür öffnet. Ein Seemann drückt mir einen Zettel in die Hand und verschwindet wieder. Nanu!! — Ein Funkspruch? — „An Kptl. X! Sohn geboren. 10 Pfund. Alles wohl. Gruppe West." — Alle Sorgen und auch die schaukelnde Gegenwart sind durch diese Nachricht wie weggewischt.

Unsere „Gruppe West" in Paris, wie auch die anderen Befehlsstellen, finden immer wieder Gelegenheit, persönliche Nachrichten dieser Art an Schiffe und Boote auf Feindfahrt durchzugeben. Diese fürsorgliche Maßnahme wird nicht nur von den Betroffenen selbst, sondern auch von den Besatzungen stets mit Freude und Dankbarkeit aufgenommen, sie rückt allen die Heimat näher.

So wie bei anderen Schiffen, so wirkt auch bei uns die Gattin des Kommandanten als Betreuerin der Ehefrauen in besonderen Notlagen. Sie hat in diesem Falle auch die Benachrichtigung des glücklichen Vaters veranlaßt. In meinem Glück bemerke ich erst später den Vermerk unter dem Funkspruch: „Aufgenommen von der III. Wache = 6 Mann." — Nur mit Schmunzeln kann man einen so dezenten Wink mit dem Zaunpfahl zur Kenntnis nehmen.

Schiffsort 7. 2. 8.00 Uhr etwa 54⁰N 39⁰W.

Während der Morgendämmerung ist die Besatzung wieder für etwa 2 Stunden auf Gefechtsstationen. Der Kommandant kann es sich in einem ruhigen Augenblick doch nicht verkneifen, dem glücklichen Vater durch das an allen wichtigen Stellen des Schiffes besetzte Leitertelefon den vollen Text seines Funkspruches vorzulesen. — Das Hallo und die Beglückwünschungen reißen daraufhin den ganzen Tag über nicht mehr ab.

Nun stehen wir auf dem Geleitzugweg Halifax-England. Alles

ist in fieberhafter Erwartung. Unser Schiff schlingert immer noch wie toll, so daß man sich nur langsam Hand über Hand weiterverholen kann. Inzwischen hat es aber auch heftig aufgebrist. Der Sturm heult in der Takelage und treibt weiße Schaumstreifen auf der langen Dünung vor sich her. Über das Oberdeck jagt die grüne See, und das ganze Schiff bebt und zittert unter dem Anprall der schweren Brecher. Der Aufenthalt im Vormars ist besonders unangenehm, dort geht es wie in einer Riesenluftschaukel zu.

Den ganzen Tag über schaukeln Sh und Gu so ihre Standlinien auf und ab. Weit auseinandergezogen laufen sie ihre Kurse, um ein möglichst großes Seegebiet überblicken zu können.

Während der Nacht zum 8. 2. verlegt der Verband sein Aktionsgebiet um ein angenommenes Tagesetmal des erwarteten Geleitzuges nach Osten. Erstaunlich ist es, wie sich auch die jüngeren Soldaten schon an den Seegang gewöhnt haben.

Gegen 9.15 Uhr kommt durch alle Telefone die Nachricht, daß Gu einen Geleitzug gesichtet hat und daß der gemeinsame Angriff auf jenen 10.30 Uhr beginnen soll. Trotz schwerer See läuft Sh mit 20 sm auf den Treffpunkt zu. Da taucht auch schon bei einer Entfernung von 280 hm der Mastenwald von über 20 Schiffen über der Kimm auf. Aber auch ein Schlachtschiff, die „Ramillies", steht bei dem Konvoi, wie unser I. AO, Korv.Kpt. Löwisch, von seinem Artillerieleitstand im Vormars aus erkennen kann. Dieser Dicke, der bereits im ersten Weltkrieg vom Stapel lief, verfügt über eine recht beachtliche schwere Artillerie von acht 38,1-cm-Geschützen! Außerdem hat er zwölf 15,2 cm als Mittelartillerie und eine gute Flakbatterie. Bei einer Verdrängung von 29 190 t hat er eine Besatzung von rund 1000 Mann. Eine weiche Stelle hat dieser Gegner aber doch: seine Geschwindigkeit. Er kann nach den Angaben unseres „Weyer-Taschenbuch der Kriegsflotten" nur bis zu 22 sm laufen.

Die Vorfreude auf den fetten Geleitzug war also verfrüht. Zwar fühlen wir uns durch unsere höhere Geschwindigkeit und unsere Artillerieleitanlage dem alten Veteranen des 1. Weltkrieges überlegen, unsere Hauptaufgabe liegt aber nach den Weisungen der SKL in der Versenkung von Handelsschiffstonnage, während wir zur Erhaltung unserer Bewegungsfreiheit Gefechtsberührungen vor allem mit schweren gegnerischen Einheiten möglichst vermeiden sollen. Oberstes Gebot ist die Erhaltung unserer Geschwindigkeit. Sie ist hier im Kreuzerkrieg unsere größte Stärke. Es muß daher vermieden werden, diese etwa durch einen unglücklichen Treffer zu gefährden.

Wir stehen nördlich des Geleitzuges, während unser Schwesterschiff im Süden davon steht. Da anzunehmen ist, daß auch die „Ramillies" uns gesichtet und vielleicht auch schon weitergemeldet hat, entschließt sich unser Kommandant, Kpt. z. See Hoffmann, zu dem Versuch, unseren dicken Gegner zum Schießen und Hinter-uns-her-Laufen zu zwingen. Dann könnte Gu von Süden her in den ungedeckten Geleitzug einbrechen. Bis auf 230 hm gehen wir heran. Weiter geht es nicht. Bei dieser Entfernung kann man uns wegen der Ähnlichkeit der Silhouetten evtl. auch noch für unseren schweren Kreuzer „Hipper" halten, der z. Z. auch im Atlantik wirkt.

Plötzlich steht eine dicke Qualmwolke über dem Schornstein der „Ramillies". Aha! Nun geht es also los! Schnell drehen wir ab. — Aber — die „Ramillies" rührt sich nicht von der Stelle. Also wieder ran! Wieder stößt unser Gegner zornige Qualmwolken aus, als wolle er sich nun aber ganz bestimmt auf uns stürzen. Nach unserem erneuten Abdrehen müssen wir jedoch verblüfft feststellen, daß sich der böse Feind wieder nicht verlocken ließ. Mehrfach wird der Versuch wiederholt, und jedesmal qualmt der Gegner wie eine Zementfabrik. Verlocken läßt er sich aber nicht. Der Kommandant der „Ramillies" durchschaut zweifellos unser Spiel und bleibt daher bei seinem Geleit. Wen wundert es aber, daß die Reaktion der „Ramillies" auf unsere Annäherungsversuche schließlich heftiges Grinsen hinter allen unseren Optiken erzeugt. Ihre ablehnende Haltung gegenüber unseren Bemühungen veranlaßt schließlich den Flottenchef zu dem Funk-Befehl an Scharnhorst, das „Gefecht" abzubrechen. Mißmutig und enttäuscht müssen unsere Männer nun zusehen, wie unser erster Geleitzug ungeschoren hinter einer Regenwand verschwindet.

In weitem Bogen ausholend geht es jetzt zur „Gneisenau", mit der wir aber erst bei völliger Dunkelheit, gegen 23.00 Uhr, und deshalb unter Beachtung aller Vorsichtsmaßnahmen zusammentreffen.

Der 9. 2. ist ein Sonntag. Wieder fährt der Verband seine Stand-

„Scharnhorst" auf Kriegsmarsch im Atlantik

„ . . . und wieder rauschen die Seen in bekannter Art über das Oberdeck hinweg"

Der Verfasser
Divisions-, Wach- und Schleuderoffizier, Turmkommandant „Cäsar"

Schleuderstart eines Bordflugzeugs
Darunter die drei Stb. 10,5-cm-Doppelflak

Bordflugzeug Arado 196 bei der Landung.
Der Haken wird dem Beobachter gereicht

linien auf der Halifax-Route, jedoch etwas weiter westlich als gestern. Weit ab von uns, noch unterhalb der Kimm, läuft Gu ihre Kurse.

Fast wäre die Vormarsstenge von oben gekommen. Eben wird festgestellt, daß alle Vorstecker bis auf einen infolge der ständigen Schaukelei gebrochen sind. Mit kurzen Unterbrechungen rauschen die Seen über das Schiff und donnern die Brecher gegen die Bordwand. Ein Aufenthalt an Oberdeck wäre deshalb reiner Selbstmord. Alles pendelt, alles rutscht. Die Wände knarren. Das Achterschiff schüttert ständig von den Schraubenumdrehungen und wird von den anrollenden Seen immer wieder in heftige Schwingungen versetzt. Die Luft in den Räumen ist dick, das im Batteriedeck wieder einmal mit den Schiffsbewegungen hin- und herrauschende Wasser nimmt alles mit, was nicht niet- und nagelfest ist. Wer nicht unbedingt gehen muß, klemmt sich irgendwo fest. Die ersten Verletzungen werden bekannt und mahnen zur Vorsicht.

Bei stark diesigem Wetter und gleichbleibender Windstärke 9 treffen wir uns schließlich 20.30 Uhr wieder mit Gu zum gemeinsamen Nachtmarsch.

Der nächste Tag bringt auch im neuen Jagdgebiet nichts Neues. Die Wetterlage bleibt unverändert, und auch die Erfolge lassen weiter auf sich warten. Daß es heute aber die letzten Kartoffeln auf dieser Unternehmung gibt, ist für die meisten doch besonders betrüblich. Wenn sie bisher auch sehr sparsam bewirtschaftet wurden, so ergab der Gesamtverbrauch durch die große Besatzung doch eine ganze Menge, die auch untergebracht werden mußte. Nun werden wir uns wohl auf Makkaroni umstellen müssen.

18.20 Uhr gibt der Flottenchef Befehl zum Sammeln. Unsere „Bordstrategen" wittern wichtige Neuigkeiten, weil wir uns 10 Minuten später ohnehin planmäßig zur 40 sm ab stehenden Gu in Marsch setzen wollten.

Nach dem Treffen geht es mit nordwestlichem Kurs zum Tanker in der Davisstraße. Das war also die Neuigkeit! Während der Nacht werden zwei Alarme durch Funkmeß-Ortungen ausgelöst. Den Objekten wird jedoch ausgewichen.

Der 11. 2. beschert uns wieder Nordweststurm in unverminderter Stärke. In den höchsten Tönen pfeift er um die Aufbauten und läßt jetzt wahre Dünungsberge von unübersehbarer Ausdehnung vor sich herrollen. Um ernsthafte Schäden — vor allem in der empfindlichen Elektrik der vorderen Türme — zu vermeiden, geht der Verband immer weiter mit seiner Geschwindigkeit herunter. Schließlich laufen wir nur noch mit 4 sm schräg gegen den Sturm an, d. h., wir treten praktisch auf der Stelle. Das Maschinenpersonal ist nun dabei, in die Oberdeckseingänge kniehohe Sülls zu schweißen, weil sich beim Öffnen der Türen häufig ganze Sturzbäche in das Schiffsinnere ergossen. Die englischen Kriegsschiffe mit ihren höheren Rümpfen sind für Atlantikfahrten doch besser geeignet als wir. Man könnte fast annehmen, daß unsere Schiffbauer bei der Planung — wohl schon aus Traditionsgründen — mehr an einen späteren Nordsee- als an einen Atlantik-Einsatz dieser Schiffe gedacht haben. Daß sie aber ausschließlich nur für Sommerfahrten in der Ostsee gebaut sein sollen, ist zumindest übertrieben. Dies behauptet auch nur einer, der mit einem der erwähnten Sturzbäche ins Batteriedeck gelangte und nun in der Ruhe des Schiffslazaretts zu viel Zeit für seine Grübeleien findet.

Wegen der zunehmend schlechten Sicht ist nun wieder volle Kriegswache aufgezogen. Von der schaukelnden Höhe des Vormars aus ergibt sich ein besonders phantastisches Bild, sofern nicht gerade wieder eine der häufigen Schneeböen vorüberzieht. Der heulende Sturm reißt die Wellenkämme ab und jagt den Gischt wie weiße Schleier über die schwärzliche See vor sich her. Im ständigen Auf und Ab des Vorschiffes wird eine heranrollende See vom Steven langsam geschnitten, während schon die nächste unsere Back bis zu den Rohren des Turms A tief unter sich begräbt. Nach einer ganzen Weile hebt sich schwerfällig wieder der Bug. Durch diese Bewegung rauschen die Wassermassen nun mit ungeheurer Gewalt nach achtern, donnern gegen die Aufbauten und begraben die Kanonen der MA unter sich. Noch sind sie nicht über die Seitendecks und die Bordwand abgelaufen, da taucht das Vorschiff schon wieder unter. Wir kennen dieses Spiel. Durch unser Beigedreht-Liegen erscheint aber doch alles etwas mehr im Zeitlupentempo und wirken die Seen auch weniger gewalttätig. Wenn nur unsere Artillerie-Anlage nicht noch mehr in Mitleidenschaft gezogen wird. Wir haben bereits so viele Kurzschlüsse, und die 15-cm-Einzelgeschütze sind elektrisch

sogar schon ausgefallen. Kein Wunder! Alles schwimmt, alles trieft
vor Nässe. Unter dem schwärzlich grau verhangenen Himmel wuchten den ganzen Tag über die gewaltigen Wasserberge von Nordwest
heran. Nur selten geben sie einen kurzen Blick auf unser Schwesterschiff frei, das einige Meilen querab steht und wie wir die Seen
abreitet oder schluckt. Inzwischen haben wir wieder 5° Kälte bekommen. Wenn das so weitergeht, müssen wir auch noch mit einer
Vereisung des Oberdecks rechnen.

Zweifellos hatte uns die „Ramillies" gesichtet.

Ob dadurch nun der Operationsbefehl des Flottenchefs eine Änderung erfahren wird? Diese Frage wird von den Freiwächtern in der
Offizier-Messe heftig diskutiert, während man sich bemüht, das
hinter Schlingerleisten wartende Abendbrot ohne größere Zwischenfälle einzunehmen. Wieviel einfacher hätten wir es doch jetzt, wenn
die Schiffbauer wenigstens ein Festschrauben der Stühle am Boden
vorgesehen hätten[5]!)

In den Wohndecks der Divisionen wird inzwischen von genau so
fachkundigen Leuten eifrig erwogen, ob eine Ölübernahme von unseren drunten im warmen Süden stehenden Tankern nicht zweck-
mäßiger sei, als hier beigedreht zu liegen und somit kostbare Zeit
zu verlieren. Selbstverständlich setzt sich schließlich die Meinung
der Vertreter des „warmen Südens" durch.

Ohne jede Wetteränderung beginnt der 12. 2.

„10.30 Uhr dreht das Schiff nach Stb auf Gegenkurs."

Mehrfach geht diese ungewöhnliche Ankündigung über Lautsprecher und Telefone durch das Schiff, um allen Abschnitten Gelegenheit zum Seefestzurren zu geben. Es besteht die Gefahr, daß während der Drehung infolge der riesigen Quersee bedenkliche Schlingerwinkel entstehen. Vorsichtigerweise werden deshalb beim Drehen
auch die schweren Türme nach Luv geschwenkt. Entsetzt beobachten
die Artilleristen, wie bei dem besonders starken Abschlingern während der Querlage eine schmutzige Brühe aus Eis und Rostwasser
aus den sonst doch so behüteten Rohren läuft. Oh, heilige Barbara!

Vor Wind und See hat das Schiff nun die gewünschte ruhige Lage,
um dringend notwendige Schiffs-Sicherungsarbeiten in Eile durchzuführen. 11.45 Uhr geht es mit den gleichen Vorsichtsmaßnahmen
wieder auf Nordkurs zurück.

Anmerkung 5 siehe Seite 200.

Ein Funkspruch löst große Freude aus: Die „Hipper" hat vor der spanischen Küste 13 Dampfer versenkt. Nun hat doch wenigstens eins unserer Schiffe Glück gehabt!

Schiffsort am 13. 2. 5.00 Uhr etwa 57⁰ 30' N 45⁰ W — also etwa 140 sm südlich Grönland. Der Sturm wütet den ganzen Tag über mit unverminderter Stärke, so daß der Verband weiterhin beigedreht liegen muß. Dieses untätige Auf-der-Stelle-Schaukeln macht langsam selbst die ruhigsten Männer nervös, und die Feststellung: „Verfluchtes Sauwetter!" ist bei den ständigen Ablösungen schon zur stehenden Begrüßungsfloskel geworden. Nun hat sich auch noch herumgesprochen, daß die von uns angesteuerte Tankerposition den düsteren Decknamen „Punkt Schwarz" führt, während die Positionen im Süden ansprechendere Namen wie „Lolo", „Inge" und „Herta" tragen. Von unseren Seeleuten werden sie summarisch als die „Mädchenpunkte" bezeichnet. Nomen est omen!

Petrus und der Flottenchef haben aber anscheinend für die Träumereien von südlichen Tankerstationen kein Verständnis.

Gegen Abend läßt die Dünung stark nach, so daß der Verband während der Nacht nach fast dreitägigem Abreiten des Sturmes endlich wieder Fahrt aufnehmen kann. Durch die mondhelle, sehr kalte Nacht laufen wir nun mit 12 sm und NW-Kurs gegen einen immer noch heftigen Nord auf den Punkt Schwarz zu. 9.00 Uhr kommen unsere Tanker in Sicht. Wir übernehmen aus „Esso", während Gu aus „Schlettstadt" ergänzt. Erst während der Nacht ist die Arbeit beendet, so daß um Mitternacht wieder der Marsch ins Operationsgebiet beginnen kann. Jetzt muß es klappen! Bei dieser Unternehmung glückt ja immer erst der zweite Versuch: der erste Start im Dezember endete bei Bergen, der erste Durchbruchsversuch scheiterte an den Bewachern, und die Versuche zur Annäherung an unseren ersten Geleitzug wurden durch „Ramillies" vereitelt. Es müßte nun also der zweite Versuch eigentlich gelingen!

Der 15. 2. beschert uns eine fast spiegelglatte See. Mit besonderer Freude wird das Wiedererscheinen der Sonne begrüßt. Man fühlt sich beinahe in die Ostsee versetzt. Vormittags findet auf Gu eine Kommandantensitzung statt. Das ist auch die passende Gelegenheit, Filme auszutauschen.

Dann geht es wieder auf Kurs 150⁰.

An verschiedenen Stellen des Schiffes — auch in der Artillerie — wird eifrig gearbeitet, um die Seeschäden zu beseitigen. Morgen soll das Schiff wieder topfit sein. Die körperlichen und nervlichen Anspannungen der Unternehmung, das Ausbleiben von Erfolgen, das enge, täglich gleichbleibende Zusammenleben der fast 2000 Männer und andere Umstände sind wohl die Ursache dafür, daß sich allmählich eine gewisse Gereiztheit — vor allem unter den älteren Besatzungsangehörigen — bemerkbar macht. Der heutige große Filmabend mit sogar zwei Unterhaltungsfilmen soll deshalb wieder einmal die notwendige Abwechslung in das Bordeinerlei bringen und der Entspannung dienen.

Mit dem 16. 2. verleben wir den vierten Sonntag in See. Bei bestem Sonnenschein und gelegentlichen Regenschauern läuft der Verband ab Mittag mit 18 Meilen Kurs Süd. Der Wind frischt auf, und eine lange, aber kaum sichtbare Dünung läßt die Schiffe langsam und schwerfällig schlingern. So schaukeln wir nun unverdrossen dem fernen Südhorizont entgegen, hinter dem uns morgen das neue Operationsgebiet mit seinen Rätseln erwartet. Abends stehen wir etwa 300 sm ONO Neufundland. Die Kriegswacherleichterungen fallen jetzt wieder fort. Die Freiwächter nutzen aber überall im Schiff die fast sonntägliche Abendruhe zu einer Klöhnstunde. In der O-Messe diskutiert eine Gruppe heftig über Wohnungsfragen, über Fragen der Kindererziehung und ähnliche häusliche Probleme. Selbst ausgesprochene Rauhbeine beteiligen sich an diesem Gespräch mit auffallender Hingabe.

Schiffsort am 17. 2. früh: etwa 49°N 45°W.

Wir stehen nun ungefähr 300 sm östlich Neufundland im Operationsgebiet. Gu läuft ihre Standlinien südlich von uns unterhalb der Kimm. Hoffentlich haben wir diesmal Glück!

Das Wetter ist allerdings wie verhext. Es regnet, die Sicht ist schlecht, und der Wind nimmt wieder zu. Nachmittags bläst er schon in Stärke 9—10. Einige Funksprüche werden gehört, darunter auch der Hilfeschrei eines Dampfers in Seenot. Er hat keine Rettungsboote.

Das Essen wird auf die Dauer sehr eintönig. „Reis mit Rindfleisch" wird nach dem grimmigen Entschluß vieler Verheirateter späterhin aus dem häuslichen Speisefahrplan gestrichen.

Auch der 18. 2. verläuft bei unveränderter Wetterlage mit erfolglosem Standlinienfahren. Zwei Einzelfahrer, ein Tanker und ein Dampfer, beide in Ballast auf westlichem Kurse, lösen zwar im Morgengrauen bzw. mittags Alarme aus. Sie dürfen aber weisungsgemäß nicht angegriffen werden, so daß wir nach vorsichtiger Beobachtung aus größter Entfernung wieder abdrehen. Es ist zu schade! Gegen Abend wird das Wetter zusehends besser. Nun haben wir auf dieser Unternehmung schon 7500 sm oder fast 14 000 km zurückgelegt. Das ist über ein Drittel des Erdumfanges. Der erste praktische Erfolg steht aber noch aus. Durch den klaren Abendhimmel jagt ein Komet. Will er uns den ersten fetten Geleitzug ankündigen?

Alle Bordpropheten haben sich geirrt! Das Wetter des folgenden Tages wird scheußlicher als zuvor. Schon in der Morgendämmerung setzt pottdicker Nebel ein, und ab Mittag bläst — wie gehabt — der Wind wieder mit Stärke 10. Wieder gehen die Brecher in fast ununterbrochener Folge über das Oberdeck, und wieder vergeht ein Tag ohne Erfolg.

Das schwere Arbeiten unseres braven Schiffes, das wie ein Lebewesen zittert und ächzt, setzt uns doch ziemlich zu. Man hat fast das unangenehme Gefühl, als sei der schwere Schiffskörper durch die Beanspruchung schon weicher in seinen Verbänden geworden.

Das für 21.00 Uhr angesetzte Treffen mit Gu verzögert sich infolge des schwierigen Herantastens bei Regen, Sturm und stockdunkler Nacht bis 1.30 Uhr.

Auch der 20. 2. verläuft ohne Erfolg. Wir stehen jetzt auf den Neufundlandbänken, nur 220 sm von Land entfernt. Ab Mittag setzt Dauerregen ein. Der für 16.00 Uhr zu einem Aufklärungsflug vorgesehene Start einer Bordmaschine muß deshalb ausfallen. Die hohe und steile Dünung hätte große Landeschwierigkeiten bereitet. Gegen Mittag taucht aus dem Dunst ein heftig dümpelnder Fischdampfer auf. 16.00 Uhr erscheint der gleiche Besucher, diesmal sogar noch wesentlich näher. In beiden Fällen können wir nur schnell abdrehen. Beim Herangehen hätte der Beobachter sicherlich die USA-Flagge gesetzt. Damit wäre er für uns tabu gewesen, während wir unsererseits die Chance verspielten, in dieser Gegend unerkannt zu bleiben.

Die auffallende Leere auf den Geleitzugwegen dürfte auf den Alarm der „Ramillies" zurückzuführen sein. Wenn es uns somit möglich war, allein durch unsere Anwesenheit Durcheinander in die britische Geleitzug-Organisation zu bringen, dann können wir ja schon recht zufrieden sein. Trotzdem, Geleitzug bleibt Geleitzug!

Zur Freude aller beschert uns der 21. 2. strahlenden Sonnenschein. Wer es irgend kann, genießt dieses Glück. Nachdem wir vormittags einem großen Einzelfahrer ausweichen mußten, wird nachmittags eine Bordmaschine zur Aufklärung gestartet. Sie muß infolge Kompaßfehler aber sofort wieder landen und verbeult sich dabei in der hohen Dünung beide Schwimmer und das Schwanzstück. Nun muß die zweite Maschine aus der Halle auf die Schleuder und das beschädigte Flugzeug in die Halle. Bei dem stark schlingernden Schiff sind dies besonders schwierige Manöver, weil die an der langen Leine des Flugzeugkranes hängenden Arados die fatale Neigung haben, wie schwere, aber auch außerordentlich empfindliche Pendelgewichte zu wirken.

In der Morgendämmerung des 22. 2. sind wie üblich wieder alle Gefechtsstationen besetzt. Die Dünung hat stark nachgelassen. Es scheint auch ein schöner Tag zu werden. Der Stb-vordere Nachtleitstand meldet den Schatten eines Einzelfahrzeuges. Wir können diesem jedoch ausweichen. Es scheint ein Tanker zu sein. Vormittags wird wieder eine Maschine zur Aufklärung gestartet. Sie ist eben in der Luft, da erfährt die Besatzung völlig überraschend den Eingang eines Funkspruches von Flotte, der entgegen den bisherigen Anweisungen nun auch den Angriff auf Einzelfahrer anordnet. Wir sollen die Fahrzeuge in unserem Quadrat vernichten und dann auf Gu sammeln.

Der Flottenchef sah sich zu diesem Befehl veranlaßt, als Gu bei Hellwerden zwischen drei Einzelfahrern stand, so daß ein unerkanntes Absetzen nicht mehr möglich war.

Die Sh-Besatzung hat jetzt das Jagdfieber gepackt. Eine Mischung von Freude, Spannung und Erregung sieht man auf allen Gesichtern. Was kümmert in diesem Augenblick — genau einen Monat nach dem Auslaufen aus Kiel — das Gerücht von einem bevorstehenden Kriegseintritt der USA! Endlich soll es rangehen! Mit Höchstfahrt laufen wir sofort hinter dem Tanker her, den wir heute früh trafen. Unser Bordflugzeug hat ihn inzwischen schon wieder gesichtet und kehrt zur Übernahme an Bord zurück.

12.00 Uhr werden alle Gefechtsstationen besetzt.

Schon von weitem meldet uns der Tanker durch Morsespruch sein Bezeichnungssignal. Wiederholt fragt er nach unserem Namen, bis wir ihn auffordern zu stoppen, nicht zu funken und die Boote zu Wasser zu bringen. Da der Tanker weiterläuft und sogar durch Funksignale Alarm schlägt, feuert unsere Mittelartillerie einige Salven auf 80 hm. Zwei Treffer, davon einer auf der Brücke, bewirken, daß das Funken sofort aufhört, der Tanker stoppt und die Boote klargemacht werden. Nun geht alles sehr schnell. Ein leeres Boot rauscht sogar aus. Die beiden anderen kommen aber mit ihren Besatzungen gut zu Wasser. Sie fischen noch einen Mann auf, der beim Einsteigen daneben getreten war, und pullen schnell von ihrem Schiff frei. Dann beginnt unsere schwere Flak. Sie reißt in die Wasserlinie des Tankers große Löcher. Bald steht über dem Schiff eine große Qualmwolke. Es brennt. Langsam legt es sich nach Bb, während aus den Schußlöchern das Ballastwasser rauscht. Mit 90⁰ Schlagseite rollt es noch eine Weile schwerfällig in der Dünung, um dann in einer Riesenqualmwolke langsam über das Heck wegzusinken. Plötzlich hebt sich das Vorschiff, und während aus allen Öffnungen Gischtsäulen herausgepreßt werden, geht das Wrack mit zunehmender Fahrt auf Tiefe.

13.35 Uhr, 25 Minuten nach den ersten Salven in die Wasserlinie, bedecken nur noch einige Wrackteile und ein leichter Dunst die Untergangsstelle. — Aus!! — Alles starrt noch wie gebannt dorthin, wo soeben ein Schiff starb. Handelskriegführen ist doch ein verdammt hartes Handwerk! — Jetzt wird die 37köpfige Tanker-Crew übernommen. Von ihren Booten aus hatten sie das Schicksal ihres Schiffes miterlebt, einige hatten sich jedoch abgewandt. Es sind Menschen verschiedener Rassen. Nun erfahren wir auch, daß der Tanker „Lustrous" – mit 6150 BRT und dem Heimathafen Liverpool – in Ballast auf der Fahrt nach Caracas war.

Auf dem Marsch zum Treffpunkt mit Gu passieren wir zwei leere Rettungsboote. Anscheinend hat unser Schwesterschiff hier auch schon gewirkt. Diese Vermutung wird später bestätigt: Gu hat heute 3 Dampfer mit 14 500 BRT versenkt.

Ab 17.45 Uhr laufen wir wieder im Kielwasser von Gu, die sich auf der Verfolgung eines Dampfers befindet, der tagsüber von ihrem Bordflugzeug gesichtet wurde.

23.00 Uhr schrillen die Alarmglocken. Voraus in der Dunkelheit krachen Artillerie-Salven und leuchten Scheinwerfer. Gu hat den verfolgten Dampfer gefunden. Da er abgeblendet, d. h. ohne Licht fährt, kann er ohne Warnung beschossen werden. Wir auf Sh erleben dieses nächtliche Drama als Zuschauer aus nächster Entfernung. In den grauen Rumpf des hell angestrahlten Schiffes krachen die Granaten, während sich die Besatzung lampenschwingend auf die Boote stürzt.

Einige Großbrände flammen auf. Schnell legt sich der Dampfer nach Steuerbord über und kentert. Eben leuchtete noch der hellrote Bodenanstrich im grellen Scheinwerferlicht, und schon ist die Wasserfläche wieder leer. Nur etwa zehn Minuten hat das alles gedauert. Die Dampferbesatzung geht mit ihren 3 Booten bei Gu längsseit. Dann verlöschen die Scheinwerfer, und weiter geht der Nachtmarsch ins morgige Operationsgebiet. Das Programm steht schon fest. Es lautet „Standlinienfahren". Alle Achtung! Unser Flottenchef hat Mut und eine Menge Optimismus. Ein Mann mit weniger starken Nerven, aber auch mit etwas mehr Skepsis hätte dem Verband wohl erst einmal eine Luftveränderung verordnet.

Die versenkten Schiffe haben noch ihr Alarmsignal „R-R-R-" funken können. Nun summt es auf dem Nordatlantik sicherlich wie in einem Bienenkorb. Wenn auch mit dem Erscheinen von Streitkräften in diesem Gebiet in den nächsten Tagen noch nicht gerechnet zu werden braucht, so wird doch die Handelsschiffahrt mit ziemlicher Sicherheit diese Route vorerst wie die Pest meiden. —

Der nächste Tag bringt uns Regen, Dunst und stark auffrischenden Wind. Gegen Mittag läuft daher schon wieder eine recht grobe See. So kommt es auch, daß unsere Bordmaschine bei ihrer Landung nach einem Aufklärungsflug leichte Beschädigungen erhält. Zu allem Pech bricht während des Einsetzens infolge der starken Schiffsbewegungen auch noch eine stählerne Schwingleine, so daß eine Tragfläche gegen den Kran pendelt. Nach den Versicherungen unserer Bordmechaniker soll der Schaden aber bis morgen behoben sein. Es ist schon ein wahres Kunststück, diese schweren und hochempfindlichen Maschinen unter den engen Bordverhältnissen auch bei schlingerndem Schiff stets auf den Zentimeter genau hinzubekommen.

Während des heutigen Standlinienfahrens herrscht nur eine Sicht von etwa 150 hm. Es kommt daher besonders auf die Verläßlichkeit des Ausguckdienstes an, wenn wir vor Überraschungen sicher sein wollen. – Der Bordklatsch berichtet nachdrücklich, daß es morgen schon zu Lolo, dem südlichsten der „Mädchenpunkte", zur Ölübernahme gehen soll. Dort sollen angeblich 23° Wärme herrschen. Wie herrlich. Übereifrige mustern schon ihre Badehosen. Nachdem wir unseren Tanker auf etwa 48° N 41° W versenkt haben, stehen wir heute ungefähr auf 47° N 36° W. Lolo dürfte noch etwa 14° weiter südlich zu finden sein.

Das Ereignis des 24. 2. ist eine Rede Adolf Hitlers, die ab 14.00 Uhr Bordzeit übertragen wird. Alles ist äußerst gespannt auf das, was über das Verhältnis zu den USA gesprochen werden wird. Diese Frage bewegt die ganze Besatzung genau so wie die Leute in der Heimat. Von der Freiwache sind deshalb die Lautsprecher in allen Räumen des Schiffes belagert. – Die Rede ist eine Warnung an die USA gegen ihren Kriegseintritt. Der letzte Tageserfolg unserer U-Boote mit 190 000 Tonnen versenkten Schiffsraumes wird in der Rede mit angeführt. Auch der Erfolg unseres Verbandes mit bisher insgesamt 26 000 Tonnen findet Erwähnung. Die Besatzung ist darauf natürlich besonders stolz. Fast ebenso stolz ist sie aber auch über die Leistung unserer großen Konkurrenz, der U-Waffe. Bezweifelt wird jedoch, daß sich die USA durch diese Rede irgendwie in ihren Absichten beeinflussen lassen werden. Dazu wäre höchstens eine entscheidende Verbesserung unserer Situation gegenüber Großbritannien in der Lage. In allen Unterredungen an Bord klingt diese Meinung durch. Werden die kommenden Monate nun die große Offensive bringen? Aus der Rede könnte man es schließen. –

Am 25. 2. wird ab 8.00 Uhr die nun schon 8 Tage laufende volle Kriegswache in einen Vierer-Wachstropp abgewandelt. Es wurde auch Zeit. Die Besatzung ist übermüdet. Die sich gegenseitig ablösenden Kriegswachen haben während ihrer Freiwache ja nur nachts „frei". Bei Tage werden während dieser Zeit dienstliche Dinge verschiedener Art, wie z. B. Reinschiff und Waffenreinigen, erledigt, und von den Nacht-Freistunden gehen auch immer noch die Stunden während der Morgendämmerung ab, während denen die gesamte Besatzung auf Gefechtsstationen sein muß.

Mit Südkurs und 18 sm Fahrt geht es auf den langersehnten Punkt Lolo zu. Nachdem es morgens noch regnete, reißt gegen Mittag die Wolkendecke auf. Die Freude der Besatzung wird aber vollkommen, als gänzlich unerwartet das Musikkorps auf der Hütte erscheint. Im Nu sind alle Aufbauten von begeisterten Zuhörern besetzt. Vielstimmig, mit großer Hingabe und sehr laut werden „Rosemarie" und andere Lieder mitgesungen.

10 000 sm hat unser Schiff auf dieser Unternehmung schon zurückgelegt. Diese Nachricht kommt nach einem Hornsignal 11.30 Uhr über alle Lautsprecher der Wachdienstanlage. Wieviel hochqualifizierte Arbeit, welches Ausmaß an Können, aber auch an Sorgen, beinhalten diese wenigen Worte. Selbst dem jüngsten Seemann an Bord kommt während dieser Unternehmung immer mehr zu Bewußtsein, wie lebenswichtig die Leistung der Kameraden von der Technik und ihre Anlage für den Einsatz und für die Erhaltung des Schiffes sind. Gegen Abend wird die Dünung immer höher. Da sie genau von Steuerbord querein kommt, läßt sie das Schiff bald gewaltig schlingern. Bei einer Windstärke von nur 6—8 ergießen sich nun ständig riesige Wassermassen über das Schiff. Fast nimmt eine solche See unseren Ob.Stbs.Arzt Dr. Schley mit.

Das Essen ist bei diesem Schaukeln schon ein wahres Problem. Während der Seemann sich aber notfalls mit seinem Teller in der Hand einfach in eine Ecke klemmen kann, fordert die strenge Messe-Etikette ein gesittetes Sitzen. Da man jedoch gelegentlich auch einmal einen Bissen zum Munde führen muß, kann man sich nicht ständig haltsuchend am Tisch festklammern. Für die Zuschauer ist es dann recht possierlich zu sehen, wie sich plötzlich ein Stuhl nebst seiner zunächst erstaunten und dann heftig rudernden Besetzung selbständig macht und mit zunehmender Fahrt bergab rauscht. Häufig fliegt das Geschirr nebst Inhalt im eleganten Bogen hinterher. Umgekippte und z. T. auch zerbrochene Stühle, sowie strampelnde Beine künden schließlich den interessierten Beobachtern das Ende der Bobfahrten. Besonders spannend ist es, wenn sich mehrere Stuhlbesitzer gleichzeitig auf die Reise begeben. Es ist nur zu schade, daß anfeuernde Rufe in der Messe nicht gern gehört werden. Ja, es ist schon ein wahres Kreuz: Die Messe-Etikette ist in dieser Beziehung einfach zu streng.

Die stockfinstere Nacht wird von einem starken Wetterleuchten erhellt. Die Wachen haben sich an ihren Plätzen festgeklemmt oder festgezurrt, um ja nicht ins Rutschen zu geraten. An ein Schlafen ist bei den Freiwachen unter diesen Umständen natürlich wieder einmal nicht zu denken. Auch das Poltern der hin- und hertrudelnden Gegenstände ist als Schlummermusik wenig geeignet. Seit Wochen geht das nun so. Der weitverbreitete Wunsch nach einer etwas ruhigeren Unterlage ist deshalb wohl verständlich.

Der 26. 2. bringt uns zwar wieder Sonnenschein, aber die scheußliche Dünung bleibt uns leider auch treu. Die blauen Flecke an allen Körperteilen werden schon nicht mehr gezählt.

Die täglich erscheinende „Morgenpresse" enthält die Nachricht des brit. Rundfunks, daß nun alle entbehrlichen Streitkräfte zu unserer Verfolgung eingesetzt werden. Wir halten diese Meldung für einen der üblichen Bluffs. Wenn uns der Engländer wirklich ernsthaft ans Leder wollte, würde er seine Aktionen wahrscheinlich heimlich anlaufen lassen. Noch fühlen wir uns hier mitten im Atlantik ziemlich sicher. Es überrascht daher auch niemanden, daß ab 8 Uhr nur noch Seewache mit großem See- und Luftzielausguck im Vormars gegangen wird und die Waffen selbst unbesetzt bleiben. Die Schlingerwinkel bis zu 21° bewirken jedoch, daß der Ausguckdienst in luftiger Höhe wenig geschätzt wird.

Mittags erhalten die WO's auf der Brücke unter der sachkundigen Anleitung des NO eine kleine Auffrischung in der Navigation. Infolge der Fachtätigkeit bei ihren Waffen kommen einige zu ihrem eigenen größten Kummer heute zum ersten Male seit dem Besuch der Marineschule wieder dazu, eine Nebenmeridianbreite in Praxis zu errechnen. Es ist dies für den Seeoffizier ein bedauerlicher Nachteil des Dienstes auf einem großen Schiff, wo nicht die Navigation, sondern der Waffendienst die Hauptrolle spielt. Das ist natürlich ganz besonders während des Krieges der Fall.

Nachmittags treffen wir unsere Tanker ganz programmgemäß auf etwa 33° N 41° W. Es ist doch erstaunlich, wie gut das für uns so entscheidende Problem der Ölergänzung in See gelöst ist.

Selbstverständlich wird der Abend wieder zu Kinovorführungen ausgenutzt. Dafür sorgen schon die Anfragen der zahlreichen Interessenten. Die Vorführer müssen beim Seefestzurren ihrer Geräte aber all ihre seemännischen Kenntnisse aufwenden. Viele ziehen es heute jedoch vor, die ruhigen Abendstunden an Oberdeck statt in den qualmigen Räumen zu verbringen. Der herrliche Sternenhimmel und die laue Luft sind ja auch zu verlockend. Nachdem wir später auch noch drehen und mit geringster Fahrt gegen die lange Dünung anlaufen, ist das Glück der schweigenden Sternenanbeter vollkommen. Die zahlreich fallenden Sternschnuppen werden auch wohl manchen stillen Wunsch für die Lieben daheim mit auf ihre Reise nehmen müssen. Auf der Brücke geht es aber weit prosaischer zu. Dort nutzt der WO die einmalige Gelegenheit aus, um mit Kadetten und Brückenposten Sternenkunde zu betreiben. Im Kielwasser folgt uns der Tanker.

Nach dem Verbindungsmanöver am Vormittag geht ab Mittag wieder die Ölübernahme vor sich. Etwas anders als am Punkt Schwarz sieht es hier aber doch aus. Schwärme fliegender Fische und spielende Delphine beleben die See, die unter der strahlenden Sonne stahlblau erscheint. Tang aus der Sargasso-See treibt langsam vorüber. Sonst ist das Wasser aber so durchsichtig, daß man die tief unten sich langsam drehenden Schrauben völlig klar sehen kann.

So schaukeln wir langsam mit schweren Bewegungen hinter unserem Tanker durchs Aquarium. Um den sonntäglichen Charakter des Tages noch zu unterstreichen, spielt mittags die Musik auf der Schanze. Diesen Genuß läßt sich die Besatzung natürlich nicht entgehen. In übermütigem, fast lebensgefährlichem Gedränge sind Hütte und Turm Cäsar besetzt. Sogar die Rohre des Turmes haben ihre Reiter. Das einheitlich weiße Arbeitszeug gibt der ganzen Sache einen ungewohnten, einen direkt friedensmäßigen Anstrich, nachdem seit dem Auslaufen alles im blauen „Gefechtspäckchen" herumlief. Zwangsläufig haben diese Bekleidungsstücke aber inzwischen durch Salzwasser, Geschützfett und dergl. eine so starke „Patina" angesetzt, daß sie auch ohne Inhalt zu stehen vermögen. Zeugwäsche ist deshalb laut Regieanweisung des IO die Parole des Tages. Sauberkeit muß eben sein — vor allem an Bord! Auch der Sport kommt bei den Divisionen nicht zu kurz. Auf der Schanze werden sogar erbitterte Wasserschlachten mit Feuerlöschschläuchen ausgetragen. Der Sportoffizier meint zwar geringschätzig, daß dies mit Sport und so nichts mehr zu tun habe. Dem Indianergebrüll der hin- und herwogenden Kriegerscharen nach zu urteilen, muß dieses feuchte Unternehmen aber viel Freude bereiten — solange man nicht den offenen Mund vor das Strahlrohr bekommt. —

Nachdem wir kurz vor Mitternacht und Gu bei Hellwerden die Ölübernahme beenden konnten, werden vormittags unsere Gefangenen auf die „Ermland" übergesetzt. Da der auffrischende Wind uns wieder eine grobe See hingezaubert hat, sind die Bootsmanöver recht schwierig. Die Kapitäne der versenkten Schiffe werden auf den Schlachtschiffen zurückbehalten.

Gegen Mittag nimmt der Verband wieder Fahrt auf und geht dann mit 16 sm auf östlichen Kurs. Wind und See beruhigen sich gegen Abend wieder.

Der 1. März verläuft fast wie ein Feiertag. Es geht nur einfache Seewache mit Ausguck. Nach kurzem Reinschiff liegt fast die gesamte Besatzung halbnackt an Oberdeck und läßt sich von der Sonne braten. Bei unserem leichten Wind von achtern und einer Temperatur von 20⁰ im Schatten wird nur mit tiefem Bedauern über die armen Leute in der Heimat gesprochen, die sich jetzt mit Temperaturen um 0⁰ und Regen herumplagen müssen. Unser Kurs von 106⁰ würde uns etwa auf die Kanarischen Inseln zu führen.

Am folgenden Vormittag steht der Verband bereits 480 sm südlich der Azoren. Das feuchtwarme Klima gibt nun doch allmählich Anlaß zu einigen Bekleidungsschwierigkeiten. Bei unserem Auslaufen in Eis und Schnee konnte natürlich niemand etwas von dieser Tropenfahrt ahnen, und ein Hinweis „von oben" wird wohl schon aus Geheimhaltungsgründen unterblieben sein. Und was helfen nun schon die wenigen leichteren Bekleidungsstücke des normalen Schiffskleiderkammer-Bestandes angesichts der großen Besatzung? Es muß deshalb mit geliehenen Stücken, mit Sportzeug oder sonstwie improvisiert werden.

Vor dem Abendbrot berichtet der Kommandant in der Messe von der Kommandantensitzung auf Gu, die nachmittags stattfand. Alles lauscht gespannt, während er die Absichten des Flottenchefs für die kommende Zeit erläutert: Der Verband soll nun auf die SL-Geleitzüge an der afrikanischen Küste operieren. Die Schiffe werden dazu bei Tage mit 40 sm Abstand Südkurs laufen und die Bordflugzeuge zur Verbreiterung des Suchstreifens einsetzen. Nachts wird der Verband dann stets mit Nordkurs wieder auf die Anfangspositionen für den nächsten Tag zurückgehen. Ab sofort sollen auch Erleichterungen im Wachdienst, im Verschlußzustand und in der Nachtruhe eintreten, und zwar soll die Kriegswache möglichst im Viererturnus durchgeführt werden, tagsüber soll über Panzerdeck nur „Verschärfter Verschlußzustand" bestehen, und die Freiwache soll nachts im Sportzeug Ruhe in Hängematten haben. Nachdem die Besatzung nun schon seit Wochen während ihrer nächtlichen Freiwachen nur im vollen Gefechtsanzug auf den gezurrten Hängematten an Deck liegen — bzw. bei Dünung auch rollen — mußte, bereitet das Hineinsteigen in die schwebenden Hängematten heute einen besonderen Genuß. Das Abgehen von dem strengeren „Kriegsmarsch-Verschluß" oder gar „Klarschiff-Verschluß" bedeutet, daß mehr Durchgänge offen bleiben. Neben dem Verkehr wird damit auch die Durchlüftung des Schiffes erleichtert.

Die getroffenen Maßnahmen lassen vermuten, daß sich Admiral Lütjens mit unserem Verbande noch einige Zeit in dieser schönen Gegend aufzuhalten gedenkt.

Kurs und Fahrt haben sich seit gestern nicht verändert. Das Seewasser mißt schon 20 Grad.

Am 3. 3. vormittags muß ein geplanter Aufklärungsflug wegen grober See und schlechter Sicht wieder abgeblasen werden. Der nun mit Südkurs und noch in Kiellinie laufende Verband steht 17.30 Uhr auf 26°40'N 21°30'W. Die Temperatur in den Kammern ist inzwischen auf 23—25° geklettert. Die Topfgewächse, der Stolz vieler Kammerbewohner, nehmen dieses sichtlich übel. Sie werden die Sonne vermissen, denn da nun schon seit 6 Wochen die Panzerblenden vor den Bullaugen geschlossen sind, ist seither auch noch kein Sonnenstrahl ins Schiffsinnere gefallen.

Am folgenden Morgen läßt die Wetterlage endlich den Start einer Bordmaschine zu. Nachdem wir während der Nacht nach Norden zurückmarschiert waren, liegt der Verband nun wieder auf Südkurs — Gu weit im Osten unterhalb der Kimm. Reuter und Ludewig sollen mit ihrer Maschine nach Steuerbord bis 60 sm vom

Schiff aufklären. Gegen Mittag meldet Reuter, daß er notlanden muß. Da die angekündigten Peilzeichen jedoch ausbleiben, müssen wir befürchten, daß die Maschine bei der Landung zu Bruch ging. So schnell es geht, wird Schlitt mit der zweiten Maschine zum Suchen gestartet. Endlich, gegen 15.45 Uhr, findet er den Ausreißer. Reuter berichtet dann, daß seine Maschine das Schiff wegen des aufkommenden Dunstes nicht wiederfand und daß er schließlich mit dem letzten Sprit notlanden mußte. Ein Schwarm großer Haie wollte dann mit Gewalt dem ausgebrachten Lenzsack zu Leibe. Trotz der Feuerstöße aus dem Bord-MG wurden die gierigen Gesellen immer aufdringlicher. — Der Wunsch unserer Bordflieger-kameraden nach einem Doppelstöckigen ist uns nach diesem Erlebnis voll verständlich.

Auch der 5. März bringt nichts Neues. Die Aufklärungsflüge vor- und nachmittags verlaufen aber glücklicherweise ohne Aufregungen. Dafür müssen wir jedoch abends die stark demolierte Maschine unseres Schwesterschiffes an Bord nehmen. Sie soll hier durch Einbau von Teilen unserer gleichfalls beschädigten dritten Arado wieder hergerichtet werden.

Weit im Westen taucht die Sonne aus einem wolkenlosen Himmel in den Atlantik. Der rotglühende Abendhimmel wird langsam blasser, der feurige Glanz auf dem Wasser erlischt, und während sich die Aufbauten des vor uns marschierenden Schwesterschiffes im Grau der Dämmerung aufzulösen scheinen, senkt sich über die unendliche Fläche im Osten schon die Nacht. Wieder läuft der Verband im Schutze der Dunkelheit seiner neuen Tagesaufgabe entgegen.

Die abendlichen Gespräche drehen sich heute weniger um unsere eigenen Erfolgsaussichten, als vielmehr um die neuen Ereignisse auf dem europäischen Kriegsschauplatz. Welche Lage wird sich durch den heutigen Einmarsch unserer Verbände in Bulgarien ergeben? Wie wird außerdem die Türkei auf die neue Botschaft Hitlers an den türkischen Staatspräsidenten reagieren? —

Wie wir wissen, stehen in diesem Seegebiet drei unserer U-Boote. Eins muß uns heute nacht gesichtet haben, ohne uns zu erkennen. Es meldete der Gruppe West zwei schwere Einheiten in Quadrat X mit Kurs 200⁰. Der von uns mitgehörte FT löste beim Flottenstab

„Scharnhorst" im Gefecht. Salve der beiden vorderen Drillingstürme

Angreifende Schnellboote werden von den Scheinwerfern erfaßt

Nordmeerfahrt!
Vereiste Reling. Im Hintergrund das Stb. vordere 15 cm
Einzelgeschütz. Darüber die vordere 10,5-cm-Doppelflak

Vereiste 3,7-cm-Doppelflak auf dem Bb. vorderen
Seitendeck, dahinter der Aufbau des Brückendecks

verständlicherweise helle Aufregung aus. Das fehlt uns noch: uns hier von eigenen — Booten abschießen lassen! Also: Hartruder und ab nach Westen, was die Kessel schaffen! Nun fordert der Flottenchef von der Gruppe West aber energisch die Unterrichtung unserer U-Boote über unsere Anwesenheit.

Wie werden die Kameraden da unten im „Keller" aber über die hastige Flucht der von ihnen ach so beliebten „dicken Pötte" gegrient haben, falls sie uns doch erkannt hatten. Das dürfte auch wohl ziemlich sicher sein, denn sonst hätten sie bestimmt sofort und ohne FT geschossen. Wir können ja eigentlich von Glück sprechen, daß unser U-Bootkommandant die Silhouetten seiner nächtlichen Entdeckung erst einmal ohne Zorn und blinden Eifer musterte. Sie werden ihm dann auch ohne „Weyer" sicherlich gleich irgendwie vertraut vorgekommen sein.

Während des folgenden Vormittags soll durch ein Gala-Monster-Umsetzmanöver die Möglichkeit zur Reparatur der Gu-Maschine geschaffen werden. Unsere Halle hat nur Platz für zwei Bordflugzeuge, die dort mit beigeklappten Tragflächen hintereinander stehen. Die dritte Maschine steht auf der längsschiff geschwenkten Schleuder über der Halle. Für die vierte ist also kein Raum in der Herberge. Sie war deshalb bisher auf dem Seitendeck festgelascht. Nun soll sie in die Halle. Das ganze Oberdeck rund umher steht im Zeichen dieses Ereignisses, während sich die Schiffsführung um eine möglichst ruhige Lage des Schiffes bemüht.

Zeitweilig steht auf beiden Seitendecks je eine Arado, während eine dritte am Kran baumelt und die vierte, um Platz zu schaffen, auf der Schleuder verfahren werden muß. Ein unerwartet starkes Überholen des Schiffes läßt diese Maschine durch die Schwerpunktverlagerung nach vorne kippen. Gerade in diesem Augenblick wird der Schlitten mit dem Flugzeug etwas weit gegen die Auflaufschiene gefahren, so daß sich die Verriegelung der Druckstreben lockert. Durch die Gewichtsverlagerung öffnet sie sich nun völlig, und im nächsten Augenblick liegt die Maschine auf der Gleitbahn. Bums!! — Die Folgen sind 80 % Bruch und ein allgemeines Haareraufen. Mittags haben wir schließlich die ramponierten Maschinen in der Halle verstaut und das Dach über den Trümmern wieder geschlossen. Was außen bleibt, sind die beiden intakten Flugzeuge — davon eines auf dem Seitendeck — und die Zahnwehgesichter der Mechaniker wie auch einiger anderer Leute. Es ist der erste ernsthafte Schaden dieser Art an Bord und deshalb für die Beteiligten um so ärgerlicher. Ein Schlachtschiff ist doch kein Flugzeugträger! Unsere Anlagen sind für das Bewegen der Maschinen an Bord zu primitiv, vor allem aber sind die Platzverhältnisse für solche Manöver unter etwas außergewöhnlichen Umständen in keiner Weise ausreichend.

Nachmittags liegt U 124 längere Zeit bei Gu längsseit. Dieser Umstand gibt natürlich wieder Anlaß zu allen möglichen Vermutungen. Die abends bekannt werdenden Absichten des Flottenchefs für morgen scheinen diese auch zu bestätigen. Sie sehen den Marsch des Verbandes in ein neues Operationsgebiet vor, das auf etwa 15° Nord im Seegebiet zwischen den Kap-Verden und der afrikanischen Küste liegen wird. Es geht also noch weiter nach Süden. Es scheint deshalb, als würden wir künftig mit den dort stehenden U-Booten zusammen operieren.

Der Nachtmarsch des Verbandes wird in Dwarslinie mit weitem Abstand durchgeführt. Die 28° Wärme im Schiff nebst dem üblichen Bordmief ergeben eine Mischung, gegen die die Lüfter einfach nicht mehr ankommen. Beim Eintauchen in diese Atmosphäre hält man deshalb unwillkürlich die Luft an. Trotzdem schnarcht die Freiwache in ihren Hängematten unbekümmert vor sich hin.

„Voraus zwei Masten!" Wie ein Blitz geht diese Meldung 9.00 Uhr durchs Schiff. Endlich ist es wieder so weit! Schon auf 450 hm ist jedoch zur allgemeinen Enttäuschung zu erkennen, daß wir dort im Süden wieder einen Geleitzug mit Schlachtschiffsicherung vor uns haben. Mindestens 15 Dampfer können gezählt werden. Das Schlachtschiff wird bald als die „Malaya" erkannt. Nach unserem „Weyer" ist sie schon 1915 vom Stapel gelaufen. Inzwischen hat sie aber eine Modernisierung erfahren. Vor allem wurden die Feuerleitanlagen erneuert und die beiden Schornsteine zu einem vereinigt. Mit einer Wasserverdrängung von 31 100 t läuft dieses Schiff 25 sm. Es hat eine Besatzung von etwa 1150 Mann und eine Armierung von 8—38,1 cm, 12—15,2 cm sowie die entsprechende Flak. Wie die anderen britischen Schlachtschiffe, so hat auch die „Malaya" vier Bordflugzeuge.

Während wir nach Osten abdrehen, erhält der Flottenchef Meldung von unserer Entdeckung. Kurz vor Mittag sichten wir Stb querab auf 350 hm wieder die „Malaya" mit ihren Schutzbefohlenen. Also ist auch der Geleitzug auf Ostkurs gegangen. Somit dürfte anzunehmen sein, daß man uns beim ersten Treffen auch gesichtet hat. Schnell setzen wir uns nach Norden ab.

Flotte hat nun den Malaya-Konvoi als „stark gesicherten Geleitzug" gemeldet. Da wir selbst nicht ran können, wäre das ja eigentlich eine Gelegenheit für unsere drei hier stehenden U-Boote. Sie könnten heute abend am Geleitzug sein.

Bei bedecktem Himmel ist die Sicht sehr gut. Wir stehen nun etwa auf 20⁰ Nord. Nachmittags und abends fühlen wir uns noch zweimal vorsichtig an den Geleitzug heran, um unsere U-Boote einzuweisen. Eine breite, hin- und herzackende Ölspur verrät uns den Kurs eines Engländers. Hier fuhr wohl ein Kreuzer oder Zerstörer U-Bootsicherung. Die im Osten stehende Gu will ein Schlachtschiff, einen Kreuzer und zwei „Fahrzeuge" beim Geleit beobachtet haben.

Vom Eintritt der Dunkelheit ab folgen wir dem Geleitzug in 50 sm Abstand als Fühlungshalter für unsere U-Boote. Diese Kombination hat es in unserer Seekriegsgeschichte wohl noch nicht gegeben.

Während der Nacht geht wieder volle Kriegswache. Ab 0.15 Uhr ist Klarschiffbesetzung vorgesehen. Wir hoffen, daß unseren U-Booten während der Dämmerung ein Angriff auf die „Malaya" gelingt. Mit dem Kreuzer und den beiden Zerstörern würden wir dann schon fertig werden, ohne — der höheren Weisung folgend — unsere Schiffe allzu sehr zu gefährden. Die starke Sicherung läßt vermuten, daß wir es hier mit einem besonders wertvollen Geleitzug zu tun haben. Vormittags erfahren wir, daß U 105 gegen 3.45 Uhr fünf Dampfer mit 33 000 BRT aus dem Geleit herausschießen konnte. Leider hat das Boot die „Malaya" nicht gesehen und auch die Fühlung mit den Konvoi wieder verloren. Was die beiden anderen Boote erreichten, ist unklar.

Nachmittags gelingt es Gu, erneut Fühlung mit dem Geleitzug zu bekommen. Vom Flottenchef kommt der Befehl: „Sammeln auf Gu!" Während wir mit 25 sm dem Treffpunkt in 110⁰ zulaufen, kreuzt U 105 in Überwasserfahrt mit nördlichem Kurs unseren

Weg. Das Boot kommt zu einem kurzen Megaphon-Palaver der Kommandanten in unsere Nähe. Damit erhalten auch Kptl. Wilh. Wolf und ich Gelegenheit, herzliche Glückwünsche an den Crewkameraden und jetzigen Kdt. U 105, Kptl. Wilh. Schulz, per Winkspruch anzubringen. Wie klein ist doch die Welt! Nach der gemeinsamen Fähnrichszeit auf der Marineschule Mürwik trifft man sich hier im Atlantik und unter Kriegsverhältnissen zum ersten Male wieder.

Nun hat U 105 seine Aale verschossen und liegt deshalb auf Kurs Heimat. Unsere besten Wünsche begleiten die Besatzung und ihr Boot. Wie wir jetzt erfahren, hat sich Gu inzwischen wieder vom Geleitzug abgesetzt. Ein britischer Kreuzer folgt ihr jedoch als Fühlunghalter.

Heiß brennt die Sonne den ganzen Tag über aus fast wolkenlosem Himmel. Allzu vorwitzige Sonnenfreunde haben schon einen bildschönen Sonnenbrand weg. Die anderen dösen zum Teil etwas in der Hitze vor sich hin, bis sie durch ein Alarmsignal jäh aus ihren Gedanken aufgeschreckt werden. Fliegeralarm!!? Den haben wir ja lange nicht mehr erlebt! Ein Schwimmerflugzeug, anscheinend eine Bordmaschine der „Malaya", kurvt in respektvoller Entfernung. Meist hält sie sich achteraus in einer Entfernung von etwa 220 hm auf. Zeitweise versteckt sich der langsam lästig werdende Beobachter auch einmal in einer Wolke; bis zur Dämmerung werden wir ihn aber nicht los. Uns bleibt daher nichts anderes übrig, als dem Fühlunghalter einen anderen Kurs vorzuschwindeln. Erst nach seinem Verschwinden gehen wir mit 26 sm auf Kurs Süd zum Treffen mit Gu. Vor Dunkelwerden durchlaufen wir noch ein paar Walherden. Einer der Riesenburschen wird in nächster Nähe passiert, ohne daß es ihn im geringsten kümmert. In aller Seelenruhe stößt er seinen Blast aus.

Nun ist unsere Rolle in diesem Seegebiet anscheinend auch schon ausgespielt. Trotz tagelangen Suchens blieb der augenfällige Erfolg leider aus. U 105 hat seinen Erfolg letzten Endes zwar unserer Fühlunghaltertätigkeit zu verdanken, wir selbst haben aber nichts geschafft. Einen strategischen Erfolg können wir jedoch für uns buchen: das britische Geleitzugsystem haben wir durch unsere Anwesenheit erheblich durcheinander gebracht. Wir selbst konnten auf Grund unseres Operationsbefehls wie aber auch eigener nüchterner Überlegungen nicht an die starke Sicherung des Geleitzuges heran. Der Engländer wird sich nun aber gezwungen sehen, seine schweren Streitkräfte noch mehr als bisher in den Geleitdienst zu stellen. Sie fallen dadurch als operative Kriegsmittel aus. Außerdem sind sie in den langsamen Geleitzügen stärker als sonst unseren U-Booten ausgesetzt.

Gestern herrschte in der Besatzung eine wahre Hochstimmung. Nachdem unser erster Versuch im Nordatlantik fehlschlug, rechnete alles stark mit einem erfolgreichen Verlauf des heutigen Tages: Der langersehnte fette Geleitzug war greifbare Wirklichkeit geworden. Was kümmerte uns schon dieses lahme Bügeleisen „Malaya"! Mit dem würden wir schon lange fertig werden. Ob man an den Flakgeschützen vorüberging oder Leute aus der Maschine traf, überall herrschte die felsenfeste Überzeugung: Jetzt geht's los! Nachdem nun auch noch die U-Boote mit im Rennen lagen, stritten sich zwar die alten Routiniers noch über das „Wie", in einem Punkte waren sich aber alle einig: Nun geht es ran! Ran, wie Hektor an die bewußten Buletten. —

Begeisterungsfähig, wie unsere Seeleute nun mal sind, haben sie in Erwartung der kommenden Ereignisse gestern abend vor der Kantine sogar unseren Flottenchef — natürlich in absentia— hochleben lassen. Jetzt lassen sie dafür die Köpfe um so tiefer hängen, die Nichterfüllung ihrer hochgespannten Erwartungen wirkt zu niederschmetternd. Der Landbewohner mißt den Erfolg des Kreuzerkrieges meist nur an der Menge der versenkten oder aufgebrachten Tonnage. Den nicht direkt sichtbaren Erfolg auf strategischem Gebiet erkennt er nicht. Ein hoher Prozentsatz unserer prächtigen Seeleute lebt in einer ähnlichen Vorstellungswelt: was soll das ganze Umherfahren! Es muß doch etwas geschehen! Einige besonders phantasievolle Leute knobeln dann aus den paar unverstandenen Brocken, die z. B. der Läufer K. oder der Rudergänger aufgeschnappt hat, das Neueste vom Tage, die absolut sichere Voraussage für morgen aus. Der Nachrichtenhunger auf langer Fahrt bringt es mit sich, daß diese Märchen nun umgehend im ganzen Schiff kursieren, überall gierig aufgenommen und noch weiter ausgeschmückt werden. Niemand weiß, wie sie entstanden. Die Divisionsoffiziere haben einen schweren Stand, ihren Männern den Unsinn dieser Parolen klarzumachen. Sie sind aber auch der Ansicht, daß man den Männern laufend etwas über unsere nächsten Absichten sagen müßte, schon um der Gerüchtemacherei Herr zu werden. Als ich in meiner Neben-Eigenschaft als Fürsorgeoffizier diese Absicht heute morgen „höheren Ortes" vorbrachte, wurde ich vom IO zwar freundlich, aber doch entschieden abgewiesen. Das Argument, daß die erste Pflicht des Soldaten sein Gehorsam sei, ist ja unbestritten. Der Gehorsam war bei dieser Besatzung auch noch nie in Gefahr. Man sollte aber doch bestrebt sein, durch eine ausreichende Unterrichtung die Freude am Gehorsam wachzuhalten. Es sind doch nicht alle interessanten und erwähnenswerten Dinge geheime Kommandosachen! Na, hoffen wir, daß der IO den Vorschlag der Div.-Offiziere noch prüfen wird. Sie selbst, wie auch einige Stabsoffiziere, nehmen es stark an. Sie kennen ja ihren IO.

Der für unsere große Besatzung schon relativ lange Seetörn und der Mangel an Gelegenheiten zum Austoben machen sich nun doch allmählich bemerkbar. Vielleicht ist dieses nun schon Wochen dauernde ständige Angespanntsein der gesamten Besatzung Ursache für die zunehmende Nervosität, vielleicht aber auch das vergebliche Suchen. Es glauben viele schon nicht mehr so recht an unser Jagdglück.

20.00 Uhr gehen wir auf Kurs West. Alle Scheinwerfer werden für die Nacht klargemacht. Ab Sonnenuntergang geht wieder volle Kriegswache, weil nun ständig mit Feindberührung gerechnet werden muß.

Die Nacht verläuft jedoch ohne Zwischenfälle, und mit dem Sonnenaufgang am 9. 3. über einer mastenfreien Kimm beginnt unser siebenter Sonntag in See. Eins unserer U-Boote hatte heute nacht wieder Jagdglück. Es konnte noch einen 10 000-BRT-Dampfer aus dem „Malaya"-Geleitzug herausschießen. Dann riß seine Fühlung mit dem Konvoi jedoch ab.

Der Flottenchef hatte nun die Absicht, gegen einen aus dem Süden kommenden zweiten Geleitzug zu operieren. Unser Bordflugzeug war 7.30 Uhr schon zum Aufklärungsflug startklar, dann wurde der Plan aber wieder fallengelassen. Nun soll sich der Verband in Richtung auf unser Versorgungsschiff „Ermland" sammeln. Bei strahlendem Sonnenschein und spiegelglatter See laufen Sh und — außerhalb unseres Sichtkreises — auch Gu dem Treffpunkt zu.

12.05 Uhr sichtet der Ausguck im Krähennest im Südwesten eine schwache, winzig kleine Rauchwolke. Oberfähnrich z. See Goss muß doch besonders scharfe Augen haben. Er sichtete s. Z. auch als erster die „Glorious". Mit hoher Fahrt laufen wir auf das verdächtige, aber schon wieder verflogene Wattebäuschchen am Horizont zu. Bei 480 hm kommt nadelfein ein Mast in Sicht. Der dazu gehörige Dampfer taucht dann auch langsam über der Kimm auf. Er morst uns sofort an und setzt auch sein Bezeichnungssignal. Infolge der Entfernung ist aber noch nichts zu erkennen. Da er weiterläuft, wird ihm durch Turm A auf 200 hm ein Warnschuß vor den Bug gesetzt.

Nun stoppt er sofort. Wie wir jetzt feststellen können, haben wir den griechischen Dampfer „Marathon" aus Piräus mit 7800 BRT vor uns. Auf dem Oberdeck des Griechen herrscht großer Zustand. Alles läuft durcheinander. Schwimmwesten und Koffer fliegen in die Boote, Mengen von Ananas und Broten folgen. Die Seeleute denken wohl, wir würden sie ihrem Schicksal überlassen. Die für einen Neutralen ungewöhnliche Hast ist verdächtig. Man hat offensichtlich ein schlechtes Gewissen, von wegen Konterbande und so. Die drei Beiboote rauschen zu Wasser, alles jumpt hinterher. Man soll es aber nicht für möglich halten: ihren Bordhund, einen entzückenden, kleinen, weißen Spitz, lassen die Kerle an Bord zurück. Diese Herzlosigkeit wird von den erbosten Sh-Seeleuten stark und nachhaltig beachtet. Ihr Urteil über die Crew steht fest. Als erster entert der etwas beleibte, schwarzhaarige Käptn mit seinen Schiffspapieren zu uns an Bord. Sie weisen aus, daß der Grieche für Alexandria bestimmte Kohlen von Swansea nach Freetown befördert. Damit ist sein Los auch schon entschieden! Die Artillerie erhält Feuererlaubnis, und sofort beginnt die schwere Flak, Löcher in die Wasserlinie des Dampfers zu schießen, der in nur etwa 300 m Entfernung treibt. Die MA unterstützt mit einigen Salven. Während Mast und Brückenhaus umfallen, setzt sich der Dampfer plötzlich in Bewegung — direkt auf uns zu. Verblüfft starrt alles auf die ständig wachsende Bugsee unseres schwarzen Gegners. Mit harten Maschinen- und Rudermanövern gelingt es der schnell schaltenden Schiffs-führung aber, eine Kollision zu verhindern. Ein Kutter des Grie-chen, der schon bei uns längsseit lag, trieb infolge des plötzlichen Manövers achteraus. Nun pullen die Ärmsten mit hastigen Wind-mühlen-Schlägen, um nicht von ihrem eigenen Dampfer gerammt zu werden. Dieser legt sich mit zunehmender Fahrt immer mehr über. In unserem Kielwasser taucht sein Vorschiff unter, und mit drehender Schraube und voller Fahrt geht es auf seine Reise nach unten. Schiffsort etwa 21^{0}N 26^{0}W.

Es ist anzunehmen, daß sich die Maschine der „Marathon" durch die Erschütterungen beim Beschuß selbständig machte.

Schnell wird noch der Rest der Crew an Bord genommen und dann geht's weiter.

Die trübe Stimmung ist wie weggewischt. Die durch das drei-stündige Warmhalten schon reichlich mitgenommenen Frikadellen mit Makkaroni schmecken himmlisch. Heute fällt es sogar nieman-dem ein, der ach so lange entbehrten Kartoffeln zu gedenken. Es ist eben nicht nur Sonntag nach dem Kalender.

Nach dem Zusammentreffen mit Gu 19.30 Uhr marschiert der Verband mit 16 sm Kurs 300^0. Die tropisch warme Nacht mit ihrem hellen Mondlicht und ihrem sternenübersäten Himmel ist so der rechte Abschluß des heutigen Tages. An der Reling genießen Grup-pen der Freiwächter noch lange den kühlenden Nachtwind, wäh-rend ein starkes Meeresleuchten die Kämme der vorbeirauschenden See hell erglühen läßt. Man spricht davon, daß heute früh wieder Hilferufe von Schiffen des Malaya-Geleitzuges gehört wurden. Soll-ten unsere U-Boote doch noch dran sein?

Am 10. 3. 8.00 Uhr steht der Verband auf 24^{0}10'N 27^{0}12,5'W. Den ganzen Tag über werden Kurs und Fahrt vom Vortage beibe-halten. Ab vormittags weht jedoch ein immer stärker werdender Wind. Mittags wird außerdem die Sicht schlecht und es beginnt zu regnen. Die morgens eingeführte Kriegswacherleichterung muß des-halb nachmittags schon wieder aufgehoben werden. Abends rollt unser gutes Schiff bereits so stark, daß man sich wegen der über-kommenden Seen nur noch sprungweise über Deck bewegen kann. Es ist zum Auswachsen, wir suchen uns anscheinend immer nur die Gegenden mit schlechtem Straßenpflaster aus! Bei einem solchen

134

Wetter wird ja auch eine Proviantübernahme aus dem Versorgungsschiff nicht möglich sein. Der SVO erklärte heute zwar, daß wir noch für drei Wochen Proviant haben, der ist aber schon sehr stark ausgesucht. Der tägliche Speiseplan wechselt jetzt meist zwischen den Gerichten „Reis mit . . . x" und „Nudeln mit . . . y". Gelegentlich gibt es aber auch „Nudeln mit . . . x" und „Reis mit . . . y". Das ist dann die große Überraschung des Tages. „Einen solchen Schlag Kartoffeln möchte ich jetzt mal vor mir haben", wünschte sich heute ein Turm-G.F. — breit wie ein Kleiderschrank —. Dabei deutete er mit beiden Armen ein kleines Gebirge an, während sich seine Augen genießerisch verdrehten. — Na, wir müssen abwarten, was die „Ermland" zu bieten hat.

Schiffsort am 11. 3. 4.00 Uhr 26°24,7'N, 31°46,6'W.

Das Wetter ist scheußlich. Bei Windstärke 8—10 läuft von Bb voraus eine lange Dünung gegen uns an, so daß ständig schwere Brecher über das Schiff gehen. Gegen 9.30 Uhr wird ein Seemann der II. Division durch einen Brecher schwer verletzt: Leberquetschung, rechter Arm, Oberkiefer und 3 Rippen gebrochen. Es sieht schlecht aus um den armen Kerl, der operiert werden muß. Das Schiff wird hierzu so gedreht, daß es möglichst ruhig liegt.

Wie auf Bestellung bessert sich das Wetter nachmittags schlagartig, so daß wir 17.00 Uhr beim Zusammentreffen mit unseren Tankern auf 28°N 35°1,1'W sofort mit Ölübernahme beginnen können. Wir bekommen die „Ermland", unser Schwesterschiff die „Uckermark". 19.30 Uhr haben wir Leine und Schlauchverbindung fest, und somit kann die Ölübernahme auf SW-Kurs und mit 6 sm vor sich gehen. Gu hat Pech. Ihre erste Verbindung bricht.

Der 12. 3. ist unser 50. Seetag. Vormittags wird die Ölübernahme beendet. Es ist doch stets beruhigend, wieder einmal die Tanks gefüllt zu wissen. Dann werden die Gefangenen an die Uckermark abgegeben. Nachmittags folgt Übernahme von Proviant, Maschinen- und Flugzeugersatzteilen aus „Ermland" durch unsere V-Boote. Der Himmel ist wieder strahlend blau, und die Dünung macht sich kaum bemerkbar. Die Arbeiten gehen daher gut voran.

Eine Rauchfahne an der Kimm bringt vorübergehend einige Unruhe in die friedliche Schiffsansammlung, zumal sich die Kommandanten gerade zu einer Besprechung beim Flottenchef befinden.

Gegen 21.00 Uhr sammelt sich schließlich der Verband wieder in Kiellinie. „Ermland" und „Uckermark" folgen den Schlachtschiffen, und so begibt sich nun eine stolze Armada mit nordwestlichem Kurs und einer Marschgeschwindigkeit von 15 sm auf die nördliche Dampferroute. Die Troß-Schiffe sollen dort die Suchstreifen der Schlachtschiffe an den Flügeln verbreitern, so daß wir dann einen Gesamtstreifen von 120 sm Breite absuchen können.

Zur Abwechslung können abends wieder einmal Filmvorführungen stattfinden.

Der 13. 3. ist ein besonderer Tag für unsere Kameraden von der Maschine. Unser Schiff hat heute schon 15 000 sm — abgesehen von den zahlreichen Rohrreißern an den Hochdruckkesseln — ohne ernstere Maschinen-Störungen auf dieser Unternehmung zurückgelegt. Diese weit über das bisher gewohnte Maß hinausgehende Dauerleistung und das stetig wachsende Verständnis für die extrem wichtige Frage unserer Beweglichkeit in diesem großen Seeraum und der Geschwindigkeit als Waffe bewirken es wohl, daß sich zwischen den Seeleuten und Technikern unseres Schiffes ein immer stärkeres gegenseitiges Verstehen und Vertrauen durchsetzt. Bei den kürzeren Unternehmungen vorher hielt sich jede Waffengattung mehr für sich. Manche glaubten, nur ihre Waffe sei die entscheidende, in der etwas arroganten Haltung gegenüber der Maschine waren sie sich bisher aber ziemlich einig. Dieses Verhalten gegenüber dem technischen Teil der Schiffsbesatzungen dürfte wohl entstanden sein, als man im vergangenen Jahrhundert begann, die Segelschiffe mit Boilern auszustatten. Da die primitiven Antriebsanlagen jener Zeit von allen braven Seeleuten nur als schmutzende Konkurrenzunternehmen für Reservezwecke betrachtet wurden, rangierte man auch ihre Bedienungen kurzerhand als zweite Garnitur ein. Traditionsbewußtsein und die sehr konservativen Sitten und Gebräuche in der Schiffahrt ließen es zu, daß sich gewisse Reste dieser antiquierten Rangeinteilung in die heutige, moderne Zeit hinüber retten konnten. Glücklicherweise sind es nur wenige überhebliche, jedoch nicht ernst zu nehmende Zeitgenossen, in deren Köpfen noch solche Ansichten spuken.

Während des Vormittags läßt der Flottenchef eine Stunde lang Fahrübungen des Verbandes durchführen. Er möchte wohl feststellen, ob er seine so stark angewachsene Streitmacht im gegebenen Augenblick auch richtig am Bändel hat. Das Programm bietet daher Formations-, Kurs- und Fahrtänderungen.

Wir nähern uns nun wieder einem Schlechtwettergebiet. Durch unseren unveränderten Nordostkurs wird es auch von Stunde zu Stunde kälter. Schade! Die Schönwettertage scheinen nun vorüber zu sein. Die Funkmeldungen bringen heute die Nachricht von einem Luftangriff auf Kiel, der dort gestern Tote und Verletzte forderte. Die Sorgen unserer Familienväter sind deshalb sehr stark bei ihren Lieben, soweit sie nicht die Möglichkeit hatten, jene zu evakuieren. Eine andere Nachricht besagt, daß englische Kampfgruppen ausgelaufen sind. Man wird nun wohl etwas gegen uns unternehmen.

Schiffsort um 12.00 Uhr: 30⁰N 37⁰W.

Gegen Abend setzen Regenschauer ein. Ein Bb-voraus in Sicht kommender stark illuminierter Dampfer — also wohl Neutraler — gibt unserem Flottenchef Gelegenheit, das Exerzitium des Vormittags nun in die Praxis umzusetzen. Auf den U-K-Befehl: „Grün neun!" machen alle Schiffe „Rechtsum", d. h. sie drehen wie ein routiniertes Linienschiffsgeschwader um 9 Dez nach Steuerbord und laufen dann nebeneinander, d. h. in Dwarslinie, weiter. Bei einem Abstand von 280 hm zum Dampfer dreht auf den Befehl „Rot neun!" alles wieder nach Backbord in die alte Formation, die Kiellinie, ein. Prächtig, wie unsere Troß-Schiffe mitmachen!

22.00 Uhr werden alle Schiffe auf ihre Anfangspositionen für den morgigen Aufklärungsstreifen entlassen. Die Abstände sollen 30 sm betragen, deshalb ziehen sich die Schiffe nun strahlenförmig auseinander. Langsam kommen sie in der Dunkelheit aus Sicht.

Am 14. 3. starten wir wie geplant um 5.00 Uhr von unserer Position aus mit 16 sm auf Kurs 330⁰. Während des Vormittags werden die Reste der inzwischen ausgeschlachteten Bruch-Maschine „HH" über Bord geworfen. Für die zahlreichen Zuschauer ist dies eine spannende Abwechslung. Nachmittags bauen die Mechaniker den Motor der „HH" in die Gu-Maschine ein, die wegen Motorschadens unklar war. Hoffentlich gelingt den Mechanikern das Kunststück, unserem Schwesterschiff wieder zu seiner Arado zu verhelfen.

Der Verband wird nach dem Überkämmen der Halifax-Route

voraussichtlich in einem weiten Bogen nach Süden zur Tankerposition „Herta" laufen. Inzwischen ist es trotz Sonnenschein schon recht kühl geworden.

15. 3. kursieren wieder einige verrückte Parolen durch das Schiff. Es wird von einer Absicht zum Einlaufen in Brest gemunkelt. Noch besser unterrichtete Leute wissen aber aus ganz sicherer Quelle, daß wir wegen der notwendigen Werftzeit nach Kiel zurückgehen werden. Man weiß wirklich nicht, was man zu diesem verrückten Gewäsch sagen soll. Es ist nur gut, daß die Schlechtwetter-Prophezeiung unseres Bordmeteorologen ausnahmsweise einmal nicht in Erfüllung ging. Auch der Laubfrosch kann sich irren!

In die Ruhe des Sonnabendnachmittags tönt durch die Wachdienstanlage plötzlich der Pfiff: „Allemann sich klarhalten!" Die Erschütterungen lassen erkennen, daß das Schiff auf hohe Fahrt geht. Während die Bequemen noch rätseln, wird schon die Besetzung der Gefechtsstationen befohlen. Weit voraus läuft ein Tanker, dem unsere MA nun einen Warnschuß vor den Bug setzt. Deutlich ist zu beobachten, wie jetzt das Heckgeschütz des Tankers besetzt und auf uns gerichtet wird. Warum dieser Irrsinn! Unsere Mittel-Artillerie muß deshalb, aber auch um das bei diesem Verhalten mit Sicherheit noch zu erwartende Funken zu verhindern, ihr Feuer eröffnen. Zwei Treffer gehen in die Brückenaufbauten. Nun wird das Schiff schnell verlassen. Durch unseren weiteren Beschuß kentert der Tanker langsam, dann liegt er noch längere Zeit kieloben, ehe er sinkt. 16.50 Uhr sind 54 Mann der Tankerbesatzung an Bord. Der Kapitän, der Funker und ein Seemann wurden durch unsere ersten Treffer über Bord geschleudert. Aus diesem Grunde unterblieb auch wohl das Funken. Der 7139-BRT-Tanker „British Strength" hatte den Heimathafen London. Die Mannschaft trägt teilweise grünliche Uniformen und Stahlhelme.

Nach diesem Ereignis gehen wir wieder auf den alten Kurs. 18.00 Uhr kommt auf große Entfernung schon wieder ein Tanker in Sicht. Der Tanker funkt. Nun schießt die Schwere Artl. ein paar Warnschüsse. Die Besatzung des Tankers geht sofort in die Boote, ohne das Heckgeschütz zu besetzen. Die 48 Mann sind 19.30 Uhr an Bord. Ihr Schiff, die „Athelfoam" mit 6554 BRT, Heimathafen Liverpool, ist inzwischen schon gesunken.

138

Wieder geht es auf den alten Kurs.

Während der Nacht werden die Schraubengeräusche plötzlich stärker. Die im Achterschiff schlafenden Freiwächter schrecken auf. Wir gehen doch mit der Fahrt hoch?! Schon schrillt der Pfiff: „Klarschiff zum Gefecht!" Es ist jetzt 2.30 Uhr. Im Mondschein ist der Schatten eines großen Frachters zu erkennen. Beim Näherkommen dreht das gesichtete Schiff ab und funkt. Es hat uns also erkannt. Unter Scheinwerferbeleuchtung eröffnet die MA nun das Feuer.

Die aufflammenden Scheinwerfer beleuchten ein grausiges Bild. Vor den brennenden Aufbauten des Dampfers jagt die Crew zwischen den Beibooten hin und her. Mit den in der Hast ausrauschenden Booten wie aber auch durch den Beschuß müssen Leute ins Wasser gestürzt sein. Ihre Schreie und Rufe „Help, help!" klingen zu uns herüber. Im rötlichen Licht des bald wie eine Riesenfackel brennenden Dampfers sucht eine unserer Kutterbesatzungen trotz der Gefahrlage für unser eigenes Schiff infolge des weithin leuchtenden Fanals noch eine halbe Stunde lang nach treibenden Menschen. Von der 87köpfigen Besatzung der „Mangkhai" können 54, teilweise verletzt, übernommen werden. Kapitän, Chief und 1. Funkoffizier sind durch Brückentreffer gefallen. Der Dampfer von 8290 BRT hat den Heimathafen Glasgow. Er ist der frühere deutsche Dampfer „Scheer", der am 10. 5. 40 in Macassar aufgebracht wurde. Seine jetzige Besatzung besteht aus Malayen und Chinesen. Die vier Offiziere sind Holländer. 6.00 Uhr endlich sinkt die „Mangkhai" (ex Scheer).

Sie war offenbar besonders solide gebaut.

Bereits 7.30 Uhr kommt in der Morgendämmerung voraus ein weiterer Dampfer in Sicht, der nach Aufforderung stoppt. Während die Leute in die Boote gehen, beginnt er plötzlich zu funken. Aus Gründen der eigenen Sicherheit sind wir nunmehr gezwungen, die verräterischen Funksignale schnellstens zu stoppen. Nach wenigen Salven der MA sind die Signale verstummt. Zwei besetzte Boote sind zu Wasser gekommen, ein Teil der Crew wurde aber durch den Beschuß über Bord geschleudert und treibt nun hilferufend und an Wrackstücke geklammert im eisigen Wasser. Es gelingt uns, die Überlebenden durch Einwinken der Boote zu retten.

Schon 8.20 Uhr rutscht der Dampfer „Silverfir" — 4347 BRT —

steil aufgerichtet über das Heck weg. Gleich darauf bedeckt diese Stelle nur noch ein großer Ölfleck, der durch die von unten hochschießenden Wrackteile noch eine Weile durchbrochen und in Bewegung gehalten wird.

Unsere Ärzte haben mit den Verwundeten alle Hände voll zu tun. Sie haben zum Teil recht schwere Verletzungen. Ein chinesischer Seemann der „Mangkhai", der schon tot zu uns an Bord gebracht wurde, muß jetzt nach Seemannsart in einer beschwerten Hängematte der See übergeben werden.

Schon 10.15 Uhr schrillt das Klarschiff-Signal erneut durch alle Decks. Voraus läuft ein Dampfer, der von „Uckermark" gesichtet und uns dann von Flotte zugewiesen wurde. Anscheinend hat Gu auch alle Hände voll zu tun. Der Dampfer hat wie seine Vorgänger ein Heckgeschütz. Wie der „Silverfir" beginnt auch er, schon bei Insichtkommen zu funken. Der Warnschuß von Turm A wird nicht beachtet, so daß noch je eine Turmsalve von A und B folgen müssen. Nun herrscht sofort Ruhe, der Dampfer stoppt, und die Leute gehen in die Boote. Nach Beschuß durch die schwere Flak kentert der Dampfer bald. 11.03 Uhr ist er bereits gesunken.

10 Minuten zuvor wurde auf 332 hm eine Rauchwolke, kurze Zeit danach — schon etwas näher — zwei Masten gesichtet. Da es sich anscheinend um ein Kriegsschiff handelte, liefen wir zur Kontrolle darauf zu. Schließlich stellte sich aber heraus, daß das verdächtige Fahrzeug unsere Gu war, die hinter einem Dampfer herjagte. Nun ging's mit „full speed" zur Untergangsstelle unseres Dampfers zurück. Die armen Kerls in ihren Booten dachten schon, wir würden sie schwabbeln lassen. Ihr Schiff war die „Sardinian Prince" mit 3200 BRT aus London.

Die Gefangenen-Frage ist inzwischen zu einem Problem angewachsen. Es müssen jetzt 220 Mann Unterbringung, ärztliche Betreuung und vor allem Verpflegung erhalten. Platz und Proviant sind aber ohnehin schon knapp an Bord.

Wir stehen heute schon wieder auf der Höhe von Neufundland. Fast fühlen wir uns wie die fliegenden Holländer, denn auch hier dürften unsere Tage gezählt sein. Das Funken der versenkten Schiffe war zu verräterisch, und wenn unsere eigene FT auch immer kräftig gestört hat, so hat sie doch sicher nicht verhindern können, daß der Engländer die Alarmrufe empfing und nun entsprechend reagiert. Wir haben bisher 43 580 BRT versenkt, davon gestern und heute allein 29 530 BRT.

16.00 Uhr stehen wir auf etwa 45°N 45°W und damit wieder auf unserer vorgeschriebenen Standlinie. Wir laufen nun 14 sm auf Kurs 0°. 17.35 Uhr kommt über der Kimm voraus eine schwache Rauchwolke in Sicht. Bei einer Entfernung von 230 hm feuert Turm A einen Warnschuß. Dieser veranlaßt den Dampfer jedoch nur, zu funken. Erst mehrere Salven der MA erzielen den gewünschten Erfolg: Das Schiff stoppt, das Funken hört auf und die Boote werden zu Wasser gebracht. Während diese aber noch längsseit liegen, fängt das Schiff wieder an zu funken. Nun muß die MA eingreifen. Von drei Salven geht ein Treffer in die Brücke, und das Funken verstummt. Nach dem sehr umständlichen Ablegen der Boote beginnt die schwere Flak wieder ihr Werk. 18.30 Uhr ist die „Demeterton" mit ihren 5200 t schon gesunken. Es ging zuletzt sehr schnell.

40 Mann der Besatzung werden übernommen. Auffällig ist immer wieder die anfängliche Scheu, man kann fast sagen Angst, der Gefangenen vor dem Anbordkommen. Wenn wir sie dann, z. T. ziemlich mitgenommen, an Bord gehievt haben, was wegen des Seeganges nicht immer einfach ist, liegen, stehen oder sitzen sie zunächst völlig apathisch da. Nach dem Erlebten ist das ja auch verständlich. Verwundete stöhnen, Durchnäßte klappern vor Kälte. Das ändert sich aber bald. Während noch auf die letzten gewartet wird, erhalten die Verwundeten einen Kognak oder werden gleich in Behandlung genommen. Die übrigen stecken sich Zigaretten an und mustern offen oder versteckt ihre neue Umgebung. Dann werden sie unter Deck geführt und erhalten trockene Kleidung und Badegelegenheit. Bald fühlen sie sich schon wesentlich wohler, wenn wir auch wegen unserer eigenen Enge keinen besonderen Komfort bieten können. Sie bedanken sich immer wieder — auch die Offiziere — für unsere Bemühungen. Daß sie sich aber vor allem dafür bedanken, daß wir sie überhaupt mitnahmen, erschüttert uns doch. Wenn diese Tommies doch nur nicht immer gleich so wild auf die Taste hauen würden. Aber so —, „c'est la guerre!", wie ihre französischen Freunde sagen. Der Grieche war der einzig Schlaue, weil er geschwiegen hat. Dafür geht es ihm jetzt auch relativ gut. Und

doch muß man sagen: gute Seeleute und tapfere Kerle sind die Engländer nun einmal, wenn auch auf ihre, für unsere Begriffe vielleicht etwas sture Art!

Nun steuern wir wieder 0⁰ und laufen die vorgeschriebenen 14 sm.

21.00 Uhr taucht vor der am linken Flügel unseres Aufklärungsstreifens stehenden Gu in der Dunkelheit plötzlich ein englisches Schlachtschiff vom Nelson-Typ auf, das anscheinend Nordost-Kurs steuert. Diese Schiffsklasse, die aus den Schlachtschiffen „Nelson" und „Rodney" besteht, hat bei einer Verdrängung von 33 000 t und einer friedensmäßigen Besatzung von 1320 Mann zwar nur eine Höchstgeschwindigkeit von 23,5 sm, sie verfügt aber neben der üblichen Mittelartillerie und Flak über eine geradezu phantastische schwere Armierung von neun 40,6-cm-Rohren. Bemerkenswert ist auch die ungewöhnliche Zusammenballung dieser überschweren Artillerie in drei Türmen auf der Back.

Das wäre für unsere „Gneisenau" doch wohl eine zu harte Nuß!

Der britische Kommandant, wohl genau so überrascht über diese nächtliche Begegnung, ist sich glücklicherweise nicht gleich klar über Namen und Art seines Gegenübers und fragt deshalb offen" durch Scheinwerferspruch: „What ship?" Schlagfertig läßt der Gneisenau-Kommandant ebenso „offen" antworten: „H.M.S. Emerald", weil er annimmt, daß sich dieser brit. Kreuzer hier irgendwo aufhält. Gleichzeitig sieht er aber zu, daß er mit unserem Schwesterschiff so schnell wie möglich in der Dunkelheit untertauchen kann, ehe man auf dem dicken Briten die Täuschung merkt. Wie wäre aber die Angelegenheit verlaufen, wenn der Brite das Erkennungssignal gefordert hätte, so wie es bei uns in solchen Lagen üblich ist? Gar nicht auszudenken! —

Es ist aber wohl kaum zu bezweifeln, daß unsere Lage in diesem Gebiet durch die Begegnung unhaltbar geworden ist.

Der Flottenchef wirft auch den Verband sofort nach Stb herum auf Kurs 90⁰ und läßt die Fahrt auf 24 sm erhöhen. Kurz vor Mitternacht drehen wir weiter auf 123⁰. Es brist nun sehr schnell und heftig auf. Während der Mittelwache zum 17. 3. bläst schon ein recht handfester Sturm aus 120⁰. Er nimmt ständig an Stärke zu und bringt auch eine üble Kälte mit. Leider zwingt uns aber der schwere Seegang auch zu immer stärkeren Fahrtminderungen. Zunächst konnten wir wenigstens noch 18 sm laufen, dann mußten wir auf 12 sm herunter, und jetzt, 10.00 Uhr, können wir wegen der ständig überkommenden Seen nur noch mit 8 sm gegenan.

Zum Glück ist es aber auch neblig geworden. Die Gefahr, nach dem gestrigen Auftreffen auf „Nelson" durch starke Seestreitkräfte und Flugzeugträger verfolgt zu werden, wird dadurch geringer. So wie nach dem Rawalpindi-Gefecht, so hat uns hier auch wieder einmal der Wettergott im richtigen Moment genau das richtige Wetter beschert: Sturm, schwere See und Nebel. Daß „Nelson" — es könnte auch das Schwesterschiff „Rodney" gewesen sein — unsere Gu gestern abend doch noch erkannt hat, steht inzwischen fest, wie wir aus aufgefangenen Funksprüchen entnehmen konnten. In diesen wird unser Schwesterschiff als „Fühlunghalter" bewertet. Wir sollen uns nun morgen mit Gu treffen. Damit dürfte unser Wirken in diesem See-Gebiet auch wohl beendet sein.

Vor den Kammern im achteren Batteriedeck herrscht wieder einmal „whooling". Eine technische Division, deren Wohnraum im Vorschiff jetzt durch unsere Gefangenen belegt ist, haust hier. Während sich unser Schiff in der schweren See stöhnend hin- und herwälzt, schwappt hier unten auch wieder einmal das von oben hereingelangte Seewasser im gleichen Rhythmus mit. Vor den Kammern steht daher eine wirklich echte dicke Luft: Tabaksqualm vermischt mit Heizöl- und Schweißgeruch und zur Abrundung noch der typische Duft ungelüfteter und nun auch feuchter Hängematten. Zu allem Übel mußte noch die Lüftung wegen des Seeganges abgestellt werden. Herrlich!!??

Wir haben nun 271 Gefangene an Bord. Sie sind zum Arbeitsdienst eingesetzt, die Chinesen z. B. als „Optiker" und Wäscher, und die Engländer in Reinschiffgruppen und als Helfer im Schiffslazarett. Einer der dort liegenden Schwerverwundeten ist heute nacht gestorben. Er soll, sobald das Wetter ruhiger wird, bestattet werden. Der Zustand neun weiterer Verwundeter macht unseren Schiffsärzten noch große Sorge.

Die Besatzung ist durchweg begeistert über die Erfolge der letzten Tage. „Nun können wir uns doch schon sehen lassen!" — Als mein Aufklarer, der stets freundliche und ruhige Mtr. Heinrich, gestern in meine Kammer kam, um wieder mal nach dem Rechten zu sehen, strahlte er vor Stolz und Freude über das ganze Gesicht: „Sein" 15-cm-Turm hatte an dem Schießen den Löwenanteil.

Wie wir erfuhren, gehörten die von uns in den letzten Tagen versenkten Dampfer zu einem Geleitzug, der von britischen Kriegsschiffen aus englischen Westhäfen bis auf etwa 20 Grad West geleitet worden war, und der sich dann auflöste.

Gegen 12.30 Uhr sollen wir uns laut Programm eigentlich mit Gu treffen. Das wird aber bei dem herrschenden Sturm und der Unsichtigkeit wohl schwer halten. Außerdem mußten wir inzwischen beidrehen, Kurs 105^0, 7 sm. —

Die Temperatur ist seit der letzten Nacht von 0 Grad wieder auf 15,5 Grad angestiegen.

14.30 Uhr stellt unser EM II (Funkmeßgerät) Störzeichen in rw 240 Grad fest. Ist es Gu? Im Augenblick kann uns diese Beobachtung jedoch wenig rühren. Die in ununterbrochener Folge auf uns zu rollenden Wellenberge nageln uns praktisch auf der Stelle fest. Schon im Beigedreht-Liegen rauscht die grüne See unentwegt über das Schiff. Man hat Mühe, sich auf den Beinen zu halten. Da ist an eine Fahrterhöhung und an eine Kursänderung gar nicht zu denken.

Erst gegen Abend läßt der Sturm etwas nach, so daß wir bei einem Kurse von 115 Grad zunächst auf 10 und etwas später schon wieder auf 15 sm gehen können.

Während der Nacht zum 18. 3. läßt eine schwere Dünung von Stb querein unser Schiff erheblich schlingern.

Heute nachmittag wollen wir unsere Tanker treffen. Glücklicherweise besteht auch schon UK-Verbindung mit Gu.

Zur Freude aller verläuft der heutige Probelauf des ausgetauschten Flugzeugmotors ohne Beanstandungen. Die Mechaniker strahlen. Sie haben auch allen Grund, auf den Erfolg ihrer unter Bordverhältnissen besonders schwierigen Arbeit stolz zu sein. Sie haben uns damit eine einsatzfähige zweite Bordmaschine beschert.

Das Zusammentreffen mit Gu gegen Ende des Vormittags ist bei dem herrschenden diesigen Wetter gar nicht so einfach. Man weiß zunächst doch nie so recht, ob da aus dem Dunst auch wirklich die Gewünschte auftaucht. — Nun werden auch Einzelheiten über die Begegnung mit der „Nelson" bekannt. Wie wird es die Herren Kollegen von der gegnerischen Artillerie gewurmt haben, als trotz ihrer dickeren Rohre der schon so mundgerecht daliegende Braten so wieselschnell wieder vom Teller verschwand.

Die ganze Besatzung grinst heftig, während sie sich in ihren Gesprächen die möglichen Situationen auf der gefoppten „Nelson" nach dem Rückzieher der Gu ausmalt. Ihrer einhelligen Meinung nach ist die „Nelson" nicht nur in ihrer Geschwindigkeit, sondern auch in ihrer Schaltung etwas zu langsam gewesen, was natürlich nicht zutrifft.

12.00 Uhr stehen wir auf 43⁰43' Nord 35⁰8' West.

Mit 15 sm Fahrt steuern wir nun Kurs 120⁰.

Nachdem wir nachmittags „Uckermark" und „Ermland" trafen, gehen wir 16.00 Uhr in Kiellinie und mit 7 sm Fahrt auf Kurs 90 Grad. Trotz noch sehr schlechter Wetterlage ist die abends begonnene Ölübernahme schon kurz vor Mitternacht beendet. Wir nahmen 600 t. Damit haben wir auch wohl das letzte Ölmanöver auf dieser Unternehmung hinter uns gebracht. Für die an Oberdeck hauptsächlich beteiligte Bootsmannsgruppe war es stets ein schwere Arbeit. Nun sind noch unsere Gefangenen an die Tanker abzugeben, die Verwundeten sollen jedoch unter der Betreuung unserer Schiffsärzte bleiben. Der Verband hält sich deshalb nach Beendigung der Ölübergabe noch bis zum Morgen auf der Stelle.

Das bisherige und nun auch wohl abschließende Ergebnis unserer Unternehmung beläuft sich auf insgesamt 116 000 t versenkten bzw. aufgebrachten Schiffsraumes, das sind 22 Dampfer und Tanker. Gu hatte allein am 15. und 16. 3. 10 Schiffe angetroffen und davon 7 versenkt. Drei Tanker wurden mit Prisenkommandos besetzt und nach französischen Häfen auf die Reise geschickt.

Der 19. 3. beginnt — wie vorgesehen — mit der Abgabe der Gefangenen an unsere Tanker. Das Einsteigen in die wild auf und nieder tanzenden Boote ist jedesmal ein halsbrecherisches Manöver. Es verläuft jedoch glücklicherweise alles ohne Pannen. Leider kann unser Tanker aber nur 130 Gefangene von uns übernehmen, weil er schon zu stark besetzt ist. Endlich ist auch der letzte Transport glücklich drüben und die Boote wieder heil in ihren Klampen. Nun können auch die Tanker mit Dank entlassen werden. Wegen der verhältnismäßig ruhigen Schiffslage konnte während der Dauer der Übersetzmanöver von der Schanze aus auch die Bestattung des

Mannes der „Silverfir" stattfinden, der in der Nacht zum 17. 3. verstorben war. An dem Zeremoniell, das von unserem Schiffspfarrer geleitet wurde, nahm der Rest der Silverfir-Besatzung vollzählig teil. Auch unser I. Offizier und eine kleine Abordnung unserer Besatzung waren zu der Feier erschienen. Unser Musikkorps umrahmte die Handlung mit feierlichen Chorälen. Grüßend senkte sich unsere Flagge, grüßend standen auch alle Leute auf dem Achterschiff mit der Front nach achtern, als endlich der segeltuchumhüllte Körper auf einer schrägen Rutsche langsam ins Wasser glitt. —

14.00 Uhr stehen wir auf 43⁰12'N 32⁰18'W.

Auf Kurs 80 Grad laufen wir 23 sm.

- Unsere Erfolge wurden bisher noch nicht durchs Radio gemeldet. Die stets mit Spannung abgehörten Nachrichtensendungen aus der Heimat bringen darüber aber auch rein gar nichts. Es ist wohl anzunehmen, daß der Flottenchef noch nichts gemeldet hat, um nicht durch das Funken unseren Standort zu verraten.

Heute sind wir acht Wochen in See. Diese sechsundfünfzig sehr anstrengenden Seetage haben Geist und Stimmung der Besatzung nicht herabzumindern vermocht, und das will bei einer auf engstem Raum zusammengepreßten Besatzung von fast 2000 Menschen unter den kriegsbedingten harten Belastungen schon etwas heißen. Was unsere Männer aber teilweise doch schon etwas hafensüchtig macht, das ist — — — das Fehlen der Kartoffeln. Es ist doch eigentlich ein Jammer, daß der Alte Fritz seinerzeit die Erdäpfel einführte, so daß wir heute schon glauben, ohne diese kaum noch leben zu können. Reis haben wir anscheinend noch im Überfluß, denn es gibt zu Mittag meist Reis mit Rindfleisch. Dann haben wir noch Erbsen, Bohnen und Leipziger Allerlei — in Dosen natürlich. Bei diesem nun seit Wochen üblichen Verpflegungseinerlei ist es auch nicht verwunderlich, daß Vertreter aller Dienstgrade bei den Mittagsmahlzeiten mehr und mehr „lange Zähne" bekommen. Einigen Feinschmeckern der Offiziers-Messe ist es schon fast ein Fest, den armen Schiffsverwaltungsoffizier während der gemeinsamen Mahlzeiten immer wieder scheinheilig und mit viel Worten auf den delikaten Geschmack und die hervorragende Zubereitung der geradezu exquisiten Erbsen-, Bohnen- oder dergl. Suppe hinzuweisen. Natürlich weiß der Ärmste, daß man ihn nur frotzeln will. Häufig muß der

IO als Messe-Ältester in seiner humorvollen Art eingreifen, um die scheinheiligen Lobgesänge endlich zu stoppen. Gespräche über das Essen sind ja oft sehr beliebt, sie können aber auch bei einer gewissen Eintönigkeit der täglichen Probleme zum zweitwichtigsten Thema des Tages avancieren. Jeder Mann der Besatzung weiß, daß der SVO alles tun würde, um die Verpflegung abwechslungsreicher zu gestalten. Wie soll er dies aber mitten im Atlantik, im Kriege und auf einer so langen Unternehmung für 2000 Menschen bewerkstelligen? —

20.00 Uhr zieht wieder volle Kriegswache auf. Wie gemunkelt wird, soll schon am 22. 3., also am Sonnabend, in Brest eingelaufen werden. 21.00 Uhr gehen wir auf 18 sm herunter und behalten dann Kurs und Fahrt während der Nacht bei.

10.00 Uhr am folgenden Morgen wird ein Doppeldecker genau im Süden und auf sehr große Entfernung gesichtet. Ob er uns bemerkt hat? Sein Kurven läßt es vermuten. Na, dann können die paar Meilen bis Brest ja noch interessant werden!

Eigentlich können wir nun gar keine Störung mehr gebrauchen, denn an Bord ist jetzt der Papierkrieg ausgebrochen: EK-Vorschläge müssen aufgestellt, Urlaubs-, Rollen- und Wachvorbereitungen getroffen und Erfahrungsberichte gefertigt werden. Und das alles auf einmal! Gestern abend ging es los, und heute schon sollen die EK-Vorschläge per Postbeutel zur Gu. Zustand! Zustand! —

Nun sind wir noch etwa 600 sm von Brest entfernt. Bis dahin kann sich aber noch so einiges ereignen, denn 18.15 Uhr steht schon wieder ein Aufklärer achteraus — eben über der Kimm. Ein gemeiner Zustand! Alles ist aufs höchste gespannt. Da es sich um ein Trägerflugzeug handelt, wird da hinter der Kimm irgendwo ein Flugzeugträger stehen, vielleicht auch mit dem entsprechenden schweren Zubehör. Die gesamte Flak geht auf Stationen, und die MA macht klar zum Zonenschießen. Gleichzeitig schwenkt der Verband auf Kurs Nord und geht auf 23 sm, um den Aufklärer über unsere Absichten zu täuschen. Das spätere Auseinanderziehen zur Dwarslinie hat wohl den gleichen Zweck. Nachdem der Aufklärer, ohne in Reichweite zu kommen, verschwunden ist, gehen wir 20.00 Uhr auf Kurs 100 Grad. Die Nacht verläuft ohne Zwischenfälle, auch bei Hellwerden am 21. 3. ist der Horizont ringsum — eigentlich wider Erwarten — frei von gegnerischen Fahrzeugen. Bei Beginn der Vormittagswache stehen wir schon auf 47°N 15,5°W. Kurs und Fahrt bleiben den ganzen Tag über unverändert. Nachmittags werden wir von ein paar He 115 in Empfang genommen, die dann zwei Stunden lang bis 18.30 Uhr U-Bootsicherung für uns fliegen. Daß uns diese Maschinen bei dem stark dunstigen Wetter 280 sm vor der Küste gefunden haben, kann man als gute navigatorische Leistung bezeichnen. Ab 20.00 Uhr soll die Sicherung durch Torpedoboote ausgeübt werden.

Die auffallende Zunahme stillvergnügter Mienen läßt vermuten, daß die innere Umstellung auf eine Hafenzeit und ihre Genüsse nun mit Macht einsetzt. Der eine freut sich vor allem darauf, daß er nun mal richtig durchschlafen kann — sofern die bösen Flieger es zulassen, der zweite auf ein endlich mal ruhig liegendes Schiff — — —. Essen-, Bade-, Urlaubs- und tausend andere Wünsche werden mit Genuß erwogen. Die meisten aber freuen sich verständlicherweise darauf, daß mit dem Einlaufen der lange und pausenlose Wachdienst des Kriegsmarsches erst einmal sein Ende findet und daß dann endlich auch wieder gebadet und das schon sauer riechende Unterzeug gewechselt werden kann.

Fast neun Wochen Kriegsmarsch — fast 18 000 sm Fahrleistung mit einem „Dicken Schiff" liegen nun schon hinter uns! Wenn die Erfolge zum Schluß der Unternehmung auch die Besatzung mitrissen, der Befehl des Flottenchefs zum Einlaufen erfreut die Seemannsherzen nun doch. Man merkt es auch an dem gelösten, ja fast versöhnlichen Ton der Unterhaltungen, nachdem dieser in letzter Zeit teilweise doch etwas unter einer gewissen Gereiztheit litt. Pünktlich 20.00 Uhr stoßen die Torpedoboote „Jaguar" und „Iltis" zu uns und beginnen sofort mit ihrer Sicherungsaufgabe. Sie wird aber bereits eineinviertel Stunden später beim Sichten eines feindlichen Aufklärers wieder beendet.

Die Maschine umkreist eine Zeit lang den Verband, wird von uns kurz beschossen und verschwindet dann. Ihre Funkmeldung wird mitgehört. Sie stimmt haargenau. Das verspricht ja eine heitere Nacht zu werden!

Es ist bekannt, daß in dem Seegebiet vor dem Kanal zur Zeit sechs britische Zerstörer stehen. Es muß deshalb als ziemlich sicher angenommen werden, daß sie heute nacht gegen uns angesetzt werden. Bei diesen Aussichten ist es besonders unangenehm, daß wir unter der Küste lange Zeit Zwangskurse steuern müssen.

Kurz entschlossen läßt der Flottenchef sofort nach dem Verschwinden des Aufklärers auf 25 sm gehen, Kiellinie bilden — Torpedoboote angehängt — und die Einfahrt von Brest recht voraus nehmen. Die dunkle und dunstige Nacht ist für Torpedoangriffe wie geschaffen, es kommt deshalb heute ganz besonders auf die absolute Zuverlässigkeit des Ausguckdienstes an.

Von allen Schiffen starren zahllose Augenpaare in angespanntester Aufmerksamkeit rundum ins Dunkel der Nacht. Langsam schleichen die Stunden. In der allgemeinen Spannung bemerken die Männer aber kaum, daß sie im naßkalten Fahrtwind immer klammer werden. Verbissen tastet jeder Ausguckposten mit brennenden Augen immer wieder Millimeter um Millimeter seines Ausgucksektors ab. Ab 1.45 Uhr sind alle Gefechtsstationen besetzt. Plötzlich tauchen an Bb einzelne Lichter auf. Es sind Fischereifahrzeuge. Bald hat man aber den Eindruck, als hätte sich die gesamte französische Fischereiflotte hier ein Stelldichein gegeben. Überall flimmert und funzelt es. Wie leicht kann sich in dieser Ansammlung, die man ihrem Umfang nach infolge der scheußlichen Sicht nur ahnen kann, ein britischer Zerstörerverband versteckt halten. Wir brausen hindurch. Daß wir uns dabei nicht in den Netzen verheddern, ist eigentlich ein Wunder.

Gegen 4.00 Uhr tauchen an beiden Seiten voraus die Schatten abgeblendeter Fahrzeuge auf. Sind es die erwarteten eigenen Sicherungsfahrzeuge? Die Unsicherheit dauert aber nicht lange, dann geht es in langsamer Fahrt hinter Sperrbrechern in die Bucht von Brest. Von der Küste ist nichts zu sehen. Nur vor uns am Horizont verraten wandernde Scheinwerferkegel und heftiges Flakschießen die Stelle, wo Brest zu suchen ist. Was wird uns die Liegezeit dort bringen, und wie lange wird sie wohl dauern?

So ganz wohl ist uns beim Betrachten dieses Feuerzaubers da vor uns doch nicht.

Bald haben wir die Sperren hinter uns, und nun können auch die Bedienungen der Seezielartillerie von ihren Stationen abtreten, die sie über 8 Wochen besetzt hatten.

BREST — LA PALLICE

Die Stadt und Seefestung Brest gehört zum Departement Finistère. Sie hatte vor dem Kriege fast 80 000 Einwohner.

Am 19. 6. 1940 wurde Brest von unseren Truppen besetzt. Die Lage an der weit in den Atlantik vorgeschobenen Westküste der Bretagne, das tiefe Wasser und die Werftanlagen machten den Kriegshafen bald zu einem der wichtigsten Atlantikstützpunkte unserer U-Boote.

Als sich „Scharnhorst" und „Gneisenau" am 23. 3. 41 mit wehenden Zahlenwimpeln den Werftanlagen in Brest näherten, konnte niemand von uns ahnen, daß wir fast ein Jahr hier festgehalten werden sollten.

Im Augenblick bestand der Plan, nach einer Generalüberholung der Schiffe wieder zu einer Unternehmung in den Atlantik auszulaufen. Die Werft war schon zu unserer Aufnahme bereit, so daß mit den Arbeiten — zunächst an der Pier und dann im Trockendock — sofort begonnen werden konnte. Das französische Werftpersonal war für diesen Zweck durch deutsche Fachkräfte erheblich verstärkt worden. Bald zeigte sich jedoch wieder einmal, daß sich Wollen und Vollbringen nicht immer miteinander vertragen. Die zuvor nur gelegentlichen Luftangriffe durch britische Bomber auf den deutschen U-Bootsstützpunkt Brest und die Stadt nahmen nach unserem Einlaufen an Zahl und Heftigkeit schlagartig zu. Nach kurzer Zeit rollten die Angriffe fast pausenlos Tag für Tag über die Schiffe und die Stadt hinweg und hinterließen in den Werftanlagen, vor allem aber auch in den Wohnvierteln und unter der bedauernswerten Bevölkerung ihre Spuren. Selbst die starke Konzentration von Flakbatterien rund um die Stadt war auf die Dauer

150

nicht in der Lage, diese Schäden zu verhindern. Die geringe Entfernung zu den britischen Luftbasen, die zudem in der Hauptsache von der breiten Wasserfläche des Kanals ausgefüllt war, bot den britischen Verbänden immer wieder Gelegenheit zu Überraschungsangriffen. Sehr lästig wurden auch die einzeln fliegenden, sehr schnellen Maschinen, die immer wieder den schmalen Landstreifen der Bretagne dicht über dem Boden und deshalb ungeortet überspringen konnten.

Wie der Blitz stürzten sie dann plötzlich von den hochgelegenen Stadtteilen auf die Werft herab, ließen ihre Bomben fallen und zogen mit aufheulenden Motoren wieder dicht über den Häusern davon. Da sich diese völlig überraschenden Angriffe stets in Sekundenschnelle abspielten, war das Hinterherschießen der Fla-Maschinenwaffen in der Regel mehr eine Formsache.

Bei einem solchen Angriff am 6. April erhielt „Gneisenau" einen Lufttorpedotreffer, der nach Ansicht der Fachleute eine mehrmonatige Dockliegezeit zur Folge hatte. Dieser schwere Schaden unseres Schwesterschiffes warf alle Pläne von einem baldigen gemeinsamen Wiederauslaufen um. Nun konnten wir nur hoffen, daß unser eigener Maschinenschaden möglichst bald, und zwar vor Eintritt eines zusätzlichen Bombenschadens, behoben sein würde, um diesem Hexenkessel erst einmal zu entkommen.

Im Sommer wurde der Fla-Schutz durch Nebel-Einheiten verstärkt, die sich in kleinen Trupps mit ihren Geräten auf hochgelegenen Punkten und Schwimmflößen rund um Werft und Stadt einrichteten. In der Folgezeit bot unsere Umgebung nun immer häufiger das Bild einer riesigen Waschküche. Hafen, Anlagen und Stadt verschwanden unter einer stickigen Nebeldecke, sobald sich die Luftlage zuspitzte. Es gab kaum einen Tag, an dem dies nicht der Fall war.

Der Flottenchef, Admiral Lütjens, war nach dem Einlaufen der beiden Schlachtschiffe in Brest in die Heimat gereist, um das Schlachtschiff „Bismarck" und den schweren Kreuzer „Prinz Eugen" gleichfalls in den Atlantik zu führen. Nach Beendigung unserer Überholungsarbeiten sollte dann der Gesamtverband verstärkten Handelskrieg gegen England führen. Der am 21. Mai beginnende Durchbruch dieses Verbandes in den Atlantik wurde jedoch frühzeitig vom Gegner erkannt. In einem Gefecht mit britischen Streitkräften versenkte unsere „Bismarck" zwar das größte Schlachtschiff der Welt, die „Hood" (ca. 46 000 t, 31 sm Geschwindigkeit), ging dann aber selbst einige Tage später nach schwerem Kampfe gegen einen weit überlegenen britischen Verband mit dem Flottenchef unter. „Prinz Eugen", von Admiral Lütjens detachiert, konnte Brest erreichen. Mit ungeheurer Spannung und großer innerer Anteilnahme, bald aber voll ernster Sorge, verfolgten wir auf Grund der eingehenden Nachrichten den tagelangen schweren Kampf unserer „Bismarck". Es gab wohl niemanden an Bord, der nicht immer wieder unser Schicksal verfluchte, das unser Auslaufen wie auch das der „Gneisenau" infolge der aufgenommenen Maschinen verhinderte. Als das stolze Schiff — nur 400 Meilen vor Brest — nach zahllosen Torpedotreffern unterging, lief ein Stöhnen des Entsetzens durch die Besatzung. Man konnte es einfach nicht glauben, was da berichtet wurde: „Unsere Bismarck —?!"

In der Folgezeit intensivierte die britische Luftwaffe noch ihre Bemühungen, uns auf unseren Liegeplätzen in Brest auszuschalten. Ein Auslaufen unseres jetzt auf drei Einheiten angewachsenen Verbandes hätte die überseeischen Verbindungen der britischen Inseln zu stark gefährden können.

Wider Erwarten überstand unsere „Scharnhorst" diese Angriffe, ohne Schaden zu nehmen. Mit Verwunderung betrachtete deshalb die Besatzung die von britischen Flugzeugen abgeworfenen Flugblätter, die in französischer Sprache unsere bereits erfolgte Vernichtung verkündeten und diese Mär auch mit einem Luftfoto untermauerten. So weit war es aber noch nicht.

Die Luftangriffe bedeuteten nicht nur eine ständige Gefahr für das Schiff und seine technischen Einrichtungen, sie konnten auch stets empfindliche Verluste unter der Besatzung zur Folge haben. Diese mußten so weit wie möglich verhindert werden. Dem Beispiel der U-Waffe folgend wurde deshalb auch eine „Weide" für unsere Besatzung eingerichtet. Uns wurde das Seebad Roscoff am Kanal zugewiesen, das zunächst von der I. Division übernommen und als „Weide" eingerichtet wurde. Die Unterbringung erfolgte in einigen Hotels, in einem wurde auch gemeinsam gegessen.

Das sehr saubere und gediegen eingerichtete Hotel „d'Angleterre" konnte sich rühmen, in Friedenszeiten namhafte Franzosen beherbergt zu haben. Es wurde von uns nicht belegt. Um so lieber wurde es aber wohl mal von den valutastärkeren Weinkennern besucht.

Der Verpflegungsnachschub kam im wesentlichen von Bord, bis auf das am Orte reichlich vorhandene Gemüse. Eier und andere lang entbehrte, teils auch noch unbekannte Genüsse der Bretagne lockten. So lange der Wehrsold und die notwendigen Francs reichten, waren die Feinschmecker obenauf: ihr Schwarm waren die Hummern. Unsere Wirtin herrschte unumschränkt in Haus und Küche. Paul, ihr vollschlanker Ehemann, hatte anscheinend ein schweres Los. Immer wieder kündigte Madame mit lautstarken, energischen Rufen: „Paul! — Paul!" (Poll — Poll) neue Aufträge für den Geplagten an.

Mit großem Interesse wurden die nach Landessitte aus Natursteinen erbauten Häuser des sauberen und ruhigen Fleckens, besonders aber die eigenartige Bauform der alten bretonischen Kirche betrachtet. Die felsige Küstenlinie veränderte infolge der großen Gezeitenunterschiede ständig ihr Bild, unverändert blieb nur die Silhouette der kleinen Felseninsel Isle de bas mit ihrem damals toten Leuchtturm.

Das ungebundene Leben in Roscoff und das Sonnenwetter hatten zur Folge, daß sich unsere Seeleute wirklich bald wie eine Herde Fohlen auf der Weide fühlten. Die Ablösung durch die nächste Division machte ihnen deshalb wenig Freude. Nun lösten sich nach und nach alle Divisionen zu einem kürzeren Erholungsaufenthalt in Roscoff ab. Anschließend wurden sie nochmals, jeweils für mehrere Wochen, dorthin verlegt. Nunmehr wurde aber das Angenehme mit dem Nützlichen verbunden: durch Infanteriedienst, Märsche, Unterricht, Sport und dergl. wurden die militärischen Formen und Kenntnisse wieder einmal etwas aufgefrischt.

Der Landkrieg hatte inzwischen unerwartete Ausmaße angenommen. Im April waren Jugoslawien und — zur Unterstützung der zurückgeworfenen Italiener — zugleich auch Griechenland durch unsere Wehrmacht in wenigen Wochen überrollt worden. Unser Afrikakorps hatte die Engländer aus der Cyrenaika vertrieben. Alle Gedanken an einen baldigen Frieden stellten sich jedoch als falsch heraus, als unsere Wehrmacht am 22. 6. in breiter Front vom Schwarzen Meer bis zur Ostsee zum Angriff auf die Sowjetunion antrat. Vom Sommer ab lief auf Grund des Pacht- und Leihgesetzes die Hilfe der USA für die Sowjetunion in großem Maße an. —

Es wurde höchste Zeit, daß unsere Schiffe wieder zum Einsatz kamen, schon um vielleicht an der Störung der Transportwege nach Rußland mitzuwirken. Im Juli 1941 war die Maschinenanlage der „Scharnhorst" so weit wieder hergestellt, daß an ein Auslaufen zur Durchführung der notwendigen Erprobungen und Übungen als Vorbereitung für einen erneuten Einsatz gedacht werden konnte. Die Begeisterung der Besatzung darüber, endlich der ständigen Luftgefährdung entschlüpfen zu können und wieder freien Seeraum um sich zu sehen, war nur zu verständlich, als wir am 23. Juli die Bucht von Brest hinter uns ließen. Diese Begeisterung wich aber schnell einer allgemeinen Skepsis, als wir den uns zugewiesenen Liegeplatz an der Seebrücke vor La Pallice erreichten. Wie eine große Zielscheibe an einer ausgestreckten Faust, so hing hier jetzt unser Schiff am Kopf der etwa 1 km langen und frei in die Bucht vorstoßenden Mole. An eine Tarnung des Schiffes, so wie wir es von Brest her kannten, war unter diesen Umständen gar nicht zu denken. Diese Maßnahme wäre in Anbetracht unserer exponierten Lage auch sinnlos gewesen. Angreifer würden uns hier in jedem Falle ohne die geringste Schwierigkeit finden. Auch der Schiffsführung machte dieser Liegeplatz schwere Sorgen. Zwar lagen wir hier fast 400 km südlich von Brest und demnach auch entsprechend weiter von den britischen Luftbasen entfernt, diese für Bomber aber immer noch relativ kleine Entfernung würde einem entschlossenen Gegner jedoch kein ernsthaftes Hindernis sein. Auch im Hinblick auf den Fla-Schutz war der Liegeplatz sehr ungünstig. Die Luftverteidigung des Hafens wurde von neun Fla-Batterien ausgeübt, von denen fünf östlich von uns um La Pallice und die restlichen vier im Westen auf der Isle de Ré standen. Insgesamt verfügten diese über 36 — 8,8-cm-, 9 — 3,7-cm- und 101 — 2-cm-Geschütze. Nördlich und südlich der Mole dehnt sich in etwa rechtwinkligen Sektoren die Bucht aus. Diese großen Lücken im Fla-Verteidigungsgürtel des Hafens waren zu Luftangriffen wie geschaffen. Bedenklich war vor allem, daß sich durch die Nord-Süd-Lage des Schiffes am Molenkopf der vorliche flakarme Raum des Schiffes zwangsläufig mit der nördlichen Lücke im Fla-Gürtel des Hafens deckte. „Wenn das nur gut geht!!"

Wir sollten nicht lange warten.

Bereits am 24. 7. 13.15 Uhr erhalten wir durch Funksprüche die Meldung: „12 Eindecker, mehrmotorig, 50 km südwestlich Brest im Anflug auf La Pallice."

14.13 Uhr wird dieser Verband, der in 4000 m Höhe fliegt, von uns in 320⁰ gesichtet. Schon ab 150 hm kann das Ziel aufgefaßt und gemessen werden, so daß die komplizierten Fla-Leit-Anlagen in größter Ruhe eingesteuert werden können. Bei 120 hm werden die Bb schweren Gruppen auf die Spitze des Verbandes eingesetzt. Auf 115 hm wird das Feuer eröffnet, das den Verband auseinandersprengt. Nur 3 Maschinen fliegen uns weiter an. Ihre Bomben gehen aber etwa 400 m vor dem Schiff ins Wasser. Der zweite Angriff kurz darauf wird von 3 Maschinen ausgeführt, die — gleichfalls in 4000 m Höhe fliegend — von Norden, d. h. recht von vorn kommen.

Eine Maschine wird durch Flakfeuer abgedrängt und entledigt sich ihrer Bomben im Notwurf. Die beiden anderen führen ihren Angriff jedoch im stärksten Abwehrfeuer mit großem Schneid durch. Sie werfen 2 Bombenreihen: eine zwischen Schiff und Torpedonetz, von der zweiten aber treffen 5 Bomben unser Schiff. Sie bewirken sofort empfindliche Störungen bei der Steuerbord-Flak, die aber durch Umschaltungen — wenn z. T. auch nur behelfsmäßig — überbrückt werden können.

Es folgt nun ein sehr geschickt angesetzter, aber erfolgloser Zangenangriff zweier Rotten. Eine Rotte kommt von Bb-achtern aus der Sonne, die zweite fliegt gleichzeitig von Stb-achtern an. 2 Maschinen werden abgeschossen. Der nächste Angriff kommt überraschend aus der Sonne. Auch diese Rotte überfliegt zwar das Schiff, sie kommt in dem starken Abwehrfeuer aber nicht zum Wurf. Eine Maschine wird abgeschossen. Nun fliegt eine einzelne Maschine von Bb querab an. Sie überfliegt im stärksten Abwehrfeuer das Schiff, holt dann im Abwehrfeuer der Landbatterien nach Stb-achtern aus und fliegt schließlich das Schiff nochmals recht von achtern an. Eine Bombenreihe rauscht etwa 80 m Bb-achteraus vom Schiff ins Wasser. Noch bis auf 120 hm feuert unsere Flak hinter dieser Maschine her. Dann kommt sie mit starker Rauchfahne aus Sicht.

17.10 Uhr kommt wieder eine Rotte Bb-voraus in Sicht. Eine Maschine wird abgedrängt, die zweite kommt im Abwehrfeuer nicht zum Wurf. Beim Überfliegen des Schiffes können zu unserer Verblüffung einwandfrei deutsche Hoheitszeichen unter den Tragflächen ausgemacht werden. Kurz darauf warnt auch der Gefechtsstand des Flak-Lehrregiments: „Achtung, Achtung! Wahrscheinlich deutsche Maschinen." Das Verhalten der Maschinen ließ jedoch eindeutig auf Feindflugzeuge schließen. Sie gaben ja auch selbst nach Beschuß nicht die üblichen Erkennungssignale. Unsere Schiffsführung mußte deshalb annehmen, daß es sich hier um eine gewaltsame Aufklärung des Gegners handelte, der die Wirkung der vorausgegangenen Angriffe feststellen wollte.

Die Leistungen und die Haltung unserer Flakmannschaften waren hervorragend. Der sonst doch — wie üblich — recht nüchterne Gefechtsbericht sagt über ihre Kampfmoral u. a. folgendes:

„Wie bereits bei früheren Kampfhandlungen gegen feindliche Luftstreitkräfte sowohl bei Tage als auch bei Nacht mehrfach beobachtet, war auch hier wieder die Kampfbegeisterung der Flakmannschaften und die Haltung im Gefecht besonders anerkennenswert. Zweifellos spielt dabei die Offenheit des Kampfes und das Vor-Auge-Haben des Gegners eine große Rolle. Ein nicht minder bedeutsames Moment ist der in Wochen und Monaten vergeblichen Wartens aufgespeicherte Wille zur Abrechnung mit dem Gegner. — —

— Die Flakmannschaften sind durch ihre *dauernde* Gefechtstätigkeit in ganz besonderer Weise mit ihrer Waffe verwachsen. Seit Kriegsbeginn an den Waffen und durch Wachdienst und Unruhe mehr beansprucht als andere Teile der Besatzung, versehen sie ihren Dienst mit stets gleichbleibender Begeisterung. —"

Zwei der Bombentreffer gingen innerhalb der Bedienungsradien des Stb I-10,5-cm und des Stb V-2-cm durch das Deck. Während die 10,5-cm-Bedienung durch die Erschütterung nur wenig gestört wurde, wurde die 2-cm-Bedienung durch das Federn des Oberdecks zu Boden geschleudert und zum Teil auch durch Splitter verletzt. Beide Bedienungen ließen sich jedoch nicht in ihrer weiteren Gefechtstätigkeit stören.

Von den als Jagdschutz zur Verfügung stehenden 12 Me 109 wurden — soweit uns bekannt wurde — 9 Bomber abgeschossen. Unermüdlich und mit großem Schneid griffen unsere Jäger immer wieder die abgesprengten Feindmaschinen an.

Der Gegner nutzte für seine Anflüge — wie schon befürchtet — vorwiegend die flakarmen Sektoren aus, so daß die Landbatterien mit ihren geringen Reichweiten wenig Erfolgschancen hatten. Er hielt sich auch vorsichtigerweise möglichst außerhalb der Reichweite unserer 3,7-cm-Geschütze. Unter diesen Umständen hätte der Jagdschutz mindestens doppelt so stark sein müssen. Vielleicht wären dann auch unsere Bombenschäden zu verhindern gewesen.

Nachdem 14.00 Uhr der Fliegeralarm ausgelöst wurde, waren 14.12 Uhr sämtliche Verschlußmeldungen bei der Zentrale eingegangen und die Leckwehr klar zum Gefecht. Schon vier Minuten später ließen Detonationen das Schiff erschüttern. Trotzdem dachte zunächst niemand daran, daß das Schiff Treffer erhalten hätte, weil sich bei früheren Gelegenheiten Bombeneinschläge in der Nähe des Schiffes noch stärker ausgewirkt hatten. Dann bekam das Schiff jedoch sehr schnell Schlagseite, und als 2 Minuten nach der Erschütterung die ersten Meldungen bei der Leckwehrleitung einliefen, war zu erkennen, daß das Schiff erheblichen Schaden genommen hatte. Fünf Bomben waren etwa 0,7 bis 3,5 m von der Bordwand entfernt in die Steuerbordhälfte des Schiffes eingeschlagen, die erste bei Spant 133 und die letzte bei Spant 40.

Die erste und vierte Bombe mit Kalibern von 27 bzw. 30 cm durchbrachen das gepanzerte Oberdeck, das Batterie- und das Zwischendeck und detonierten auf dem Panzerdeck. Ein Leckwehrposten im Zwischendeck Abtlg. XIII und eine Lüftungsgruppe mit 1 Unteroffizier und 3 Mann im Zwischendeck Abtlg. V fielen. Ein Soldat wurde schwer verletzt.

Die zweite, dritte und fünfte Bombe hatten ein Kaliber von 32 cm. Sie durchschlugen von oben bis unten sämtliche Decks und Räume und verließen das Schiff durch die Außenhaut des Schiffsbodens, ohne zu detonieren. Diese Treffer verursachten zwar keine Personalausfälle, ihre direkte, vor allem aber ihre indirekte Auswirkung auf lebenswichtige Einrichtungen des Schiffes waren jedoch um so stärker.

Während Treffer eins und vier vor allem erheblichen Blechschaden verursachten und auch den Seitenpanzer und das Torpedoschott etwas in Mitleidenschaft zogen, waren die übrigen Treffer Anlaß zu starken Wassereinbrüchen. Schlagartig waren in den getroffenen Abteilungen alle Räume überflutet. Die Besatzung des E-Masch.-Raumes 4 konnte nur eben noch in den E-Gefechtsstand entkommen und mit den dort befindlichen Technikern das Panzerluk zum Zwischendeck etwas öffnen. Als der letzte der Soldaten das Zwischendeck betrat, stand das Wasser bereits bis zum Panzerdeck. Auch das Zwischendeck Abtlg. XII lief voll Wasser und Öl. Da der Wasserdruck im E-Masch.-Raum 4 den danebenliegenden Kesselraum 3 gefährdete, mußte das Zwischenschott durch die Raumbesatzung und eine Meistergruppe abgestützt werden. Trotzdem machte der Raum stark Wasser. Er ließ sich jedoch durch große Lenzmittel halten. Besonders nachteilig wirkten sich diese Wassereinbrüche aber auf die ebenso lebenswichtigen wie feuchtigkeitsempfindlichen elektrischen Kabelbahnen aus, die in dicken Bündeln durch die unteren Decks führten und nun streckenweise unter Wasser standen. Die an einigen Stellen durch Bomben oder Splitter undicht gewordenen Bahnen sogen das Wasser auf und führten es wie Kapillare in entfernte Räume. Teilweise mußten sie gekappt werden, um weiterreichende Schäden zu verhindern. Mittels Tauchrettern gelang es, die Austrittslöcher der Bomben 2, 3 und 5 zu finden und durch Pfropfen bzw. Leckkasten abzudichten. Die anfängliche Schlagseite von 8 Grad nach Stb konnte durch Gegenfluten innerhalb einer Stunde auf 2 Grad verringert werden. Einschließlich des Flutwassers von etwa 1200 t befanden sich nun aber ca. 3000 t Wasser im Schiff[6]). Das Umpumpen von Heizöl nach Bb mußte auf Grund der Seewassereinbrüche mit aller Vorsicht geschehen. 22.00 Uhr konnten aber schon wieder etwa 300 t Flutwasser und bis zum Eindocken auch noch ca. 1300 t Seewasser vom Wassereinbruch gelenzt werden. Die Lenzerfolge wurden in der Hauptsache durch die ausgezeichnete Haltung und zähe Arbeit der Leckwehr, vor allem von den ohne Ablösung arbeitenden Soldaten der Pumpenmeister-, Lüftungs- und Zimmermeister-Abschnitte erzielt. Bis zum Eindocken bemühten sich diese durchnäßten und verölten Männer mit ungenügenden Pausen unermüdlich um die

158

Anmerkung 6 siehe Seite 200.

Sicherung des Schiffes. Wiederholt mußten die Arbeiten infolge neuer Fliegeralarme unterbrochen und damit schon erkämpfte Erfolge wieder aufgegeben werden. Schonungslos gegen sich selbst tauchten sie immer wieder mit ihren Tauchrettern in die stinkende Heizölbrühe, um durch Abdichtung des Schiffsbodens erst einmal die Voraussetzungen für die weiteren Sicherungsarbeiten zu schaffen. Die folgenden sehr langwierigen und schwierigen Abstützungs-, Abdichtungs- und Lenzmaßnahmen wurden dann mit der gleichen Zähigkeit und in einem geradezu bewundernswerten Schwung von diesen Gruppen zu Ende geführt. Wenn auch das Vollaufen des E-Werks 4 und Ausfälle in den Leckwehrtelegraphen- und -fernsprechanlagen Schwierigkeiten, z. T. sogar ausgesprochen kritische Lagen zur Folge hatten, so lief doch die ganze Tätigkeit der Leckwehr schließlich wie in einem Übungs-Gefechtsbild. Neben der hervorragenden Zähigkeit und Kaltblütigkeit der Gruppen war dies vor allem ihrem altbewährten Leiter, dem Kptl. (Ing.) Peter Bockmühl, zu verdanken, der auf Grund seines großen Könnens und seiner erstaunlichen Intuition für die Probleme seines weiten Bereiches auch diese bedrohliche Lage ruhig und sicher meisterte. Es gab wohl niemanden in der großen Besatzung, der ihn ob seiner Qualitäten nicht schätzte und seinen Fähigkeiten nicht voll vertraute. Dabei waren in den Augen der Besatzung — wohl auf Grund der langen Gewöhnung — Peter Bockmühl und seine Leckwehr ein und dasselbe. Für eine Besatzung ist es schon aus persönlichen Gründen eine sehr starke innere Beruhigung, die Schiffssicherung in guten Händen zu wissen[7]).

Schwerer angeschlagen als je zuvor lag unser Schiff bald wieder im Dock in Brest. Kaum entronnen, hatte uns nun die scheußliche Luftlage dieses Hafens auch schon wieder in ihren Fängen. Wie zuvor rollten die Tag- und Nachtangriffe mit nur kurzen Zwischenräumen über uns hin. Das Schiff war wieder unter großen bunten Tarnnetzen verschwunden, dazu wurden nun auch noch Bordwände und Aufbauten mit schmierig-bunten Tarnfarben gestrichen. Daß diese Maßnahme aber etwas gegen die Luftaufklärung der RAF oder gar gegen feindliche Agenten nutzen würde, glaubte wohl niemand. Diese Mimikry und die berüchtigten Werftverhältnisse versetzten unser Schiffsäußeres aber bald in einen Zustand, der jeden echten Seemann erschütterte.

Leider konnten wir uns ja nicht wie unsere U-Boote in Bunkern verstecken. Und das sollte nun noch Monate hindurch so weitergehen? Wie erzählt wurde, hatten Werftfachleute festgestellt, daß die Beseitigung der Schäden von La Pallice mindestens neun Monate, wenn nicht gar noch länger dauern sollte. Es war kaum anzunehmen, daß wir diese lange Zeit ohne erneute Bombenschäden überstehen würden.

Gleich nach dem Eindocken wurden wieder Besatzungsteile auf die Weide nach Roscoff verlegt. Der größte Teil der Besatzung mußte jedoch schon zur Durchführung der Wiederinstandsetzungsarbeiten und der Schiffssicherung an Bord verbleiben. Die Zusammenballung so vieler Menschen auf engem Raum konnte sich aber bei Bombentreffern katastrophal auswirken. Die Gefahr wuchs mit dem Längerwerden der Nächte.

Aus diesem Grunde wurden im Spätherbst für die in Brest liegenden Schiffe auch noch drei Barackenlager — die sogenannten Flottenlager — gebaut, in die dann täglich vom Dienstschluß bis zum Wecken alle wachfreien und nicht unbedingt zur Schiffssicherung benötigten Divisionen verlegt wurden. Diese Lager waren außerhalb von Brest auf dem Lande verteilt, das „Sh"-Lager lag in einem kleinen Wäldchen versteckt in der Nähe von Landerneau auf einer Anhöhe oberhalb von La Roche.

Der Auftrag, dieses Lager einzurichten und während der ersten Wochen auch ständig zu bewirtschaften und zu bewachen, wurde von meiner Division mit Freuden begrüßt. In Kürze schnurrte der Kombüsenbetrieb in der Wirtschaftsbaracke des Lagers, war die Kantine eingerichtet und standen auch die drei sauberen Unterkunftsbaracken klar zur Aufnahme der Divisionen von Bord. Froh, den stickigen Nebelwolken und den nächtlichen Alarmen entronnen zu sein, trafen diese nun allabendlich auf einer langen LKW-Kolonne ein, um uns dann morgens gut ausgeruht auf dem gleichen Wege wieder zu verlassen. Später wurden diese Transporte mit der Eisenbahn durchgeführt. Tagsüber hatten meine Männer im Lager alle Hände voll zu tun. Mit Feuereifer waren sie dabei, das sandige Gelände zwischen den Baracken mit Laufstegen zu durchziehen,

160

gärtnerische Anlagen zu fertigen und mit niedrigen Gittern aus Birkenstämmchen zu umgeben und auch alle möglichen anderen Dinge zu bauen, zu basteln und zu organisieren. Der Clou des Ganzen war aber der Glockenturm, der neben der Einfahrt errichtet wurde und der sich nun mit seinen leuchtenden Birkenstämmen und dem spitzen Strohdach direkt malerisch unter den Bäumen ausmachte. Wie stolz waren alle über dieses gemeinsam geplante und ausgeführte Werk, als bald auch die aus der Werft beschaffte kleine Schiffsglocke im Turm hing und mit feierlichem Glasen in Dienst gestellt werden konnte.

Die Frage der Bezeichnung unserer Baracken wurde schnell gelöst. Eine einfache Numerierung entsprach in keiner Weise den Vorstellungen unserer Seeleute. Sie waren es gewohnt, daß militärische Unterkünfte mit Traditionsnamen bezeichnet wurden, ergo mußten in unserem Spezialfalle Namen aus der Tradition „Scharnhorst" her. Irgendeiner hatte sofort den richtigen Einfall: Da gibt's nur eins, wir nennen sie „Glorious", „Acasta" und „Ardent"! * s. S. 73.

Dieser eine sprach allen anderen aus der Seele. Jeder, der nun eine Unterkunft betrat, wurde durch das große Namensschild an der Außenwand immer wieder an die so vorbildliche, tapfere Haltung der Besatzungen jener britischen Schiffe erinnert, denen wir am 8. Juni 1940 im Nordmeer gegenüberstanden. Niemand dachte daran, diese Namensschilder etwa in kindischem Siegerstolz als eine Art von Abschußtrophäen zu betrachten. Ich glaube, solche Gedankengänge sind allen Seeleuten auch schlechthin wesensfremd. Aus unserer Maßnahme sprach allein die aus dem eigenen Erleben geborene Hochachtung vor diesen ehemaligen Gegnern. Wir waren in dem Gefecht eben die Überlegenen, schon bei der nächsten Gelegenheit konnte es umgekehrt sein. Auch die Scharnhorstmänner würden dann ihre Pflicht tun.

Die schönen Wochen des Lagerlebens im Grünen verliefen meiner Division viel zu schnell. Die nächste Lagerstamm-Division hatte sich während ihrer letzten Übernachtungen schon eingehend nach ihren „Pflichten und Rechten" erkundigt und sollte in den nächsten Tagen schon ihren „aufreibenden" Dienst antreten. Da hieß es also abbauen! Einige Seeleute hatten noch auffallend viele Dinge außerhalb des Lagers zu klarieren. Im Lager selbst mußte nun aber vor allem noch unsere gute Jolanthe ihrem Zweck zugeführt werden.

Eine Anzahl Seeleute hatte sie völlig überraschend schon an einem der ersten Abende im Beisein und auf dem Wagen des alten Besitzers angebracht. War das eine Begeisterung! Da auch der Ex-Besitzer strahlte, war er mit dem Tauschpreis sicherlich sehr zufrieden. Geschäfte dieser Art waren jedoch verboten, und somit war für mich nunmehr guter Rat teuer. Das große Palaver mit den an dem Zuwachs gleichfalls stark interessierten Zugoffizieren und dem Divisionsfeldwebel ergab die einhellige Meinung, am folgenden Tage die Schiffsführung um eine Sondergenehmigung für diesen dringenden, im wirtschaftlichen Interesse der Lagerbesatzung liegenden Verwaltungsakt zu bitten. Den mit so großer Freude begrüßten Zuwachs konnte man doch unmöglich wieder zurückschicken, vor allem aber war es nun doch möglich, die Küchenabfälle über den Schweinemagen nutzbringend zu verwerten. Der Stichhaltigkeit dieses Argumentes konnte sich dann auch die Schiffsführung nicht verschließen, so daß sie ihren Segen erteilte. Während unseres Kriegsrates hatten bereits alle ehemaligen Zimmerlinge und verwandten Berufe begonnen, unserer Jolanthe einen fachgerechten Stall zu bauen. Die ganze Division schaute höchst interessiert zu und sparte auch nicht mit guten Ratschlägen. Einige Auserwählte genossen den Vorzug, bei der nächtlichen Arbeit leuchten zu dürfen.

Unsere Patrouillier-Posten erhielten nun die Anweisung, sich bei Nacht auch ganz besonders um die Sicherheit der Jolanthe-Baracke und ihres kostbaren Inhalts zu bemühen. Ein landwirtschaftlich vorgebildeter Seemann wurde als ehrenamtlicher Schweinepfleger detachiert. Er setzte sich für seine verantwortliche Tätigkeit voll ein, nur eines konnte er gar nicht vertragen: das Dreinreden der übrigen Laien. Sie wußten aber auch alles besser. —

Nun war es also so weit! Jolanthe hatte in der kurzen Zeit zwar den Wunschtraum ihrer Bewunderer nicht erfüllt, trotzdem mußte sie nun die Hauptrolle in dem schon seit Tagen vorbereiteten Lagerabschieds-Schlachtfest spielen. Bunte Einladungen ergingen an die Spitzen der Schiffsführung und — alle, alle kamen. Eine Schrammelkapelle spielte auf. Die weißgescheuerten Tische des Speisesaals waren mit Grün dekoriert. Dann hatte ich laut Programm unserem Kommandanten mit ein paar passenden Worten den vom Koch auf einer großen Platte besonders dekorativ hergerichteten Schweinekopf in feierlicher Form zu überreichen. Und nun ging's los! Nach der Devise „Zu einem ländlichen Fest gehört auch eine ländliche Bedienung" hatte Oblt. z See Sven Plaß für eine solche in aller Heimlichkeit gesorgt. Unter Zuhilfenahme von blaukarierten Bezügen, viel Watte und dergl. hatte er aus einigen Seeleuten weibliche Wesen mit allem Drum und Dran gezaubert. Unter den blaukarierten Kopftüchern baumelten lange weißblonde Wergzöpfe herab, als sie nun in Reihe mit ihren dampfenden Schüsseln den Saal betraten. Sie gingen nicht, sie — schritten, wie es sich eben für Damen geziemt. Man durfte nur nicht auf ihre Knobelbecher an den Füßen achten. Die kurze Verblüffung der Festversammlung ging schlagartig in schallendes Gelächter über. Das irritierte aber diese „Damen" in keiner Form. Lässig, routiniert, aber sehr auf Abstand bedacht, versahen sie ihren Dienst. Als Kpt. z. See Hoffmann schließlich zu seiner I. Division sprechen wollte, hatte er zunächst einige Mühe, die dazu erforderliche persönliche Ruhe wiederzuerlangen. Da die hohe Verwaltung nicht nur Bier, sondern auch ein paar Kurze für jeden Mann bewilligt hatte, wurde dieser Abschied vom Lager nach langer Zeit wieder einmal Anlaß zu ein paar frohen Stunden in der Divisionsgemeinschaft. Solche unbeschwerten Stunden sind aber nicht nur schön, sie sind sogar unerläßlich, wenn der innere Schwung und das kameradschaftliche Vertrauen in einem Verband von Männern erhalten bleiben sollen. —

Am nächsten Morgen rollten wir mit den übrigen Divisionen wieder nach Brest zurück. Die nächste Division hatte den Lagerdienst von uns übernommen, und wir erschienen dort in der Folgezeit nur noch zu den üblichen Übernachtungen. Leider! —

Während unseres Lageraufenthaltes war die Stelle des IO an Bord neu besetzt worden. Kpt. z. See Schubert war am 11. 9. 1941 ausgestiegen. Der besondere Clou des Tages war die Art des „Aussteigens". Es wurde dazu der Stb-Flugzeugkran benutzt, an dessen Takel eine festlich geschmückte Plattform an dicken Tampen hing. Nach der Verabschiedung nahm unser „erster Erster" in einem Sessel auf dieser Plattform Platz, um dann in dieser Luxusausführung eines Bootsmannsstuhles unter Horn- und Pfeifensignal langsam und feierlich auf die Pier gesetzt zu werden.

Dem Wirken des Kpt. z. See Schubert hatten wir es vor allem zu verdanken, daß unserem großen Schiff der „Dickschiffs-Betrieb" erspart blieb. Neben seinen schon früher erwähnten Eigenschaften als ehemaliger Kleinbootsfahrer und guter Seemann besaß er eine Menge hervorragender charakterlicher und soldatischer Qualitäten. Seine gute Menschenkenntnis und sein Gefühl für Menschenführung, sein unbedingtes Gerechtigkeitsgefühl, seine eigene Schlichtheit und seine Abneigung gegen jede Art von Übertreibung, seine Offenheit und nicht zuletzt auch seine Freude an einem gelegentlichen guten Tropfen im Kameradenkreise ließen ihn die schwere Aufgabe, die ihm der Dienst an Bord und die Disziplinarordnung stellten, in einer Form lösen, die ihm die Achtung und besondere Wertschätzung der gesamten Besatzung schenkte. Der gute Geist in der Besatzung war vor allem sein Werk.

Einige Beispiele aus dem Bordleben in Brest lassen die Art unseres Ersten erkennen: Die Nähe des Hummer-Paradieses Roscoff war Anlaß zum Wunsch der Offizier- und der Ob.Feldw.-Messe, einmal die hier so billigen Hummern zu Mittag zu erhalten. Entscheidung IO: Ja, aber dann für die gesamte Besatzung! — Glücklicherweise waren nicht so viele gleichzeitig zu beschaffen. Als die knurrenden Köche die erst einmal für zwei Divisionen beschafften Hummern endlich fertig hatten, stellte sich nämlich heraus, daß unsere Seeleute „Fleisch mit Handgriff" als weit größere Delikatesse schätzten und mit den „Apparaten" wenig anzufangen wußten. —

Ähnlich war es mit den Mengen französischen Rotweins, die der Besatzung in Brest zugeteilt wurden. Entscheidung IO: Aufteilung nach Kopfzahl auf alle Messen und Kantinen. Die Messen mit ihren meist älteren und dem Rotwein gegenüber daher auch erfahreneren Mitgliedern waren mit ihrer Zuteilung schon lange durch, da stand wochenlang immer noch so ein Riesenfaß neben der Stelling auf der Pier. Es war für die Kantine bestimmt. Unsere Seeleute tranken aber Bier und nicht Rotwein. Der Inhalt des ersten, von der Kantine schon vor Wochen angestochenen Fasses wurde deshalb einfach nicht weniger.

Erst als akute Gefahr bestand, daß das Faß vor dem Schiff einen Flaksplitter erhielt, wurde es auf die Messen verteilt. —

Im Gegensatz zu den Gepflogenheiten auf den U-Booten trug

man auf unserem Schiff keinen Bart. Es gab kein ausdrückliches Verbot, es war einfach nicht üblich. Dennoch fiel unser IO eines Tages sozusagen über den Bart eines jungen Seemanns. Mit hochgezogenen Brauen fixierte der Erste dieses Gefussel und stellte dann biologisch nicht ganz einwandfreie — und daher hier auch nicht wiederzugebende — Vergleiche an.

Der Erfolg war verblüffend. Die Äußerung des IO wurde von der Besatzung mit einem breiten Grinsen quittiert. Niemand wollte sich nun noch dem Gespött der Kameraden aussetzen. Der Bart blieb ab. —

Unser IO vertrat stets eine eigene Meinung zu unseren innerpolitischen Verhältnissen. Bei gelegentlichen Diskussionen in der Offizier-Messe machte er von dieser auch offen Gebrauch. Wir waren deshalb manchmal in ernster Sorge, daß die für damalige Begriffe recht bedenklichen Äußerungen auch einmal nach außen dringen könnten. Es geschah jedoch nichts dergleichen. Messegespräche waren für fremde Ohren eben tabu. Diesen Richtsatz hatten sich also auch schon unsere jüngeren, im Sinne der Partei erzogenen Kameraden zu eigen gemacht.

Brest, d. h. die Stadt, die Hafenanlagen und die Werft, hatte inzwischen weitere empfindliche Schäden erlitten. Die im Frühjahr noch gerne unternommenen Stadtbummel reizten schon infolge des sehr mitgenommenen Stadtbildes und der häufigen Alarme nicht mehr. Auch die beliebten Ausflüge nach dem schönen Le Trez-hier ließen aus diesem Grunde stark nach. Die überragende Wichtigkeit der Reparaturarbeiten, die — soweit möglich — wieder anlaufende Ausbildung, vor allem aber die allnächtliche Evakuierung des Schiffes von allen Freiwächtern ließen ja auch kaum noch Zeit für Privatunternehmungen. Über einen Mangel an Abwechslungen konnte sich die Besatzung jedoch schon infolge der täglichen Pendelfahrten zum Lager und der laufenden Beurlaubungen in die Heimat nicht beklagen. Während des Spätherbstes wurden die Bedienungen der schweren Türme auch noch nach und nach für kurze Zeit in die Heimat verlegt, um dort Schießübungen auf einem Panzerschiff durchzuführen.

Bei den in und um Brest stationierten Einheiten aller Wehrmachtsteile und den halbmilitärischen Organisationen, der OT und dem deutschen Werftpersonal, verlief der Alltag dagegen meist recht eintönig. Deshalb bemühte sich nun die Abtlg. Wehrbetreuung des in Brest stationierten Kommandanten der Seeverteidigung Bretagne (Seekommandant) um deutsche Unterhaltungsabende für diese Verbände. In der Hauptsache sollten die Programme von Soldaten bestritten werden. So erhielt auch unser Kommando die Aufforderung, ein solches Programm aufzustellen. In Anbetracht unserer mehr als schwierigen Verhältnisse versetzte dieser Wunsch unsere Schiffsführung zunächst in einige Verlegenheit. Dann wurde aber bekannt, daß unser Schwesterschiff bereits die Gestaltung eines Unterhaltungsabends zugesagt hatte, und schlagartig war es bei allen Stellen unseres Schiffes beschlossene Tatsache: „Wir machen mit, und das Programm muß eine ,Wucht' werden!" — Und es wurde eine!

Da ich als WBO des Schiffes für diese Dinge zuständig war, wurden Oblt. z. See Plaß, als mein Mitarbeiter, und ich von Teilnahme-Anträgen unserer Bordkünstler fast erdrückt. Die ganze Besatzung schien plötzlich nur noch aus Jongleuren, Hochradfahrern, Schauspielern, Schlangenbeschwörern, Athleten, Musikern, Conferenciers und sonstigen Artisten zu bestehen. Es mußte deshalb erst einmal divisionsweise gesichtet werden, und für jede Division war es jetzt natürlich eine absolute Ehrensache, eine bessere Nummer aufzustellen als die anderen. Mit Feuereifer ging es an die Arbeit. Überall wurde geprobt, im Wellentunnel, im Flottenlager usw. Selbstverständlich wurden die Schauspieler dazu jederzeit freigestellt.

Im Nu war die erste Vorstellung da. Das Theatre municipal, das Stadttheater von Brest an der Place de la Liberté, war voll besetzt, als am 2. 12. 41 17.00 Uhr die „Festliche Fanfare" des Flottenmusikkorps das Programm eröffnete, das nun 3 Stunden lang und — abgesehen von einer Pause — ohne jede Unterbrechung mit Schwung, gutem Können und sehr viel Humor über die Bretter ging.

Unser Programm „Zwischen Schanghai und St. Pauli" zeigte Szenen aus dem Seemannsleben und bunte Erlebnisse aus verschiedenen Erdteilen, die von dem bunt zusammengesetzten Publikum ohne Ausnahme mit Begeisterung aufgenommen wurden. Zwerchfellerschütternd wirkte z. B. der Tanz der Hula-Hula-Girls in der „Nacht auf einem Südsee-Atoll". Die haarigen Beine der sich sehr gefühlvoll und mit viel Schmalz zu Gitarrenklängen wiegenden „Girls" waren auch trotz der romantischen Schummerbeleuchtung einfach nicht zu übersehen. Natürlich wirkte kein echtes weibliches Wesen mit.

Die X. Division, die auch ihr großes Können auf ihrem Fachgebiet der elektrischen Anlagen unter Beweis stellen wollte, hatte eine große Erdscheibe gebaut und illuminiert. Diese hing nun über der Bühne und ließ den nicht seebefahrenen Landser durch aufflammende Glühbirnen erkennen, wo der jeweilige Ort der Bühnenhandlung auf der Landkarte zu finden war.

Die Leistungen der 10köpfigen Jazzband, die sich aus allen Dienstgraden des Schiffes zusammensetzte, waren ganz hervorragend. Von einem Händler hatten wir sogar einen lebenden Esel angeheuert, um die Straßenszene „Geheimnisvolles Morgenland" möglichst echt zu gestalten. Alles klappte vorzüglich, sogar der Schlangenbeschwörer bekam seine Tampen-Schlange ohne anzuecken wieder in den Korb. Nur Hannibal, dieser Esel, der seine Sache bisher sehr schön gemacht hatte, streikte zum Schluß. Er wollte partout nicht abtreten, so wie es das Programm befahl. Alles Zureden und Schieben half nichts, er stand da wie ein Sägebock, bis er schließlich sein höchstes Mißfallen durch ein lautstarkes J-Aa-Geschrei kund tat. Die „Araber" waren zunächst starr ob dieser Programmwidrigkeit ihres Mitspielers. Mit der andächtigen Ruhe im Saal war es nun selbstverständlich vorbei. Die zuerst verlegenen, dann erbosten Morgenländler entsannen sich aber schnell ihrer seemännischen Vorkenntnisse. Als sie kurz darauf zwar innerlich kochend, jedoch — laut Rolle — würdigen Schrittes mit dem seefest gezurrten, aber weiterhin röhrenden Hannibal hinter den Kulissen verschwanden, mußte man befürchten, das Theaterdach würde einstürzen. Der Heiterkeitserfolg war unbeschreiblich. So wie die an sich unbeabsichtigte Komik dieser Szene, so hatten auch die vielen übrigen Darbietungen des Sh-Programms ein außerordentlich begeistertes Publikum. Zum Teil waren die Vorführungen von einer so hohen Virtuosität, daß sie in jedem Kabarett hätten bestehen können. Unser Scharnhorst-Abend wurde auch wohl deshalb ein so großer Erfolg, weil wir im Gegensatz zu anderen Kommandos ganz bewußt die sonst üblichen Zweideutigkeiten und gepfefferten Sachen mieden.

Dreimal wurde unser Programm auf Drängen der Verbände und des Seekommandanten wiederholt, zum letzten Male am 7. 12. 41 vor völlig überfülltem Haus. Sogar in den Gängen standen die Kameraden aller Wehrmachtsteile Kopf an Kopf. Dann ging es nicht mehr. Die rund hundert „Künstler" konnten an Bord nun wirklich nicht länger vermißt werden. Der Dank und die besondere Anerkennung, die der Kommandant zum Schluß noch der Artistentruppe seines Schiffes vor vollem Haus und in Anwesenheit des BdS, des ersten Sh-Kommandanten Vize-Adm. Ciliax, aussprach, wurden von den Beteiligten mit großer Freude angenommen. Eben so stolz waren sie aber auf die begeisterte Resonanz ihrer Darbietungen in den anderen Truppenteilen: „So etwas kann ja auch nur die ‚Scharnhorst'."

„Zwischen Schanghai und St. Pauli" — Erinnerungen lebten in der Besatzung noch bis zum bitteren Ende. Sie reizten auch zu Wiederholungen während der Liegezeit im Altafjord/Nordnorwegen 1943.

DER DURCHBRUCH DURCH DEN
ENGLISCHEN KANAL

Das Kriegsjahr 1941 ging zu Ende. Der deutsche Vorstoß im Osten war nach großen Anfangserfolgen infolge des frühen Winters zum Stehen gekommen. Der Angriff auf Moskau scheiterte. Da Winterausrüstungen fehlten, hatten unsere feldgrauen Kameraden unter der russischen Kälte schwer zu leiden. Die Rote Armee drang in Gegenangriffen wieder vor, während sich die Tätigkeit der Partisanen durch die Gefährdung der Verbindungen zu einer ernsten Bedrohung der deutschen Front auswuchs. — Nachdem die USA und England am 8. Dezember Japan den Krieg erklärt hatten, erfolgte am 11. Dezember die Kriegserklärung Deutschlands und Italiens an die USA. Damit hatte der Krieg weltweite Ausmaße angenommen.

Infolge der ständig stärker werdenden Bedrohung aus der Luft wurde die Lage der in Brest liegenden Schiffe gegen Ende 1941 unhaltbar. Der Kriegseintritt der USA und der Verlust unserer „Bismarck" hatten eine erhebliche Verschlechterung unserer seestrategischen Lage im Atlantik zur Folge. Alle diese Umstände drängten zu einer Entscheidung in der Frage des weiteren Einsatzes unserer Schiffe. Die Besatzung der „Sh" fühlte es sehr wohl, daß irgend etwas in der Luft lag, sie sagte sich auch, daß wir bei Fertigstellung unverzüglich auslaufen mußten, schon um weitere Bombenschäden zu vermeiden. Was aber von den zuständigen Stellen geplant wurde und wohin es eines Tages einmal gehen würde, war der Besatzung aus verständlichem Grund völlig unbekannt. Da hatten wieder einmal die ewigen Bordstrategen eine hohe Zeit. Mit besonderer Hartnäckigkeit wurden vor allem die Gerüchte im Schiff kolportiert, die von einer Verlegung ins Mittelmeer — ja sogar von einer solchen nach dem Fernen Osten — handelten. Die an Bord gebrachten Tropenausrüstungen schienen diese Absichten auch zu bestätigen. Wenn aber auch nur ein Funken Wahrheit an diesen Gerüchten war, dann mußte es infolge der Unbekümmertheit, mit der diese Dinge besprochen wurden, zur gegebenen Zeit doch sehr schlecht um die Sicherheit unserer Schiffe bestellt sein.

Welchen Sinn hatten dann aber die zahlreichen Fla-Maschinen-waffen, die jetzt einschließlich der grau gekleideten Bedienungen von einer Mar.Artl.Abtlg. an Bord kamen? Wieder begann ein großes Rätselraten. Mehrere 2-cm-Vierlinge wurden auf den Decken unserer Geschütztürme montiert und mit Bedienungsplattformen umgeben. Das sah doch wirklich nicht nach Vorbereitungen zu einer großen Reise aus! Die Artilleristen auf den vorderen Türmen würden in See ja nasse Füße bekommen. Man mußte also den doch schon so fest eingeplanten Besuch bei den Geishas wohl wieder abschreiben. Aber was nun? Die unsinnigsten Überlegungen wurden angestellt. Eine Rückverlegung in die Heimat hielt aber wohl kaum einer aus der Besatzung für möglich. Diese Möglichkeit schied einfach aus: das Schicksal unserer „Bismarck" war noch in zu frischer Erinnerung. Ja, und durch den Kanal — —? Eine so irrsinnige Frage wäre höchstwahrscheinlich von den meisten mit dem bezeichnenden Tippen an die Stirn beantwortet worden.

Ja, es war schon eine Zeit voller Rätsel!

Was nun aber in Wirklichkeit vorging, erfuhren wir erst viel später: Die wider Erwarten schnell vorangehenden Arbeiten ließen darauf schließen, daß die Schiffe etwa zur Monatswende Jan./Febr. 42 wieder fahrbereit sein würden. Hitler forderte ihre Verlegung nach Nordnorwegen, weil er befürchtete, daß die Alliierten dort eine Invasion beabsichtigten.

In der Besprechung bei der Gruppe West in Paris am 1. 1. 1942, an der außer dem Gruppenbefehlshaber, Generaladm. Saalwächter, und dessen Op.Stab der Flottenchef, Admiral Schniewind, der BdS, Vizeadm. Ciliax, und die Kommandanten der drei in Brest liegenden Schiffe teilnahmen, wurde die Absicht der Verlegung in die Heimat bekanntgegeben. Es wurden auch die verschiedenen Möglichkeiten, Kanaldurchbruch oder Rückmarsch über Dänemark-straße, diskutiert. Unter der Voraussetzung absoluter Geheimhaltung, sorgfältiger Vorbereitung und Bereitstellung starken Jagdschutzes wurde der Kanaldurchbruch als der aussichtsreichere Weg erkannt und der BdS mit der Ausarbeitung eines entsprechenden Operationsplanes beauftragt.

In einer weiteren Sitzung im Führerhauptquartier am 12. 1. 42 wurde im Sinne des von Vizeadmiral Ciliax inzwischen ausgearbeiteten Planes der Kanaldurchbruch von Hitler angeordnet.

Die Aktion sollte in der ersten Februarhälfte und auf das besondere Stichwort „Cerberus" anlaufen.

Nun mußten innerhalb kürzester Frist die Arbeiten an Bord zu Ende geführt und gleichzeitig auch die Ausbildung möglichst intensiviert werden. Ein sehr schwieriges Unterfangen! Ein detaillierter Zeitplan für den Durchbruch mußte aufgestellt werden, der die günstigsten Wetter-, Gezeiten- und Beleuchtungsverhältnisse berücksichtigte. Der vorgesehene Weg mußte minenfrei geräumt und die für den Schutz des Verbandes notwendigen See- und Luftstreitkräfte bereitgestellt werden.

Die Führung des Verbandes, der am X-Tage um 6 Boote der 5. Zerstörer-Flottille verstärkt werden sollte, hatte der BdS, VizeAdm. Ciliax. Die eingesetzten Minensuch- und Vorpostenverbände unterstanden dem Befehlshaber der Sicherungsstreitkräfte West, Kpt. z. See und Kommodore Ruge. Für den Einsatz der Jagdverbände mit insgesamt etwa 280 Maschinen war Oberst Galland zuständig.

Um weitere Beschädigungen der Brest-Gruppe bis zum Auslaufen möglichst zu verhindern, wurden die vorhandenen Schutzmaßnahmen noch erheblich verstärkt, indem weitere Flakabteilungen, Nebelbrigaden und Nachtjäger herangezogen wurden.

Diese und zahlreiche andere Maßnahmen waren zu treffen und mit peinlichster Sorgfalt bis in die kleinsten Details auszuarbeiten und vorzubereiten, wenn dieser allen bisherigen Regeln des Seekrieges zuwiderlaufende Plan, am hellen Tage einen ganzen Flottenverband unmittelbar unter der britischen Küste durchzuschleusen, gelingen sollte. Da unsere Abwehrmittel tagsüber am wirkungsvollsten eingesetzt werden konnten, sollte der Verband die engste und daher auch gefährlichste Stelle des Kanals, die Enge zwischen Dover und Calais, mittags gegen 12.00 Uhr passieren. Während des ganzen Tages sollten ohne Unterbrechung die sich ständig ablösenden Gruppen der Jäger am Verband stehen. Es wurde ferner festgelegt, daß zwei Torpedobootsflottillen mit neun Booten und zwei Schnellbootsflottillen nach Le Havre bzw. Boulogne verlegt werden sollten, um von der Mitte des Kanals ab die Sicherung des Verbandes zu verstärken.

Unbedingte Geheimhaltung war jedoch von entscheidender Bedeutung für den Erfolg der Aktion, die bisher ohne Beispiel war.

Die britische Admiralität war über unsere Verhältnisse gut unterrichtet und rechnete mit unserem Auslaufen und dem des „Prinz Eugen" ab 24. Januar. „Gu" konnte ihrer Ansicht nach nicht vor Ende Jan. auslaufen. Sie beurteilte alle drei Schiffe als nicht voll gefechtsfähig. Seit Monaten schon hielt sie einen Durchbruch unserer Schiffe durch den Kanal für möglich und hatte deshalb auch ihre entsprechenden Vorsichtsmaßnahmen getroffen. Eine ständige Überwachung des Kanals durch Luft- und schnelle Seestreitkräfte war eingerichtet worden. Verbände der Luftwaffe und leichte Seestreitkräfte bis zu Zerstörern standen unter einer gemeinsamen Führung bereit, den Durchbruch zu vereiteln. Außerdem wurde der vermutliche Marschweg unseres Verbandes systematisch durch Minen verseucht.

Bei dieser Lage konnte nur eine Überraschung des Gegners zum Erfolge führen. Nur wenige Offiziere wußten von den Absichten der Führung, um die Geheimhaltung nicht unnötig zu gefährden.

Der zahlreichen Agenten wegen durften keinerlei besondere Vorbereitungen zu erkennen sein, so blieben z. B. die ausgebrachten Tarnnetze bis zum letzten Augenblick hängen. Durch Gerüchte und besondere Maßnahmen mußten dem Gegner gänzlich andere Absichten vorgegaukelt werden. Das schon erwähnte Anbordnehmen der Tropenausrüstungen war einer dieser zahlreichen Tricks. Die für die nächsten Tage vorgesehenen Veranstaltungen verschiedener Art ließen selbst die Besatzung nicht auf den Gedanken kommen, daß es nun kurz vor „Null" war.

Mondphase und Gezeiten waren in den Nächten vor dem 15. Februar besonders günstig für die Absichten des Verbandes. Aus den Wettermeldungen dreier, eigens zu diesem Zweck in das Seegebiet um Island verlegter U-Boote wurde von den Meteorologen geschlossen, daß die Wetterlage am 12. Februar für unsere Zwecke besonders geeignet sein würde. Als nun der BdS am 11. Febr. 15.00 Uhr den Befehl der Gruppe West „Durchführung Cerberus heute abend" erhielt, befahl er den drei Schiffen:

„Seeklar 20.30 Uhr!"

Von all diesen geheimen Vorbereitungen unserer hohen Führung und von den Urhebern und dem Sinn der vielen Gerüchte ahnt — abgesehen vom Kommandanten und NO — wohl niemand etwas. Zwar haben wir schon am 3. Februar mit der erforderlichen Sicherung eine etwa achtstündige Fahrt in See unternommen und während dieser wenigen Stunden in einer wirklich gedrängten Programmfolge die Maschinenanlage hoch- und sogar bis zur Höchstfahrt ausgefahren sowie Seezielschießen aller Kaliber durchgeführt, das Plötzliche und Ungewöhnliche dieser Fahrt wurde jedoch nicht besonders vermerkt. Unsere Lage in Brest ist eben schlechthin ungewöhnlich, und die Besatzung hat sich auch schon lange daran gewöhnt, daß alle Maßnahmen von dieser Lage diktiert werden. Gefechtsübungen im Dock, Abkommschießen vom Liegeplatz an der Pier aus und die so seltenen und nur auf kürzeste Zeit beschränkten Trips in See können zwar keinesfalls als Maßnahmen für eine vollwertige Gefechtsausbildung bezeichnet werden, ein Mehr wäre aber schon infolge der ständigen Luftgefährdung unmöglich. Die Lücken, die die nun schon einjährige Werftzeit und die vielen Personalveränderungen in den früher so hohen Ausbildungsstand der Besatzung geschlagen haben, sind jedoch mit solchen Improvisationen kaum — jedenfalls nicht so bald — zu schließen. Daran ändert auch der unverkennbar gute Wille der Besatzung nichts.

Der Tagesbefehl des IO für den 11. Februar sieht wieder das übliche gedrängte Ausbildungs- und Arbeitsprogramm vor. Während des Nachmittagsdienstes wird jedoch vom Rollenbüro noch folgender Nachtrag verteilt:

Nachtrag zum Tagesbefehl für Mittwoch, den 11. 2. 1942.

Heute abend findet eine Kriegswach- und Alarmübung mit Allemann einschl. Zivilpersonal statt.

(Keine Fahrt in das Flottenlager, keine Beurlaubungen.)

17.00 Uhr Klar Deck

19.10 Uhr Pfeifen und Lunten aus. Die Backen hochschlagen. Allemann alle Decke fegen.

19.30 Uhr Allemann nach der Allemannsrolle im ganzen Schiff „Kriegsmarschverschluß" herstellen und das Schiff abblenden. Genaueste Kontrolle des Verschluß- und Abblendezustandes.

Nicht zu beseitigende Ausstellungen sind mir schriftlich über den RO im Anschluß an das Verschluß- und Abblendemanöver zu melden.

19.40 Uhr Die Kriegswachposten der Bb-Kriegswache Musterung. (Hafenposten sind durch Soldaten des Prisenkommandos zu erg.)

20.00 Uhr Die Bb-Kriegswache aufziehen auf Kriegswachstationen für die Nacht. Gasmasken und Schwimmwesten sind mitzubringen. Desgleichen ist das Geschirr gem. Geh. Schiffsbefehl Nr. 2/42 mitzubringen.

Die Stb-Kriegswache auf der Schanze antreten zur Unterrichtung. Anschl. wegtreten und Ruhe auf Hängematten auf den Kriegsfreiwachschlafplätzen. (Gasmasken, Schwimmwesten und Geschirr ist nach dem Wegtreten auf Befehl des Kriegswachleiters mit auf die Schlafplätze zu nehmen.)

Der weitere Verlauf der Übung wird durch die Schiffsführung befohlen.

Es folgen dann noch Weisungen über den Anzug: „Altes blaues Päckchen, Überzieher" – also – Gefechtsanzug.

Das Torpedoschutznetz, das uns bisher nach der Hafenseite hin sicherte, wird während des Nachmittags-Hochwassers geöffnet. Daß die Maschine emsig am Werke ist, kündet schon der Qualm über dem Schornstein an. Er läßt den ganzen Nachmittag über nicht nach. Dieses sind nun aber doch wohl sichere Anzeichen dafür, daß heute wirklich etwas Ernsthaftes unternommen wird. Die Spannung ist ungeheuer. Was im einzelnen beabsichtigt ist, ist den meisten völlig gleich.

Nur raus aus dieser Falle, in der wir nun schon so lange sitzen! Nicht nur unser Schaden von La Pallice muß auf das Konto „Brest" geschrieben werden, auch für die beiden Treffer auf „Prinz Eugen" und „Gneisenau" und die dabei gefallenen 140 Kameraden ist dieser verteufelte Platz verantwortlich.

Fast ein Jahr haben unsere Schiffe nun schon die britischen Bomber angelockt.

Nicht nur die Werft, sondern auch die Stadt — letztere sicherlich unbeabsichtigt — wurden von diesen Angriffen schwer gezeichnet. Trümmer, Schutt und Elend, wohin man sieht. Die Zahl der unschuldigen Opfer unter der Zivilbevölkerung können wir nur ahnen. Es ist deshalb auch wohl kein Wunder, daß sehr viele von uns dabei sehr stark an ihre Angehörigen daheim denken und besonders aus diesem Grund das Auslaufen so sehr herbeiwünschen. Auch von Kameraden anderer Truppenteile wird uns bei passenden Gelegenheiten immer offener der Herzenswunsch offenbart, und der hat schlicht und einfach nur unser möglichst plötzliches Verschwinden von diesem Gestade zum Inhalt.

Kurz vor Beginn der „Nachtübung" erhalten Krönke und ich unter dem Siegel der Verschwiegenheit den Auftrag, 20.15 Uhr mit unseren Divisionen auf Schanze und Back klar zu sein zum Ablegemanöver. — „Also doch!!"

Zunächst läuft noch alles weiter nach dem Übungsplan.

Die großen und schweren Tarnnetze werden aufgerollt, abgenommen und auf die Pier gelegt, damit sie die Bewegungen der Geschütze und Feuerleitgeräte bei der „Übung" nicht stören. Die Bb-Kriegswache einschließlich aller See-, Ausguck- und sonstiger Posten besetzt ihre Stationen und meldet nach und nach an die verschiedenen Zentralen und die Brücke klar.

In diesem Augenblick treten die seemännischen Divisionen der Stb-Wache — sehr zur Verwunderung der in der Nähe an ihren Waffen und Geräten hantierenden Leute der Bb-Wache — zum Manöver an. — Nun zündet es bei allen schlagartig: „Wir laufen aus!" Wie strahlen da die Gesichter, die in der inzwischen hereingebrochenen Dunkelheit gelegentlich vor mir auftauchen. Auch die Bewegungen und das freudig erregte Gemurmel der Männer verraten mehr als viele Worte, wie sehr sie alle von dem so lange ersehnten und nun doch so unerwarteten Ereignis erfüllt sind.

Mein BÜ hat eben mit gedämpfter Stimme die Klarmeldung der Back an die Brücke durchgegeben, da gellen plötzlich die Alarmglocken durch das Schiff: „Fliegeralarm!!" Fast gleichzeitig setzt ringsum schwerstes Flakfeuer ein. Und während kurz darauf bereits die ersten weißen Nebelschwaden über uns, die Kaianlagen und das Wasser dahinkriechen, flammen auch schon die berüchtigten „Tannenbäume" am Himmel auf. Sekunden später ist es nicht nur dunkel, sondern auch pottdick um uns. Unsere Kameraden von den Nebelbrigaden müssen ungeheuer schnell geschaltet haben. Leider brennt das Zeug so scheußlich im Hals, und bald beginnt auch schon ein allgemeines Krächzen und Husten. Die Zeit vergeht nur langsam. Alles friert. Ich schicke deshalb meine Division in den Turm Anton. Da ist sie auch gleichzeitig vor den Flaksplittern sicher, die manchmal doch recht unangenehm auf die Back knallen. Mit Plaß und dem BÜ ducke ich mich unter die dicken Rohre des „Anton", wenn es besonders heftig von oben kommt. Trotz Frieren und Husten wird jede Gelegenheit wahrgenommen, auch die neuesten Probleme zu erörtern: „Hat der Tommy etwa schon Kenntnis von unserer Absicht?" und „Geht es nach dem Auslaufen links herum (d. h. nach dem Süden — evtl. zum Mittelmeer), oder gar rechts herum (d. h. nach Norden)?"

Es ist doch ein Glück, daß der Angriff nicht ein paar Minuten später erfolgte, denn dann hätte der Tommy ja gleich Kenntnis von unserem Auslaufen erhalten. — Hoffentlich wird er uns nun nicht zu guter Letzt noch einen Treffer verpassen. Das Wummern der krepierenden Fla-Granaten liegt häufig doch unangenehm nahe. Durch den BÜ erfahren wir, daß der BdS, der mit seinem Stabe nachmittags eingestiegen war, und die Schiffsführung die Entwicklung der Dinge im vorderen Kommandostand abwarten. Endlich, gegen 22.00 Uhr — Plaß und ich haben uns schon eine Weile durch sportliche Betätigung aufgewärmt — wird der Fliegeralarm beendet. Nun geht alles Weitere sehr schnell. Gegen 22.45 Uhr legen wir mit Schlepperhilfe ab. Der zähe Nebel verzieht sich nur sehr langsam. Das ist auch der Grund dafür, daß wir eine halbe Stunde später infolge der Unsichtigkeit fast noch in die Sperre laufen.

In der sternenklaren, aber dunklen Nacht erwarten uns draußen vor der Sperre schon sechs Zerstörer, die nun die Sicherung des Verbandes übernehmen. „Gneisenau" und „Prinz Eugen" folgen uns in Kiellinie. —

In der Messe gelingt es mir, noch einen Aufwärm-Schnaps so im Vorbeigehen zu erhaschen. Aus dem großen Raum sind wie vor je-

176

der Unternehmung alle überflüssigen Stücke entfernt worden. Im Halbdunkel versucht hier die kleine Gruppe der „Freiwächter" die Frage des Tages zu entscheiden: „Rechtsherum oder linksherum?" — Eine hitzige Diskussion ist entbrannt. Während der SVO und auch der „Blutrichter", wie unser Mar.-Kriegsgerichtsrat — übrigens sehr unzutreffend — an Bord bezeichnet wird, sich für die Linkskurve aussprechen, ist der „Laubfrosch", unser Meteorologe, entschieden für Rechts. Der ob solcher Hirngespinste hell empörte SVO gibt daraufhin seinem Opponenten mit krähender Stimme das altbekannte Versprechen, den bewußten Besen zu fressen, wenn ——! Leider bin ich im Augenblick nicht in der Lage, die strategischen Probleme unserer Freiwächter zu lösen. Ich kann hier jedoch schon erwähnen, daß unserem SVO einige Tage später ein ehrwürdiger, ausgefranster Piassavabesen mit roter Schleife „zur weiteren Veranlassung" zugestellt wurde. Angeblich hat er sein leichtsinniges Versprechen aber dann doch nicht eingelöst[8]).

0.00 Uhr am 12. 2. Die Stb-Kriegswache löst ab. Im achteren Artillerieleitstand springt mich die Spannung der Männer direkt an. Ich habe inzwischen zwar schon etwas von unserer Absicht erfahren, darf darüber aber natürlich noch nichts sagen. Eingehend werden die Zielgeber und die sonstigen Feuerleitmittel überprüft. Endlich kommt der erlösende Fernspruch des BdS an alle Stellen:

An die Besatzungen der Brestgruppe!

Soldaten der Brestgruppe! Der Führer hat uns zu neuen Aufgaben in anderen Gewässern gerufen. —

Nach großen Erfolgen im Atlantik sind die Schiffe der Brestgruppe allen Versuchen des Gegners, sie im Stützpunkt Brest außer Gefecht zu setzen und sich damit von dieser Bedrohung seiner Seeverbindungen zu befreien zum Trotz, in unermüdlicher Arbeit jedes Einzelnen unter tatkräftiger und einsatzbereiter Mithilfe des Werftpersonals wieder einsatzbereit gemacht worden. —

Unsere nächste Aufgabe, deren Durchführung seit gestern abend angelaufen ist, liegt vor uns. Sie lautet:

„Marsch durch den Kanal nach Osten in die Deutsche Bucht."

Diese Aufgabe stellt an Männer, Waffen und Maschine die

höchsten Anforderungen. Wir alle sind uns der Schwere der Aufgabe bewußt. —

Der Führer erwartet von jedem von uns restlosen Einsatz; es ist unsere Pflicht als Soldaten und Seeleute, diese Erwartungen zu erfüllen. —

Was uns *nach* dem Marsch in die Deutsche Bucht für Aufgaben erwarten, braucht uns jetzt nicht zu beschäftigen. Die Gegenwart allein muß uns erfüllen. —

Ich führe den Verband in der Gewißheit, daß jeder Mann auf seinem Posten seine Pflicht bis zum Äußersten tut. —

gez. Ciliax
Vizeadmiral und
Befehlshaber der Schlachtschiffe.

Wie auf den vielen anderen Stationen unseres Schiffes, so wiederholt auch unser Befehlsübermittler (BÜ) Satz für Satz. Alles lauscht begierig. Die Bekanntgabe des Hauptpunktes, der Marschrichtung, verschlägt allen zunächst den Atem. Dann ist es aber mit der Ruhe vorbei. Die Nebengeräusche im Kopftelefon lassen erkennen, daß auch die anderen Stellen des Schiffes von einem — eigentlich völlig „unmilitärischen" — Begeisterungstaumel erfaßt sind.

Durch den Spalt neben dem nur angelehnten Panzerschott dringt auch das Freudengeschrei der Flakbedienungen zu uns herein. Den energischen Stimmen der Geschützführer gelingt es nur schwer, die notwendige Ruhe wiederherzustellen.

Die stark abgeblendete Beleuchtung der zahlreichen elektrischen Anzeige-Geräte, die die Panzerwand rundum bedecken, erhellt den Stand nur soweit, daß man die Bedienung eben noch erkennen kann. Das leise, gleichmäßige Brummen der Apparaturen erfüllt den Raum. Langsam beginnen die Geräte und die Bodenplatten zu vibrieren, und bald schüttert, rumpelt und dröhnt es im Stand, als säßen wir in einer Trommel. Ein Blick auf den Geschwindigkeitsanzeiger läßt erkennen, daß wir auf 28 sm gegangen sind. Im Zehenstand spürt man das Vibrieren am wenigsten. — Erinnerungen an den Rückmarsch von der Narvik-Unternehmung und an die Sturmfahrt nach unserem Vorstoß in das Gebiet der „Northern Patrol" tauchen auf. Damals war es ähnlich. Wie unendlich weit liegt das nun doch schon zurück! —

Nach zwei Stunden wird eine Zigarette geraucht, um die Spannung etwas abzumildern. Aber um Gotteswillen nur vorsichtig abschirmen! Nur keinen Lichtschimmer, der vielleicht durch die Optik nach außen geworfen werden könnte!! Nach weiterem Drosseln der Gerätebeleuchtungen ist es fast dunkel im Stand geworden. An Oberdeck ist es stockfinster. Kein Laut. Nur der Fahrtwind pfeift um die Aufbauten. Die vermummten Gestalten an den benachbarten Geräten und Geschützen kann man nur ahnen. Alles ist in gespannter Aufmerksamkeit. — Durch den Zielgeber ist von den anderen Schiffen und den seitlichen Sicherungen im Dunkel der Nacht nichts zu sehen. Durch die Kopftelefone hören wir, daß uns schon seit längerer Zeit ein unbekanntes Objekt mit Radar anpeilt. Sollte uns der Tommy etwa schon erkannt haben? Dann müßte es ja bald mit der Ruhe zu Ende sein! 4.00 Uhr löst aber die Bb-Kriegswache ab, ohne daß sich inzwischen etwas rührte. 7.00 Uhr, etwa querab Cherbourg, werden die Nacht-Gefechtsstationen von Allemann besetzt. Zuvor wurde durch kurzfristige Ablösungen erreicht, daß sich die Besatzung für die kommenden Stunden stärken konnte. Nach Hellwerden wird auf Tag-Klarschiffbesetzung übergegangen. Vom Gegner ist nichts zu sehen. Dafür stoßen nun aber eigene Jäger zu unserem Verband. Zeitweise können es an die vierzig Maschinen sein, die über oder neben uns kurven. Nun laufen auch noch vier Zerstörer und fünf Torpedoboote von vorne auf uns zu, so daß unsere Sicherung jetzt aus 10 Zerstörern und Torpedobooten besteht, die den in Kiellinie fahrenden Verband der drei Schiffe in zwei großen Kreisen umgibt.

Langsam wird es etwas diesig. Wie bestellt! Da wird achteraus ein unbekanntes Flugzeug gesichtet. Ist es ein britischer Fühlunghalter? Mit Richtungsschüssen der Flak und Fliegersichtzeichen auf der Schanze wird alles versucht, unsere Jäger auf diese Maschine zu lenken. Alle Bemühungen sind aber vergeblich. — Gelegentlich brausen wir an eigenen Vorposten- und Minensuchbooten vorbei. Ausgelegte Spierentonnen zeigen, daß unsere Minensuchverbände hier in zäher Arbeit minenfreie Wege für uns geschaffen haben. Die See wird grober, sie und der Strom schieben aber prächtig mit.

Gegen 12.00 Uhr passieren wir die Sperrlücke einer erst in der Nacht zuvor festgestellten und dann geräumten Minensperre. Etwa eine Stunde später haben wir Kap Gris Nez und damit die engste Stelle des Kanals erreicht. Die schweren Batterien, die staunenden Landser, die bunten Häuser — alles zum Greifen nahe — sind bald wieder hinter uns verschwunden. — Da — ein Krach! Es scheppert mächtig, und erstaunt bemerken wir nun eine Anzahl hoher Wassersäulen etwa 500 m Bb achteraus, genau zwischen den Zerstörern und uns. Jetzt hat man uns also von drüben endlich mitbekommen. Es ist aber doch schon zu spät für diese Küsten-Batterie, die — anscheinend aus vier Geschützen bestehend — noch eine Anzahl Salven hinter uns herjagt, die dann aber immer weiter entfernt ins Wasser plumpsen. Die Seitenlage der Aufschläge ist sehr gut. Anscheinend schießt die Batterie mit Funkmeß. Von der britischen Küste ist im Dunst nichts zu sehen.

13.40 Uhr stoßen Bb-achteraus britische Schnellboote aus diesem Dunst hervor. Eine eigene Schnellbootflottille, die kurz zuvor zum Verbande gestoßen war, dreht gleich auf den Angreifer zu. Nun beschießen sich diese wendigen Gegner mit ihren Kanonen, während sie mit schäumenden Bug- und Heckseen hin- und herkurven. Schließlich wird aber einer unserer Zerstörer auf das Gefechtsfeld beordert, der dann durch seine Artillerie zwei britische Boote versenkt. Der Rest verschießt noch eiligst seine Torpedos und verschwindet wieder im Dunst. Einem dieser Torpedos müssen wir ausweichen.

13.42 Uhr erscheinen — wieder Bb-achteraus — vier britische Torpedoflugzeuge vom Typ „Swordfish". Was diese vier langsamen Maschinen mit ihrer elenden Geschwindigkeit von nur 130 km/std. (!!) vorhaben, ist reiner Selbstmord. Bei einer E von etwa 100 hm werden sie gesichtet, bei ungefähr 58 hm liegt die letzte Maschine im Wasser.

Stur und todesmutig fliegen sie in nur fünf bis zehn Metern Höhe ihren Kurs auf uns zu, während unsere Jäger sich wie die Wespen darauf stürzen. In kurzer Zeit haben sie schon drei der Briten abgeschossen. Wegen Behinderung durch die eigenen Jäger kommt unsere schwere Flak nur auf eine etwas abseits fliegende „Swordfish" zum Schuß. Sie stürzt schon zwei Minuten nach Sichtung durch Volltreffer ab.

Ein Torpedoabwurf zwingt uns zu einer kurzfristigen Kursänderung. Nun bleibt es eine Weile ruhig. 14.30 Uhr erreicht uns die Funkmeldung, daß 20 sm achteraus mehrere feindliche Eindecker im Anflug sind. 14.50 Uhr Fliegeralarm! Was nun folgt, ist wegen der Vielseitigkeit und der Rasanz des Geschehens kaum mit Worten zu schildern. Der später wiedergegebene Auszug aus den Gefechtsaufzeichnungen des achteren Standes über die dritte und letzte Phase des Gefechtes läßt auf Grund seines nüchternen Inhalts, vielleicht klarer als eine Schilderung, den zeitlichen Ablauf der nächsten Stunden erkennen. Was diese Notizen aber nicht wiedergeben, was man sich also noch hinzudenken muß, das ist der ohrenbetäubende Lärm des Gefechtes, das fast ununterbrochene Krachen und Dröhnen der Flak und das wilde Hämmern der Fla-Maschinenwaffen, das im Achterschiff noch durch das bekannte harte Schüttern des Schiffskörpers überlagert wird. Dazwischen, wie abgehackt, sekundenlange Zeiten fast völliger Stille, während derer man nur gelegentlich und von ganz weither das leise Klappern leerer Hülsen hört. In der Luft wirbeln dann aber unsere Jäger mit den britischen „Spitfires" und „Whirlwinds" in verbissenen Kämpfen durcheinander, so daß es unmöglich ist, Freund und Feind zu unterscheiden. Sowie die Lage sich aber auch nur kurzfristig klärt, setzt schlagartig wieder die Flak ein, indem sie die überall auftauchenden Gegner mit ihren Sprengpunkten bedenkt, während die leichte Flak die näher kommenden Maschinen erwartet, um dann mit rasendem Hämmern nach diesen ihre Lassos aus glühenden, bunten Perlenschnüren zu werfen. Auch die Fla-Waffen der uns folgenden großen Schiffe und der Sicherungsstreitkräfte sind zeitweise in voller Aktion. Die Hauptlast der Abwehr trägt aber unser ausgezeichnet arbeitender Jagdschutz. Erst späterhin wird er durch die immer schlechter werdende Wetterlage stark behindert. 15.20 Uhr reißen die Angriffe der feindlichen Jäger auf unsere Sicherungen eben so plötzlich ab wie sie begannen. Die unerwartete Stille hat etwas geradezu Drohendes in sich. Was kommt nun?

15.32 Uhr — etwa querab Vlissingen — schüttelt eine ungeheure Erschütterung das Schiff. Wie später festgestellt wurde, war es die Wirkung einer Grundmine, die etwa unter Abtlg. XVI detonierte. Der schwere Schiffskörper scheint förmlich aus dem Wasser zu springen. Wie eine Stahlsaite schwingt er dann noch eine ganze Weile stark auf und nieder. Durch den gewaltigen Schock machen die Kessel schlagartig Feuer-aus, daher fallen auch in unserem achteren Stand alle Geräte und das Licht aus. Nach hastigem Aufkurbeln des Panzerschotts sehen wir uns zunächst doch etwas mitgenommen unter den von oben gekommenen Gegenständen und Geräten im Raum um. Dem jungen BÜ scheint der Schreck besonders stark in die Glieder gefahren zu sein. Mit schreiender Stimme versucht er immer wieder, Antwort aus seiner toten Strippe zu bekommen. Er ist sichtlich durchgedreht, aber ein paar drastische Worte bringen ihn schnell wieder zu sich. Ein Blick nach draußen zeigt, daß das Schiff langsam seine Fahrt verliert und daß aus unserem Schornstein eine dicke, kohlschwarze Wolke quillt.

Ein Befehl für diese Unternehmung ordnet an, daß havarierte Schiffe selbständig zu handeln haben. Aus diesem Grunde wird nun der Zerstörer Z 29 herangerufen, um den Befehlshaber nebst Stab zu übernehmen. Wie wild arbeitet der Zerstörer, während er sich uns in der von achtern mitlaufenden rauhen See langsam und vorsichtig nähert. Durch das heftige Auf und Ab wird das Übersteigen sehr erschwert. Endlich kann Z 29 wieder ablegen. Seine Brücke hat sich jedoch während dieses Manövers unter Knirschen und Krachen an unserer härteren Schanze stark zu ihrem Nachteil verändert.

Inzwischen sind unser Schwesterschiff und der „Prinz" nebst ihrer Sicherung an uns vorübergelaufen und schon seit längerem voraus im Dunst verschwunden.

Nun ist der Befehlshaber ausgestiegen. Selbstverständlich gehört er auf ein intaktes Schiff des Verbandes! Was wird aber mit uns! Wie mag es nur da unten im „Keller" aussehen? Wird es unsere Maschine wohl noch rechtzeitig genug schaffen? Diese Fragen stellen sich in dieser mehr als verzwickten Lage sicherlich alle. Da liegen wir nun gestoppt wie im tiefsten Frieden mitten vor dem Kanal! Im Augenblick ist ringsum vom Gegner zwar noch nichts zu sehen, das kann sich aber in jeder Sekunde ändern. Unsere kohlschwarze Qualmwolke lockt zu sehr.

Eigentlich ist es kaum zu fassen, daß uns der Tommy in diesem Zustande der Hilflosigkeit so ungeschoren läßt! Diese Feststellung war aber verfrüht. Die Alarmmeldung „Flugzeug achteraus" läßt schlagartig erkennen, daß uns der Gegner nicht vergessen hat.

Der Wind hat mittlerweile weiter aufgefrischt. Es ist auch dunstiger geworden, und in etwa 1000 m Höhe hat sich eine geschlossene Wolkendecke gebildet. Sie scheint für gegnerische Luftangriffe geradezu bestellt zu sein.

Unerwartet schnell wird die Maschinenanlage wieder klar gemeldet[9]). Alles atmet befreit auf. Wohl selten wurde der Tätigkeit unserer Kameraden von der Maschine dankbarer gedacht als in diesem Augenblick.

Wie beruhigend ist es doch, daß unser prächtiges Schiff nun langsam wieder Fahrt aufnimmt. Eben erst hat Z 29 abgelegt. Wenn diese Entwicklung vorauszuahnen gewesen wäre, hätte der BdS sicherlich nicht seinen Untersatz gewechselt.

Mit unserer eigenen Sicherung, bestehend aus 2 Zerstörern und 2 Torpedobooten, laufen wir jetzt hinter dem Gros des Verbandes her, das vielleicht 10 oder 15 Meilen voraus im Dunst den vorbestimmten Kurs planmäßig weitersteuert. Bald können wir sogar schon wieder 27 Meilen laufen. Alles strahlt vor Zufriedenheit.

Wie an bestimmten anderen Stellen des Schiffes, so werden auch im achteren Stand die über das Leitertelefon gesprochenen Befehle, Meldungen u. dergl. als Unterlage für das Kriegstagebuch des Schiffes mitgeschrieben. Diese Aufzeichnungen, stellenweise durch eingeklammerte Erläuterungen ergänzt, geben über die Zeit nach dem Minentreffer folgendes wieder:

15.32 Uhr Schwere Erschütterung im Schiff.
Schiff stoppt. —
15.35 Uhr Turm A, B, C: RW-HW (= Richtgs.-Weiser-Höhenweiser) ausgefallen. —
15.37 Uhr SA (Schwere Artl.) ist auf „Havarie" geschaltet. —
Schaltbefehl: „Beide Mittel Gefechtsschaltg. vorn Mitte. —
SA oben Bb über Havarie!"
15.39 Uhr An alle Stellen: Z 29 kommt Bb längsseit. —
15.41 Uhr Turm A RW-HW wieder klar, Wassereinbruch im Kabelschacht. —
15.42 Uhr Schwere-Gefechtsschaltg. oben Bb!
15.43 Uhr SA wieder Normalschaltung!
15.44 Uhr Flugzeug achteraus. —

Anmerkung 9 siehe Seite 201.

15.45 Uhr Beide Batterien klar zum Zonenschießen!
15.55 Uhr Befehlshaber auf Z 29 übergestiegen.
16.00 Uhr 170° Flakfeuer.
16.03 Uhr 240° Treibmine.
16.05 Uhr 230° 2 Maschinen.
16.07 Uhr 120° Flugzeug.
16.09 Uhr 270° 1 Flugzeug. —
　　　　　Reihenwurf vorn, etwa 150 m ab, 9 Bomben.
16.12 Uhr 60° 1 Flugzeug.
　　　　　175° 1 Flugzeug.
　　　　　Bb Mittel klar zum Zonenschießen!
16.20 Uhr Bb 1 läßt sich nicht mehr schwenken. —
　　　　　Personal zur Sammelstelle!

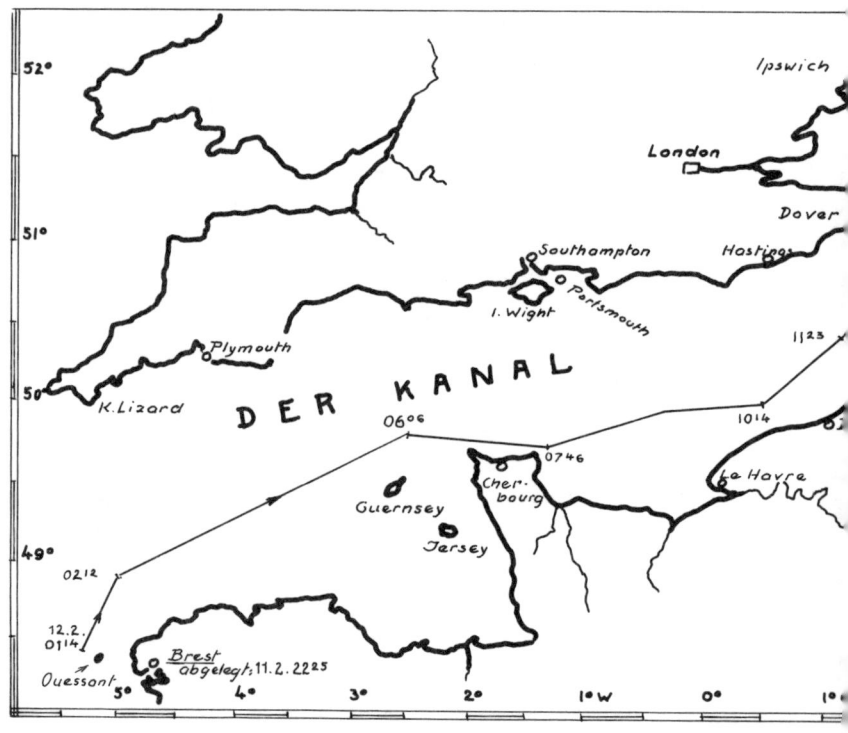

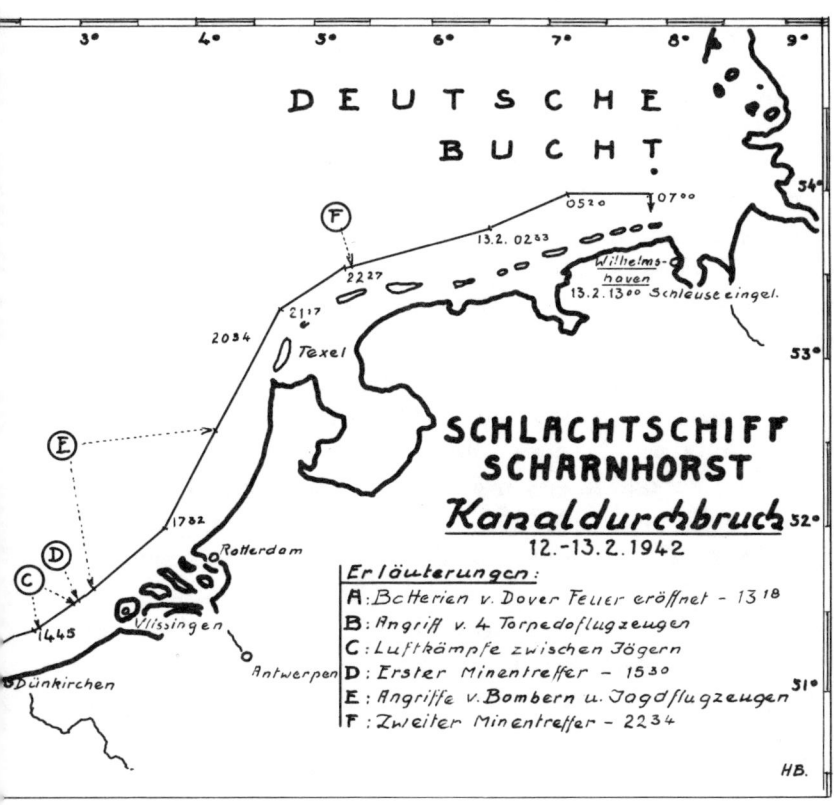

DEUTSCHE
BUCHT

0520   0700
13.2. 02³³

Wilhelms-
hoven
13.2.13⁰⁰ Schleuse eingel.

(F)
2227
2117
2034 Texel

(E)

1732
(D)   Rotterdam
(C)
1445 Vlissingen
Dünkirchen   Antwerpen

SCHLACHTSCHIFF
SCHARNHORST
Kanaldurchbruch
12.-13.2.1942

Erläuterungen:
A: Batterien v. Dover Feuer eröffnet - 13¹⁸
B: Angriff v. 4 Torpedoflugzeugen
C: Luftkämpfe zwischen Jägern
D: Erster Minentreffer - 15³⁰
E: Angriffe v. Bombern u. Jagdflugzeugen
F: Zweiter Minentreffer - 2234

HB.

16.21 Uhr Kurs 50⁰. Eigene Fahrt 26 sm!
16.22 Uhr 350⁰ Mündungsfeuer. —
           Fahrt 24 sm!
16.37 Uhr Schiff hinterläßt starke Ölspur. —
16.48 Uhr 270⁰ Flugzeug! — verschwindet.
16.49 Uhr 350⁰ Flugzeug! — verschwindet.
16.50 Uhr 275⁰ 3 Tiefflieger! — Sperrfeuer!! — verschwinden. —
17.00 Uhr 270⁰ 6 Torpedoflugzeuge greifen an.
           120⁰ 3 Flugzeuge.
           Schiff dreht hart Stb.
17.01 Uhr 2 Torpedoflugzeuge von achtern.

In dieser Form laufen die Angriffe der britischen Torpedo- und Bombenflugzeuge weiter bis etwa 19.15 Uhr. Die schlechte Wetterlage läßt die Maschinen immer nur kurze Zeit sichtbar werden, so daß die schwere Flak in diesem Gefechtsabschnitt einsatzmäßig stark behindert ist. Da Messungen und ein Einsteuern der Regs.[1]) nur selten möglich sind, müssen vorwiegend Plan- und Sperrfeuer geschossen werden. Die leichte Flak mit ihren 16—3,7-cm- und 34—2-cm-Rohren hat daher einen um so größeren Anteil an der Abwehr. Der Gegner kann bei uns keine Treffer erzielen, dafür verliert er aber im letzten Gefechtsabschnitt mit Sicherheit vier — wahrscheinlich noch mehr — Maschinen durch Beschuß.

Ein Erlebnis ganz besonderer Art hat an diesem Nachmittag der Befehlshaber. Kurze Zeit nach seinem Übersteigen hat Z 29 einen Schaden, der ihn daran hindert, volle Fahrt zu laufen. Vizeadmiral Ciliax läßt sich deshalb in einem Kutter zum Zerstörer „Hermann Schoemann" pullen, weil ihm ein Längsseitgehen bei der See nicht ratsam erscheint. Während nun der BdS im kleinen Boote durch die rauhe See dem Ziele zuschaukelt, stößt aus dem Dunst ganz in der Nähe ein Riesenschiff hervor, schießt mit hoher Bugsee an ihm vorüber, um sich dann eben so plötzlich nach Norden zu wieder im Dunst aufzulösen. Entgeistert starren die Kuttergäste diesem Spuk nach. —[10])

Der BdS hat aber in dem Geisterschiff schon auf Grund der außergewöhnlichen Brester Tarn-Bemalung sein Flaggschiff, die „Scharnhorst", erkannt, das Schiff, das er voller Sorge noch schwer havariert und vielleicht schon gar nicht mehr gefechtsfähig vor Vlissingen wähnte. Wie lachte er aber später, als er der Scharnhorst-Besatzung diese, seine „Begegnung im Kanal" schilderte — es war ja auch wohl eine einmalige Situation — und wie stolz war er auf die von der Besatzung gezeigte Leistung. —

Das vorausstehende Gros unseres Verbandes sichtet im Laufe des Nachmittags einige unbekannte Fahrzeuge, die Bb achteraus für kurze Zeit aus dem Dunst auftauchen. Als man sich endlich klar darüber ist, daß es sich hier um fünf bis sechs britische Zerstörer handelt, werden sie unter heftiges Abwehrfeuer genommen. Bald

---

[1]) Regs. = Rechengeräte der Flak.

186   Anmerkung 10 siehe Seite 201.

darauf hat sie aber der Dunst schon wieder verschluckt „Prinz Eugen" gelingt es, einen der Zerstörer in Brand zu schießen[11]).

Die Luftangriffe auf uns enden mit Einbruch der ersehnten Dunkelheit. Aber auch später werden wir noch lange Zeit von den britischen Maschinen gesucht. Den Motorgeräuschen nach kreuzen sie wiederholt unseren Kurs. Wenn dann ihr scheußliches Brummen einmal besonders nahe und bedrohlich aus der Dunkelheit senkrecht über dem Schiff zu uns niederdröhnt, können wir nur gespannt abwarten. Der erwartete Bombensegen bleibt aber immer wieder aus. Die Maschinen sind wohl so wie wir auf die optische Sicht angewiesen.

20.10 Uhr melden die Ausguckposten einen Schatten in 160 Grad. Unser Erkennungssignal (ES) wird von dem Fahrzeug nicht beantwortet. Prompt wird nun die Stb-Mittelartl. über die achtere Artl.-Rechenstelle auf den Stb-Zielgeber des achteren Standes geschaltet. (Schaltbefehl: „Stb Mittel Gefechtsschaltung Stb achtern über achtere Rechenstelle!") Meine Zielgeber-UO und ich schrauben uns fast die Augen aus dem Kopf, um diesen Schatten zu identifizieren. Stur folgt er, ein schwarzer Fleck in schwärzlicher Umgebung. Da endlich, nach 14 Minuten höchster Anspannung blitzt von drüben das Antwort-ES auf. Es ist eins unserer T-Boote, das sich unangemeldet angehängt hat. Wahrscheinlich hatte man dort die ES-Tafel verlegt. Diese Verzögerung hätte aber katastrophale Folgen für das Boot haben können, weil jedes un- oder falsch beantwortete ES auf einen Gegner schließen läßt und deshalb zum sofortigen Feuereröffnen berechtigt — im Interesse der eigenen Selbsterhaltung evtl. sogar verpflichtet. Wir stehen nun etwa südlich Terschelling. Das Gröbste haben wir sicherlich hinter uns, und deshalb klingt auch schon langsam die Spannung des Tages ab. Die Schiffsführung hält die Klarschiffbesetzung nicht mehr für erforderlich und läßt deshalb 21.30 Uhr die Bb-Kriegswache wegtreten.

Überall im Schiff werden mit größerer Muße als bisher die zahllosen Ereignisse des Tages zerpflückt, unten in den Wohndecks und Messen beim Abendbrot wie auch auf den Kriegswachstationen. Hier ist natürlich der Ausguck nach wie vor Trumpf, die ständig ferner rückende Gefahrenzone läßt aber schon eher einmal einen kleinen Rees zu. So ist es auch im achteren Stand, wo gerade einer,

Anmerkung 11 siehe Seite 201.

der es ganz genau gesehen hat, mit ausgestreckten Armen die Kurvenlage einer im Flakfeuer abdrehenden „Wellington" vorführen will. —

In diesem Augenblick — es ist 22.35 Uhr — staucht uns ein ungeheurer Ruck zusammen. Eine schwere Erschütterung reißt unsere Beine unter dem Körper weg, und nach Krachen und Knirschen finden wir uns allesamt einen Meter tiefer unter den hochgeschleuderten Bodenplatten und zwischen den Kabelbahnen des Standunterbaues wieder. Wieder ein Minentreffer! Diesmal sprang unser Schiff sogar noch ruckartiger und höher als nachmittags.

Zappelnd, stöhnend oder fluchend — je nach Veranlagung — sortieren wir uns in der absoluten Finsternis zunächst erst mal auseinander. Nur einen scheint es recht heftig erwischt zu haben. Schnell eine Taschenlampe her! Da liegt unser guter BÜ zwischen den Kabelbahnen. Er stöhnt schrecklich und ist offenbar schwer verletzt. Während er mit einer Hand den Kopf hält, wischt er heftig zitternd mit der anderen ständig über das völlig verschmierte Gesicht. Augen, Mund, alles unter einer dunklen, klebrigen Flüssigkeit. Blut!!? —

Donnerwetter! Vorsichtig, ganz vorsichtig wird der Verletzte angehoben. —

Plötzlich lacht alles schallend los. Das vermeintliche Blut wird nun als Kakao entlarvt.

Einer der an Bord üblichen verzinkten Kaffeekessel, der auf seinem Kriegsmarschplatz auf einem Spind stand, war bei der Detonation von oben auf den Kopf unseres „Verletzten" gesprungen. Der Inhalt, etwa fünf Liter lauwarmen, herrlich süßen und dickflüssigen Kakaos, ergoß sich dann gleichmäßig über Gesicht und Oberkörper des Ärmsten.

Während dieser nun vorsichtig die Beule am Kopf befühlt und sich bemüht, seine Augen wieder freizubekommen, meint er treuherzig, er habe geglaubt, es hätte ihn „erwischt", als ihm nach dem Schlag diese warme und klebrige Flüssigkeit über das Gesicht lief. —

In unserem Leitstand herrscht ein wildes Durcheinander. Sogar die angeschweißte Kompaßhalterung liegt abgebrochen zwischen losgerissenen Spinden, Instrumenten, Telefonen und anderen Dingen neben den Kabelbahnen in der Bilge. Hastig wird die gröbste

Unordnung beseitigt. Dann werden die Geräte durchgeprüft, und siehe da: bis auf nebensächliche Apparaturen sind sie klargeblieben. Unfaßbar! Da flammt auch schon die blaue Nachtbeleuchtung wieder auf, die ausgefallenen Geräte bekommen wieder Strom und — 23.15 Uhr springen auch die Maschinen schon wieder an, also bereits vierzig Minuten nach der so außerordentlich starken Erschütterung dieses Minentreffers. Diesmal hat unsere Maschinenanlage allerdings einen weit schwereren Schaden erlitten als nachmittags. Die Steuerbord-Maschine ist ausgefallen: Geräusche in der Turbine lassen „Schaufelsalat" vermuten. Diese Befürchtung bewahrheitet sich später jedoch nicht. 23.00 Uhr kann der Leitende Ingenieur dem Kommandanten melden:

„Schiff ist klar mit Bb-Welle für 14 sm und Mittelwelle für 16 sm. Stb-Welle ist unklar.

Auch die Artillerie hat einen ganz erheblichen Knacks bekommen. Sämtliche Drehhauben-E-Meßgeräte sind unbrauchbar geworden: Die Prismen sind durch den Schock völlig vertrimmt und die Geräte auch nicht mehr zu bewegen. Die Hauptsache ist jedoch, daß das Schiff wieder Fahrt aufnimmt. Das andere wird die Werft schon besorgen.

Der BdS befand sich zur Zeit unseres zweiten Minentreffers auf „Hermann Schoemann" in unserer Nähe. Allerdings konnte er uns in der Dunkelheit nicht sehen. Vizeadm. Ciliax wie auch der Zerstörerkommandant und das Brückenpersonal vernahmen die Detonation. Sie erschien ihnen jedoch übereinstimmend wie eine ganze Reihe schwerster Explosionen. Es mußte deshalb angenommen werden, unsere Munitionskammern und Kessel seien hochgegangen. Eiliges Nachsuchen in Schallrichtung verlief bei dem Dunst, der Dunkelheit und der groben See erfolglos. Da wir uns infolge des Stromausfalles auch noch eine ganze Weile nicht melden konnten, war man bereits auf das Schlimmste gefaßt. Die freudige Überraschung war deshalb groß, als auf „Hermann Schoemann" plötzlich wieder ein Lebenszeichen von „Scharnhorst" aufgenommen werden konnte. Nun setzte sich der Befehlshaber aber mit seinem Zerstörer hinter uns — es war inzwischen 23.45 Uhr geworden — um uns dann in Sichtweite zu folgen.

24.00 Uhr! Ein an Ereignissen überreicher Tag geht zu Ende.

Mit besonderem Wohlbehagen wird die Ablösung durch die Bb-Kriegswache begrüßt. Alles freut sich auf die horizontale Lage. Beim Betreten des achteren Batteriedecks muß ich aber die dritte — wenn auch nur innere — Erschütterung des Tages erleben: Meine Kammer nebst heißersehnter Koje ist — wie alle umliegenden Räume — ein einziger Trümmerhaufen aus verbogenem Blech und herumliegenden Privatsachen. Folgen der zweiten Minendetonation! Na ja, aller guten Dinge sind drei: Nach dem Torpedotreffer beim Glorious-Gefecht unterhalb der Kammer und nach dem Bombentreffer bei La Pallice durch die Kammer sah es hier genauso aus. Der Minentreffer hat eben noch gefehlt. — Eine Koje scheint mir im Augenblick aber wichtiger als dieser Zustand hier.

Bei Hellwerden befinden wir uns schon im Wangerooger Fahrwasser, so daß 8.00 Uhr die Kriegswache der Seezielartillerie eingehen kann.

In der ganzen Besatzung herrscht eine frohe, gehobene Stimmung.

Ein jeder ist ungeheuer stolz auf die Leistung „unseres" Schiffes bei dieser Unternehmung. Die Heftigkeit der Luftabwehr läßt sich vielleicht am besten nach dem Munitionsverbrauch unserer eigenen Fla-Waffe bemessen. Er betrug rund 400 Schuß 10,5 cm, 900 Schuß 3,7 cm und 6000 Schuß 2 cm.

Gegen 12.30 wird eingeschleust. Mit unserem Brester Tarnanstrich müssen wir auf die in dieser Beziehung doch sehr verwöhnte Wilhelmshavener Bevölkerung einen geradezu erschütternden Eindruck machen. Alle Farben: Rot, Schwarz, Gelb, Grün, Blau sind über die Aufbauten und Bordwände verteilt. Dazwischen befinden sich noch große Mennige-Flächen. Der hoch liegende Schiffsrumpf hat Roststreifen und ist bis weit über die Wasserlinie schwarz verschmiert von dem Heizöl, das den Brester Hafen bedeckte.

Da hat unser Schiff in den goldenen Friedenszeiten mit seinem hellgrauen Anstrich und den weiß gescheuerten Decks doch etwas anders ausgesehen. Auch die Aufmachung der Besatzung, die jetzt in ihren alten blauen Gefechtspäckchen alle Stellen des Oberdecks bevölkert, um nach so langer Abwesenheit ja recht viel von der Geburtsstadt ihres Schiffes mitzubekommen, verträgt sich nicht so recht mit der sonst in solchen Fällen üblichen Bordetikette: „An-

Marsch hinter
Sperrbrechern durch
den Großen Belt

Durchbruch durch
den Englischen Kanal
Blick achteraus: Zwischen
den Rohren der achteren
10,5 cm Doppelflak
der in Kiellinie folgende
Verband

Durchbruch durch den Englischen Kanal
Der Verband beim Durchbrechen einer kurz zuvor erkannten und geräumten Minensperre.
Die Sicherung hat zu diesem Zweck dicht herangeschlossen.

treten der Divisionen auf den Musterungsplätzen an Deck! Anzug reines weißes Arbeitszeug!" (oder: „Ausgehanzug Blau" — je nach Jahreszeit.)

Das harte Erleben des letzten Tages rechtfertigt heute aber eine Ausnahme von der Regel.

Während des Durchschleusens laufen überraschend viele Leute zusammen. Sie schreien und winken uns mit wahrhaft südländischem Temperament zu. Erstaunt und gerührt quittieren unsere Seeleute diese für Wilhelmshavener Verhältnisse so ungewöhnlichen Ovationen. Glücklicherweise erleiden Seelenfrieden, Selbstbewußtsein und Stolz der so Geehrten keinen Schock, weil der beharrliche Ruf einer Enthusiastengruppe: „Hurra Gneisenau!" in dem allgemeinen Trubel einfach untergeht. Ja, in dieser Beziehung sind die Scharnhorster doch sehr eigen — selbst den Kameraden vom Schwesterschiff gegenüber. —

Gegen 15.00 Uhr hat „Sh" wieder an ihrem alten Liegeplatz am Fliegerdeich festgemacht. Es ist scheußlich kalt, der Hafen ist voller Eis. Alles bibbert. — Da war es in dieser Beziehung doch in Brest besser!

In den nächsten Tagen sind die deutschen Zeitungen voll von Berichten über unseren Kanaldurchbruch. Da wird unter anderem berichtet, daß die britische Luftwaffe an diesem Tage durch 600 eingesetzte Flugzeuge in insgesamt 110 Angriffen über 500 Tonnen Bomben auf die Schiffe abgeworfen hat, ohne Treffer zu erzielen, daß sie selbst dabei aber 42 Maschinen verlor. Besonders hervorgehoben werden immer wieder die ausgezeichnete Planung und der bewiesene Schneid in der Ausführung der Unternehmung. Auch die prächtige Haltung der Besatzungen findet starke Beachtung. Die in der Berichterstattung gelegentlich erkennbare kriegsbedingte Tendenz zum Schönfärben oder zur Übertreibung der Ereignisse und ihrer Folgen wird von unseren sehr selbstkritischen Seeleuten meist schnell erkannt und belächelt. Eine Überzeugung hat jedoch die Besatzung gewonnnen, der Marsch des Verbandes durch den Kanal, durch das ureigenste Gebiet der britischen Flotte, bedeutet für Großbritannien einen schweren Prestigeverlust. Auch die über das neutrale Ausland zu uns gelangenden britischen Zeitungsartikel lassen dies erkennen. Aus ihnen spricht die tiefe Enttäuschung des britischen Volkes über unsere geglückte Aktion. Die Times schreibt: „Seit dem 17. Jahrhundert ist für den Stolz unserer Seemacht nichts Demütigenderes in den heimischen Gewässern geschehen." —

Der Oberbefehlshaber der Kriegsmarine, Großadmiral Raeder, und der Flottenchef, Admiral Schniewind, kommen an Bord, um unserem Kommandanten, Kapitän z. See Hoffmann, und der auf der Schanze angetretenen Besatzung ihren Dank und ihre Anerkennung für die trotz fehlender Ausbildung so ausgezeichneten Leistungen des Schiffes und der gesamten Besatzung bei dieser beispiellosen Aktion auszusprechen. Kpt. z. See Hoffmann wird bei dieser Gelegenheit zur großen Freude der Besatzung das Ritterkreuz verliehen.

In seinen Dankesworten an die Besatzung erklärt der Kommandant, daß er diese Auszeichnung vor allem als eine Anerkennung der hervorragenden Haltung und Leistung seiner Besatzung betrachtet. —

Der Vollständigkeit halber muß hier erwähnt werden, daß der Ablauf des Unternehmens durch verschiedene Glücksumstände und Zufälligkeiten sehr stark zu unseren Gunsten beeinflußt worden war.

In Erwartung unseres Durchbruches hatte die britische Admiralität in Zusammenarbeit mit dem Luftfahrtministerium einen umfassenden Plan zur frühzeitigen Erfassung und Vernichtung unserer Schiffe für den Fall eines solchen Versuches aufgestellt. Eine ständige Nachtaufklärung sollte durch die Beobachtung der Bucht von Brest, eine zweite durch einen Aufklärungsstreifen von Quessant aus in östlicher Richtung entlang der Küste und ein dritter Aufklärungsstreifen längs der Küste zwischen Le Havre und Boulogne verhindern, daß sich eines unserer Schiffe ungesehen dem Kanal nähern konnte. Auf den Alarm der Aufklärungsmaschinen hin sollten dann die bereitstehenden Bomberverbände, Torpedoflugzeuge, Zerstörer und Motortorpedoboote angreifen. Besonderes Vertrauen setzte man in den Angriff der Hunderte von Kampfmaschinen, die von den südenglischen Basen aus eingesetzt wurden. Sie waren nach Ansicht des Luftfahrtministeriums voll in der Lage, mit jedem Schiff fertig zu werden.

Es kam dann aber anders.

Am 11. 2. nachmittags wurden unsere Schiffe noch auf ihren Plätzen in Brest gesichtet. Während der folgenden, d. h. der entscheidenden Nacht meldete die Aufklärung aber keine Schiffsbewegungen. Das hatte folgende Gründe: Das 19.30 Uhr über der Bucht von Brest eintreffende erste Aufklärungsflugzeug mußte feststellen, daß das Radargerät ausgefallen war. Also Heimflug zum Maschinenwechsel! Als es 3 Stunden später zurückkehrte, war unser Verband inzwischen unbemerkt ausgelaufen[12]).

Das an der Küste ostwärts Quessant patrouillierende Flugzeug hatte kurz nach 19.30 Uhr gleichfalls Radarstörung. Man ließ es — in der dunklen Nacht völlig nutzlos — noch zwei Stunden auf Position, ehe man es rückrief. Ersatz wurde unerklärlicherweise nicht gestellt. Auch hier wurde also keine Aufklärung geflogen, als wir an der Küste entlang marschierten.

Das Aufklärungsflugzeug zwischen Le Havre und Boulogne, das planmäßig bis 7.30 Uhr auf Station sein sollte, wurde wegen unsichtigen Wetters und Nebelgefahr eine Stunde früher zurückgerufen. Etwa eine Stunde später erreichte der Verband dieses Gebiet.

Etwa ab 8.30 Uhr wurden von britischen Küsten-Radarstationen Flugzeuge über der französischen Küste geortet, die sich in kreisenden Bewegungen langsam nach Osten bewegten. Diese Erscheinungen wie auch die ab 9.30 Uhr einsetzende systematische Störung der britischen Radargeräte durch unsere Stationen an der französichen Küste wurde jedoch nicht als besonders verdächtig erkannt.

Erst gegen 10.00 Uhr konnte man auf den britischen Radarschirmen Schiffe unter der französischen Küste feststellen. Die entsprechende Meldung an die Zentrale in Dover verzögerte sich jedoch ganz erheblich. 10.35 Uhr sichtete eine britische Maschine einen Verband von Schiffen aus der Ferne. Sie glaubte ein größeres Handelsschiffgeleit vor sich zu haben und flog zur Meldung zur Basis zurück, um nicht die befohlene Funkstille zu unterbrechen. Erst nach langen Befragungen stellte sich dann heraus, daß man es hier doch wohl mit Kriegsschiffen zu tun hatte. Ein anderer Aufklärer flog 10.42 Uhr über unseren Verband hinweg und erkannte ihn. Es ist eigentlich kaum zu fassen, aber auch die Besatzung dieser Maschine hielt sich strikt an den Befehl zur Funkstille. So kam es, daß die erste sichere Meldung über die Anwesenheit unseres Verbandes im Kanal erst 11.10 Uhr abgegeben wurde. Es dauerte weitere 20 Minuten, bis alle Kommandostellen informiert waren. Zu der Zeit standen wir aber bereits unmittelbar vor der Dover-Enge. Die britischen Bomberverbände hatten in Erwartung unseres Durchbruches schon seit dem 4. 2. in zweistündiger Bereitschaft — klar zum Kanaleinsatz — gelegen. Das Bomberkommando wurde jedoch bereits am 6. 2. unruhig. Es konnte die „Zweckentfremdung" der Geschwader nicht länger ertragen. Ohne die zuständigen Stellen zu verständigen, wurde der größte Teil der Verbände wieder für ihre normalen Aufgaben, d. h. für Angriffe auf Ziele in unserer Heimat, eingesetzt. Nur etwa 100 Maschinen wurden für die Kanal-Aufgabe zurückbehalten. Sie hatten jetzt aber nur noch eine vierstündige Bereitschaft. Als für diese Flugzeuge nun der Einsatz kam, dauerte es 3 Stunden, bis die ersten in der Luft waren. Natürlich versuchte das Bomberkommando in dieser Notlage, noch alle irgendwie erreichbaren Maschinen zusammenzukratzen. Es wurden aber nur 242 Kampfflugzeuge, die zum Angriff angesetzt werden konnten. Davon fanden nach britischen Angaben allerdings 188 nicht die Ziele. Den dann schließlich doch noch zum Angriff kommenden Maschinen gelang es aber nicht, auch nur eine Bombe zu landen.

Das späte Sichten unseres Verbandes und die Verzögerung beim Start der Bomber verdarben die Erfolgschancen des Gegners. Er mußte Hochangriffe durchführen, wenn seine Bomben unsere Panzerdecks durchschlagen sollten. Das Vormittagswetter wäre für diese Angriffe günstig gewesen, die vom frühen Nachmittag ab immer niedriger werdende Wolkendecke machte sie aber unmöglich.

Das späte Sichten unseres Verbandes und die Wetterlage verhinderten auch einen erfolgreichen Einsatz der britischen Zerstörer. Als diese nach einigen Schwierigkeiten schließlich auf die vor uns her laufenden Schiffe unseres Verbandes stießen, betrug die Sicht nur noch vier Meilen. Das beim Erkennen schlagartig einsetzende schwere Abwehrfeuer unserer Schiffe und Zerstörer zwang die Briten zum hastigen Feuern ihrer Torpedos und Abdrehen. Die „Worcester", die noch heranzukommen versuchte, wurde in Brand geschossen. —

„Scharnhorst" und „Gneisenau", die der Brite dringend zu vernichten wünschte, marschierten somit eine Nacht und einen Tag lang ungeschoren vor der Nase der stärksten Bomberstreitmacht der Welt vorüber. Der unerhörte Fehlschlag ihrer schon seit langem geplanten Gegenmaßnahmen veranlaßte die Engländer, sofort einen Untersuchungsausschuß einzusetzen. Dieser stellte fest, daß — abgesehen von der geringen Stärke der verfügbaren Abwehrkräfte — die zu späte Entdeckung der Schiffe wegen Versagens der Luftpatrouillen und die unzureichende Ausbildung der britischen Kampfflieger für Angriffe auf schnelle Schiffe die eigentlichen Ursachen für unseren Erfolg waren. — Soweit die Angaben von britischer Seite. Nun aber zurück zu unserem Schiff!

Am Tage nach dem Einlaufen gingen wir zu einer kurzen Untersuchung des Schiffsbodens ins Dock. Bei dieser Gelegenheit konnte auch endlich die Kaffeelast gelenzt werden, die infolge eines Minentreffers zum Kummer der Besatzung vollgelaufen war. Die Vorsorge unseres IO und die Sparsamkeit des SVO hatten unsere Bestände an Bohnenkaffee seit Kriegsbeginn geschont. Täglich wanderten aber 5 Gramm Bohnen je Kopf der Besatzung in den gemeinsamen Kaffeekessel. Zur Freude aller war uns damit bisher immer noch wenigstens ein Hauch des köstlichen Kaffeearomas und damit auch eine kleine Erinnerung an die Genüsse der Friedenszeiten erhalten geblieben. Die Vorräte ließen es sogar zu, daß gelegentlich auch einmal ein „Mittelwächter-Kaffee" altbekannter Prägung für die Wachen gebraut werden konnte. Das war nun endgültig vorüber, denn alles Waschen und Lüften der abgesoffenen Bestände nützte nichts. Der so sorgsam gehütete Schatz war und blieb ungenießbar. Es ist doch eigenartig, wie tief und nachhaltig gerade dieser Verlust von der Besatzung bedauert wurde.

Die Untersuchung ergab, daß das Schiff in die Werft nach Kiel verlegt werden konnte. Natürlich wurde dieser Entschluß vom größten Teil der Besatzung mit Freuden begrüßt. Nach dem Marsch durch den KW-Kanal fanden wir unser Schwesterschiff schon in der Werft liegend vor. Es war nach dem Kanaldurchbruch sofort hierher gelaufen. Nun begann auch für unser Schiff eine gründliche Überholung. Sie war schon alleine durch die infolge der Minentreffer in unserer Maschinenanlage entstandenen Schäden dringend notwendig geworden.

Unser Heimathafen hatte in dem einen Jahr unserer Abwesenheit starke Bombenschäden erlitten. Unsere Anwesenheit zog jetzt aber die Bomberverbände der RAF im verstärkten Maße an. Wenn man uns schon bei unserem Durchbruch durch den Englischen Kanal nicht hatte vernichten können, so mußte man uns hier — dazu noch im unbeweglichen Zustande — unter allen Umständen außer Gefecht setzen. Nach ihrem Fehlschlag im Kanal war dieses Vorhaben für die RAF schon mehr zu einer Prestigefrage geworden. Mit tiefstem Bedauern mußten wir nun erleben, wie bei diesen Angriffen auf uns — genau so wie in Brest — auch die Zivilbevölkerung der Stadt schwere Schäden erlitt. '

Die Luftlage zwang erneut zur Einrichtung von Flottenlagern. Das Scharnhorst-Lager wurde in leerstehenden Kasernen bei Bülk eingerichtet. Die Durchführung lag wieder einmal in den Händen der ersten Division.

In Anbetracht der ländlichen, wenig besiedelten Umgebung schien uns die Frage der Freizeitgestaltung besonders wichtig. Wir statteten deshalb einige Stuben als Unterhaltungs- und Leseräume bzw. als Bastelwerkstätten aus. Letztere wurden wegen ihrer reichhaltigen Werkzeugbestände mit besonderer Vorliebe benutzt. Die für die Arbeiten notwendigen Hölzer und Metalle wurden von der Werft zur Verfügung gestellt.

Eine planmäßige Beurlaubung sorgte für eine weitere Reduzierung der an Bord verbleibenden Besatzungsteile.

Bei einem Nachtangriff am 26. 2. erhielt unser Schwesterschiff „Gneisenau", das in Sichtweite von uns im Dock lag, zwei Bombentreffer. Ein Treffer in Turm Bruno ließ die Kartuschen abbrennen.

Die Flammen und der Qualm über der Back, vor allem aber die schließlich weißrot glühende Bordwand boten einen schaurigen, unvergeßlichen Eindruck. Als es endlich gelang, das Feuer zu löschen, war das Vorschiff der „Gneisenau" ausgeglüht. Da infolge des Schadensumfanges eine Wiederherstellung des Schiffes zu lange Zeit in Anspruch genommen hätte, wurde das Schiff außer Dienst gestellt. Zunächst bestand der Plan, jetzt die schwere Artillerie der „Gneisenau" auf 38-cm-Geschütze umzuarmieren. Diese Maßnahme war schon seit langem für beide Schlachtschiffe vorgesehen, sie war bisher nur wegen der Kriegsverhältnisse zurückgestellt worden. Die

Waffenkameradschaft der beiden Schiffe, die schon in dem Glück-
wunschtelegramm unseres Schwesterschiffes zur Indienststellung
unseres Schiffes ihren Ausdruck fand, war damit zerschlagen. Der
plötzliche Verlust unserer treuen Begleiterin auf allen Kriegsunternehmungen wirkte auf die Scharnhorst-Besatzung wie ein schwerer
Schock. Mit dem Schlachtschiff „Gneisenau" hatten wir unseren
Empfindungen nach nicht etwa nur irgend ein Schiff, eine tote Mate-
rie, sondern ein lebendes Wesen, ja einen guten Kameraden verloren.
Allen fiel es schwer, sich an den Gedanken zu gewöhnen, daß wir
nun zu unserer nächsten Unternehmung alleine und ohne unser
Schwesterschiff auslaufen mußten — vorausgesetzt natürlich, daß
uns der Tommy bis dahin nicht auch noch außer Gefecht gesetzt
hatte. Diese Befürchtung hatte aber eigentlich niemand. Unsere
„Scharnhorst" genoß in der Flotte den Ruf eines „glückhaften Schiffes", und die Besatzung vertraute auf ihren guten Stern. „Gneisenau"
wurde später nach Gotenhafen verholt, nachdem die Umbauarbeiten
eingestellt worden waren. Sie lag dort bis Kriegsende. Bei den Kämpfen um Gotenhafen wurde sie als Hafensperre in der Einfahrt versenkt. —[13])

Am 1. April 1942 übernahm Kpt. z. See Hüffmeier das Kommando „Schlachtschiff Scharnhorst". Kpt. z. See Hoffmann — am
1. April zum Konteradmiral befördert — stieg nach 2$^1/_2$jähriger
Kommandodauer aus, um eine größere Aufgabe zu übernehmen.
Zwischen der Besatzung und ihrem alten Kommandanten war während der vielen gemeinsam durchgestandenen Kriegsunternehmungen
ein echtes, festes Vertrauensverhältnis gewachsen. Die Ruhe und
Sicherheit, die der Kommandant auch in den heikelsten Gefechtssituationen ausstrahlte, waren die Ursache dafür, daß seinen Männern in solchen Lagen Mut und Zuversicht nie ausgingen.

„Der Alte macht das schon!!" —

Wie tief deshalb das Aussteigen „ihres Alten" die Besatzung jetzt
traf, war unschwer aus den Mienen der Männer zu ersehen, als
jener zum letztenmal die Front der Divisionen abschritt. Als er
dann seine Abschiedsworte zu der auf der Schanze angetretenen
Besatzung sprach und ihr wie auch dem Schiff für die Zukunft
„allzeit glückliche Fahrt" wünschte, da konnte man am Tremolo
seiner Stimme fühlen, wie sehr auch ihn, der dort in gewohn-

Anmerkung 13 siehe Seite 202

197

ter Weise so wuchtig und äußerlich ruhig auf der traditionellen Palaverkiste unter den Rohren des Turms Cäsar stand, der Abschied von seinem Schiff bewegte[14]).

Wie bei längeren Liegezeiten üblich, fand jetzt auch wieder ein gewisser Wechsel in den Planstellen der Besatzung statt. Mannschaften mußten zu Unteroffizierschulen und Spezialisten aller Dienstgrade zu Fachlehrgängen kommandiert werden, kranke und borddienstunfähige Leute mußten ersetzt und Freiwillige an die U-Waffe abgegeben werden. Natürlich durften diese Wechsel nicht einen solchen Umfang annehmen, daß die Gefechtsbereitschaft des Schiffes darunter litt. So ließ es der eben durchgeführte Kommandantenwechsel nicht zu, daß in diesem Augenblick z. B. Waffenleiterstellen oder andere wichtigere Planstellen des Schiffes neu besetzt wurden. In Kriegszeiten muß sich ein neuer Kommandant — vor allem in der ersten Zeit — wenn irgend möglich auf ein eingefahrenes Offizierkorps stützen können. So gab es auch einige Schwierigkeiten, ehe das Flottenkommando seine Einwilligung zu meiner Abkommandierung gab, obgleich eine längere Lazarettuntersuchung bereits ergeben hatte, daß ich zum Auskurieren eines bei den Nordmeereinsätzen zugezogenen chronischen Erkältungsleidens für voraussichtlich ein Jahr borddienstunfähig war. Ich erwähne diesen Vorfall nur, weil er m. E. charakteristisch war für das Bemühen der Flotte, möglichst alles zu vermeiden, was die Kampfkraft der Schiffe auch nur im geringsten hätte schwächen können. Dagegen war man ein Jahr später offenbar weniger vorsichtig in der Frage der Stellenveränderungen und der dadurch bedingten personellen Gefechtsbereitschaft des Schiffes. Vielleicht hätte eine größere Sorgfalt in der Behandlung gerade dieses Problems auch dem späteren Schicksal der „Scharnhorst" einen etwas anderen Kurs gegeben.

Meine erste Division übernahm mein langjähriger prächtiger Zugoffizier, Oblt. z. See Plaß. Bei der Verabschiedung war mir von ihm und den Unteroffizieren ein von meinen Männern gebautes hübsches Modell unseres Schiffes mit eingravierter Widmung übergeben worden. Es hat trotz aller Schwierigkeiten der folgenden Jahre bis heute seinen Ehrenplatz behalten. Mir war doch recht eigen zumute, als ich — das Modell auf der Hand und zwischen

198

Anmerkung 14 siehe Seite 202.

meinen Koffern stehend — zur Bellevue-Brücke fuhr. Nach einem letzten langen Blick hinüber zu unserem Schiff fühlte ich mich nun auch in die Reihen der „Ehemaligen" versetzt, die nur noch aus der Ferne, quasi als „seitliche Beobachter", das weitere Schicksal ihres Schiffes verfolgen durften.

1) Unmittelbar nach der Indienststellungsfeier rief das Signal „Backen und Banken!" die Besatzung erstmals zur gemeinsamen Mittagsmahlzeit in den bordüblichen Backs-, Raum- und Messe-Gemeinschaften zusammen. Diese Gruppen sind es, die dem Einzelnen infolge des engen Bordlebens nach und nach eine Art kameradschaftlichen Familienbewußtseins vermitteln können. Nächst der vorrangigen Bedeutung einer guten Führung auf allen Ebenen sind gute kameradschaftliche Bindungen in diesen Gemeinschaften wesentliche Voraussetzungen für den Geist einer Besatzung und ihr Zusammenwachsen zu einer Einheit. Die „Scharnhorst"-Besatzung stand heute noch am Beginn einer solchen Entwicklung. —

Abends fand sich das Offizierskorps zur Feier der Indienststellung in der Messe zusammen. Die Ansprache des Kommandanten, in der dieser die vielseitigen Aufgaben der kommenden Zeit und die sich daraus ergebenden Verpflichtungen umriß, schloß mit den Worten: „Seien Sie sich stets bewußt, daß der Geist, den das erste Offizierskorps in eine Besatzung hineinträgt, bestimmend ist für das ganze Leben dieses Schiffes." — Wie wahr das sein sollte, haben wir während der harten Kriegsjahre erkennen können.

2) Die Überraschung, die das Erscheinen des Gegners auf „Scharnhorst" auslöste, läßt sich aus einer kleinen Episode erkennen, die sich auf der Brücke zutrug: Als der NO mit der üblichen Sorgfalt die Sterne für das Morgenbesteck schießen wollte, sah er im Sextanten zu seiner nicht geringen Verblüffung statt des gesuchten Sternes das Mündungsfeuer schwerer Geschütze. Gleichzeitig setzte hinter ihm auch schon der Alarmruf des UK-Bü. ein: „Von Flotte ALARM, von Flotte ALARM, von...!"

³) Wie überrascht wird aber wohl der Flugz.-Beobachter, Lt. z. See Peter Schrewe, gewesen sein, als er sich beim Kommandanten des Schweren Kreuzers „Hipper", Kpt. z. See Heye, meldete, und von diesem mit der lakonischen Frage empfangen wurde: „Nanu, wo kommen SIE denn her?! — — Ich habe doch im britischen Nachrichtendienst gehört, daß „Scharnhorst" nach schwerem Gefecht versenkt worden ist." — — —

⁴) Vom „EM II", das später die Bezeichnung „Funkmeßgerät" erhielt, werden plötzlich voraus Ziele in einer Entfernung von weniger als 100 Hektometern gemessen.

⁵) Wie später bekannt wurde, war „Scharnhorst" bei diesem Zusammentreffen mit „Ramillies" auf Grund der ähnlichen Silhouetten mit dem schweren Kreuzer „Hipper" verwechselt worden. Dieser war am 1. Februar aus Brest ausgelaufen, stand nun in Wirklichkeit aber zur Handelskriegsführung auf der Route der Sierra-Leone-Geleitzüge. Infolge der Fehlbeobachtung der „Ramillies" vermutete die britische Admiralität, „Hipper" sei im Augenblick auf dem Rückweg in die Heimat und steuerte zu diesem Zwecke bereits die Dänemark-Straße an. Damit wurden auch die britischen Gegenaktionen auf den nördlichen Atlantik gelenkt, was sich für „Hipper", die sehr viel südlicher stand, günstig auswirkte.

⁶) Dies hatte eine entsprechende Vergrößerung des Tiefganges zur Folge, so daß mit Rücksicht auf die Fahrwasserverhältnisse vor La Pallice erst bei Hochwasser gegen 20.00 Uhr ausgelaufen werden konnte. Kurz vor diesem Zeitpunkt kam der Befehlshaber wieder an Bord, der den ganzen Tag über zu einer Besichtigung der Girondemündung abwesend gewesen war. Die Meldung über die Beschädigung des Schiffes und die Notwendigkeit, es erneut in die Werft zu legen, war eine bittere Pille für ihn. Ein gewisser Trost aber war es, daß die Fahrbereitschaft des Schiffes durch die Bombentreffer nicht wesentlich beeinträchtigt worden war und daß der so unzureichend gegen Luftangriffe geschützte Liegeplatz daher noch am gleichen Abend wieder verlassen werden konnte. Trotz des Wasserballastes im Schiff war es möglich, den Nachtmarsch nach Brest mit einer Geschwindigkeit von 27 sm durchzuführen.

Nach dem Auslaufen gingen die Anstrengungen des Maschinenpersonals zur Verbesserung der Schwimm- und Trimmlage des Schiffes weiter.

⁷) Beim Einlaufen in die Bucht von Brest am nächsten Morgen standen bereits in der Morgendämmerung wieder zwei britische Flugzeuge über dem Schiff. Die Aufklärer wurden von „Scharnhorst" und den Begleitzerstörern unter Flakfeuer genommen. Ein Flugzeug wurde abgeschossen. —

[8]) Unter den vielen vermummten Gestalten auf der Brücke herrschte während dieses Auslaufens ein ungewöhnliches, gespanntes Schweigen. Hier mußte es ja zuerst erkennbar werden, wohin es nun eigentlich ging. Die Zeit verging viel zu langsam. Als Kptl. Wilhelm Wolf, unser alt-bewährter Gefechts-WO, vor der ersten Kursänderung den NO nach dem neuen Kurs fragte und von diesem aus der Dunkelheit nur die kurze Weisung „Kurs 42 Grad!" erhielt, verschlug es selbst ihm zunächst die Sprache. — Donnerwetter! Das hieß ja: Richtung Kanal!! Schmunzelnd beendete Freg.-Kpt. Gießler die Schweigeminute: „Ja, Wolf, es stimmt schon. Morgen sind Sie bei Muttern!" —

[9]) Schon etwa 23, 28 bzw. 34 Minuten nach dem Minentreffer konnten die drei Kraftwerke nacheinander ihren Betrieb wieder aufnehmen. Zu-vor hatten die Gefechtsgruppenführer jedoch zum Teil die gerissenen Motorenfundamente von E.-Maschinen mit Leckstützbalken festsetzen müssen, um die Diesel wieder anwerfen zu können.

[10]) Die beiden Zerstörer lagen quer zu unserem Kurs, als sie vor der „Scharnhorst" im Dunst auftauchten. Als zwischen diesen ein pullender Kutter und in ihm zur nicht geringen Überraschung der Betrachter schließlich auch noch V.-Adm. Ciliax auszumachen war, schlug der NO dem Kommandanten in einem Anflug übermütigen Humors vor: „Herr Kaptän, wir müssen wohl etwas abhalten, sonst rammen wir noch un-seren Befehlshaber." —

[11]) Nach dem Minentreffer war eine genaue Schiffsortbestimmung zu-nächst nicht möglich. Das Echolot war unbrauchbar geworden und der aus der Halterung gerissene Funkpeiler mußte erst repariert werden. Die Situation war daher recht ungemütlich: an der Stb.-Seite des Schiffes lagen Sände, während an Backbord Minen vermutet werden mußten. Obgleich die taktische Lage eine möglichst hohe Marschgeschwindigkeit forderte, hätte der Ausfall der Geräte nunmehr aus Gründen der navi-gatorischen Sicherheit evtl. eine Fahrtminderung verlangt. Entsprechend sorgenvoll betrachtete daher der Kommandant die Karte, als sein NO ihm auf dieser den gekoppelten, und deshalb nur mit Vorbehalt zu akzeptierenden Schiffsort zeigt. Er folgte dann aber doch dessen Meinung von der Lage: „Nun hilft nur noch Mut und Gottvertrauen!" Die Ge-schwindigkeit wurde beibehalten, und als der Funkpeiler gegen 18.00 Uhr wieder klar war, stellte sich heraus, daß das Schiff etwa richtig auf dem vorgeschriebenen Kurse stand. So konnte auch Terschelling-Feuer-schiff pünktlich zu der vorausberechneten Zeit passiert werden.

[12]) Das vor der Einfahrt von Brest stationierte britische U-Boot war um 22.00 Uhr abgelaufen, um seine Batterien neu zu laden. Etwa eine Stunde später passierten wir diese Stelle.

¹³) Der bisherige Navigationsoffz., Freg.Kpt. Gießler, übernahm im März 1942 die Dienstgeschäfte des I. Offz. Damit wurde erreicht, daß die Vielzahl der Kriegserfahrungen im Bereich der Schiffsführung zum Vorteil des Schiffes erhalten blieben und daß auch die Fortführung der bisher an Bord üblichen — und bewährten — Form der Gefechtsausbildung gesichert war.

¹⁴) Da das Schiff im Dock lag, bildete die Besatzung anschließend auf dem Dock und die lange Treppe zum Wasser hinunter Spalier. Unten lag ein von jüngeren Offizieren des Schiffes besetzter Kutter für den scheidenden Kommandanten bereit. Von seinem Freund, dem Kptl. d. Res. Brödermann, gesteuert, brachte dieser ihn dann zur Elisabeth-Brücke. Weithin schallten die kräftigen Hurras der Besatzung dem neu beförderten Admiral nach. —

¹⁵) Siehe auch das Buch von Helmuth Gießler „Der Marine Nachrichten- und Ortungsdienst, Technische Entwicklung und Kriegserfahrungen", Seite 84 bis 86.

VERLEGUNG NACH NORDNORWEGEN

Wie hart die folgende Zeit auf Grund der nie abreißenden, meist von außen kommenden und daher kaum zu beeinflussenden Schwierigkeiten für Schiff und Besatzung wurde, blieb den Außenstehenden zumeist verborgen. Die tausendfältigen Probleme, vor die sich die Schiffsführung in dieser Zeit ständiger Verschärfung unserer Kriegslage gestellt sah und die Ereignisse um das Schiff hat Kpt. z. See Hüffmeier, der die „Scharnhorst" während der kommenden eineinhalb Jahre als Kommandant führte, beleuchtet. Er hat seine Erinnerungen im Interesse einer historisch möglichst getreuen und lückenlosen Biographie unseres Schiffes freundlichst zur Verfügung gestellt. Diesen wie auch Ausführungen der französischen Schriftsteller Vulliez und Mordal in deren Buch: „La tragique destinée du Scharnhorst" folgen wir im Nachstehenden:

Die eingehende Untersuchung des Schiffes in den Kieler „Deutschen-Werken" ergab, daß die beim Marsch durch den Englischen Kanal erlittenen Schäden weit größer waren, als es bis dahin schien. So mußte erkannt werden, daß das gesetzte Ziel — Beendigung der Werftzeit spätestens Mitte Juli und die der Ausbildung in See spätestens bis zur ersten Hälfte Sept. — unerreichbar war. Entscheidend für diese Beurteilung waren weniger die umfangreichen Beschädigungen des Schiffs- und des inneren Doppelbodens, die zur Erneuerung großer Flächen — auf der einen Seite von etwa 90 m, auf der anderen von etwa 35 m Länge — zwangen, auch nicht die zeitraubenden Reparaturen im Bereich der Artillerie, wo u. a. einige Türme von ihren Lagern abgehoben waren, als vielmehr der Zustand der Haupt- und der Hilfsmaschinen. Es bestand der begründete Verdacht, daß sich die Fundamente der Hauptmaschinen teilweise verschoben hatten. Das Oberkommando war jedoch der Ansicht, daß dieses in Anbetracht der noch nach den beiden Minentreffern erbrachten Fahrleistung des Schiffes — abgesehen von der Bb.-Maschine — nicht der Fall sein könne. Es lehnte daher die seitens des Kommandos aus Sicherheitsgründen für unerläßlich gehaltene Aufnahme aller Maschinen ab und entschied, daß sich die Arbeiten im Maschinenbereich auf die Beseitigung erkennbarer Schäden beschränken sollten.

Anfang Juli konnten die Maschinenerprobungen auf dem Stand und in Fahrt durchgeführt werden. Sie ergaben dann doch die Notwendigkeit der Aufnahme der Hauptmaschinen. Dazu verlegte das Schiff nach Gotenhafen. In Kiel hatten die ständigen Luftalarme und -angriffe nicht nur die Bewegungsfreiheit des Schiffes erheblich eingeschränkt, sie waren auch eine stete Gefahr für seine Sicherheit.

Die Luftlage in Gotenhafen, das zu dieser Zeit an der Grenze des Aktionsradius der britisch-amerikanischen Luftverbände lag, war dagegen noch ruhig. Für eine ungehinderte Ausbildung in See waren tiefes Wasser und eine möglichst geringe Gefährdung durch Minen erforderlich, Verhältnisse also, die in der Danziger Bucht vorlagen. Der neue Liegeplatz am Seebahnhof in Gotenhafen bot zudem gute Sichtverhältnisse nach See zu, so daß — bei sonst weitgehend klarem Schiff — neben den Arbeiten in der Maschinenanlage auch eine intensive artilleristische Grundausbildung der infolge des starken Personalwechsels teilweise neuen Besatzung durchgeführt werden konnte.

Die Personallage hatte mit zunehmender Dauer des Krieges eine immer größere Bedeutung erlangt. Nachdem bisher im Interesse der Gefechtsbereitschaft des Schiffes Personalabgaben nur im beschränkten Maße durchgeführt worden waren, hatte man sich nach der Rückkehr aus Brest doch zu einem stärkeren Wechsel entschließen müssen. Mannschaften, Unteroffiziere, Oberfeldwebel — durchweg Freiwillige — und auch die jüngeren Offiziere waren in ihren Stellungen zum Teil überaltert und damit in ihren Fortkommens- und Beförderungsaussichten benachteiligt. Das mußte sich auf die Dauer negativ auf das Dienstinteresse der Betroffenen auswirken. So entschloß sich das Kommando, einen stärkeren Besatzungswechsel einzuleiten, um auf diese Weise eine nachhaltige Belebung der Dienstfreudigkeit zu erreichen. Bei den Waffenleitern waren der

N.O. (Navigationsoffizier) zum Ersten Offizier und der E.I. (Ing.-Offizier für die E-Anlagen) zum Leitenden Ingenieur (L.I.) aufgestiegen. Als Ersatz waren jüngere Stabsoffiziere an Bord kommandiert worden.

Durch eingelegte Fahrperioden wurde die Gesamtausbildung der Besatzung weiter gefördert. Die Seekriegsleitung beabsichtigte, das Schiff nach Wiederherstellung seiner Einsatzbereitschaft von nordnorwegischen Häfen aus operieren zu lassen. Das setzte ein voll gefechtsklares, eingefahrenes Schiff voraus. Deshalb wurde bei den Bemühungen um die Wiedererreichung der Gefechtsbereitschaft der „Scharnhorst" in der Ostsee allen Störungsmöglichkeiten — besonders solchen in den Bereichen der Maschine und der Funkmeßanlage — mit großer Sorgfalt nachgegangen. So wurden während der letzten Ausbildungsperiode auch Funkmeßübungen bei Nebel, Schießübungen gegen eingenebeltes Zielschiff und dergl. betrieben.

Die Absicht der Seekriegsleitung, „Scharnhorst" nach Nordnorwegen zu verlegen, ergab sich aus ihrem grundsätzlichen Bestreben, möglichst starke Kräfte in diesem Raum zu konzentrieren. Über die dafür maßgebenden Gründe äußern sich auch Vulliez und Mordal in ihrem Buch. Sie berichten darüber etwa folgendes:

Eine Verwendung der großen Schiffe zum Handelskrieg im Atlantik kam seit dem Kriegseintritt der USA (Ende 1941) — vor allem infolge der immer wirksamer werdenden Dauerüberwachung des Luftraumes über dem Nord- und Mittelatlantik — kaum noch in Frage. Schon das tragische Schicksal der „Bismarck" hatte alle Hoffnungen auf eine günstige Entwicklung des Kreuzerkrieges im Atlantik zerschlagen. Der Rußlandkrieg hatte uns zwei neue Seekriegsschauplätze gebracht: die Ostsee — zuvor ruhiges Übungsgebiet unserer Seestreitkräfte — und das nördliche Eismeer, das sich zum Hauptversorgungsweg für die UdSSR über den Hafen von Murmansk entwickelte.

Das Heer plante, Murmansk zu nehmen. Daher erhielten 5 Zerstörer und einige U-Boote Kirkenes als Stützpunkt. Sie sollten die Aktion des Heeres längs der Seefront von Petsamo bis zum Weißen Meer unterstützen. Die Offensive des Heeres gelang jedoch nicht. Auch die Zerstörer, durch Maschinenstörungen stark behindert, vermochten keinen befriedigenden Erfolg zu erzielen.

Vor Beginn des Winters 1941/42 wurden die Seestreitkräfte in Nordnorwegen verstärkt und unter dem Befehl des Adm. Schmundt — Basis Kirkenes — zusammengefaßt. Hitler interessierte sich lebhaft für diese ständig stärker werdende Gruppe: „Jedes Schiff, das sich nicht in Norwegen befindet, ist fehl am Platze!"

Am 16.1.42 wurde die „Tirpitz" neben einer Verstärkung an U-Booten nach Drontheim verlegt. Es sollte ein Verband gebildet werden, für den auch „Prinz Eugen" und „Admiral Scheer" vorgesehen waren. Bei der Überführung dieser Schiffe erhielt „Prinz Eugen" jedoch am 20.2.42 einen U-Boot-Torpedotreffer, der ihm Heck und Ruder abriß. Reparaturzeit 9 Monate. Durch weitere Verstärkung konnten indes trotzdem 2 Gruppen mit ausgeglichener Geschwindigkeit gebildet werden:

„Tirpitz"—„Hipper" und „Scheer"—„Lützow", jede mit 6 Zerstörern. Die erste stützte sich zunächst auf Drontheim, später auf den Westfjord, die zweite zunächst auf den Westfjord, später auf den Alta-Fjord in der Nähe des Nordkaps. Die Verlegung erfolgte, um die Schiffe in der Nähe des vorgesehenen Kampfgebietes zwischen Nordkap und Bäreninsel zu haben. Ihre Operationen waren jedoch durch verschiedene Umstände behindert. Zunächst war dies der chronische Heizölmangel und der sehr hohe Verbrauch je Unternehmung. Eine Unternehmung der „Tirpitz" mit Zerstörersicherung im März 42 verschlang z. B. 8100 t Heizöl. Es mangelte ferner an ausreichender Luftaufklärung. Vor allem aber bedurfte es zu jedem Auslaufen der „Tirpitz" einer ausdrücklichen Genehmigung Hitlers, die — für eine aussichtsreiche Operation — in der Regel zu spät eintraf. Gelegentlich wurde das Schiff sogar zur Unzeit zurückgerufen.

Die Anwesenheit der Schiffe im Polarraum genügte aber bereits, den Geleitverkehr nach Murmansk empfindlich zu behindern und ihn zeitweise sogar völlig zu unterbrechen. Diese Erscheinungen, die zu harten Auseinandersetzungen Stalin — Churchill führten, lassen nachträglich erkennen, daß der Rußlandfeldzug sicherlich einen ganz anderen Verlauf genommen hätte, wenn die Kriegsmarine in der Lage gewesen wäre, den Zufuhrstrom nach Murmansk völlig zu unterbinden.

Für die Stationierung starker Seestreitkräfte im norwegischen Seeraum sprach aber noch ein anderer Grund: Es wurde ernsthaft

△ „Scharnhorst"
an der Pier in
Gotenhafen

Munitionsübernahme
Transport der schweren,
in wasserdichten Trans-
portgefäßen
untergebrachten
Hülsenkartuschen für
die 28 cm Turmgeschütze

Im Schwimmdock zu
Gotenhafen unter Tarnnetzen
gegen Fliegersicht

Der Steven
der „Scharnhorst"
(Oben die Bugankerklüse, unten
die Düse der Öffnung
für die Minenschutzspier.
Die Leisten in halber Höhe der
Schiffsseiten sind die Kabelbahnen
der MES-Schleife, d. h. der Anlage
zum Schutz gegen E-Minen.)

mit einer alliierten Landung gerechnet. Eine solche wäre jedoch infolge der Länge und der Zerrissenheit der norwegischen Küste von Land aus kaum zu verhindern gewesen. Eine schnell bewegliche Abwehr war erforderlich, um an den angegriffenen Punkten eingreifen zu können. Möglichst starke See- und Luftstreitkräfte allein entsprachen dieser Forderung in einem Lande, wo brauchbare Straßen zum schnellen Verschieben von Heeresverbänden praktisch nicht vorhanden waren. Der Kommandierende Admiral Norwegens hatte mit Recht auf diesen Punkt hingewiesen: „Die Verteidigung dieses Landes steht auf tönernen Füßen. Es gehört nicht viel dazu, sie zum Einsturz zu bringen."

Im November 1942 ging „Scharnhorst" nochmals für 14 Tage in Gotenhafen ins Dock. Dann folgten Erprobungen mit Höchstfahrt, Versuche mit einem Behelfsruder, die auf Grund der Erfahrungen nach den Torpedotreffern auf „Prinz Eugen" und „Bismarck" zweckmäßig erschienen, und Schießübungen sowie Verbandsübungen unter Beteiligung von Luftwaffenverbänden und mit taktischem Einsatz der Funkmeßgeräte. Sie schlossen mit einer Besichtigung durch den Flottenchef, Adm. Schniewind, ab. Kleinere und auch größere Störungen in der Maschinenanlage hatten diese Ausbildung immer wieder unterbrochen. Als das Schiff schließlich am 22. 12. 1942 gefechtsklar gemeldet werden sollte, brach beim Festmachen auch noch der letzte, bisher nicht aufgenommene Teil der Maschine zusammen.

Am 31. 12. 1942 wurde der schwere Kreuzer „Admiral Hipper" gemeinsam mit „Lützow" und Zerstörern in ein Gefecht mit einem britischen Geleitzug verwickelt, bei dem auf „Hipper" eine Kesselanlage durch Treffer ausfiel. Damit wurde die Verlegung der „Scharnhorst" und des schw. Kreuzers „Prinz Eugen", der inzwischen gleichfalls wieder einsatzbereit geworden war, aus Gründen des Kräfteausgleichs dringend.

Der „Scharnhorst"-Kommandant hielt eine kurzfristige Reparatur der am 22.12. ausgefallenen Maschine durch Personal der Firma Brown Bovery und der Deutschen Werke mit Unterstützung durch das Bordpersonal in Norwegen für durchführbar. Er schlug deshalb vor, den Marsch nach Norwegen mit nur zwei Maschinen antreten zu lassen. Die dabei mit Sicherheit zu haltende Dauergeschwindigkeit von 25 sm hielt er für diese reine Verlegungsaufgabe für ausreichend.

Die Gruppe Nord stellte nach Rücksprache mit dem Oberbefehlshaber der Kriegsmarine/Seekriegsleitung (SKL) ihre anfänglichen Bedenken gegen diesen Vorschlag zurück.

In der Abenddämmerung des 10. Jan. 1943 lief der neu gebildete Verband, bestehend aus „Scharnhorst", „Prinz Eugen" und 3 Zerstörern, unter der Führung des Flottenchefs, Admiral Schniewind, in den großen Belt ein. Bei Hellwerden stand er im Kattegatt und marschierte in Sicht der schwedischen Küste nach Norden. Während des Marsches wurde ein Zerstörer von „Scharnhorst" beölt. Nach dem Passieren von Skagen erschienen nachmittags britische Luftaufklärer über dem Verband. Sie waren durch Flakfeuer nicht zu vertreiben. Dieses meldete der Flottenchef der Gruppe Nord. Den Vorschlag seines I. Admiralstabsoffz., in den Oslofjord auszuweichen, hatte er abgelehnt. Zur gleichen Zeit konnte der Leitende Ingenieur, Korv.Kpt. (Ing.) Kaupert, melden, daß alle drei Maschinenanlagen wieder voll gefechtsbereit waren. Kurz darauf ging der Befehl der Gruppe Nord ein, das Unternehmen abzubrechen.

Auf dem Rückmarsch nach Gotenhafen bestätigte eine hochgesteigerte Fahrt östlich Bornholm bei starker Kälte die volle Fahrbereitschaft der Maschinenanlage.

Zwei Lehren waren aus dem mißglückten Unternehmen zu ziehen. Im Kattegatt mußte ein Weg benutzt werden, der möglichst weit von der schwedischen Küste abblieb, ferner durfte Skagen frühestens in der letzten Abenddämmerung passiert werden. Der Flottenchef stimmte diesen Überlegungen des Kommandanten zu. Trotzdem blieb der nächste Operationsbefehl zur Verlegung in der zweiten Hälfte Januar 1943 unverändert. Auch diese Operation mißlang. Dem Flottenchef war es leider nicht gelungen, die Gruppe Nord von der Notwendigkeit einer Umstellung des Operations-Befehls zu überzeugen.

In der nun folgenden Zeit wurde die Gefechtsausbildung von Gotenhafen aus weiter vervollkommnet.

Bei einer Erprobung der M.E.S.-Anlage (Entmagnetisierung zum Schutz gegen Magnet-Minen), die in der „Meßschleife" Hela durchgeführt wurde, kam das Schiff durch ein Ausweichmanöver vor einlaufenden U-Booten vorübergehend fest. Daher war aus Sicherheitsgründen ein erneutes Eindocken erforderlich.

In den letzten Januartagen hörte man erstmals etwas von Absichten, die in der Heimat befindlichen großen Schiffe — also auch „Scharnhorst" — außer Dienst zu stellen. Eine so einschneidende Maßnahme ließ einen grundlegenden Wandel im bisherigen strategischen Denken der Marine vermuten und mußte deshalb tiefgehende Ursachen haben. Über diese berichtet das franz. Werk „La tragique destinée du Scharnhorst"*) folgendes:

Am 31. 1. 1943 übernahm Admiral Dönitz, nunmehr Großadmiral, das Oberkommando der Kriegsmarine. Der bisherige Oberbefehlshaber, Großadmiral Raeder, wurde Generalinspekteur der Marine. —

Also doch! Raeder war zurückgetreten und hatte Dönitz, dem „Admiral der U-Boote" Platz gemacht. Da diesem der Ruf vorausging, ein entschiedener Gegner der Schlachtschiffe zu sein, schien nun für die schweren Überwassereinheiten die Abschiedsstunde geschlagen zu haben. Schon seit einiger Zeit merkte man, daß die schweren Schiffe nicht mehr hoch im Kurs standen. Arbeiter und Material für diese waren mit Rücksicht auf den Vorrang des Heeres und der Luftwaffe, deren Material sich in Rußland in erschreckendem Umfange verbrauchte, nur noch unter großen Schwierigkeiten zu erhalten. Wenn etwas für die Marine übrigblieb, dann nur für die U-Waffe. — —

Der Gedanke an eine drohende Außerdienststellung bedrückte Kommandant und Offiziere besonders jetzt, wo das Ende der langen Wartezeit, angefüllt mit den nie abreißenden Werftarbeiten, ihren Mühen und ihrem Ärger, so greifbar nahe erschien.

Langsam sickerten in den Führungsstellen die Gründe für den Wechsel Raeder — Dönitz durch. Der Hauptgrund war wohl der große charakterliche Gegensatz Hitler — Raeder. Raeder, der überragende Stratege alter Schule, hatte nur zögernd Anschluß an den Nationalsozialismus gefunden. Ihm waren politische Intrigen fremd. Hitler war seiner Tradition und seiner Einstellung nach ausschließlich Infanterist. So erklären sich auch wohl seine Vorwürfe

---

*) Verfasser: Albert Vulliez und Jaques Mordal, Verlag Amïot-Dumont, Paris.

der Marine gegenüber, daß diese ihre Erfolgschancen immer erst nach der Zahl der zu erwartenden Gegner bemißt und daß sie vor Einsätzen stets Schutz durch Luftstreitkräfte und kleine Fahrzeuge fordert, die dann die Hauptlast zu tragen hätten.

„Wenn die großen Schiffe in See gehen, begleiten die kleinen sie. — Nicht die großen schützen die kleinen, sondern die kleinen schützen die großen." —

Für ihn war ein weiteres Indiensthalten der großen Schiffe abwegig und überholt. Und das zu einem Zeitpunkt, wo alles darauf ankam, sie nur richtig einzusetzen! Den letzten Anstoß zum Bruch mit Raeder hatte schließlich der erfolglose Ausgang des schon erwähnten Gefechtes vom 31. 12. 42 gegeben, bei dem es einem nur schwach gesicherten britischen Geleitzug gelungen war, einem deutschen Verband unter Admiral Kummetz mit „Hipper", „Lützow" und einer relativ starken Zerstörergruppe zu entkommen. —

Hitler war sehr erregt und sprach sich vor Admiral Krancke, dem Admiralquartiermeister und Verbindungsoffizier Raeders zum Führerhauptquartier, in scharfen Worten über den Großadmiral aus. Nach einer Krise von einem Monat, während der auch Göring gegen die Marine opponierte, geschah das Unvermeidliche: Raeder erbat seine Entlassung, die ihm am 30. Januar 1943 gewährt wurde.

Am 8. Februar trug Gr.-Adm. Dönitz in einer Besprechung im Führerhauptquartier, an der er erstmals als Oberbefehlshaber der Kriegsmarine teilnahm, einen Außerdienststellungsplan für alle großen Einheiten vor. Nur „Tirpitz", „Lützow" und „Nürnberg" sollten für die Verteidigung Norwegens in Dienst bleiben. Schon wenige Wochen schwerer Verantwortung ließen ihn dann aber erkennen, daß der vorgesehene kleine Bestand an Überwasserfahrzeugen keinesfalls für eine wirkliche Kampfgruppe ausreichend war. Er verteidigte daher nun die „Scharnhorst", die er in Dienst behalten wollte.

„Bis wann, glauben Sie, wird Ihre Kampfgruppe so weit sein, sich dem Feind stellen zu können?" fragte Hitler. Die Antwort: „In 3 Monaten ab heute." „Sie sollen sogar 6 Monate haben, aber dann werden Sie mir zugeben müssen, daß ich Recht hatte." — Damit machte Hitler seinem neuen Großadmiral das Geschenk der „Scharnhorst". Dafür wurde „Gneisenau", als zu schwer beschädigt, endgültig aufgegeben.

Natürlich wußte in jenen Tagen niemand auf „Scharnhorst" etwas über diese Vorgänge im Führerhauptquartier. Die Nachricht vom Kommandowechsel im Oberkommando beunruhigte den Kommandanten nicht. Er war auf Grund seiner persönlichen Kenntnis des Großadmirals Dönitz überzeugt, daß, wenn überhaupt jemand, dann nur er die drohende Außerdienststellung verhindern konnte. Er schloß daher den ihm zugestellten Vorbereitungsbefehl für die Außerdienststellung in seinen Schreibtisch ein, ohne irgend jemand davon zu unterrichten. Er forcierte aber die durch das Festkommen notwendig gewordenen Arbeiten am Schiffsboden und ließ anschließend mit Nachdruck die Gefechts-Ausbildung weiter betreiben.

Die Dienstfreudigkeit der Besatzung wuchs. Ende Februar wurde der Kommandant zu einer Besprechung nach Kiel befohlen, wo der Flottenchef inzwischen mit Kpt. z. See Heye als Stabschef die Aufgaben der Gruppe Nord mitübernommen hatte. In dieser Sitzung wurde die Verlegung der „Scharnhorst" zum Westfjord für Anfang März beschlossen. Zur Sicherung sollten Zerstörer und Torpedoboote in ausreichender Zahl zur Verfügung gestellt werden. Die Führung des Verbandes wurde dem Scharnhorst-Kommandanten übertragen. Gruppe Nord/Flotte wollte ferner für einen guten Jagdschutz im Bereich des Kattegatts Sorge tragen.

Am 3.3.1943 ging „Scharnhorst" von Gotenhafen aus zu „Übungen in der mittleren Ostsee" in See, wie es aus Tarnungsgründen hieß. Der Vormarsch durch den Großen Belt in der Nacht zum 7.3. erfolgte ohne Zwischenfälle, ebenso der Marsch durch das Kattegatt, auf dem durch Auf- und Abstehen Übungen vorgetäuscht wurden. Skagen-Feuerschiff wurde in der letzten Abenddämmerung bei geringer Sicht erreicht. Hier traten zwei weitere Zerstörer zum Verband. Sie kamen aus norwegischen Stützpunkten und brachten einen Befehl des Kom. Adm. Norwegens mit für die Übernahme norwegischer Lotsen unmittelbar vor den Skagerrak-Sperren in der Bucht von Christiansand-Süd. Der Marsch dorthin erfolgte mit 27 sm. Das Suchen nach dem Lotsenboot bei schlechter Sicht und Schneeböen nahm 1½ Stunden in Anspruch. Dann wurde der Vormarsch des Verbandes, zu dem nun 4 Zerstörer und 5 Torpedoboote zählten, mit 27 sm fortgesetzt, um den Seeraum vor Kap Lindesnes möglichst noch vor Sonnenaufgang zu passieren. Bald konnten aber einige der älteren Torpedoboote die Verbandsgeschwindigkeit nicht mehr halten, so daß sie nach und nach entlassen werden mußten. Die Fahrt sollte möglichst nicht vermindert werden, weil die Verbandsführung beabsichtigte, nicht vor dem Passieren von Stadtlandet in die Schären zu gehen.

In den Morgenstunden des 8.3. war die Sicht sehr gut. Ab 8.00 Uhr verschlechterte sich das Wetter jedoch laufend. Wind aus Südwest, im Laufe des Tages zunehmend auf Stärke 8, dann auf 10. Auch die neuen Torpedoboote mußten jetzt entlassen werden. Doch bald setzte die See auch den Zerstörern zu.

Mehrfach ging auf ihnen das Signal „Mann über Bord" hoch. Wassereinbrüche in Kesselanlagen sowie sonstige Seeschäden wurden gemeldet. So war es unvermeidlich, einen Zerstörer nach dem anderen zu entlassen. Auf der Höhe von Bergen ging „Scharnhorst" auf 25 sm herunter. An Gruppe Nord/Flotte wurde gemeldet, daß „Sh" nicht durch die Schärengewässer marschieren würde. Nach dem Passieren von Stadtlandet waren die westlich stehenden Zerstörer der See besonders stark ausgesetzt, so daß sie in eine Stellung genommen werden mußten, die ihnen etwas Schutz durch „Scharnhorst" bot. Bei Eintritt der Dunkelheit waren alle Zerstörer bis auf einen entlassen. „Scharnhorst" verminderte die Fahrt auf 20 sm. Um 23.30 Uhr zwangen aber Seeschäden am Bb. vorderen 15-cm-Turm und den Bb. 15-cm-Einzellafetten zu einer weiteren Verminderung auf 17 sm. Um 6.55 Uhr wurde der eine Zerstörer beim Schiff, der bei Hellwerden zum Westfjord voraus geschickt wurde, während „Scharnhorst" mit 21 sm den befohlenen, längeren Weg auf die Mitte des Westfjords zu fortsetzte. Nachdem unter dem Schutz der Lofoten die Fahrt auf 28 sm erhöht werden konnte, traf sich das Schiff vor der Sperre wieder mit dem einzigen Zerstörer, Z 28.

Am 9.3. gegen 16.36 Uhr lag „Scharnhorst" vor Anker in der Bogenbucht unweit Narvik. Damit hatten Schiff und die großenteils neue Besatzung ihre erste Bewährungsprobe bestanden. Dagegen waren die Seeschäden auf den Zerstörern sehr bedauerlich. Sie mußten die Bildung des Verbandes erneut verzögern.

Am 11.3. trafen Panzerschiff „Lützow" und Kreuzer „Nürnberg", aus dem Alta-Fjord kommend, unter Führung von Konter-Adm. Thiele ein. Letzterer sollte die Führung des Verbandes an Adm. Kummetz abgeben, der am 13.3. mit Schlachtschiff „Tirpitz" aus Drontheim erwartet wurde. „Nürnberg" wurde in die Heimat entlassen. Für den Verband folgten zunächst Tage intensiver Verbandsübungen. Etwa am 22. 3., abends, trat er den Marsch zum Alta-Fjord — ca. 35 sm südlich Hammerfest — an, der der künftige Stützpunkt der Kampfgruppe sein sollte.

„Scharnhorst" wurde ein Ankerplatz im Langfjord — einem Seitenarm des Alta-Fjords — zugewiesen. Als sie die Netzsperre, die den Langfjord abriegelte, passierte, herrschte starkes Schneegestöber. Sie ankerte in der innersten Bucht mit einem herrlichen Blick auf die dolomitenartigen, rotglühenden, verschneiten Berge des nächsten, des Kvenangen-Fjords. Hier herrschte im Verhältnis zur Bogenbucht noch tiefer Winter, jedoch schien der Frühling nicht mehr weit.

Eine kurze Ruhepause für die Besatzung verging, ohne daß die erwarteten Geleitzüge sie gestört hätten. Noch konnte Ski gelaufen werden. Die ersten Frühlingstage kamen, aber keine Geleitzüge. In der Folgezeit wurde vorwiegend Divisionsausbildung betrieben mit Bootsdienst, Unterricht, Sport und dergl. Während dieser Zeit wurden mit Bordmitteln mehrere lecke Seeventile gedichtet. Dabei wurde — mangels Dock — eine ausreichende Arbeitsmöglichkeit mit einer Art Taucherglocke aus Holz und Segeltuch als Lecksegel geschaffen. Es handelte sich um Leckagen, die durch das Festkommen bei Hela oder noch frühere Ereignisse verursacht, jedoch erst durch die letzte Schlechtwetterfahrt offenkundig wurden. —

Die Divisionsausbildung wurde mit einer Besichtigung abgeschlossen. Alle Schwierigkeiten und Störungen technischer Art schienen jetzt überwunden zu sein. Da ereignete sich am 8. 4. 1943 ein schwerer Unfall. Die Last für chemische, feuergefährliche Materialien der Maschine in Abtlg. III über Panzerdeck wurde an St.B.-Seite durch eine Explosion zerrissen. Diese wirkte auch in dem darüber liegenden Wohndeck der IX. (technischen) Division, die sich gerade zur Abendbrotzeit im Deck aufhielt, sowie auch noch ein Deck höher vernichtend aus.

17 Tote und etwa 20 mehr oder weniger Schwerverletzte waren zu beklagen. Der Sachschaden war groß. Die Untersuchung ergab jedoch, daß das Panzerdeck unbeschädigt war. Trotz der Schwere des Schadens war die Gefechtsbereitschaft des Schiffes nicht eingeschränkt. Es wurden ein Werkstattschiff und ein Sprengstoff-Sachverständiger der C.P.V.A. (Chemisch-Physikalische Versuchsanstalt) angefordert. Das Kommando war der Auffassung, daß es sich hier nur um einen Sabotageakt fremdländischer Arbeiter — etwa von der Werft Gotenhafen — handeln konnte, weil die in der Last aufbewahrten Materialien — außer Karbid, das aber nachweislich trocken untergebracht war — nicht explosiv waren. Dieser Verdacht wurde später durch die Ermittlungen des Sachverständigen erhärtet. Mit Hilfe des Werkstattschiffes konnten die Schäden am Schiff in etwa zweiwöchiger angestrengter Arbeit wieder behoben werden.

Die Opfer wurden am 13. April auf dem Friedhof von Alta, von dem aus der Blick weit über das wunderbare Bild des Alta-Fjords schweift, unter militärischen Ehren zu Grabe getragen. Dem Kommandanten fiel die Totenfeier sehr schwer, fühlte er sich doch gerade den Männern der Maschine in besonderer Dankbarkeit verbunden. —

Am 18. 4. 1943 wurde der Erste Offizier, Kpt. z. See Gießler, der schon seit der Indienststellung des Schiffes — zunächst als NO — an Bord kommandiert war, durch den bisherigen IAO, Freg.-Kpt. Dominik, abgelöst. Auch letzterer hatte schon seit der Indienststellung an Bord Dienst getan, und zwar zuerst als Flak-Artl.-Offz., dann als II. und schließlich als I. AO (1. Artl.-Offz.). Es kann schon hier gesagt werden, daß er seine schwierige Aufgabe bis zum Untergang des Schiffes in hervorragender Weise löste. —

Die prekäre Öllage ließ gemeinsame Übungen von „Tirpitz" und „Scharnhorst" im Augenblick noch nicht zu. Deshalb wurde der Flakkreuzer „Thetis" — das ehem. norwegische Panzerschiff „Tordenskjöld" —, der der „Scharnhorst" für den Langfjord als Flakschutz zugewiesen war, als Rottenschiff zum Verbandsfahren herangezogen. Später wurde einmal wöchentlich mit „Tirpitz" geübt. Bei diesen Übungen wurde besonderer Wert auf die Vervollkommnung des Einsatzes der Funkmeßgeräte bei E-Meßübungen gelegt, da bei der im Norden vorherrschenden Dunkelheit ein gut eingespielter Einsatz der Funkmessung und Funkortung („FuMO") von entscheidender Bedeutung werden konnte.

Die laufende Überwachung des Ankerplatzes durch feindliche Luftaufklärer zwang dazu, den Fla-Schutz des Schiffes soweit wie möglich zu vervollkommnen. Bisher diente die „Thetis" als Schutz zum Ausgang des Langfjords hin, während zwei 7,6-cm-Küstenflakbatterien die Längsseiten des Fjords sicherten. Eine gewisse Verbesserung des Flakschutzes und der Nebeleinrichtungen wie auch ein häufiger Wechsel des Ankerplatzes schienen aber dringend geboten.

Entsprechende Vorschläge an die Kampfgruppe wurden schließlich so entschieden, daß „Scharnhorst" der Netzkasten der „Lützow" im Kaafjord zugewiesen wurde, während „Lützow" in den Langfjord verlegt wurde. Die Kampfgruppe rechnete damit, daß sich die Schlachtschiffe nun gegenseitig mit ihrer Flak schützen konnten. Das relativ enge Beieinanderliegen dieser beiden Schiffe mußte in lufttaktischer Hinsicht jedoch als etwas gewagt angesehen werden.

Meldungen über Geleitzüge lagen immer noch nicht vor. Allein die Anwesenheit der Kampfgruppe genügte, die Gesamtzufuhr nach den russischen Eismeerhäfen von der zweiten Hälfte März ab für den Sommer 1943 völlig zu stoppen. Der Befehlshaber entschloß sich deshalb Ende Juni zu einer Gefechtsübung der beiden Schlachtschiffe mit 8 Zerstörern im Seegebiet nahe der Bären-Insel. Es waren dies die Tage, an denen die Sonne über dem Horizont bleibt.

Das Zusammenliegen der beiden Schlachtschiffe hatte einen Vorzug. Es ermöglichte einen regen Gedankenaustausch zwischen dem Befehlshaber und seinem I. Asto, mit den beiden Kommandanten über die Operationsmöglichkeiten im Nordmeer, solange keine Geleitzüge gemeldet waren. Weiträumigere Unternehmungen nach dem Westen — Island, Grönland, Jan Mayen — verbot die eigene Luftunterlegenheit in jenen Gebieten, gegen solche nach Nowaja Semlja sprachen die dortigen geringen Wassertiefen. Was sich unter den gegebenen Umständen jedoch anbot, war Spitzbergen, von dem man annahm, daß es nicht nur der Wetterberatung der Geleitzüge, sondern auch der Brennstoffergänzung feindlicher Begleitfahrzeuge diente.

Die Überlegungen der Kampfgruppe trafen sich mit ähnlichen der Gruppe Nord/Flotte. Sie führten mit Genehmigung der Seekriegsleitung zu dem Operationsbefehl für das Spitzbergenunternehmen.

Aufgabe des Handstreichs war: Erzwingen von Landungen deutscher Heereseinheiten, die — in Stärke von je 85—165 Mann — auf 6 Zerstörern eingeschifft wurden, niederkämpfen feindlichen Widerstandes und zerstören aller militärischen, industriellen und wirtschaftlichen Landanlagen unter Deckung und Unterstützung durch die Schlachtschiffe.

Am 6. 9. 1943 19.30 Uhr verließ „Scharnhorst" den Netzkasten, 20.00 Uhr folgte „Tirpitz". 9 Zerstörer schlossen sich an. 22.30 Uhr Sammeln und Beginn des Vormarsches auf dem Schärenwege, um dann mit 19 sm Marschfahrt das Ziel, den Eisfjord auf Spitzbergen, anzusteuern.

Am 8. 9. 0.45 Uhr kam Spitzbergen in Sicht, und bald leuchteten die großen Gletscher an der Westküste in Weiß und Blau vor dem Verband auf. Ein unvergeßliches Bild für alle, die es betrachten konnten!

Ein Zerstörer setzte seine Heereseinheit bei Kap Linné an Land, um mit Artillerieunterstützung von „Tirpitz" die Funkstelle Green Harbour außer Betrieb zu setzen. Zuvor konnte diese aber noch melden: „7 Zerstörer und 3 Kreuzer 2.45 Uhr." Kurz darauf war die Funkstelle durch Artilleriefeuer vernichtet, doch war die Meldung trotz Störfunk von „Tirpitz" durchgekommen. „Tirpitz" deckte dann die Landung von 2 Zerstörern am Anleger von Barentsburg und die eines weiteren Zerstörers in Finneset. „Scharnhorst" ging in die Adventsbucht und weiter in den Fjord hinein. Sie deckte die Landung eines Zerstörers an der Adventshuk (Flakbatterie) und eines weiteren Zerstörers in Longyearbyen. Während dieser Landungsaktionen beschoß „Scharnhorst" Brennstofflager und sonstige Anlagen von Grummantsbyen und danach eine Wetterstation. Nachdem die Zerstörer und die Heereseinheiten ihre Aufgaben erfüllt hatten, beschoß „Scharnhorst" mit erheblichem Erfolg das Bergwerk in Longyearbyen. Auch 2 mit Bomben ausgerüstete Bordflugzeuge wurden gegen dieses Objekt eingesetzt.

9.38 Uhr wurde die Operation entgegen der ursprünglichen Pla-

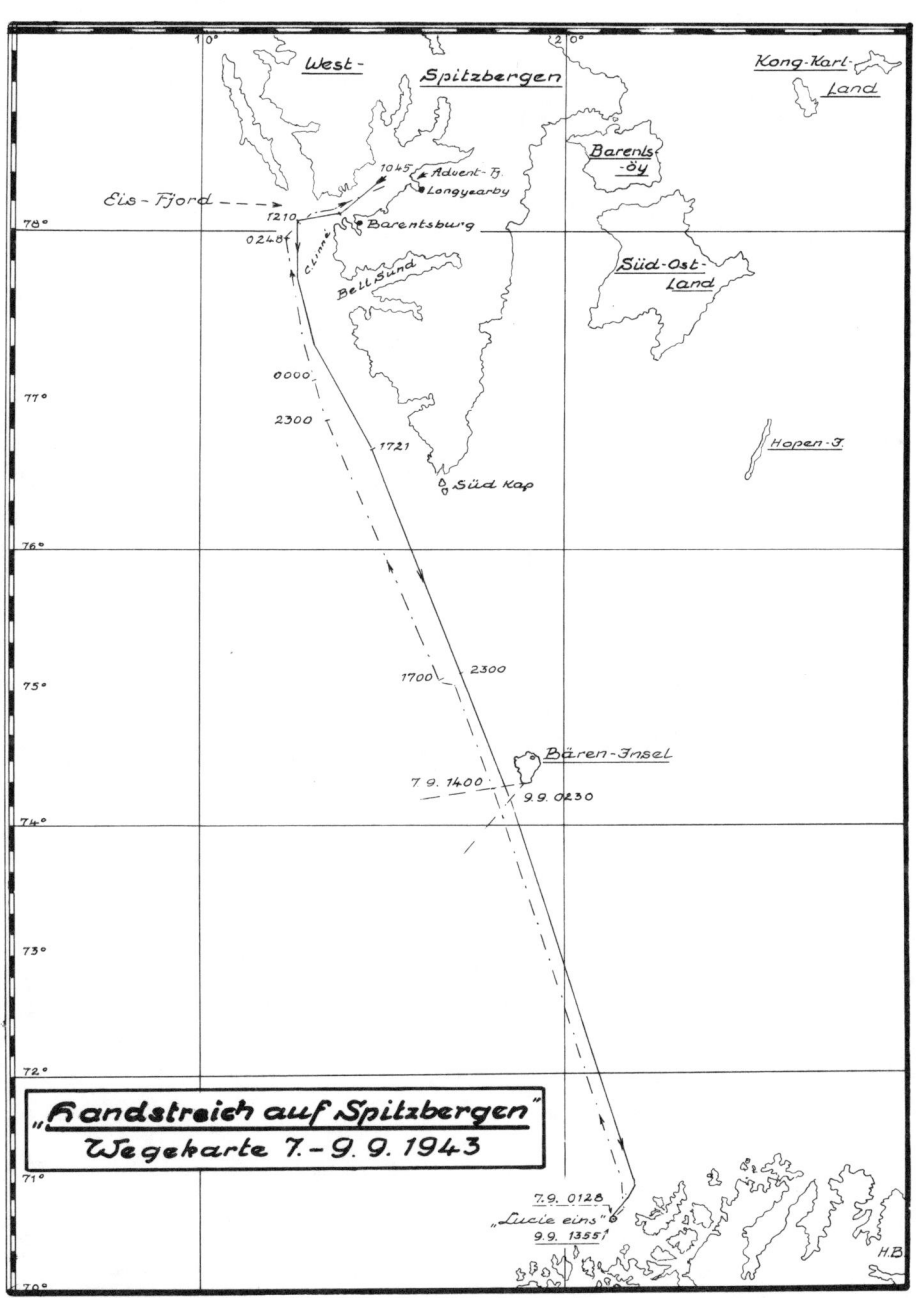

"Handstreich auf Spitzbergen"
Wegekarte 7.–9. 9. 1943

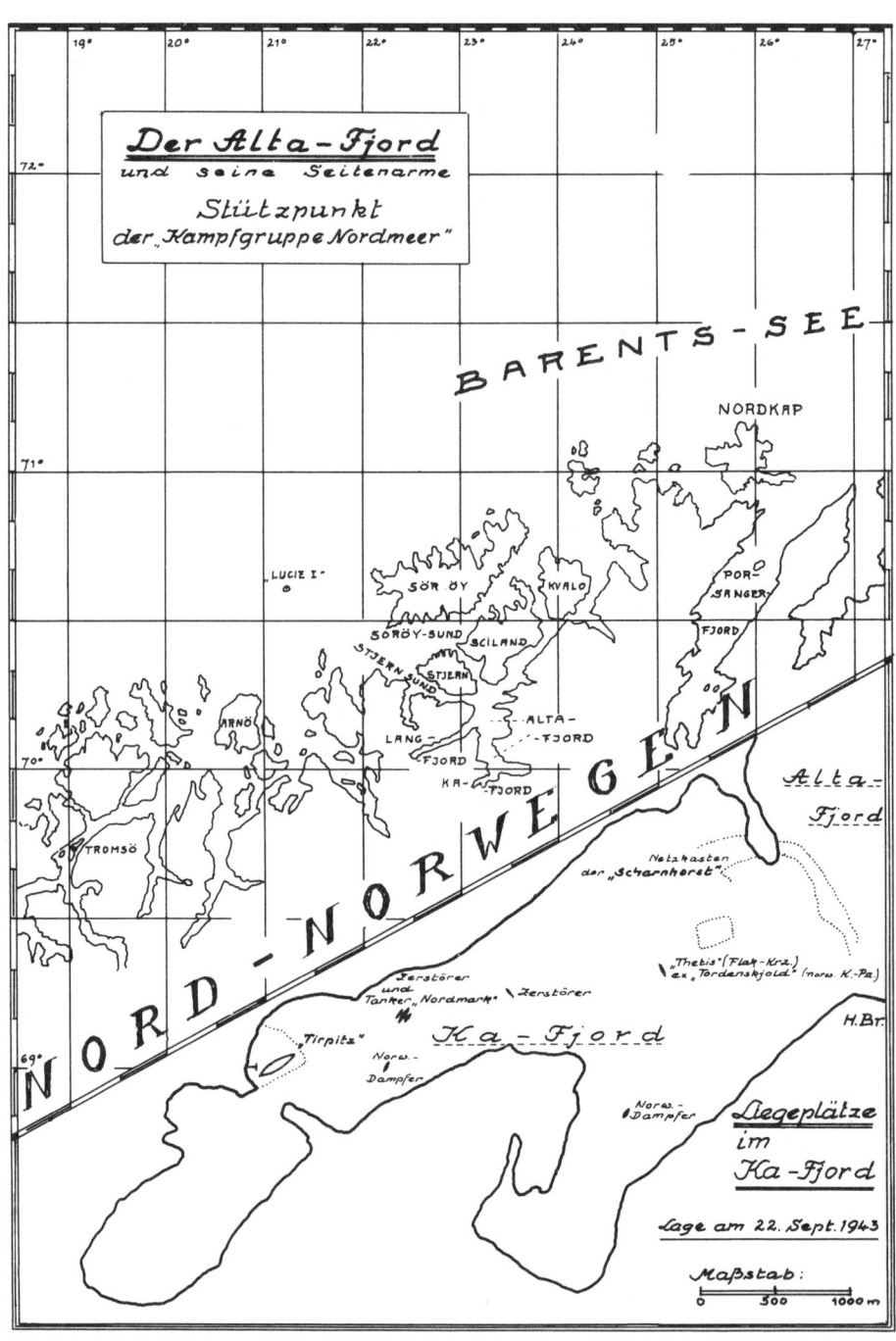

Der Alta-Fjord
und seine Seitenarme

Stützpunkt
der „Kampfgruppe Nordmeer"

B A R E N T S - S E E

NORDKAP

LUCIE I.

SÖR-ÖY   KVALÖ   POR-
                              SANGER

SORÖY-SUND SEILAND   FJORD
STJERN-SUND
STJERN-
SUND   ALTA-
ARNÖ   FJORD   Alta-
LANG-   Fjord
   FJORD
   KA-FJORD

N O R D - N O R W E G E N

TROMSÖ

Netzkasten
der „Scharnhorst"

Zerstörer
   und
Tanker „Nordmark" Zerstörer

„Thetis" (Flak-Kreuzer)
ex „Tordenskjold" (norw. K.-Pz.)

„Tirpitz"   H.Br.
Norw.
Dampfer   Ka - Fjord

Norw.
Dampfer   Liegeplätze
                   im
               Ka-Fjord

Lage am 22. Sept. 1943

Maßstab:
0   500   1000 m

nung, die eine Dauer von bis zu 12 Stunden vorsah, durch Sammelbefehl beendet. Der Abbruch des Unternehmens erfolgte wohl mit Rücksicht auf den Funkspruch von Green Harbour. Das Einsetzen des letzten Bordflugzeuges bereitete infolge der starken, von achtern schräg zum Wind laufenden Dünung erhebliche Schwierigkeiten, so daß „Scharnhorst" erst 11.42 Uhr auf „Tirpitz" sammeln konnte.

Die Unternehmung wurde ein voller Erfolg, obwohl die Zerstörer — besonders am Anleger Barentsburg — auf starke Gegenwehr durch 10,5 cm und 4 cm Geschütze und leichte Maschinenwaffen stießen und „Z 29", der Führerzerstörer des Chefs der 4. Z.-Flottille, erhebliche Beschädigungen erlitt. „Z 29" mußte daher auf dem Rückmarsch wegen der zeitweise rauhen Wetterlage auf die Leeseite von „Scharnhorst" genommen werden.

Am 9. September abends lagen beide Schlachtschiffe wieder im Ka-Fjord.

Wir folgen nun wieder den beiden französischen Autoren, Vulliez und Mordal: Eine Wiederaufnahme des Geleitdienstes war spätestens mit dem Herannahen der Polarnächte zu erwarten. Es war aber nicht anzunehmen, daß die Engländer die Kampfgruppe bis zu diesem Zeitpunkt unangefochten lassen würden. Am 24. Juli hatte bereits ein heftiger Angriff der britischen Luftwaffe die Kriegsmarinewerft Drontheim zerschlagen. Die Flugzeuge waren von den Flugzeugträgern eines starken alliierten Flottenverbandes gestartet, den unsere Luftwaffe wenige Tage zuvor etwa 100 sm nordwestl. Stadtlandet gesichtet hatte. Gegen die Kampfgruppe mußten ähnliche Angriffe von Trägerflugzeugen erwartet werden, oder auch Angriffe von U-Booten, und zwar mit Rücksicht auf die Netzkästen, in denen die Schiffe normalerweise lagen, in erster Linie wohl solche von Klein-U-Booten mit Minen. Es war bekannt, daß die italienische Marine Boote dieser Art besaß. Es war zu vermuten, daß sich auch die alliierten dieser neuen Waffe bedienen würden.

„Lützow" mußte zu einer Maschinenüberholung in die Heimat. Der Kommandant „Scharnhorst" schlug daher vor, die Schlachtschiffe wieder auseinanderzulegen und vor allem die Ankerplätze häufiger zu wechseln. Der Befehlshaber entschied jedoch, daß nach dem hohen Ölverbrauch durch das Spitzbergen-Unternehmen für diese Maßnahmen zunächst kein Öl freigegeben werden könne. Einem weiteren Vorschlag, dem gesamten Artilleriepersonal der „Scharnhorst" vor Eintritt der Polarnacht noch einmal die dringend erforderliche Gegelenheit zu planmäßigem Flak- und Seezielschießen zu geben, konnte sich der Befehlshaber aber nicht verschließen.

Am 20. 9. wurde hierfür Öl zugewiesen. Da die Schießvorbereitungen bereits seit Tagen beendet waren, lief das Schiff schon am 21. 9. vormittags aus. Bis in die Nacht wurden Übungsschießen durchgeführt. Dann ging das Schiff auf einem schon früher benutzten Ankerplatz unter der Insel Aarö auf so flachem Wasser vor Anker, daß Torpedoangriffe oder ein Untertauchen als unwahrscheinlich bzw. ausgeschlossen gelten konnten.

Der Befehlshaber hatte seine Teilnahme an den Seeziel-Schießübungen für den Nachmittag des 22. 9. angesagt. Für das Flakschießen am Vormittag waren Flugzeuge mit Schleppscheiben bestellt. Sie trafen aber nicht, wie vorgesehen, um 8.00 Uhr beim Schiff ein, so daß gewartet werden mußte. Etwa 8.40 Uhr ging der Funkspruch ein: „Alarm im Ka-Fjord!" — — — Das konnte nur „U-Boots-Alarm" sein. Vielleicht war es einem findlichen U-Boot gelungen, gleichzeitig mit dem Postschlepper, der nach Alta auslief, einlaufend die Netzsperre vor dem Kaa-Fjord zu passieren und so die Unterwasser-Horchgeräte auszumanövrieren.

Was hatte sich in Wirklichkeit abgespielt?

An diesem Morgen, um 7.07 Uhr, bemerkte ein Unteroffz. der „Tirpitz" eine Art lange schwarze Röhre, die einem U-Boot glich, innerhalb des Netzkastens. Seine Beobachtung fand jedoch zunächst wenig Glauben. Dann löste der I. Offz. Alarm aus. Ein mit einem Offizier eiligst besetztes Boot fand tatsächlich an der Sichtstelle ein auftauchendes U-Boot, das auf das Schiff zulief und unmittelbar an der Bordwand in Höhe Turm B schnell versank, nachdem 4 Mann ausgestiegen waren. Sie konnten geborgen werden. Versuche der Bootsbesatzung, das U-Boot mit Handgranaten zu vernichten bzw. es in Schlepp zu nehmen, waren erfolglos. Die Schiffsgeschütze konnten das U-Boot wegen zu geringer Entfernung nicht erreichen.

Hier können nicht all die dramatischen und für die „Tirpitz" so folgenschweren Ereignisse des 22. September 1943 geschildert werden. Es soll jedoch erwähnt werden, daß noch ein zweites U-Boot an den Bojen des Netzkastens auftauchte. Dieses wurde durch das Feuer der Fla-Maschinenwaffen versenkt. 2 Mann konnten gerettet werden. In Unkenntnis darüber, wieviel U-Boote noch außerhalb des Netzkastens warteten, verzichtete der Kommandant der „Tirpitz" darauf, auszulaufen. Er beschränkte sich darauf, das Vorschiff durch Hieven bzw. Stecken der Ankerketten so weit wie möglich von der Stelle zu entfernen, an der das erste U-Boot mit seinen Minen gesunken war. Die in Höhe der Maschinenräume gelegten Minen hatten jedoch eine verheerende Wirkung, als sie gegen 8.12 Uhr hochgingen: Ausfall der Bb.-Maschine, Wassereinbrüche u. a. m. waren die Folge. Die Türme A und B wurden durch die Detonation angehoben und waren nicht mehr zu bewegen. 8.40 Uhr wurde in etwa 500 m Abstand ein drittes Klein-U-Boot gesichtet. Es konnte durch Artillerie in wenigen Sekunden vernichtet werden. —

Die Leckwehr hatte die Wassereinbrüche bald unter Kontrolle. Es war jedoch zu übersehen, daß eine Wiederherstellung des Schiffes sehr lange dauern würde. Bis zu diesem Zeitpunkt würde „Scharnhorst" das einzige deutsche Schlachtschiff nicht nur im Nordraum, sondern der Kriegsmarine überhaupt sein. —

Wie nach dem Kriege bekannt wurde, war der Einsatz der brit. Klein-U-Boote von langer Hand vorbereitet. Insgesamt waren sechs Boote, die je zwei 2-Tonnen-Minen trugen, eingesetzt worden, davon 3 gegen „Tirpitz", 2 gegen „Scharnhorst" und 1 gegen „Lützow". Es kamen jedoch nur die drei erstgenannten Boote an den Feind. Ein gegen „Scharnhorst" und das gegen „Lützow" eingesetzte U-Boot gingen bereits auf der Überfahrt verloren. Das zweite gegen „Scharnhorst" eingesetzte Klein-U-Boot erreichte zwar den Alta-Fjord, mußte den Angriff aber infolge schwerer Maschinen- und Kompaßstörungen aufgeben. „Scharnhorst" lag nun zwar nicht an dem britischerseits eingeplanten Liegeplatz, dem Netzkasten, sie war aber von einem der britischen U-Boots-Kommandanten in der Nacht vom 21. zum 22. 9. auf ihrem Ankerplatz bei der Insel Aarö ausgemacht worden. Da dieses Boot jedoch „Tirpitz" als Angriffsziel hatte, versuchte der Kommandant, das auf „Scharnhorst" angesetzte U-Boot über den veränderten Standort seines Angriffsobjektes zu unterrichten. Die Funkverbindung kam aber nicht zustande. So stand auch hier wieder ein guter Stern über dem Schicksal der „Scharnhorst". Diesmal noch! —

Da auf „Scharnhorst" am 22. 9. 43 von den Ereignissen auf „Tirpitz" zunächst nichts bekannt wurde, blieb sie mit klaren Maschinen auf dem Ankerplatz. Gegen 11.00 Uhr Funkspruch: „Auf U-Bootssicherung warten!" Gegen 12.30 Uhr stießen 2 Zerstörer vom Kaa-Fjord zu „Scharnhorst", die jetzt auf tiefes Wasser verlegte. Vier weitere Zerstörer folgten. Dann stand der Verband mit Zick-Zack-Kursen im Alta-Fjord auf und ab. Gegen 14.00 Uhr trieb ihm auf einlaufenden Kurs eine riesige Ölschicht entgegen. Kurz darauf ging der Befehl ein: „In Langfjord gehen!" An der Langfjordsperre wurden die Zerstörer entlassen „Scharnhorst" ging in den leeren Netzkasten der „Lützow". Es bestanden schon vorher Bedenken gegen den Ankergrund. Der Kommandant konnte jetzt aber das Gefühl nicht loswerden, daß das Schiff mit dem Netzkasten trieb. Ein vorsichtiges Ausdampfen der Bojenkette ließ dann erkennen, daß entweder das Grundgewicht mitgeschleppt wurde oder aber daß die Kette gebrochen war. Das Schiff ging deshalb zunächst auf seinem früheren Ankerplatz im innersten Teil des Langfjords zu Anker. Bei der späteren Rückkehr in den Netzkasten im Kaafjord lag immer noch eine dicke Ölschicht auf dem Alta-Fjord.

Die Besatzung des Kommandantenbootes, das für die Schießtage seinen Platz am Netzkasten behalten hatte, berichtete nach Rückkehr des Schiffes, daß das Netz noch vor den Minenexplosionen unter „Tirpitz" erheblich gezittert hätte, als wenn jemand dagegen gefahren wäre. Da das Schiff nun bereits im Netzkasten lag, war äußerste Vorsicht geboten. Immerhin bestand die Möglichkeit, daß in den leeren Netzkasten Grundminen gelegt worden waren, die erst nach einer bestimmten Zahl von Überläufen zündeten. Da angenommen werden konnte, daß mit jedem der nun schnell kürzer werdenden Tage die Gefahr von Luftangriffen geringer wurde, war der Befehlshaber mit dem Vorschlag des Kommandanten einverstanden, den früheren Ankerplatz im Langfjord als normalen Liegeplatz für „Scharnhorst" zu bestimmen und ihn zu diesem Zweck mit U-Bootsnetzen zu sichern. „Scharnhorst" konnte den Netzkasten im Kaaf-Fjord wieder verlassen. Auf ihrem alten Liegeplatz im Langfjord fanden sich auch noch vier Zerstörer ein. Ein

„Scharnhorst" im Schwimmdock von Gotenhafen.
Die beiden Ruderblätter sind gut zu erkennen. Die Mittelschraube ist offenbar
bereits abgenommen. Man erkennt schwach die leere Welle unter der rechten
Kante des linken Ruders an dem weißen Kragen des Werftarbeiters.

Admiral Ciliax spricht zur Besatzung nach dem Kanaldurchbruch.
Hinter ihm steht das Offizierkorps der „Scharnhorst".

Schwere Doppelflak 10,5 cm, dahinter 3,7-cm-Doppelflak bei Kriegswache
während der Atlantik-Unternehmung bei schwerer See . . .

Netzleger baute den Netzkasten von „Lützow" ab, und sicherte mit diesem den Ankerplatz der „Scharnhorst".

Mitte September hatte der Kommandant erfahren, daß seine Verwendung im Oberkommando der Kriegsmarine in Aussicht stand. Diese Nachricht nahm er zum Anlaß, dem Oberbefehlshaber der Kriegsmarine einen persönlichen Brief zu schreiben, um ihm vorzutragen, „... jetzt vor dem Eintritt der Polarnacht nicht den Kommandanten des einzigen gefechtsbereiten Schlachtschiffes zu wechseln, besonders da man nicht voraussehen kann, ob nicht doch eine Verwendung des Schiffes im Winter zwingend wird". Nachdem er schon einmal im März 1943 auf seine Beförderung verzichtet hatte, erklärte er sich nunmehr bereit, nochmals zu warten. Er hielt diese Bitte besonders deshalb für seine Pflicht, weil er wußte, daß der Befehlshaber der Kampfgruppe wegen seines unbefriedigenden Gesundheitszustandes einen längeren Urlaub nachsuchen wollte. —

Die Abkommandierung des Kommandanten unter Beförderung zum Konteradmiral wurde jedoch ausgesprochen. In einem Schreiben des Großadmirals wurde ihm mitgeteilt, daß seinem Wunsche aus zwingenden Gründen nicht entsprochen werden könne. —

Das Scheiden fiel dem Kommandanten schwer. Er hatte Schiff und Besatzung in den zurückliegenden 18 Monaten unter schwierigen Umständen geführt und sie zu einer schlagkräftigen Einheit verschmolzen. Sein Nachfolger, Kpt. z. See Hintze, der als Navigationsoffizier des Kreuzers „Admiral Hipper" Kriegserfahrungen auf Atlantik- und Nordmeereinsätzen hatte sammeln können, war schon einige Tage zuvor eingetroffen, als am 14. Okt. 1943 die Abberufung erfolgte. Nach einem letztmaligen Abschreiten der Front der 14 Divisionen bestieg er den Kutter, der ihn — von Offizieren des Schiffes gepullt — von Bord brachte. Weithin schallten die Hurra's der Besatzung ihrem scheidenden Kommandanten über das Wasser des Langfjords nach.

DIE LETZTE UNTERNEHMUNG

Die Führung der Kampfgruppe war im Spätherbst 1943 nebenamtlich dem F. d. Z. (Führer der Zerstörer), Konteradmiral Bey, für die Dauer der Beurlaubung des Admirals Kummetz übertragen worden. Diese Kommandierung in Verbindung mit dem Ausfall der „Tirpitz" und dem Abzug der Zerstörer bis auf die 4. Z.-Flottille ließ im Offizierkorps der „Scharnhorst" die Vermutung aufkommen, ein Einsatz des Schiffes sei im Laufe des Winterhalbjahres durch die SKL (Seekriegsleitung) nicht beabsichtigt. Diese Vermutung war unrichtig. Die am 20. 11. 1943 vom Ob. d. M. (Oberbefehlshaber der Kriegsmarine) erlassene, dem Flottenkommando und dem B. d. K. (Befehlshaber der Kampfgruppe) dem Verteiler nach zugestellte „Weisung für den Einsatz der Flottenstreitkräfte im Winter 1943/44" schloß die Möglichkeit des Einsatzes der „Scharnhorst" ausdrücklich ein. Zweifelhaft aber ist, ob der Kommandant der „Scharnhorst" Kenntnis von dieser Weisung erhielt. Die Tatsache, daß im Laufe des Monats Dezember keine auf einen solchen Einsatz zielende, verstärkte Ausbildungstätigkeit stattgefunden hat und wichtige Spezialisten noch unmittelbar vor Weihnachten auf Urlaub geschickt worden sind, läßt vermuten, daß der Kommandant nicht mit einem nahe bevorstehenden Einsatz gerechnet hat.

Konteradmiral Bey war ein erfahrener Zerstörer- und Schnellbootsführer, auf großen Schiffen hatte er nur als Kadett und Fähnrich während des ersten Weltkrieges kurze Zeit Dienst getan. Die Verhältnisse in Norwegen waren ihm nur aus dem Norwegenunternehmen 1940 bekannt. Er hatte in Narvik im April 1940 den gefallenen Führer der Zerstörer, Kommodore Bonte, ersetzt und als solcher die Narvikzerstörer in ihrem Endkampf geführt. In den folgenden Jahren trat er als Zerstörerführer auf verschiedenen Kriegsschauplätzen in Erscheinung, hatte aber keine Gelegenheit, die besonderen Kampfbedingungen des Nordmeers kennenzulernen. Wenn die Seekriegsleitung unter den besonders schwierigen Bedingungen der Polarnacht den Einsatz der „Scharnhorst" mit den wenigen Zerstörern der 4. Z.-Flottille gegen den britischen Geleitverkehr nach Murmansk plante, so ist es schwer verständlich, daß diese Aufgabe einem mit den Besonderheiten des Kriegsschauplatzes und der Führung großer Schiffe nicht voll vertrautem Admiral übertragen worden ist, zumal auch der neue Kommandant der „Scharnhorst", Kapitän zur See Hintze, erst am 14. Oktober sein Schiff übernommen hatte und dies sein erstes Kommando als Kommandant eines großen Schiffes war.

Wie schon berichtet, war auch die Stelle des I. Offiziers zum 1. April d. Js. neu besetzt worden. Das gleiche war in starkem Maße mit den übrigen leitenden Offizierstellen des Schiffes während des Jahres 1943 geschehen.

Navigationsoffizier (NO)
Korv.Kpt. Lanz   März 43
Bordnachrichtenoffizier (BNO)
Kptl. Behr   Juli 43
I. Artillerie-Offizier (IAO)
Korv.Kpt. Bredenbreuker   April 43 (seit 1942 als II. AO an Bord)
II. Artillerie-Offizier (II AO)
Kptl. Wieting   November 43
Leitender Ingenieur (LI)
Korv.Kpt (Ing.) König   Okt. 43 (Juni 43 EI)
E-Ingenieur (EI)
Korv.Kpt. (Ing.) v. Glass   Okt. 43
                        (seit 1942 als Turbinen-Ing. [TI] an Bord)
I. Leckwehr-Offizier (Leckw.O.)
Kptl. (Ing.) Därr   Januar 43

Ein auf so kurzem Zeitraum zusammengeballter Wechsel gerade in den leitenden Offizierstellen war in den Jahren vorher — glücklicherweise — nie durchgeführt worden.

Auch die im Oktober 1943 durchgeführte Abkommandierung von etwa 100 Unteroffizieranwärtern, also von Männern mit besonders guten Leistungen, Kenntnissen und Erfahrungen auf ihren Stationen, war eine Maßnahme, die zwangsläufig eine starke Minderung der Einsatzbereitschaft des Schiffes zur Folge haben mußte. Es war vorauszusehen, daß der kommandierte junge und bordunerfahrene Ersatz erst nach monatelangen Übungen einigermaßen eingefahren war und daß noch weitere Monate vergehen würden, ehe sich die durch das Aussteigen der U-Anwärter entstandene Lücke wieder ganz geschlossen hatte.

Den Personal- und Stellenwechsel auf der „Scharnhorst" durfte man daher in Anbetracht der exponierten Lage des Schiffes nur sukzessive und mit ganz besonderer Vorsicht durchführen. Daß das Flottenkommando bei den Kommandierungen tatsächlich auch jede Schwäche der Gefechtsbereitschaft des Schiffes zu vermeiden suchte, zeigt mir ein persönliches Erlebnis. Mein Crewkamerad Wilhelm Wolf, der etwa seit Kriegsbeginn immer noch als Rollenoffizier und Gefechts-WO seinen Dienst an Bord versah, hatte nun den verständlichen Wunsch nach einem anderen Kommando. Kommandant und Flotte waren einverstanden, wenn ich — als eingefahrener Scharnhorster — ihn ablösen würde. Ein entsprechender Antrag der Flotte wurde jedoch vom Kommandierenden Admiral der U-Boote, dem ich jetzt unterstand, abgelehnt. Wohl mit Rücksicht auf seine nun schon fast vierjährige unveränderte Tätigkeit an Bord und das Fehlen von Aufstiegsmöglichkeiten wurde Kptl. Wolf später dann aber doch noch der Absprung zu den Zerstörern ermöglicht. Seine Ablösung erfolgte nun jedoch durch einen Offizier, dem die Bordkenntnisse und die großen Erfahrungen des Vorgängers völlig fehlten.

Es kann schon angenommen werden, daß sich auch die anderen Offizier-Stellenwechsel des Jahres 1943 aus ähnlichen Gründen mehr zwangsläufig ergaben. Damit waren die getroffenen Personalmaßnahmen insgesamt gesehen aber nicht weniger schwerwiegend.

Seit dem Handstreich auf Spitzbergen lag „Scharnhorst" meist an ihrem selbst hergerichteten Liegeplatz im Langfjord. Die schroffen Hänge des Fjords hatten sich früh mit Schnee überzogen. Die nur von wenigen verstreut liegenden Häusern belebte Felslandschaft wirkte nun noch trister.

Je näher der Winter heranrückte, um· so spärlicher wurde das Tageslicht. Hier in Eismeernähe herrscht während dieser Jahreszeit fast ununterbrochene Dunkelheit. Nur über Mittag weicht dann die Finsternis für wenige Stunden einer trüben Dämmerung.

An Bord wurde der Ausbildungsdienst in dem normal üblichen Rahmen ständig vorangetrieben, um die durch den Stellenwechsel geschwächte Gefechtskraft wieder herzustellen. Nach dem Kommandantenwechsel ist das Schiff jedoch nur einige Male in den Fjorden gefahren, ohne daß hierbei gefechtsmäßige Schieß- und Funkmeßübungen oder gemeinsame Übungen mit der 4. Z.-Flottille stattgefunden haben.

Während dieser Zeit fand auch unser Brester Programm „Zwischen Schanghai und St. Pauli" seine feierliche Wiederholung in der Flugzeughalle. Auch die Besatzungen der benachbarten Zerstörer zählten zu dem begeisterten Publikum. An Land konnte man sich bald nur noch auf Kufen fortbewegen. Eine größere Anzahl Skier war beschafft worden. Auch Rodelschlitten, meist selbstgebastelter Art, dienten dem wintersportlichen Vergnügen in der Freizeit — d. h. so weit die immer spärlicher werdende Beleuchtung dazu ausreichte. 80 Offiziere, Unteroffiziere und Mannschaften hatten das unwahrscheinliche Glück, Weihnachtsurlaub in die Heimat zu erhalten, weil er ihnen im Jahr zuvor versagt werden mußte. Als sie nun freudestrahlend und heftig winkend mit ihrem Transporter vom Schiff ablegten, konnte niemand ahnen, daß sie es nie wiedersehen würden. Bald setzte auch das richtige Weihnachtswetter ein. Der Schnee fiel in Massen vom Himmel, so daß das Schiff schnell unter einer dicken, weißen Decke lag. Mit Eifer wurden jetzt die Weihnachtsvorbereitungen getroffen, so wie sie an Bord Brauch sind. Die Räume mußten festlich ausgeschmückt werden. Dabei hatte jede Division den Ehrgeiz, auch möglichst originelle Einfälle zu verwirklichen. —

Die schwerwiegenden Rückschläge des Kriegsjahres 1943 ließen bei vielen doch einige Zweifel an einem siegreichen Ausgang des Krieges aufkommen. Schon im Januar hatte die Katastrophe von Stalingrad eine entscheidende Wendung im Kriegsgeschehen angekündigt. Unsere Verbände wurden durch die drückende Überlegenheit der Gegner an Menschen und Material überall in die Abwehr gedrängt. Ihnen wurden dadurch immer mehr die Möglichkeiten zu eigener Initiative genommen. Im Mai war nach der Landung der anglo-amerikanischen Truppen in Marokko der Krieg in Nordafrika durch die Kapitulation der Achsenstreitkräfte zu Ende gegangen. Der Landung der Alliierten auf Sizilien folgte im Juli der Umsturz und das Ende des Faschismus in Italien und im September der Waffenstillstand zwischen Italien und den Alliierten. Den auf das italienische Festland übergehenden alliierten Streitkräften wurde eine deutsche Front entgegengestellt, die kämpfend langsam zurückwich. — — Ihre Luftüberlegenheit ermöglichte es den Engländern und Amerikanern, nun mit der planmäßigen Vernichtung der deutschen Städte zu beginnen. — — In Rußland drangen die frischen Kräfte der Roten Armee dank der immer stärker werdenden amerikanischen Materialhilfe ständig vor. Was nutzte da schon der verbissene Widerstand unserer an Zahl und an Ausrüstung unterlegenen Kräfte! In der Heimat und in den besetzten Gebieten wurde deshalb alles unternommen, um Menschen für die bedrängte Ostfront freizubekommen. — So kam auch ich mit zwei Kompanien U-Bootsoldaten im Sommer 1943 zum Einsatz an einen im Augenblick noch ruhigen Frontabschnitt im Osten.

Hier mußte ich den Offizieren der Abteilung, der ich angegliedert war, immer wieder von unserer „Scharnhorst" und ihren Fahrten berichten. Meine Erzählungen wurden zu meiner Freude stets mit allergrößtem Interesse verfolgt und besprochen. Nachdem ich meinen Kameraden Wolf als Verbindungsmann zur „Scharnhorst" infolge seines Aussteigens verloren hatte, bemühte sich nun mein Kommandeur, Kpt. z. See v. Beckerath, mich mit Nachrichten über mein altes Schiff zu versorgen. — Am zweiten Weihnachtsabend rief er mich noch sehr spät zur entfernt liegenden Stabsunterkunft. Leise knurrend machte ich mich auf den langen Weg. Da war wohl wieder so ein Gast eingetroffen, der noch durch ein Doppelkopfspiel unterhalten werden sollte. Erstaunlich war nur die ungewöhnliche Kürze des Anrufes. In der Unterkunft war eine Anzahl Offiziere der Abtlg. versammelt. Sie hatten alle einen seltsamen verkniffenen Gesichtsausdruck. Nanu!!??

Während die anderen schweigend herumstanden, brachte es der Kommandeur erst nach langer, verlegener Einleitung fertig, seinem Herzen Luft zu machen: „Unsere ‚Scharnhorst‘ ist heute in einem schweren Gefecht mit weit überlegenen Feindstreitkräften im Eismeer gesunken!" —

Ich konnte es einfach nicht fassen, selbst dann noch nicht, als mir alle Versammelten schweigend und bewegt wie zum Verlust eines besonders nahen Angehörigen kondolierten. —

Wie konnte das nur geschehen? Einzelheiten über das Schicksal unseres schönen Schiffes sollte ich aber erst im folgenden Jahr erfahren. —

Seit dem 22. Dezember war von unseren Flugzeugen und U-Booten ein feindlicher Geleitzug aus 19 schwerbeladenen Dampfern beobachtet worden, der von Südwesten kommend etwa auf die Bären-Insel zusteuerte. Nach den Beobachtungsmeldungen wurde dieses Geleit nur von Kreuzern und Zerstörern gesichert.

Diese Geleitzüge, die Riesenmengen von Kriegsmaterial und Nahrungsmittel nach Murmansk beförderten, bedeuteten eine laufend wachsende Gefahr für unsere Ostfront. Die Unterbindung des Nachschubs, möglichst durch die Vernichtung von Geleitzügen, forderte den Einsatz der Kampfgruppe heraus. Die schon einige Tage während sechsstündige Bereitschaft ließ die Männer bereits fühlen, daß irgend etwas in der Luft lag. Als die Bereitschaft am 22. Dezember aber auf drei Stunden verschärft wurde, da wurde dieses Gefühl zur Gewißheit. Die Aufklärungsmeldungen über das erwähnte West-Ost-Geleit ließen erkennen, daß es einen Generalkurs von etwa 50–60 Grad steuerte und eine durchschnittliche Marschgeschwindigkeit von 8 sm hatte. Seine weiteren Bewegungen waren daher ziemlich genau vorauszuberechnen. Die Annahme jedoch, daß dieser Konvoi nur durch Kreuzer und Zerstörer gesichert sei, sollte sich später als verhängnisvoller Irrtum erweisen. Infolge der beschränkten Luftaufklärung war nicht bekannt, daß er auch noch von der — allerdings noch weit ab stehenden — Force (Kampfgruppe) II gedeckt wurde, die aus dem Schlachtschiff „Duke of York", dem Kreuzer „Jamaika" und vier Zerstörern bestand.

Ersteres war das Flaggschiff des Admirals Sir Bruce A. Fraser, der als Befehlshaber der Heimatflotte gleichzeitig auch Oberbefehlshaber aller britischen Streikräfte war. Auch wußte man nicht, daß sich noch ein weiterer Geleitzug durch das Eismeer bewegte. Dieser von Murmansk leer nach dem Westen laufende Konvoi aus 22 Schiffen hatte außer seinem üblichen Zerstörer-Geleitschutz gleichfalls eine Fernsicherung, die von der Force I, bestehend aus den Kreuzern „Belfast" (Flaggschiff des Vizeadmirals Burnett), „Norfolk" und „Sheffield", ausgeübt wurde.

Eine am 24. 12. abends vom deutschen B.-Dienst (Funk-Beobachtungsdienst) gemeldete Peilung einer englischen Funkstelle in ca. 200 sm Abstand von dem gemeldeten Geleitzug wurde vom Admiral Nordmeer, der zwischen Gruppe/Nord und Kampfgruppe in Narvik eingesetzten, vorgeschobenen operativen Zwischenstelle, bereits als englische Feindgruppe gedeutet, von Gruppe Nord/Flotte aber als zu unsicher für eine solche Deutung angesprochen.

Obgleich die Möglichkeit zu einem Einsatz immer festere Formen annahm und die allgemeine Spannung daher kaum noch zu steigern war, fanden die Weihnachtsfeiern der Divisionen am 24. Dez. in der altgewohnten Form unter den brennenden Kerzen der festlich geschmückten Bäume statt. —

„19.00 Uhr seeklar!" Dieser Ruf, der am ersten Weihnachtstage nachmittags aus den Lautsprechern in allen Decks erscholl, versetzte die Besatzung schlagartig in wilde Bewegung. Mit der Feststimmung war es aus. Die Bäume mit ihrem Schmuck flogen über Bord. Im Nu waren alle Decks klar. Weitere Befehle ertönten. Die letzten Vorbereitungen auf den Gefechtsstationen wurden getroffen, dabei mußten auch die Schneemassen über die Bordwand geschoben werden, die bisher das Schiff so schön gegen Fliegersicht tarnten. Der stärker werdende Ölqualm über der Schornsteinkappe zeigte an, daß die Kameraden von der Maschine ihre Kessel auf den erforderlichen Druck brachten.

Durch das Übersteigen des Befehlshabers von der „Tirpitz" auf die „Scharnhorst" verzögerte sich das Auslaufen. Das nach dem Einsatzbefehl von Gruppe Nord/Flotte für das Auslaufen der Kampfgruppe vorgesehene Stichwort „Ostfront 1700" erging so

spät, daß, um dem Befehlshaber das Übersteigen von der im Kaa-
fjord liegenden „Tirpitz" auf die „Scharnhorst" im Langfjord zu
ermöglichen, die Auslaufzeit auf 19.00 Uhr verschoben werden
mußte. Eine weitere Folge der knappen, zur Verfügung stehenden
Zeit war, daß der Befehlshaber keine Möglichkeit mehr hatte, die
von ihm beabsichtigte Durchführung der Aufgabe, vor dem Auslaufen noch mit den beteiligten Kommandanten und dem Chef der
4. Zerstörerflottille zu besprechen.

19.00 Uhr traten die Kriegswachen der Artillerie wie üblich zur
Musterung auf der Schanze an. Nun konnte die Besatzung auch
endlich den mit höchster Spannung erwarteten Einsatzbefehl erfahren. Als der I. AO, Korv.-Kpt. Bredenbreuker, dann den in der
Dunkelheit um ihn stehenden Männern bekanntgab, daß „Scharnhorst" mit fünf Zerstörern der 4. Z-Flottille nach Norden ginge,
um einen Rußland-Geleitzug zu stellen und möglichst auch zu vernichten, da kannte die Begeisterung der Besatzung keine Grenzen.

Endlich war die Zeit der Untätigkeit vorüber!

Im Nu meldeten alle Stationen klar. Nun erhielten auch die Zerstörer Befehl zum Ankerlichten. Langsam und schwerfällig, dann
schneller werdend, setzte sich die „Scharnhorst" in Bewegung. Mit
Z 38 als Sicherung voraus und den Zerstörern Z 29, 30, 33 und 34
in Kiellinie achteraus verschwand sie langsam im Dunkel des
Fjords. —

Der Operationsbefehl der Kampfgruppe sah als Aufgabe die
Vernichtung des gemeldeten Geleitzugs vor. Die Absicht des Be-
fehlshabers zur Durchführung entsprach folgender, ihm von
Gruppe Nord/Flotte erteilten Weisung:

1. Angriff auf den Geleitzug durch „Scharnhorst" und 5 Zerstörer
   am 26. 12. bei Beginn der Dämmerung (etwa 10 Uhr).
2. Geschlossener Einsatz nur bei günstigen Kampfbedingungen
   (Wetter, Sichtigkeit, klare Übersicht über Feindlage).
3. Falls die Bedingungen für den Einsatz von „Scharnhorst" nicht
   günstig, Ansatz der Zerstörer allein. Schlachtschiff abgesetzt in
   Aufnahmestellung, oder, falls angezeigt, in Wartestellung im
   Außenfjord.

Kurz vor 20.00 Uhr passierte der Verband die innere und etwa
eine halbe Stunde später die äußere Langfjord-Sperre. Am dunklen,

klaren Himmel voraus strahlte wieder das Nordlicht, während der um die Aufbauten pfeifende Sturm schon auf ein unangenehmes Wetter im freien Seeraum schließen ließ.

Die Gefechtsstationen waren von einer Kriegswache besetzt, alles andere begab sich langsam auf die Freiwachschlafplätze. Für die zu erwartenden Ereignisse mußte man schon ausgeruht sein. Bei unverändert nordwestlichem Kurs durch Söröja-Sund und Loppahaved wurde die Fahrt gegen 21.00 Uhr auf 25 Meilen erhöht. Etwa eine Stunde später übernahmen die Zerstörer die U-Bootsicherung.

Gegen 20 Uhr geht der Wetterbericht ein. Er besagt Sturm aus Süd, 8—9, Seegang 6—7. Voraussage für den 26. 12. rechtsdrehend auf SW, 6—8. Schwere Südwestdünung, bedeckt, Regen, Sicht 3—4, nur vorübergehend 10 sm, Barentsee Schneefall. Unter dem Eindruck des um das Schiff heulenden Sturms und dieser Voraussage gewinnt Bey zunehmend die Überzeugung, daß bei einer solchen Wetterlage ein Einsatz seiner Zerstörer zum Angriff auf den Geleitzug, wie in der Weisung von Gruppe Nord/Flotte vorgesehen, nicht zu verantworten ist. Er entschließt sich daher kurz nach 21 Uhr, noch innerhalb der Fjorde laufend, die Funkstille zu durchbrechen und an Gruppe Nord/Flotte mit Uhrzeitgruppe 21.16 zu funken, daß bei Windstärke 6—9 im Operationsgebiet Waffenverwendung der Zerstörer stark beeinträchtigt sei und Fahrtbeschränkung bestehe. Infolge von Übermittlungsschwierigkeiten durch atmosphärische Störungen muß der Funkspruch um 22.15 und offenbar nochmals gegen Mitternacht wiederholt werden. Nach britischer Angabe (Z.B. Schofield, The Russian Convoys Seite 172) ist dieser Funkspruch von der britischen Funkaufklärung erfaßt und der Admiralität gemeldet worden, die Admiral Fraser um 3.39 informierte, daß Scharnhorst ausgelaufen sei. Die Durchbrechung der Funkstille war, auch wenn der Spruch noch innerhalb der Fjorde aufgesetzt war, äußerst gewagt. Wenn Bey sich trotzdem entgegen der Vorschrift zu diesem Schritt entschlossen hat, so vermutlich deshalb, weil er einen Erfolg der ihm gestellten Aufgabe bei den zu erwartenden Wetter- und Sichtbedingungen nicht für gegeben ansah und durch seinen Funkspruch einen Befehl der operativen Führung zum Abbruch der Unternehmung erreichen wollte. Infolge der erwähnten Übermittlungsschwierigkeiten liegt dieser Funkspruch erst um 2.19 Uhr der Gruppe Nord/Flotte, um 3.56 der SKI vor, er war durch inzwischen erfolgte anderweitige Entscheidungen bereits überholt. Daher hat er weiter keine Beachtung gefunden.

Auf Punkt Lucie (ca. 70⁰ 38' N 21⁰ O), der kurz nach 23.00 Uhr erreicht wurde, hatte der Verband den notwendigen Abstand von der Küste erreicht. Er schwenkte jetzt auf Kurs 10⁰ — Richtung: vorausberechneter Treffpunkt mit dem Geleitzug. Nun kamen Sturm und Seegang von achtern. „Scharnhorst" machte daher nur leichte Rollbewegungen, die Zerstörer gierten jedoch stark und nahmen dabei häufig schwere Brecher über, so daß ihre Aufbauten infolge der eisigen Temperaturen schnell mit dicken Eisschichten bedeckt waren. Bald jagten auch die ersten schweren Schneeböen vorüber. Unter diesen Eismeerverhältnissen hatten vor allem die Ausguckposten eine schwere Aufgabe zu erfüllen. Trotz triefender Nässe und schneidender Kälte suchten sie aber verbissen Stunde um Stunde in der Finsternis ihrer Sektoren nach verdächtigen Schatten ab.

Kurz vor Mitternacht erhielt der Kampfgruppenchef folgenden Funkspruch des Ob.d.M.:

1. Feind will durch wichtigen Geleitzug mit Nahrung und Waffen für Russen heldenmütigen Kampf unseres Ostheeres erschweren. Wir müssen helfen.
2. Geleitzug mit „Scharnhorst" und Zerstörern angreifen.
3. Taktische Lage geschickt und wagemutig ausnutzen. Gefecht nicht mit halbem Erfolg beenden. Angepackte Lage durchschlagen. Größte Chance liegt in überlegener Artillerie „Scharnhorst", deshalb ihren Einsatz anstreben. Entsprechend Zerstörer ansetzen.
4. Abbrechen nach eigenem Ermessen. Grundsätzlich abbrechen bei Auftreten schwerer Streitkräfte.
5. Besatzungen in diesem Sinne einstellen. Ich glaube an Euren Angriffsgeist.

Heil und Sieg!
Dönitz, Großadmiral.

Dieser Funkspruch des Ob. d. M. enthielt zum Unterschied gegen die von Gruppe Nord/Flotte erteilte Weisung, die dem Kampfgruppenführer hinsichtlich der Art des Einsatzes der „Scharnhorst" und der Zerstörer je nach vorgefundener Lage und Bedingungen weitgehend freie Hand ließ, die eindeutige Bindung zum gemeinsamen Angriff mit Betonung des Schwergewichts auf den Einsatz des Schlachtschiffes.

Auch dem Flottenchef in Kiel, Generaladmiral Schniewind, waren im Laufe des Abends des 25. 12. nach Eingang des erwähnten Wetterberichts und nachdem der Admiral Nordmeer wegen der Wetterlage ihm vorgeschlagen hatte, die auslaufende Kampfgruppe zurückzurufen, Bedenken hinsichtlich der Durchführbarkeit der Aufgabe gekommen. Da bei dieser Lage die Operation mit zu vielen ungünstigen Bedingungen belastet sei und keine durchgreifenden Erfolge zu erwarten seien, schlug er der Seekriegsleitung den Abbruch der Unternehmung vor. Als der Chef der Seekriegsleitung dem Ob. d. M., Großadmiral Dönitz, diesen Vorschlag vortrug, antwortete dieser, daß nur der Befehlshaber in See entscheiden könne, ob die Wetterlage die Durchführung zulasse oder nicht. Entsprechend solle an Bey gefunkt werden[1]).

Nach weiterem Meinungsaustausch zwischen Flotte und Seekriegsleitung über diese Frage erhielt der Befehlshaber auf „Scharnhorst" dann auf Veranlassung der SKl 4 Stunden später durch das Flottenkommando folgenden Funkspruch 01.37 am 26. 12.: „Wenn Zerstörer See nicht halten können, kommt Durchführung Aufgabe nach Art Kreuzerkrieg mit „Scharnhorst" allein in Frage. Entscheidung durch Befehlshaber."

Der Wortlaut des Funkspruches, der von Bey als Antwort auf sein F.T. 21.16 aufgefaßt werden konnte, läßt die vom Ob. d. M. dem Chef SKL erteilte Anordnung vermissen, an Bey zu funken, über die weitere Durchführung der gesamten Aufgabe in Anbetracht der Wetterlage zu entscheiden, nicht nur über den Einsatz der Zerstörer.

Dieser Funkspruch stellte den Befehlshaber vor eine schwierige Entscheidung. Was sollte er unter den gegebenen Umständen unter „Durchführung nach Art des Kreuzerkrieges" verstehen? Sollte er mit dem Schlachtschiff allein, ohne Zerstörer, den von einer Vielzahl von Zerstörern und Kreuzern gedeckten Geleitzug angreifen,

---

[1]) Siehe Dönitz „10 Jahre und 20 Tage". Paperbackausgabe 1963, Seite 370.

unter Wetter- und Sichtbedingungen, die den Deckungsstreitkräften gegenüber dem Einzelschiff besonders günstige Erfolgsaussichten zum Einsatz ihrer Torpedowaffe boten? Sollte er sich absetzen und günstigere Wetter- und Sichtbedingungen abwarten? Sollte er die Zerstörer entlassen oder sie, wie im Op.Befehl vorgesehen, zunächst bei sich behalten und zur Aufklärung einsetzen? Er entschloß sich dann, zunächst den Flottillenchef um sein Urteil über die Einsatzmöglichkeit seiner Zerstörer zu befragen.

Dieser antwortete optisch: „Bei achterlicher See und Wind bisher keine Schwierigkeiten, jedoch keine Beurteilungsgrundlage. Ich rechne mit Wetterbesserung." Der Flottillenchef wollte mit seiner Antwort offensichtlich seiner Bereitschaft Ausdruck geben, mit den Zerstörern ohne Rücksicht auf die Wetterlage durchzuhalten, um „Scharnhorst" den beabsichtigten Angriff auf den vermutlich stark von Zerstörern gesicherten Geleitzug nicht ohne Mitwirkung eigener Zerstörer zu überlassen und weil es ihm widerstrebte, auf Grund der Wetterlage entlassen zu werden, während die britischen Zerstörer die See hielten.

Es hätte jetzt nahe gelegen, durch vorübergehende Kursänderung des Verbandes gegen die See die Lage der Zerstörer, die Einsatzfähigkeit der Waffen und die mögliche Geschwindigkeit des Verbandes bei See und Wind aus vorlicher Richtung nachzuprüfen. Aber der Befehlshaber entschloß sich, wohl unter Zeitdruck stehend, den bisherigen Kurs 10⁰ beizubehalten und den Vormarsch mit den Zerstörern gemeinsam bei achterlichem Seegang fortzusetzen.

Am 26. Dezember 4.00 Uhr stand die Kampfgruppe auf etwa 72⁰ 40'N und 22⁰ 16'Ost und damit ca. 114 sm südöstlich der Insel Björnöy (Bären-Insel)[1]. — Admiral Fraser, der mit seiner Force II zunächst weit im Westen stand, war schon seit Tagen über die laufende deutsche Luft- und U-Bootüberwachung des West-Ost-Geleitzuges unterrichtet worden. Diese Meldungen und der Umstand, daß der von Rußland kommende leere Gegen-Geleitzug das Seegebiet südlich der Bäreninsel bereits unerkannt passiert hatte, hatten ihn schon am 23. Dezember — also lange vor dem Auslaufen der „Scharnhorst" — vermuten lassen, daß ein Angriff auf den West-

---

[1] Siehe die Karte am Ende des Buches.

Ost-Konvoi geplant war. Und für einen solchen kam nach Ausfall der „Tirpitz" nur „Scharnhorst" in Betracht.

Er ließ deshalb durch Funkbefehl die Marschgeschwindigkeit des Konvois verringern, während er mit der Force II unter Fahrterhöhung Kurs auf das Operationsgebiet zu nahm. Gleichzeitig ließ er den leeren Ost-West-Konvoi nach Norden absetzen, um das Seegebiet freizubekommen, und vier Begleitzerstörer dieses Konvois zur Verstärkung des gefährdeten West-Ost-Konvois detachieren. Am 26. Dezember 4.00 Uhr stand die Force II 270 sm westlich des Nordkaps. Mit 24 Meilen Fahrt lief sie ostnordöstlichen Kurs. Zur gleichen Zeit hatten die Geleitzüge folgende Positionen:

West-Ost-Konvoi 50 Meilen südlich der Bären-Insel.

Ost-nordöstlicher Kurs, Fahrt 8 Meilen, kurze Zeit vorher von U 601 (Dunklenberg) gemeldet, das zugleich Wetterlage mit Süd 7, See 6—7, Sicht 1500 m funkte.

Ost-West-Konvoi: etwa 200 Meilen westlich der Bären-Insel.

Westlicher Kurs, Fahrt 8 Meilen.

Die Force I stand zu dieser Zeit 137 Meilen ost-südöstlich der Bären-Insel auf südwestlichem Kurs mit 18 Meilen Fahrt.

Nach Empfang der Information der Admiralität über das Auslaufen der „Scharnhorst" ließ sich Admiral Fraser die Positionen der Geleitzüge und Force I melden. Um das Finden des gefährdeten West-Ost-Geleitzuges zu erschweren, ließ er diesen einen nördlicheren Kurs (NO) steuern und befahl der Force I, an ihn heranzuschließen.

Die britischen Streitkräfte waren folgendermaßen zusammenge-
setzt:

	t	Armierung (ohne L.Flak)	Höchst-Geschw.	Besatzung	Verband
Schlachtschiff					
Duke of York	35 000	10 × 35,6 cm 16 × 13,2 cm Fl.	30	1900	Force II
Kreuzer					
Jamaica	8000	12 × 15,2 cm 8 × 10,2 cm 6 Torp. Rohre (TR)	33	700	Force II
Belfast	10 000	12 × 15,2 cm 12 × 10,2 Flak 6 TR	32,5	750	Force I
Norfolk	9975	8 × 20,3 cm 8 × 10,2 cm Flak 8 TR	32,2	680	Force I
Sheffield	9100	12 × 15,2 cm 8 × 10,2 Flak 6 TR	32,5	700	Force I
Zerstörer					
Saumarez Savage Scorpion Stord }	1690	4 × 12 cm 1 × 7,6 Flak 8 TR	36	183	Force II zunächst
Musketeer Matchless }	1920	6 × 13,2 cm 1 × 7,6 Flak 4 TR	36,5	183	O.-W.-Geleit dann W.-O.-Geleit dann
Opportune } Virago }	1690 1710	4 × 12 cm 8 TR	36 34	183 183	Force I

Der West-Ost-Geleitzug hatte außerdem noch eine Sicherung, die
sich — abgesehen von 2 Korvetten und 1 Minensucher — aus folgenden Zerstörern zusammensetzte:

	t	Armierung	Höchst-Geschw.	Besatzung
Impulsive	1370	4 × 12 cm 1 × 7,6 cm Fl. 5 TR	36	145
Onslow Onslaught Orwell }	1690	4 × 12 cm 1 × 7,6 cm Fl. 5 TR	36	183
Scourge	1690	4 × 12 cm 4 TR	36	183
Haida Huron Iroquois }	2400	8 × 12 cm 4 TR	36,5	240
Whitehall	1120	4 × 12 cm 6 TR	34	134
Wrestler	1110	4 × 10,2 3 TR	34	134

Bei dem weiter im Norden stehenden und nach Westen ablaufenden Leer-Konvoi war noch eine Sicherung von 6 Zerstörern,
3 Korvetten und 1 Minensucher verblieben. —

Nach den Vorausberechnungen auf Grund der U-Bootsmeldungen mußte die Kampfgruppe etwa 7.00 Uhr den Kurs des Geleitzuges kreuzen, falls dieser seinen Kurs durchhielt. Admiral Bey befahl daher zu dieser Uhrzeit der 4. Z.-Flottille Bildung eines Aufklärungsstreifens mit Kurs 250 Grad, dem vermuteten Gegenkurs des Geleitzuges, dessen inzwischen vorgenommene Kursänderung er nicht wissen konnte. Bei einer befohlenen Fahrt von 12 sm erwartete er, daß die in breiter Formation auseinander gezogenen Zerstörer auf den Geleitzug bzw. dessen Sicherung stoßen würden. „Scharnhorst" folgte dem Aufklärungsstreifen in etwa 10 sm Abstand, mit hoher Fahrt wechselnde Kurse steuernd.

Bisherige Veröffentlichungen gingen davon aus, daß „Scharnhorst" dem Aufklärungsstreifen der Zerstörer in 10 sm Abstand auf gleichem Kurs und mit gleicher Geschwindigkeit folgte. Nach folgender Aussage des Obermaat Gödde, der eine Zielsäule auf der Kommandobrücke besetzt hielt, läßt sich diese Version nicht aufrecht erhalten: „Nach der Entlassung der Zerstörer in den Aufklärungsstreifen hat „Scharnhorst" ihre vorher gelaufene Geschwindigkeit von 24—25 sm beibehalten. Das Schiff hat mehrfach Kursänderungen durchgeführt, so daß die See mal von Steuerbord, mal von Backbord eingekommen ist. Ich kann mit Bestimmtheit sagen, daß eine Ermäßigung auf 12 sm überhaupt nicht stattgefunden hat."

7.30 Uhr wurde auf „Scharnhorst" „Klarschiff zum Gefecht" befohlen. Nun waren alle Gefechtsstationen besetzt. Alles fieberte den Ereignissen entgegen, die da von vorn aus der Finsternis auf das Schiff zukommen mußten.

Während der Mittelwache war die Besatzung über den Funkspruch des Oberbefehlshabers der Kriegsmarine unterrichtet worden. Wie der Matr.Gefr. Sträter später aussagte, wurde jener FT etwa in folgender Kurzform durchgegeben: „An alle Stellen: Funkspruch vom Oberbefehlshaber: ‚Packt das Geleit, wo Ihr es faßt! Ihr entlastet die Ostfront. Dönitz, Großadmiral.'" — Diese Wiedergabe läßt erkennen, wie der Befehlshaber den Funkspruch auffaßte. Die Eindringlichkeit dieses Aufrufes führte aber auch jedermann vor Augen, wie sehr die Heimat und die feldgrauen Kameraden im Osten auf ihr Schiff und sie, die Besatzung, vertrauten. —

Währenddessen stampften die Zerstörer weit vorn gegen die schwere See. Im starken Überholen gingen die Seen ständig über sie hinweg. — Angestrengt starrten die Ausguckposten der „Scharnhorst"

„Scharnhorst" unter Tarnnetzen

„Scharnhorst" im Nordatlantik, 22. 3. 41

Admiral Lütjens begrüßt den Kommandanten

Bauhafen in Wilhelmshaven, Frühjahr 1939
vorn rechts „Scharnhorst", dahinter die „Tirpitz"

in die Dunkelheit. Plötzlich standen über dem Schiff Leuchtgranaten. In der Dunkelheit und dem Schneetreiben war nicht erkennbar, von wo und von wem sie gefeuert waren. Wenige Minuten später (9.30 Uhr) lag das Schiff im Feuer des unsichtbaren Gegners.

Nach Auffassen des in achterlicher Richtung aufflammenden Mündungsfeuers erwiderte die 250° steuernde „Scharnhorst" das Feuer und drehte auf 220° ab, so daß der Gegner etwa recht achteraus kam, mit dem achteren 28 cm Turm C feuernd, und nahm Höchstfahrt auf. Etwa 9.40 stellten beide Gegner das Feuer ein. „Scharnhorst" drehte dann allmählich weiter, um auf Nordost zu gehen, offensichtlich um, nördlich ausholend, den Geleitzug in der Zeit des Büchsenlichts unter günstigeren Beleuchtungs-, Sicht- und Meßbedingungen von Norden her anzugreifen.

„Der Gegner" waren die Kreuzer der Force I*. Ihre Radargeräte hatten „Scharnhorst" erstmalig bereits um 8.40 auf 330 hm erfaßt und seitdem ihren Weg laufend verfolgen können. 9.24 eröffnete zunächst Sheffield, dann Norfolk das Feuer mit Leuchtgranaten. Wegen zu hoher Entfernung, wohl auch infolge der durch Schneefall verschlechterten Sicht, gelang es den Schiffen nicht, eine Beleuchtung des Zieles zu erreichen. Admiral Burnett befahl daher, kurz entschlossen, daß Schießen mit Leuchtgranaten einzustellen und den Gegner im Blindschießen mit dem Feuerleitradar unter Feuer zu nehmen. Gleichzeitig wendete er seinen Verband, der bis dahin 160 Grad gesteuert hatte, vom Gegner ab auf 265 Grad. Hierdurch entstand eine Formation, in der nur der am südlichen Flügel stehende Kreuzer Norfolk seine Geschütze einsetzen konnte, da er die beiden anderen maskierte (verdeckte). Als Burnett erkannte, daß „Scharnhorst" sich in südöstlicher Richtung entfernte, schwenkte er, ihrem Kurs folgend, zunächst auf 150, dann auf 170 Grad. Norfolk stellte bei laufend zunehmender Entfernung das Feuer ein. Als 9.55 im Radar die Kursänderung der „Scharnhorst" auf Nordost erkannt war, ließ Burnett in richtiger Erkenntnis ihrer Absicht, den Geleitzug von Norden her anzugreifen, um 10.00 Uhr den Verband mit nordwestlichem Kurs auf den Geleitzug nehmen, um dessen Sicherung zu verstärken.

Warum hat „Scharnhorst" die Annäherung an die Force I erst durch deren Feuereröffnung erkannt, obgleich sie sich nach Rückkonstruktion der beiderseitigen Kurse auf Grund der vorliegenden Funkmeßergebnisse des Gegners etwa 20 Minuten lang vorher im Meßbereich ihres Vormarsfunkmeßgerätes befunden haben wird? Die Erklärung hierfür ergibt sich aus dem Nachrichtenbefehl zum Operationsbefehl von Bey: „Funkmeß und Funkmeßbeobachtungsgerät erst auf Befehl." Die Vermutung, daß zu dieser Zeit keine Funkortung stattgefunden hat, läßt sich nach der neuen Skizze, die aus dem Buche „Seemacht" übernommen ist, (s. S. 276-277) nicht mehr aufrecht zuerhalten. Es muß also kurz vor dem Beschuß durch die Kreuzer mit dem achteren Funkmeßgerät eine Messung des Gegners stattgefunden haben, da nach der Skizze „Scharnhorst" einen Kreis über Süd nach Nordost gemacht hat. Das vordere Funkmeßgerät war nach einer neuen Aussage des Obermaat Gödde kurzzeitig infolge einer Störung ausgefallen. Die Nichtbenutzung des Funkmeßgerätes wird auch von dem überlebenden Obermaat Gödde bestätigt, der die auf der Kommandobrücke stehende Art.-Zielsäule bediente und daher die Vorgänge auf der Brücke aus nächster Nähe erlebt hat. In seinem Kopftelefon hat er während des Ablaufens nach beendetem Feuerwechsel ein Gespräch zwischen 1. und 2. Artillerieoffizier abgehört, in dem diese ihre Verwunderung darüber ausdrückten, keine Funkmessung des Gegners erhalten zu haben, der nach Sichtbesserung infolge Aufhören des Schneefalls als Verband von 3 Kreuzern der Städteklasse erkannt worden war.

Bei diesem Schußwechsel hatte „Scharnhorst" zwei Treffer erhalten. Eine Granate schlug in das Batteriedeck in Abtlg. IX, ohne zu detonieren, die zweite aber zerstörte das Funkmeßgerät auf dem Vormars, das hierdurch ausfiel, und tötete das Funkmeßpersonal und einen Teil der dort stationierten Fla.-Bedienungen.

Der Ausfall des Vormarsfunkmeßgeräts war schwerwiegend. Er hatte zur Folge, daß nun in einem vorlichen Sektor von 70 Grad keine Funkmessung mehr möglich war, da das auf dem achteren Stand montierte hintere Gerät in diesem Sektor durch die Aufbauten behindert war. Wegen seiner niedrigeren Aufstellungshöhe betrug die Reichweite dieses Geräts im Gegensatz zu der des Vormarsgeräts von 10 sm nur 6 sm. 9.55 Uhr meldete „Scharnhorst". durch Funksignal: „Quadrat AC 4133. Werde von feindlichem Kreuzer beschossen." Die Quadratangabe, d. h. die dadurch mitge-

Anmerkung 15 siehe Seite 202

teilte Position des Schiffes, gab den noch auf ihrem Aufklärungsstreifen stampfenden Zerstörern schwere Rätsel auf: „Scharnhorst"
hätte etwa 50 sm weiter südwestlich stehen müssen. Spätere Über-
prüfungen ergaben, daß offenbar bei der Abgabe des FT eine
Verwechslung mit der richtigen Quadratangabe AC 4199 vorgekommen ist.

10.00 Uhr meldete das U-Boot Lübsen, das zu einem vom FdU
befohlenen Vorpostenstreifen von 8 Booten gehörte: „Geleitzug
9.45 Uhr Quadrat AB 6365."

Diese Position befand sich ca. 40 sm nordwestlich der Zerstörer.
10.25 Uhr meldete das gleiche U-Boot: „9.30 Uhr auf Geleit ge-
prallt, hatte Lichter gesetzt. Besteck ungenau."

Unsere Zerstörer hatten inzwischen ihren Vormarsch im Aufklärungsstreifen mit Kurs 230 Grad fortgesetzt. Durch die von Admiral Fraser am Morgen angeordnete Kursänderung des Geleitzuges
in nördlichere Richtung war der Aufklärungsstreifen südlich an jenem vorbeigestoßen. 10.27 Uhr befahl Adm. Bey den Zerstörern
durch F.T., den Kurs auf 70 Grad zu ändern. Offenbar wollte er
sie näher an „Scharnhorst" heranziehen. Der Kurs 70 Grad führte
sie jedoch weit südlich an der nach Norden laufenden „Scharnhorst"
vorbei. Erst 11.35 Uhr ordnete Bey eine weitere Kursänderung der
Zerstörer auf 30 Grad an. Dieser Kurs führte sie nun zwar ungefähr in das Seegebiet, in dem 1/2 Stunde später die zweite Gefechtsberührung von „Scharnhorst" mit Force I stattfand. Jetzt lagen die
Schiffsorte der „Scharnhorst" und der 4. Z.-Flottille aber so weit
auseinander (ca. 50 sm), daß ein Heranschließen der Zerstörer für
den von „Scharnhorst" beabsichtigten Angriff auf die Geleitsiche-
rung von Norden her nicht mehr in Frage kommen konnte. Im übrigen ließen die Befehle an die Flottille nicht die Absicht des Kampf-
gruppenführers erkennen. 11.58 Uhr erhielt die 4. Z.-Flottille dann
den Befehl, auf Quadrat 6365 zu operieren. Dies war der vom
U-Boot Lübsen um 10.00 Uhr gemeldete Ort des Geleitzuges. Da der
Flottille die weiteren Bewegungen des Konvois jedoch unbekannt
blieben, hat sie ihn nicht gefunden. Im Laufe des Nachmittags hat
sie dann vom Kampfgruppenführer Befehl zum Abbruch und Einlaufen erhalten.

Der Geleitzug war während der Gefechtsberührung zwischen

Force I und „Scharnhorst" den Anweisungen Adm. Frasers entsprechend auf Nordkurs gegangen. Die vier Zerstörer der 36. Zerstörer-Division, die, wie bereits erwähnt, am 24. 12. auf Befehl Admiral Frasers zur Verstärkung des West-Ost-Geleits („JW 55 B") von dem im hohen Norden laufenden, weniger gefährdeten Ost-West-Geleit („RA 55 A") abgezogen worden waren, wurden jetzt der Force I zugeteilt. Diese marschierte 10 Meilen vor dem Geleitzug. 11.55 Uhr schwenkte der Konvoi auf Südostkurs. Die Force I hielt sich östlich davon und stand somit zwischen dem Geleitzug und der jetzt von Nordosten her erwarteten „Scharnhorst". —

Nach Aussage von Obermaat Gödde in einem Brief, den er nach Entlassung aus Kriegsgefangenschaft an den langjährigen Ersten Offizier und Navigationsoffizier des Schiffes, Kapitän zur See Gießler, gerichtet hatte, hat Kapitän zur See Hintze telefonisch gegen 11 Uhr einen Lagebericht an die Besatzung durchgegeben. Dabei habe er eine Aufklärungsmeldung erwähnt, nach der in 150 Seemeilen Abstand eine schwere britische Kampfgruppe im Anmarsch sei. Tatsächlich hat eine vom Fliegerhorst Tromsö aus gestartete BV 138 gegen 10.00 Uhr im Seegebiet nordwestlich des Nordkaps mit ihrem Funkmeßgerät mehrere Fahrzeuge geortet und $1^{1}/_{2}$ Stunden an diesen Fühlung gehalten. Ihre Wahrnehmung hat sie 10.12 Uhr allgemein und nach beendetem Fühlunghalten 11.40 Uhr genauer als vermutlich ein größeres und mehrere kleine Fahrzeuge auf der Luftaufklärungswelle an Tromsö gemeldet. Trotzdem diese überaus wichtige Meldung von Tromsö verzugslos über Direktleitung an den Fliegerführer Lofoten weitergeleitet hat, der für Weitergabe an die Marinedienststellen verantwortlich war, ist die Weitergabe der Meldung von 10.12 Uhr unverständlicherweise um 3 Stunden verzögert worden. Erst um 13.06 Uhr erfolgte diese auf der Führungsverbindungswelle Luftwaffe/Marine an Admiral Nordmeer und „Scharnhorst", als das Schiff sich bereits nach seinem zweiten Gefecht auf dem Rückmarsch zur norwegischen Küste befand. Die zweite Flugzeugmeldung von 11.40 Uhr ist der Marine erst am nächsten Tage bekannt geworden. Auf „Scharnhorst" hat dann der Kommandant der Besatzung gegen 14.50 Uhr erneut den im Westen gemeldeten feindlichen Flottenverband mitgeteilt und sie zu erhöhter Aufmerksamkeit angehalten. Aus Göddes Aussage ist zu schließen, daß bereits die Meldung des Flugzeuges um 10.12 Uhr von „Scharnhorst" auf Luftaufklärungswelle empfangen worden ist, deren Schaltung im Nachrichtenbefehl zwar nicht ausdrücklich befohlen aber „bei Bedarf" vorgesehen war, was im vorliegenden Fall von der Kampfgruppenführung als vorhanden angesehen sein wird. Die Meldung ist von Bey und Hintze richtig als Ortung einer schweren Kampfgruppe aufgefaßt worden. Offenbar aber hat man in Anbetracht des gemeldeten Abstands von 150 Seemeilen und wohl auch unter dem Eindruck der zum Durchhalten mahnenden Funksprüche des Ob. d. M. und von Gruppe Nord/Flotte der vergangenen Nacht keine Veranlassung gesehen, unmittelbare Konsequenzen aus dieser Feststellung zu ziehen. 12.05 Uhr auf etwa 74⁰ 12' N, drehte „Scharnhorst" auf Südwestkurs, um den in dieser Richtung vermuteten Geleitzug anzugreifen. Auf allen Stationen herrschte gespante Aufmerksamkeit. Der telefonischen Durchsage: „Von Befehlshaber an alle Stellen: Verschärft Ausguck halten" hätte es nicht bedurft. Jeder wußte, jetzt mußte der Geleitzug auftauchen. — *

Über die nächsten Ereignisse berichtet Obermaat Gödde:

„Kurz nach 12.30 Uhr wurden gleichzeitig von mehreren Stellen, so auch von mir selber, voraus drei Schatten gesichtet und gemeldet. Alarm war auf Grund der Funkmeßmeldung vom achteren Gerät schon gegeben; doch ehe unsere Artillerie zum Schießen kam, standen schon die ersten Leuchtgranaten über unserem Schiff. Die feindlichen Einschläge lagen ziemlich dicht am Schiff. Doch lagen unsere ersten Salven der schweren Artillerie deckend. So habe ich selbst beobachtet, daß nach den drei bis vier Salven auf einem der Kreuzer etwa in Höhe des achteren Schornsteines ein starkes Feuer ausbrach, während ein anderer Kreuzer auf seinem Achterschiff und Vorschiff Brände und starke Rauchentwicklung zeigte. Nach weiteren Salven sah ich, daß auch der dritte Kreuzer einen schweren Treffer auf das Vorschiff bekam. Für einen kurzen Augenblick war eine riesige Stichflamme sichtbar, die aber kurz darauf verlöschte. Aber weiter starke Rauchentwicklung ließ auf einen Brand im Schiff schließen. Das feindliche Feuer wurde unregelmäßig, und, während wir unseren Kurs änderten, drehten auch die feindlichen Kreuzer ab und verschwanden in Regen- und Schneeböen. —

Während dieses Gefechtes war der Gegner etwa voraus und an Stb.- und Bb.Seite sichtbar. Von unseren Geschützen schossen die Türme A und B, sowie zeitweilig die beiden vorderen 15-cm-Türme. Von einem Treffer auf „Scharnhorst" ist mir in diesem zweiten Gefecht weder durch das Telefon noch sonst etwas bekannt geworden. —

Während beim ersten Gefecht der Gegner optisch kaum sichtbar war, ist bei dem gegen Mittag in diesen Breiten herrschenden Dämmerlicht der Gegner deutlich in seinen Umrissen sichtbar gewesen. Auch war die Entfernung bedeutend geringer als am Vormittag."

Nach britischer Darstellung sichtete Sheffield 12.23* Uhr unser Schiff auf 101 hm. Force I steuerte zu dieser Zeit 45 Grad und stand ca. 12 Seemeilen östlich von J 55 b, der südöstlichen Kurs steuerte. Sie bewegte sich also zwischen „Scharnhorst", deren Kurs mit 240 Grad, Fahrt 18—20 sm, erkoppelt wurde, und dem Geleitzug. Admiral Burnett ließ seinen Verband um 12.19 Uhr auf 100 Grad wenden. Die 36. Zerstörer-Division marschierte vor seiner Spitze. Bei schnell abnehmender Entfernung der „Scharnhorst" erhielten die Zerstörer Befehl, voraus zu laufen, um „Scharnhorst" mit Torpedos anzugreifen. Als die Entfernung der Kreuzer zum Gegner sich um 12.24 Uhr auf 95 hm verringert hatte, kam Scharnhorst in Sicht, nachdem Belfast kurz vorher Leuchtgranaten gefeuert hatte. Etwa gleichzeitig mit „Scharnhorst", die auf nordwestlichen Kurs drehte, wendete Force I auf 40 Grad. Alle 3 Kreuzer eröffneten das Feuer, „Scharnhorst" erwiderte kurz darauf. Es entwickelte sich ein laufendes Gefecht mit starker Annäherung. Die Sicht wird als schlecht bezeichnet, besonders nach Feuereröffnen der Kreuzer infolge des Pulverqualms, der sich beim Abfeuern der Geschütze entwickelte. Hierdurch seien die Kreuzer gezwungen gewesen, ihre Feuerleitradargeräte zum Einsatz ihrer Geschütze zu benutzen. 12.33 Uhr erhielt Norfolk, auf die sich das Feuer der „Scharnhorst" konzentriert habe, zwei Treffer. Einer durchschlug die Barbette des achteren Turms und setzte diesen außer Gefecht, der zweite traf mittschiffs und beschädigte das Feuerleitradar. Sprengstücke einer nahe

* Siehe auch Karte auf Seite 278

bei Sheffield einschlagenden Salve durchschlugen deren Bordwand, richteten aber keinen ernsthaften Schaden an. Nach Auffassung der Briten war „Scharnhorst" auch in diesem Gefecht wegen der ungünstigen Sichtverhältnisse für ihre Entfernungsmessung und Zielhalten auf das Mündungsfeuer der Kreuzer angewiesen gewesen. Da nur Belfast und Sheffield mündungsschwaches Pulver benutzten, hätte sich das Feuer der „Scharnhorst" auf Norfolk konzentriert. Die 36. Zerstörer-Division war während dieses Gefechts nördlich der Kreuzer vorgelaufen und griff mit ihrer Artillerie in den Kampf ein. Sie näherten sich der Scharnhorst bis auf 38 hm. Die um 12.28 Uhr erfolgende Kehrtschwenkung der Scharnhorst verhinderte jedoch, daß sie ihre Torpedos zum Einsatz bringen konnten. 12.35 Uhr wurde der Kurs der „Scharnhorst" mit 135 Grad (Südost) ermittelt. Force I änderte ihren Kurs unter Fahrtvermehrung zunächst auf 100 Grad und schwenkte 12.35 Uhr auf gleichen Kurs der sich mit hoher Fahrt entfernenden „Scharnhorst". 12.41 Uhr, 17 Minuten nach Gefechtsbeginn, stellten die Kreuzer das Feuer ein und nahmen zusammen mit der 36. Zerstörer-Division die Verfolgung der „Scharnhorst" auf.

Die Erklärung für das Abbrechen des Gefechts durch „Scharnhorst" nach beobachteter Trefferwirkung auf den Kreuzern gibt der Funkspruch der Kampfgruppe von 12.40 Uhr: „Gefecht mit mehreren Gegnern Qu AC 4133 Funkmeßbeschuß schwerer Einheit." Es ist schwer verständlich, wie die irrtümliche Feststellung einer schweren gegnerischen Einheit zustande gekommen ist. Wahrscheinlich sind 20,3 cm Geschoßaufschläge von „Norfolk" durch den Gefechtsbeobachter im Vormars irrtümlich als solche schwersten Kalibers angesprochen und in den Kommandostand gemeldet worden, von dem aus durch die Sehrohre eine Beobachtung gegnerischer Aufschläge in Schiffsnähe kaum möglich war. Es scheint, daß ein solcher Irrtum in Verbindung mit der Weisung des Großadmirals, bei Auftreten schwerer Einheiten grundsätzlich abzubrechen, Admiral Bey zu seinem Entschluß veranlaßt hat, auf südöstlichem Kurs die norwegische Küste anzusteuern, bevor die Kreuzer außer Gefecht gesetzt waren. Dieser Entschluß war verhängnisvll, da die in Funkmeßreichweite die „Scharnhorst" verfolgenden Kreuzer und Zerstörer — quer zur See laufend — ihr ungehindert mit hoher Fahrt folgen und so ihre Bewegungen der von Westen anmarschierenden Force II melden konnten.

Als man auf „Scharnhorst" annehmen konnte, daß die Verbindung mit dem Gegner abgerissen war, wurde 14.00 Uhr „Gefechtspause" befohlen. Die Verwundeten wurden versorgt und die Munitionsbestände ergänzt. In der von Steuerbord vorn anrollenden schweren See stampfte und schlingerte das Schiff stark, und wie immer bei so hohen Fahrtstufen rauschten nun wieder die Brecher über das Oberdeck hin. Es herrschte bereits wieder völlige Dunkelheit, als gegen 15.00 Uhr das schon lange überfällige Mittagessen endlich nachgeholt werden konnte. Bald klapperte auf allen Stationen das Eßgeschirr. An Bord herrschte Ruhe und Zuversicht. Der Gegner schien abgeschüttelt, nun ging es mit AK zum Stützpunkt zurück.

Der Gegner war aber keinesfalls abgeschüttelt. Die drei britischen Kreuzer der Force I und die Zerstörer der 36. Zerstörerdivision folgten mit Hilfe ihrer Radaranlagen dem Schiff im Abstand von etwa 135 hm als Führungshalter. Durch Funksignale unterrichteten sie Admiral Fraser laufend über Kurs und Fahrt der „Scharnhorst". Selbst als „Norfolk" und „Sheffield" wegen Schäden vorübergehend zurückbleiben mußten, riß die Fühlung nicht ab.

In verschiedenen Veröffentlichungen ist beanstandet worden, daß Admiral Bey keinen Versuch unternommen hat, die Führungshalter abzuschütteln. Man argumentiert, „Scharnhorst" habe die Möglichkeit gehabt, auf südwestlichem bis westlichem Kurs mit seiner dann um 4—6 sm überlegenen Geschwindigkeit die verfolgenden Kreuzer abzuhängen, weil diese nach dem Bericht von Admiral Fraser gegen die See nur etwa 24 sm hätten laufen können. Auf Grund unserer Erfahrungen über das Verhalten des Schiffes im Seegang müssen wir diese Möglichkeit in Zweifel ziehen. Das Schiff hatte ein verhältnismäßig geringes Freibord und war bei vollen Bunkern dazu noch über $1/2$ Meter vorlastig. Unter diesen Verhältnissen nahm es bereits bei ca. 24 sm Geschwindigkeit gegen Seegang von etwa Stärke 5 an solche Wassermengen über das Vorschiff, daß die gesamte Back mehr oder weniger dauernd unter Wasser stand.

Bei höherer Geschwindigkeit bestand die Gefahr, daß die Vorschiffsverbände den auftretenden hohen Beanspruchungen nicht standhielten und zu drastischer Fahrtminderung zwingen würden. Auch die Dichtungen der Geschütztürme würden dann der Gewalt der überkommenden Seen nicht standhalten, so daß durch einströmendes Wasser schwerwiegende Ausfälle an den elektrischen Einrichtungen der Türme zu befürchten waren, die deren Funktionsfähigkeit in Frage stellten.

Auch die Geschütze der Mittel- und der Flakartillerie waren durch Seeschlag stark gefährdet. Da Bey zudem auf westlichen Kursen jederzeit damit rechnen mußte, auf die am Vormittag gemeldeten Streitkräfte zu stoßen, mußte er darauf bedacht sein, die volle Fahr- und Gefechtsbereitschaft des Schiffes zu erhalten. Er konnte folgenschwere Seeschäden daher nicht riskieren. Eine höhere Geschwindigkeit als etwa 25 sm hätte er dem Schiff unter den vorliegenden Seebedingungen auf westlichen Kursen deshalb kaum zumuten können. Damit entfiel aber die Möglichkeit, die fühlunghaltenden britischen Kreuzer durch höhere Geschwindigkeit abzuschütteln. Eine andere Frage ist, ob es durch Ausweichen in Richtung Eisgrenze unter Ausnutzung des höheren Fahrbereichs möglich gewesen wäre, den Verfolgern zu entkommen.

Admiral Fraser schätzte bereits um 14 Uhr, daß er gegen 17.15 Uhr mit „Scharnhorst" Gefechtsberührung haben würde, falls diese Kurs und Fahrt beibehielt. Tatsächlich schwenkte „Scharnhorst" auf südlichen Kurs und wurde durch „Duke of York" 16.17 Uhr mit Funkmeß in einer Peilung von 20 Grad auf 416 hm aufgefaßt. 16.37 erhielten die Zerstörer Befehl, Vorbereitungsstellungen in Halbdivisionen einzunehmen. Die Entfernung nahm sehr schnell ab. Das Feuerleitfunkmeßgerät der „Duke of York" faßte das Ziel 16.32 Uhr auf eine Entfernung von 272 hm auf. Es hatte den Anschein, als ob „Scharnhorst" mit Zickzackkursen einen Generalkurs von 160 Grad steuerte. 16.42 Uhr schien es, als ob sie etwas nach Backbord drehte. Zwei Minuten später wendete Force II auf 80 Grad, um alle Geschütze zum Tragen zu bringen. 16.47 Uhr eröffnete „Belfast" das Feuer mit Leuchtgranaten, 16.48 folgte „Duke of York".

In dem grellen weißen Licht der am Himmel hängenden Leuchtsätze sah man, wie sich das lange deutsche Schiff, die Geschütztürme in Ruhestellung, gischtumsprüht durch die See schob.

Als „Duke of York" und „Jamaica" auf 110 hm das Feuer eröffneten, war es nach dem Bericht des britischen Befehlshabers offensichtlich, daß „Scharnhorst" von der Anwesenheit dieser Gegner völlig überrascht war.

Sie erwiderte das Feuer nicht sofort, die ersten Salven waren außerdem unsicher. — Nach den weiter unten angeführten Berichten von Sträter und Gödde hatte das achtere Funkmeßgerät den Gegner kurz vor dessen Feuereröffnen aufgefaßt und gemeldet. Offenbar geschah dieses aber so kurze Zeit vorher, daß die Geschütztürme der „Scharnhorst" bei Aufleuchten der ersten Leuchtgranaten noch nicht geschwenkt waren. „Scharnhorst" drehte sofort nach Norden, um den gefährlichen Gegner abzuschütteln. Dabei traf sie auf die drei Fühlunghalter. Nun wurde sie sofort wieder nach Osten herumgeworfen, um aus der Umklammerung freizukommen. Das Artilleriegefecht entbrannte in voller Stärke. Unser Schiff sah sich einem weit überlegenen Feind gegenüber: einem Schlachtschiff mit einer schwereren Artillerie als der eigenen, vier Kreuzern und acht Zerstörern. Die Lage war sehr ernst.

Um diese Zeit ging der alarmierende Funkspruch des Befehlshabers hinaus: „Von schweren Einheiten umstellt." —

Von mehreren schweren Treffern, die das Schiff erhielt, setzte einer gleich zu Beginn Turm Anton außer Gefecht. Ein anderer Treffer hatte vermutlich Unterwasserschäden zur Folge, wodurch die Geschwindigkeit offenbar kurzzeitig herabgesetzt wurde. Bei diesem Verfolgungsgefecht auf östlichem Kurs standen „Duke of York" und „Jamaica" südlich, die Kreuzer der Force I nordwestlich der „Scharnhorst", während die vier Zerstörer der Force II Backbord und Steuerbord achteraus — zeitweise gebremst durch das wütende Abwehrfeuer — langsam zum Torpedoangriff heranschlossen. Die der Force I zugeteilten vier Boote der 36. Zerstörerdivision liefen nördlich der „Scharnhorst" auf parallelem Kurs, um in eine günstige Schußposition zu kommen. Die Salvenfolge der „Scharnhorst" erhöhte sich bald nach dem Feuereröffnen. Bei einer Schuß-E von 155 bis 185 hm war „Duke of York" häufig eingedeckt, so daß Treffer nur durch laufende Kursänderungen verhindert werden konnten. Die beste Waffe unserer „Scharnhorst" war in dieser Lage aber ihre Geschwindigkeit. Sie ermöglichte es, daß der Abstand zum Gegner langsam auf 200 hm vergrößert werden konnte, so daß das Artillerieduell gegen 18.30 Uhr abriß. —

Admiral Fraser befürchtete zu dieser Zeit, daß „Scharnhorst" doch noch entkommen könne. Er setzte deshalb seine Zerstörer zum Angriff an. — *

Gerade jetzt, als sich die Lage für die „Scharnhorst" ein wenig zum Besseren zu wenden schien, schlug das Schicksal zu: Die Folgen eines Treffers setzten die Geschwindigkeit unseres Schiffes vorübergehend auf 8 sm herab. Trotz unerhörten Einsatzes der Männer des Maschinenabschnittes dauerte es doch eine halbe Stunde, ehe das Schiff wieder 22 sm laufen konnte. Das war für die britischen Zerstörer Zeit genug, sich in günstige Positionen heranzuarbeiten.

Gegen 18.40 Uhr hatten sich die Zerstörer „Savage" und „Saumarez" (1. Halbdivision) von achtern und die Zerstörer „Scorpion" und „Stord" (2. Halbdivision) von Steuerbord der „Scharnhorst" bis auf 91 hm genähert. Während die erste Halbdivision heftig beschossen wurde, gelang es den Booten der zweiten Halbdivision, im Schutze der Dunkelheit ungesehen heranzukommen und auf die unwahrscheinlich geringe Entfernung von 19 bzw. 16 hm je acht Torpedos zu feuern. In diesem Augenblick wurde die drohende Gefahr auf „Scharnhorst" erkannt und das Schiff mit Hartruder auf Südkurs gedreht. „Scorpion" konnte einen Treffer erzielen. Durch das Weiterdrehen der „Scharnhorst" auf Südwestkurs kam nun aber auch die erste Halbdivision in gute Schußposition. „Savage" feuerte auf 32 hm acht und „Saumarez" unter starkem Beschuß auf 15 hm vier Torpedos. Erstere meldete drei, letztere einen Treffer. „Scharnhorst" blieb auf südlichem Kurs. Ihre Geschwindigkeit von 20 sm ließ nun jedoch langsam nach, während Force II von Westen her schon wieder zum nächsten Angriff anlief. Damit war, wenn nicht noch ein Wunder geschah, das Schicksal unseres Schiffes besiegelt. In diesem Augenblick mag der Besatzung unseres Schiffes die furchtbare Erkenntnis gekommen sein, daß es für sie keine andere Möglichkeit mehr gab, als das Herz fest in die Hand zu nehmen. —

Der Matr.Gefr. Sträter, der als 20 Jahre junger Seemann Ladenummer im Bb 4. 15-cm-Turm war, gab über die Vorgänge an Bord nachstehenden Bericht:

* Siehe auch Karte auf Seite 279

(Die Uhrzeiten wurden von Sträter aus der Erinnerung heraus ange-
geben. Die () Zeiten sind die im britischen Gefechtsbericht angegebenen.)

ca. 16.20 Uhr durch Geschützfernsprecher: Voraus Schatten.

ca. 16.30 Uhr Alarm! An alle Stellen: „Wir gehen auf Ostkurs."

(16.50) Gegner eröffnet Feuer an unserer Stb-Seite. Unsere
SA antwortete. Treffer bei uns habe ich nicht bemerkt.

ca. 16.50 Uhr An alle Stellen: „Die schweren feindlichen Einheiten
drehen ab, können unsere Geschwindigkeit nicht halten."

Trotzdem schoß die SA weiter.

Weil Gefecht an Stb war, durften wir gelegentlich
das Turmluk öffnen. Dabei sahen wir, daß dauernd
direkt über dem Schiff Leuchtgranaten des Gegners
standen. Ich glaube nicht, daß wir Leuchtgranaten
geschossen haben.

ca. 16.55 Uhr Schwere Erschütterung im Schiff. Ich schätzte den
Treffer an Bb-Seite mittschiffs.

Kurz hinterher an alle Stellen: „Torpedotreffer in
Kesselraum I. Geschwindigkeit 8 Meilen."

Von der Munitionskammer kam die Meldung:
„Rauchentwicklung!"

Stabsoberstückmeister Wibbelhoff befahl: „Gasmasken aufsetzen!"

Kurz danach meldete Stb 1. 15 cm: „Artillerietreffer
in Munitionskammer. Geschütz ausgefallen. Kam-
merpersonal tot."

Geschützplattform erhielt Befehl, zur vorderen Personalsammelstelle zu gehen.

ca. 17.25 Uhr An alle Stellen: „Schiff läuft wieder 22 Meilen."
Inzwischen waren die schweren feindlichen Einheiten
wieder aufgeschlossen und wurden von der SA dauernd beschossen.

ca. 17.30 Uhr Stb 2. 15 cm meldet: „Treffer! Geschütz nur noch be-
schränkt schwenkbar."

ca. 17.40 Uhr Stb 2. 15 cm meldet: „Geschütz durch erneuten Treffer ausgefallen."

248

ca. 17.45 Uhr Von Kommandant an alle Stellen:

"Scharnhorst immer voran!"

Kurz danach schwere Erschütterungen im Schiff. Notlampen fallen aus ihren Halterungen.

ca. 18.00 Uhr Stb-MA greift ins Gefecht ein.

ca. 18.25 Uhr Schwere Erschütterungen im Schiff. Turm Bruno an
(18.49) Leckwehr: "Flutbefehl: Munitionskammer Turm Bruno fluten!"

Während der Gefangenschaft erfuhr ich von Matr.-Ob.Gefr. Birke (Turm B), daß Flutbefehl gegeben wurde, weil Turm Anton einen Treffer in der Munitionskammer hatte, auf den hin große Explosionen erfolgten. Turm Anton gänzlich ausgefallen. Glühende Splitter durchschlugen die Schottwände zu den Kammern von Turm Bruno. Etwa eine Viertelstunde später wurde Munitionskammer Turm Bruno wieder gelenzt.

18.45 Uhr Treffer in Flugzeughalle. Großfeuer.

Flak wurde zum Löschen eingesetzt. Der größte Teil der Flakbedienung war schon längere Zeit unter Deck geschickt. Nur die Hauptbedienungsnummern blieben am Geschütz. Diese wurden jetzt zum Löschen abgeteilt.

Kurz danach an alle Stellen: "Wir laufen noch 19 Meilen."

Gegen 19.00 Uhr von Kommandant an alle Stellen:

"Sämtliche Geheimsachen vernichten!"

Gegen 19.15 Uhr Bb-MA greift ins Gefecht ein. Ziel war feindliches
(19.00) Mündungsfeuer etwas vorlicher als dwars. Wir schossen Salventakt 6 Sekunden. Während dieses Gefechts schossen wir auch Leuchtgranaten mit der 10,5 cm. —

19.01 Uhr griff "Duke of York" mit ihrer 35,6-cm-Artillerie auf Entfernungen von 97 bis 75 hm erneut an. "Scharnhorst" konnte bald nur noch fünf Meilen laufen. Der größte Teil ihrer Artillerie war ausgefallen. Nun traf auch noch die niederschmetternde Meldung bei der Schiffsführung ein: "Munition verschossen, Turm

Bruno noch drei Schuß, Turm Cäsar keine Munition mehr." Nachdem Turm Anton schon ausgefallen war, war damit die schwere Artillerie technisch tot. Aber noch wehrte sich das Schiff mit den Resten der Mittelartillerie. Im Innern des Schiffes begann der übermenschliche Kampf gegen eindringendes Wasser und Feuer. Nach britischen Angaben erhielt „Scharnhorst" in diesem Gefechtsabschnitt allein 10 schwere Treffer durch die Artillerie der „Duke of York". Jetzt erhielten auch die Kreuzer Befehl zum Torpedoangriff. Auf 35 hm schossen „Belfast" drei und „Jamaica" sechs Torpedos. Davon waren vermutlich drei Treffer. Bei dem anschließenden Angriff der 36. Zerstörerdivision liefen „Opportune" und „Virago" an der Steuerbordseite an. Sie feuerten in der Zeit von 19.31 Uhr bis 19.34 Uhr acht und sieben, insgesamt also 15 Torpedos aus Entfernungen zwischen 20 und 26 hm auf das nun schon nahezu gestoppt liegende Schiff. Es wurden wahrscheinlich 5 Treffer erzielt. —

Zur gleichen Zeit griffen die beiden anderen Zerstörer dieser Division „Musketeer" und „Matchless" von der Backbordseite her an. „Musketeer" feuerte 19.33 Uhr vier Torpedos auf 9 hm. Sie beobachtete zwei, möglicherweise auch drei Treffer zwischen Schornstein und Gefechtsmast. „Matchless" kam nicht zum Schuß. Eine See schlug von unten gegen den Rohrsatz und beschädigte die Schwenkeinrichtung. Ehe der Schaden behoben werden konnte, schlug eine schwere See auf die Brücke und beschädigte alle Befehlsübermittlungselemente zum Rohrsatz. Dieser Zwischenfall zeigt die außergewöhnlichen Schwierigkeiten, die die britischen Zerstörer bei der herrschenden Wetterlage zu überwinden hatten.

Der verzweifelte Endkampf gegen die sich ständig ausdehnenden Brände und Wassereinbrüche wird der Besatzung unseres Schiffes das Letzte abverlangt haben. Die Haltung der Männer war aber über jedes Lob erhaben. —

Oberbootsmannsmaat Willi Gödde, der dienstälteste gerettete Besatzungsangehörige unserer „Scharnhorst", berichtet über diese Ereignisse folgendes:

„Gegen 15.45 Uhr wurde erneut Alarmbereitschaft befohlen. 16.00 Uhr Alarm. Der Kommandant sprach selbst durch das Artillerie-Leittelephon und sagte etwa folgendes:

‚Kameraden, wir sind noch nicht aus dem Schlamassel raus. Ganz scharf Ausguck halten. Ihr wißt, wir haben schon seit Mittag fast dauernd einen Fühlunghalter hinter uns, den wir nicht abschütteln können. Funkmeß meldet soeben Ziele an Steuerbord. Aufpassen, es geht gleich los!'

Nun ging es Schlag auf Schlag. Die Ereignisse überstürzten sich fast und rissen das Schiff und seine Besatzung mit in ihren Wirbel.

Es wurde ,Alarm' gegeben. Wenige Minuten später standen die ersten Leuchtgranaten hinter und über dem Schiff. Der Feind stand an Steuerbord. Da heulten auch schon die ersten schweren Kaliber dicht über das Schiff und schlugen beängstigend nahe an Bb.-Seite ins Wasser. In kürzester Zeit schossen auch unsere schweren Türme. Mit unserer Feuereröffnung wurde das Feuer des Gegners unsicherer, auch lagen die Einschläge weiter vom Schiff ab.

An Backbord konnte ich trotz angestrengten Suchens keinen Gegner ausmachen. Etwa 16.45 Uhr ein schwerer Treffer im Vorschiff steuerbord in Höhe von Turm A, durch den ich zu Boden geworfen wurde und wobei ich für einige Augenblicke wegen starken Qualmes keine Luft bekommen konnte. Der Kommandant kam aus dem Gefechtsstand, um sich draußen über die Vorgänge zu informieren, da die Ausguckgläser im Kommandostand für einige Minuten nicht zu gebrauchen waren. Er half mir hoch und fragte mich, ob ich verletzt sei. Ich verneinte, und er sagte mir: ,Bleiben Sie hier auf Ihrem Posten. Es ist sehr wichtig, daß wir von dieser Seite nicht überrascht werden.' Kurze Zeit später wieder ein Treffer etwa mitschiffs.

Turm A blieb übrigens nach dem ersten schweren Einschlag in seiner Richtstellung nach Steuerbord, ohne sich weiterhin zu rühren. Später erfuhr ich durchs Schiffstelephon, daß Turm A sich nicht mehr melde und auch nicht mehr betreten werden könne — da Brand und starke Rauchentwicklung dies unmöglich mache.

Gegen 17.00 Uhr schwere Erschütterung im Schiff, das mit der Fahrt ziemlich herunterging. Ich nahm an: Torpedotreffer etwa mittschiffs, obwohl darüber nichts im Telepon durchgegeben wurde. Dann folgte wieder ein Treffer an Steuerbord. Kurz danach die Meldung, daß das Steuerbord 1. 15-cm-Geschütz ausgefallen sei. Bei dauerndem Schußwechsel und gelegentlichen Feuerpausen auf beiden Seiten schlossen sich immer mehr Gegner dem Gefecht an, wie ich aus den Meldungen hörte. Dazwischen kam dann die Meldung, daß durch einen Treffer Brand in der Flugzeughalle ausbrach. Da während des Gefechtes einmal ein Zerstörer bis auf 4 hm sich uns im Kielwasser näherte, wurden Turm C sowie die achteren 15-cm-Türme und die achtere 10,5-cm-Flak zur Abwehr des Gegners eingesetzt. Auf Uhrzeiten und irgendwelche Einzelheiten kann ich mich nur schlecht besinnen, da nun mehrere schwere Artillerietreffer das Schiff trafen. U. a. lief das Schiff genau in einen Treffer hinein, der das Vorschiff aufriß und mich durch den Luftdruck von meinem Gerät riß, mich hochhob und mit ziemlicher Gewalt an Deck warf.

Auch der Kommandant, der gerade den Kommandostand an Backbord verließ, um draußen einen Rundblick zu nehmen (alle Gläser im Stand waren entweder zerstört oder durch Beschlag für kurze Zeit unbrauchbar), wurde durch Splitter im Gesicht verletzt. Das hinderte ihn jedoch nicht, zu mir in den Stand zu kommen und mir auf die Beine zu helfen. Er fragte mich, ob ich verletzt sei. Ich hatte außer winzigen Splittern keinen Schaden abbekommen. Der Kommandant schickte mich zur Steuerbordzielsäule, um festzustellen, weshalb sich dort auf Anruf niemand meldete. Ich fand nur Tote und den Zielstand mit seinen Geräten zerstört vor.

Nach vielleicht 20 Minuten, etwa gegen 18.45 Uhr bis 19.00 Uhr, erfolgte ein Torpedotreffer, durch den das Schiff für einen Augenblick aus der Fahrt kam. Wieder erfolgte ein Treffer etwa mittleren Kalibers auf das Vorschiff, durch den mein Gerät, hinter dem ich stand, durch einen Splitter aus seiner Lagerung gerissen wurde. Auch wurden die Schnüre meines Kopftelephons durchschlagen. Ein Steuermannsmaat, der vom Kommandanten herausgeschickt wurde und die Lage melden sollte, überbrachte mir den Befehl, in den Kommandostand zu kommen, da es zwecklos sei, weiter draußen zu bleiben. Ich begab mich in den Kommandostand und wurde nun Zeuge des erschütternden, verzweifelten Endkampfes unseres Schiffes gegen eine vielfache Übermacht.

Wir liefen 20 Meilen. Das dritte Kraftwerk der Maschine war wegen Dampfunterbrechung ausgefallen. Das Maschinenpersonal arbeitete verzweifelt, den Schaden zu beseitigen. Der LI meldete, daß sie hofften, in 20–30 Minuten den Schaden behoben zu haben. Der Kommandant gab an LI: ,Bravo, Maschine! Schiffsführung und

252

Kpt. z. See Hüffmeier
(links)
Kommandant des Schlacht-
schiffes „Scharnhorst"
ab 2. 4. 1942
und Kapt. z. See
Gießler (rechts)
I. Offizier des Schiffes.
Zuvor von der Indienststellung
bis zum Kanaldurchbruch
Navigationsoffizier
Blick voraus auf den Stb.
achteren 15 cm Zwillingsturm

„Scharnhorst" in der
Mittagsdämmerung
im Nordmeer

Konteradmiral Bey †
Befehlshaber der Kampfgruppe
Nordmeer während des letzten
Einsatzes der „Scharnhorst"

Kpt. z. See Hintze †
Der letzte Kommandant des
Schlachtschiffes „Scharnhorst"

Besatzung danken euch für euere Arbeit.' Das Schiff nahm Kurs nach Norden, um der immer drohenderen Umklammerung durch den Gegner zu entgehen.

Da kam die niederschmetternde Meldung der schweren Artillerie: ‚Munition verschossen. Turm B noch drei Schuß, Turm C nichts.' Turm C erhielt den Befehl, von Munitionskammern Turm A Munition nach achtern zu mannen. Doch ehe es so weit kam, gab der Kommandant den Funkspruch an das Hauptquartier: ‚Wir kämpfen bis zur letzten Granate. Es lebe der Führer, es lebe Deutschland.‚‚

Es erfolgten mehrere Torpedotreffer, durch die das Schiff schwer erschüttert wurde und Schlagseite bekam. Nun folgte der Befehl: ‚Versenkungs-Vorbereitungen treffen! Alle dafür vorgesehenen Leute auf Station!' Schlag auf Schlag liefen die Meldungen der einzelnen Stellen ein, daß die Geräte zerstört, die Räume unbrauchbar gemacht seien. Wieder mehrere Torpedotreffer, fast alle an Stb. Die Schlagseite wurde stärker. Letzte Standortmeldung des Schiffes im Klartext. Befehl des Kommandanten: ‚Schiff räumen! Alles an Oberdeck! Schwimmwesten anlegen! Fertigmachen zum Außenbordspringen!' Der Kommandant drängte nun auch uns, den Kommandostand — wir waren etwa 25 Mann dort — zu verlassen und an unsere Rettung zu denken. Die meisten weigerten sich, ohne den Kommandanten und Admiral den Stand zu verlassen.

Ein junger Gefreiter sagte schlicht und einfach: ‚Wir bleiben bei Ihnen!'

Beiden gelang es jedoch nach und nach, alle aus dem Stand herauszubekommen. Draußen gab der Kommandant Anweisung durch die Flüstertüte an die an Oberdeck Stehenden, nach und nach über Bord zu springen. Immer noch trafen Torpedos das Schiff, so daß die Schlagseite immer stärker wurde. An Deck des Schiffes herrschte Ordnung und Disziplin. Man hörte kaum ein lautes Wort. Während der letzten halben Stunde befand sich auch der IO im Kommandostand. Ich sah ihn, wie er mit seiner hohen Gestalt unten an Oberdeck stand und den Hunderten, die sich an Deck befanden, in Ruhe und nacheinander über die Reeling zu klettern half. Oben prüfte der Kommandant noch einmal unsere Schwimmwesten und Kommandant und Admiral verabschiedeten sich dann von jedem einzelnen durch Händedruck. Sollte jemand, so sagte er, aus diesem Schlamassel herauskommen, so solle er die Angehörigen in der Heimat grüßen und ihnen sagen, daß alle ihre Pflicht bis zum letzten Augenblick getan hätten.

Unser stolzes Schiff kenterte langsam nach Steuerbord. Bootsmaat Deierling von meiner Division (3) half mir noch, die Schwimmweste anlegen, und erinnerte mich im letzten Augenblick noch daran, daß ich diese auch aufblasen müsse. Es war sein letzter Liebes- und Freundschaftsdienst für mich.

Unser Kommandant warnte uns, nicht an Steuerbord das Schiff zu verlassen, sondern an der mehr und mehr aus dem Wasser sich hebenden Backbordseite, an der man von der Reeling aus ins Wasser rutschen konnte. Deierling und ich faßten uns daher an der Hand, um den Steuerbord-Niedergang zu erreichen, da der Backbord-Niedergang gedrängt voll Menschen war. Doch so weit kamen wir gar nicht mehr. Die Steuerbord-Seite lag fast bis zur Brücke schon im Wasser und besonders hohe Wellen des schweren Seeganges schlugen bis zum Gefechtsmast. So kam es, daß wir beide plötzlich den Boden unter den Füßen verloren und von einer zurückrollenden Welle vom Schiff heruntergerissen und auseinandergerissen wurden. Ich geriet in einen Sog, wurde tief unter Wasser gezogen, so daß ich einen unerträglichen Druck verspürte. Gleich darauf wurde ich nach oben gerissen und sobald ich Luft bekam, trachtete ich danach, so schnell wie möglich vom Schiff freizukommen, um den Wirbeln und Sogs auszuweichen, die sich überall bildeten. Ich sah vor mir eine Otter, ein Minenabweisegerät, schwimmen, auf der sich schon ein Kamerad befand. Mit seiner Hilfe versuchte ich, mich auch auf diese zu setzen. Doch sie drehte sich und wir lagen beide im Wasser. Ich schwamm weiter und fand eine im Wasser auf und nieder schwimmende 28-cm-Kartusche, doch diese gab nach und sank. Nun versuchte ich, mich auf einige Grätings zu legen, doch bei dem Seegang war es mir unmöglich, mich darauf zu halten.

Beleuchtet wurde diese furchtbare Szene durch vom Gegner noch immer geschossene Leuchtgranaten und durch das Fackelfeuer einer in meiner Nähe schwimmenden Mark-Rettungsinsel, auf der sich ein junger Leutnant oder Oberleutnant befand. Ich schwamm, mit dem Gesicht dem sinkenden Schiff zugewandt, noch in ziemlicher Nähe desselben. Der junge Offizier auf der Rettungsinsel, auf der sich noch mehrere junge Kameraden befanden, richtete sich plötzlich auf und rief laut: ‚Kameraden, unserm sinkenden Schiff, unserer stolzen ‚Scharnhorst‘, hurra, hurra, hurra!‘ Von allen in meiner Nähe schwimmenden Kameraden wurde dieser Ruf aufgenommen und kräftig schallte das dreifache Hurra übers Wasser.

Dann rief ein junger Gefreiter, der sich auf derselben Rettungs-insel befand: ‚Unseren Angehörigen, unserer Heimat, hurra, hurra, hurra!‘ Auch hier wurde kräftig von allen Seiten eingestimmt. Es war ein erschütternder Augenblick für alle, die dies miterlebten.

An der Steuerbord-Seite des Schiffes schwammen verhältnis-mäßig wenige Kameraden, da die meisten den Weisungen des Kom-mandanten gemäß das Schiff an der Backbord-Seite verließen. Doch war dieser Umstand, den ich persönlich als eine Fügung Gottes be-trachte, unser Glück; denn die meisten der 36 Geretteten schwam-men an der Steuerbord-Seite des untergehenden Schiffes und wur-den später hier von den beiden britischen Zerstörern aufgenommen.

Plötzlich wurde von einigen Kameraden, die gleich mir während des Schwimmens immer wieder nach dem sinkenden Schiff sahen, sich aber näher am Schiff befanden, gerufen: ‚Rettet den Komman-danten. Er schwimmt am Schiff und kann sich nicht halten. Er hat keine Schwimmweste.‘ Wieder rief einer laut: ‚Rettet den I. Offi-zier! Er ist neben dem Schiff und kann sich nicht über Wasser hal-ten.‘ Neben mir sagte ein Kamerad. ‚Die beiden haben ihre Schwimmwesten an andere Soldaten abgegeben, die ihre Schwimm-westen nicht bei sich hatten.‘

Unser Schiff lag ganz auf der Steuerbord-Seite, so daß wir in den Schornstein sehen konnten. Noch hörte ich, wie viele andere, daß selbst in dieser Lage die Maschinen des Schiffes noch in Bewegung waren.

Wir schwammen alle in Heizöl, das sich immer mehr um das Schiff ausbreitete und trotz der Qual, die es uns verursachte, wenn wir es in den Mund und überhaupt ins Gesicht bekamen, war es ein Glück für uns, denn es brach die Gewalt der überkippenden Sturzseen.

Ich versuchte nun, ein in meiner Nähe schwimmendes Floß zu erreichen, aber an diesem Floß hingen und auf ihm saßen schon fast 20 Menschen, so daß vom Floß selber nichts zu sehen war. Nun nahm ich Kurs auf einige Leckstützen, die, dicht nebeneinander treibend, mir einigen Halt boten. Es waren nur wenig Flöße im Wasser, wie ich später erfuhr, sind alle Flöße und Rettungsinseln auf Befehl des Kommandanten rechtzeitig losgeschnitten worden, die meisten sind jedoch durch Splitter und das wilde Feuer der britischen Maschinenkanonen zerstört worden.

Noch einmal sah ich unser Schiff, die Aufbauten waren verschwunden, es hatte sich um sich selbst gedreht. Auf dem Schiffsboden bewegten sich noch Menschen, unter anderen hat dort einer der Geretteten, der Mechanikergefreite Jonny Merkel, noch so lange auf dem Kiel gesessen, bis er ein leeres vorübertreibendes Floß entdeckte, ins Wasser sprang und nun im Floß sitzend noch mehrere Kameraden ins Floß zog. Es war eisig kalt, es tobte ein schwerer Schneesturm, so war es kein Wunder, daß auch meine Kräfte erlahmten, ich konnte mich kaum noch festhalten an den Leckstützen, da kam ich zu dem schon erwähnten Floß des Jonny Merkel. In diesem Floß befanden sich vier Mann. Merkel half mir, soweit es seine Kräfte erlaubten, daß ich wenigstens mit dem Oberkörper auf dem Floß hing. Kurz vorher sah ich zum letztenmal unser stolzes Schiff. Aber nur noch das Heck war zu sehen, ehe sich die Wellen über diesem Schiff schlossen, das uns mehrere Jahre über viele Meere trug. Wie weh uns dieser Anblick war, das wird wohl keiner beschreiben können, der es nicht selbst erlebte."

Der Matr.Gefreite Sträter gibt uns über den Untergang unserer „Scharnhorst" die nachstehende Schilderung:

„19.30 Uhr Kommandant an Leckwehr: ‚Maßnahme V. klarmachen!' Kurz danach schwere Erschütterungen im Schiff. Starke Schlagseite nach Steuerbord. Befehl von Brücke: ‚Alle Mann außenbords!' Es folgen neue heftige Erschütterungen. Schiff kentert schnell Steuerbord. Zum Schluß schossen noch: Backbord 2 cm vom Hauptflakeinsatzstand Vormars und Bb. 4. 15-cm-Turm. Turm hatte keinen Ausfall und keine Störungen, bis durch übergroße Schlagseite der Munitionsaufzug im Schacht stehen blieb. Kammerbedienung konnte nicht aus dem Schiff kommen, wie überhaupt keiner aus den unteren Räumen. Beim Verlassen des Turmes fand ich an Oberdeck viele Tote und Verwundete. Stabsoberstückmeister Wibbelhoff und der Turmführer Oberbootsmaat Moritz haben den Turm nicht verlassen. Ersterer sagte: ‚Ich bleibe, wo ich hingehöre.' Der zweite sagte: ‚„Ich bleibe im Turm.' Stabsoberstückmeister Wibbelhoff befahl uns, den Turm zu verlassen. Zum Abschied rief er uns zu: ‚Es lebe Deutschland, es lebe der Führer!' und wir erwiderten mit dem gleichen Ruf. Dann steckte er sich eine Zigarette an und setzte sich auf den Richtsitz. Er und Obermaat Moritz sind dann im Turm mit dem Schiff gekentert.

19.45 Uhr. Das Schiff kenterte nach Steuerbord-Seite und sank nach vorne weg. Die Schrauben drehten sich, als sie aus dem Wasser kamen, und zwar alle drei Schrauben ziemlich schnell. Es war bis zum Schluß Fahrt im Schiff. Im Wasser suchten nun die Soldaten, die Flöße zu bekommen. Diejenigen, die auf den Flößen Platz fanden, sangen beide Strophen des Liedes: ‚Auf einem Seemannsgrab, da blühen keine Rosen.' Hilferufe im Wasser habe ich nicht gehört. Es spielte sich alles ganz exakt und ohne Panik ab."

Über das Ende unseres Schiffes berichtet Admiral Fraser:

„Alles was von der ‚Scharnhorst' gesehen werden konnte, war eine dunkelglühende Masse in einer ungeheuren Rauchwolke, die die Leuchtgranaten und die Scheinwerfer der darum liegenden Schiffe nicht durchdringen konnten. Kein Schiff sah daher den Gegner sinken, aber es scheint ziemlich sicher, daß er nach einer schweren Unterwasserexplosion, die um 19.45 Uhr auf verschiedenen Schiffen gehört und gefühlt wurde, gesunken ist. ‚Jamaica', ‚Matchless' und ‚Virago' waren die letzten Schiffe, die sie um 19.38 Uhr gesehen haben.

Als um 19.48 Uhr ‚Belfast' zu einem zweiten Torpedoangriff herankam, war sie endgültig auf ungefähr 72° 16' Nord 28° 41' Ost gesunken." —

Der Gefechtsbericht schildert ferner, daß das Seegebiet noch bis 20.40 Uhr durch „Belfast", „Norfolk" und die meisten Zerstörer nach Überlebenden abgesucht wurde. „Duke of York" und „Jamaica" liefen nach Norden ab, um diese Zusammenballung von Schiffen zu vermeiden. „Scorpion" konnte 30 und „Matchless" 6 Überlebende bergen. „Scorpion" meldete, daß Kommandant und Befehlshaber schwer verwundet im Wasser gesehen wurden. Der

Kommandant verstarb, bevor er erreicht werden konnte, der Befehlshaber ergriff eine Rettungsleine, ging aber unter, ehe er an Bord geholt werden konnte. —

Admiral Fraser wußte, daß er die Einkreisung der „Scharnhorst" wesentlich der Radartechnik zu verdanken hatte. In seinen Schlußbetrachtungen heißt es:

84. Insbesondere verdient die Schnelligkeit der Funkverbindung und die außerordentlich gute Funkmessung die höchste Anerkennung und hat zum Erfolge dieser Nachtschlacht entscheidend beigetragen.

85. Die Funkmeßkoppelung auf dem Flaggschiff arbeitete ausgezeichnet und war sowohl für mich als auch für das Schiff eine sehr große Hilfe. Ich selbst wechselte meinen Platz zwischen dem Funkmeß-Koppelraum und der Admiralsbrücke. Der Chef des Stabes blieb im Koppelraum. — — —

Soweit die Schilderung des Endkampfes von britischer Seite aus. —

Auch über seine Erlebnisse nach dem Untergang unseres Schiffes hat Obermaat Gödde ausführlich berichtet:

„Wir trieben noch über 1—1½ Stunden mit unserm Floß durch die See; die britischen Streitkräfte hatten ihr Leuchtgranatenschießen eingestellt, so daß wir uns kaum gegenseitig sehen konnten. Ein junger Maschinengefreiter, der sich von einem Floß in unserer Nähe wegen Überlastung dieses Flosses getrennt hatte, kam zu uns. Auch ihm half Merkel noch so weit aufs Floß, daß er in derselben Lage war wie ich. Unsere Kräfte waren völlig erschöpft, mein Körper ohne jedes Gefühl, bleierne Müdigkeit befiel mich, da hörten und sahen wir plötzlich in ziemlicher Nähe Abschüsse und kurz darauf über uns Detonationen von Granaten. Zuerst glaubten wir alle, es würde auf uns geschossen, doch erkannten wir gleich darauf die Leuchtfallschirme in der Luft stehen. Wenige Sekunden später blitzten mehrere Scheinwerfer auf, ein dickes Schiff hielt die Strahlen mehrerer Scheinwerfer nach kurzem Suchen auf uns gerichtet, während sich zwei Zerstörer der Gruppe von Flössen näherten. Vorsichtig manövrierte ein Zerstörer auf uns zu, bei dem schweren Wetter eine ausgezeichnete seemännische Leistung, so daß er die Flösse an Steuerbord hatte. Dort hatte dieser Zerstörer große Netze ausgebracht, geschickte Seeleute warfen jedem einzelnen eine Schlinge über den Körper und zogen einen nach dem anderen an Bord. Als mir die Schlinge übergeworfen wurde, hatte ich nicht mehr die Kraft, diese über meinen rechten Ellenbogen zu streifen, beim Hochziehen fiel ich unterwegs aus der Schlinge wieder ins Wasser. So ging es viermal nacheinander, beim fünften Mal schlug mir das Tau direkt vor den Mund, ich biß mich mit den Zähnen daran fest, wurde hochgezogen und in Höhe des Decks von den Fäusten eines riesigen Seemannes am Kragen gefaßt und über die Reeling gerissen. So wurden von diesem Zerstörer, ‚Scorpion‘ ist sein Name 30 Kameraden gerettet, während ein anderer, ‚Matchless‘, 6 Kameraden aufnahm.

Nach der Rettung haben sich die englischen Seeleute unserer in einer Weise angenommen, die höchstes Lob verdient. Mir wurde, gleich allen andern, die nasse und durch Heizöl beschmutzte Uniform ausgezogen und gleich ins Wasser geworfen. Dann wurden wir ins Wohndeck gebracht und die englischen Seeleute bemühten sich nach besten Kräften, uns fast Erstarrte wieder lebendig zu machen. Wir erfuhren, daß sich die britische Kampfgruppe dem Geleitzug angeschlossen hatte und nach Murmansk fuhr. Am anderen Morgen, also am 27. 12., wurden wir einzeln zum Verhör in die Kammer des IO geführt, um unsere Personalien festzustellen und abgenommene Wertgegenstände wieder in Empfang zu nehmen.

Am Nachmittag ankerte unser Zerstörer auf der Reede von Murmansk. Etwa eine halbe Stunde später mußten wir uns fertigmachen, bekamen an Oberdeck jeder einen dicken Wachmantel und bestiegen einen russischen Schlepper, in dem uns englische Seeleute und russische Soldaten bewachten. Durch die Anwesenheit der Letzteren irritiert, glaubten wir fast alle, man wolle uns den Russen ausliefern. Das veranlaßte einige Kameraden zu dem lauten Ruf: ‚Dann springen wir außenbords! Wir lassen uns nicht den Russen ausliefern.‘ Ein englischer deutschsprechender Offizier beruhigte uns und sagte: ‚Sie werden nicht den Russen ausgeliefert. Unser Befehlshaber hat befohlen, daß alle Gefangenen der ‚Scharnhorst‘ auf die ‚Duke of York‘ gebracht werden.‘ Unter uns befand sich ein Deutsch-Kanadier, der Mech.-Gefr. Jonny Merkel, brachte unseren Dank für die aufopfernde Pflege der Zerstörerbesatzungen zum

Ausdruck: er wünschte ihnen gute Fahrt und gesunde Heimkehr.

Auf dem Flaggschiff angekommen, brachten wir zunächst unsere vier Schwerverwundeten ins Schiffslazarett, das in keiner Weise einen Vergleich mit dem der ‚Scharnhorst‘ aushalten konnte. Anschließend wurden wir in einen Raum geführt, der bis zur Ankunft in England unser Quartier werden sollte. Als Dienstältester war ich dem ‚Commanding Officer‘ für die Ordnung und Sauberkeit unseres Raumes verantwortlich.

Unsere Wünsche mußte ich dem Dolmetscher, einem jungen Schiffsarzt, vortragen. Mit diesem führte ich mehrmals längere Gespräche. Auf meine Frage: ‚Wie denken Sie über den Kampf und den Untergang der ‚Scharnhorst‘?‘, antwortete der englische Offizier folgendes: ‚Ich will Ihnen, obwohl ich es eigentlich nicht dürfte, folgende Worte unseres Befehlshabers zur Kenntnis bringen. Unser Befehlshaber, Admiral Sir Bruce Fraser, versammelte nach dem Gefecht die Offiziere seines Stabes und unseres Schiffes und sagte: ‚Meine Herren! Der Kampf gegen die ‚Scharnhorst‘ ist für uns siegreich beendet. Ich hoffe, daß, wenn Sie einmal in die Lage kommen sollten, ein großes Schiff in einem Kampf gegen vielfache Übermacht zu führen, daß Sie dann, meine Herren, Ihr Schiff ebenso tapfer führen, daß Sie in einer solch verzweifelten Lage wie die ‚Scharnhorst‘ ebensolche Manöver fahren wie die deutsche Schiffsführung und sich mit Ihrer Besatzung so tapfer schlagen, wie Sie es heute in unserem Kampf mit der ‚Scharnhorst‘ erlebten.‘

‚Diesen Worten des Befehlshabers habe ich nichts hinzuzufügen‘, sagte mir der Arzt, ‚bitte schweigen Sie vorläufig über meine Worte, später dürfen Sie es Ihren Kameraden ruhig einmal sagen. Im übrigen habe ich Ihnen mitzuteilen, daß der Befehlshaber heute nachmittag 3 Uhr die Geretteten zu sehen wünscht. Lassen Sie bitte Ihre Kameraden sich bis dahin fertigmachen. Sie übernehmen als Dienstältester das militärische Kommando, lassen antreten und erweisen nach deutschem Muster die gemeinsame militärische Ehrenbezeigung. Für Ihre gleichmäßige Bekleidung wird sofort gesorgt.‘ Das geschah in der Weise, daß wir gestreifte Zivilhosen, blaue Jumper, weiße Filzjacken und ein Paar Slipper bekamen. Auch wurden uns Rasierzeug und Kämme verabfolgt, so daß wir unseren äußeren Menschen etwas in Ordnung bringen konnten.

Kurz vor 15.00 Uhr ließ ich antreten; pünktlich um 15.00 Uhr erschallten Hornsignale durchs Schiff, und der britische Befehlshaber mit seinem Stabe betrat unsern Raum. Ich gab die notwendigen Kommandos, wir erwiesen die Ehrenbezeigung. Der britische Admiral trat etwa 1 m vor unsere Front, hinter ihm standen seine Offiziere; der Befehlshaber legte die Hand an die Mütze und alle Offiziere, zu denen auch der Kommandant der ‚Duke of York‘ zählte, folgten seinem Beispiel und ehrten durch eine volle Minute der schweigenden Ehrenbezeigung ihren tapferen geschlagenen Gegner. Es war uns allen klar, daß diese Ehrenbezeigung nicht uns persönlich galt, sondern unserm stolzen, versenkten Schiff und seiner tapferen, gefallenen Besatzung. Anschließend schritt Admiral Sir Fraser die Front der einzelnen Glieder ab, begleitet von einem Dolmetscher, und stellte fast an jeden eine Frage über Alter, Beruf, Wohnort, weshalb er zur Marine gegangen usw. Zum Schluß trat er wieder vor die Front und sagte: ‚Wir ehren unseren tapferen Gegner, auch wenn er geschlagen ist. Das englische Volk hat keinen Haß gegen Sie; wenn wir Sie nun nach England bringen, befürchten Sie nichts. Führen Sie die Ihnen gegebenen Befehle aus und Sie werden es dann gut haben.‘ Während wir nun nochmals die Ehrenbezeigung erwiesen, salutierten der britische Befehlshaber und seine Offiziere und verließen dann den Raum. Dieser Augenblick hat sich meinem Gedächtnis unauslöschlich eingeprägt, keiner von uns wird je diese Stunde vergessen.

Am nächsten Tage mußten wir nochmals antreten, der Kommandant und die Offiziere des Schiffes besuchten uns. Der Kommandant sagte mir bei dieser Gelegenheit, daß der Befehlshaber angeordnet habe, daß man uns gut behandeln und ebenso wie die Besatzung verpflegen solle.

Wir durften während der Fahrt von Murmansk nach Scapa Flow einmal an Oberdeck und zwischen den Flugzeughallen uns die Beine vertreten. Dabei wurden wir von Bildberichtern und der Besatzung dauernd photographiert. Solange wir uns auf der ‚Duke of York‘ befanden, wurden wir vorzüglich behandelt. Unsere Bewachung waren stets sechs Mann, mit denen wir nach anfänglicher Zurückhaltung bald auf kameradschaftlichem Fuße standen.

Erwähnen möchte ich noch, daß wir in Murmansk, als wir auf

die ‚Duke of York' gebracht wurden, unterwegs sahen, daß auf diesem Schiff wie auch auf anderen größeren Einheiten mit Schweiß-apparaten Reparaturen ausgeführt wurden. Wir stellten fest, daß das Schiff überall Gefechtsschäden aufwies, die oft erheblich waren.

Ich selbst habe nach der Rettung sechs Tage und Nächte keinen Augenblick geschlafen, alle vom Arzt verordneten Schlafmittel blieben wirkungslos.

Alle Kameraden haben sich, solange wir alle zusammen waren, tadellos verhalten, einer trat für den andern ein, einer half dem andern. Wir sind nach unserm Eintreffen in England in London getrennt worden, wo wir durch mehrere Verhörlager mußten. Acht Mann waren wir später in Kanada, 27 in Amerika, Sträter wurde ausgetauscht.“

Es war bereits 17.30 Uhr am 26. Dezember 1943, als bei unseren Kommandostellen auf Grund der eingegangenen Funksprüche die ersten Anzeichen für die Gefechtsberührung mit den überlegenen Gegner und damit auch für die mögliche Katastrophe erkennbar wurden. Alle im Nordmeer stehenden U-Boote erhielten 19.11 Uhr Befehl, das Gefechtsfeld sofort mit Höchstfahrt anzusteuern. Auch die auf dem Rückmarsch befindliche 4.-Z-Flottille drehte wenige Minuten später unter Fahrterhöhung darauf zu. Bei der Schnellig-keit der Ereignisse und der Weiträumigkeit des Seegebietes kam jedoch jeder Entlastungsversuch zu spät. Gegen 20.15 Uhr mußte die Aktion abgebrochen werden. Das Schicksal unseres Schiffes hatte sich inzwischen schon erfüllt. — Die Zerstörer erhielten Anweisung, jede Feindberührung zu meiden und die Schären anzulaufen. Am 27. 12. 10.00 Uhr lagen sie nach schwerer Fahrt wieder vor Anker im Kaafjord. Der Liegeplatz unseres Schiffes blieb leer. —

Mit der „Scharnhorst“ verlor die Kriegsmarine ihr letztes ein-satzfähiges Schlachtschiff. Weiträumige Unternehmungen von gro-ßen Überwasserschiffen, so wie wir sie mit unserem Schiff auf unseren Vorstößen ins Nordmeer oder gar auf unserer Atlantik-unternehmung erleben durften, entfielen in der Folgezeit. Der Krieg neigte sich seinem bitteren Ende zu.

Durch die Vernichtung der „Scharnhorst“ errang die britische Seekriegsführung einen entscheidenden Sieg. Nach Ausschaltung der

Gefahr im Nordmeer konnte sie nun ihre bisher im Geleitdienst festgehaltenen schweren Einheiten auf anderen Seekriegsschauplätzen einsetzen.

Es bleibt festzustellen, daß die letzte Aktion unserer „Scharnhorst" von der außerordentlich kritischen Lage im Osten diktiert war. Unsere Führung mußte wissen, daß das Schiff zu diesem Zeitpunkt nicht voll leistungsfähig war, daß es dies auch gar nicht sein konnte: Der ständig stärker werdende Brennstoffmangel hatte schon Monate vor dem letzten Einsatz die unerläßlichen laufenden Übungen in See verhindert. Hinzu kam noch der starke Personalwechsel, der allein schon ein zwingender Grund für eine intensive Ausbildung der gesamten Besatzung hätte sein müssen. Wenn unser Schiff trotz dieser bedenklichen Umstände, trotz unklarer Feindlage, sehr ungünstigen Wetters und der überlegenen Funkmeßtechnik des Gegners zum Einsatz kam, so deshalb, weil der Versuch zur Entlastung der Ostarmee nach Ansicht der Führung unter allen Umständen gewagt werden mußte.

Wie zwei Jahre zuvor das Schlachtschiff „Bismarck", so wurde auch die „Scharnhorst" nicht durch die Artillerie, sondern durch die Torpedowaffe zum Sinken gebracht. Neben zahlreichen Geschossen mittlerer Kaliber hatten mindestens dreizehn 35,6-cm-Granaten das Schiff zerfetzt, und doch waren zu seinem Untergang noch vierzehn oder fünfzehn Torpedotreffer erforderlich. Dabei wissen wir aus dem Glorious-Gefecht, wie folgenschwer schon ein einziger Torpedotreffer sein kann. Die unerhörte Standfestigkeit unseres Schiffes in seinem mörderischen Endkampf ist als ein Beweis bester Schiffbaukunst zu würdigen. Die tapfere Besatzung hat in aussichtsloser Lage bis zum bitteren Ende in hervorragender Haltung und Disziplin gekämpft. Ihr bewiesener Geist entspricht bestem deutschen Soldatentum. Es war der gleiche Geist, der auch die Männer der ersten „Scharnhorst" erfüllte, die im Dezember 1914 vor den Falklandinseln mit ihrer gesamten Besatzung nach schwerem Kampfe in die Tiefe ging.

Mit Schlachtschiff „Scharnhorst" gingen eintausendneunhundertzweiunddreißig Mann unter. Nur 36 Mann, darunter kein Offizier und nur ein Unteroffizier, überlebten ihr Schiff.

DIE GEHEIME FUNKAUFKLÄRUNG DER BRITEN
UND DER UNTERGANG DER „SCHARNHORST"

*B*ei Kriegsbeginn waren in Polen und auch in Frankreich Spezialisten bemüht, in die Konstruktion der deutschen „Enigma" genannten Schlüsselmaschine einzudringen. Diese wurde von der Marine ausschließlich zur Verschlüsselung aller Funksprüche benutzt. Nach der Niederringung Polens hat sich die polnische Gruppe nach Frankreich abgesetzt und dort mit dem französischen Generalstab weitergearbeitet.

In England versuchte die Admiralität, die deutsche Art der Verschlüsselung, nämlich den Schlüssel M, nachzubauen. Sie fanden durch Abhören des deutschen Marinefunkverkehrs heraus, daß wir für die verschiedenen Verkehrskreise unterschiedliche Codewörter wie „Hydra", „Triton" usw. benutzten. Das Prinzip der Schlüsselmaschine war etwa so: jeder einzelne Buchstabe des Klartextfunkspruches wurde durch Drücken des auf der Maschine vorhandenen Alphabets in einen anderen Buchstaben verwandelt. Dies wurde dadurch ermöglicht, daß verschiedene Walzen sich je nach der Einstellung weiterdrehten, entsprechend dem Drücken der Buchstaben. Beim Entschlüsseln des chiffrierten Textes erschien wieder der zu schlüsselnde Buchstabe. Es handelte sich also um einen Stromkreis, der je nach der Einstellung der Walzen geändert wurde. Durch die verschiedenen Walzen ergaben sich unendlich viele Möglichkeiten der Verschlüsselung. Hierzu gehörte eine Liste mit den Einstellungen aller Walzen, die ebenfalls

264

das Alphabet enthielten. Diese Einstellungen waren auf wasserlöslichem Papier gedruckt.

Die Briten waren bemüht bei der Aufbringung von einzelnen Schiffen, z. B. der Wetterboote, die Schlüsselunterlagen zu erbeuten. Hierbei hatten sie einzelne Erfolge, die wohl die Kenntnisse erweiterten aber nicht ein klares Erkennen des Prinzips ermöglichten.

Im Mai 1941 wurde U 110, Kommandant Kptlt. Lemp, südlich Grönland mit Wasserbomben zum Auftauchen gezwungen. Das Boot hatte großen Wassereinbruch. Die Besatzung wurde durch den längsseits gekommenen brit. Ubootjäger an Bord genommen und sofort unter Deck geschickt. Ein besonderes britisches Kommando konnte im Funkraum den Funkschlüssel M nebst allen Unterlagen, also den Schlüsselunterlagen für die laufende Periode, sowie die Gebrauchsanweisung sicherstellen. Anschließend wurde das Uboot in Schlepp genommen, ist aber während der Nacht gesunken. Die Besatzung des Ubootes hat von der Bergungsaktion des Funkschlüssels usw. nichts bemerkt, der Kommandant ist gefallen, als er zurückschwamm, um festzustellen, ob die befohlene Vernichtung der Funkunterlagen durchgeführt worden ist. Diese Bergungsaktion konnte bis 1958 geheimgehalten werden. — Vor etwa 10 oder 12 Jahren hat mir ein FlLt. der RAF, der vom Verfasser Unterlagen für ein Buch erhalten wollte, erzählt, daß die Admiralität unseren Funkschlüssel M entziffert hat. Ich widersprach ihm und sagte, daß ich dieses für unmöglich hielt. Daraufhin sagte er mir, daß er noch keine Erlaubnis erhalte, dieses zu schreiben. „Sofort nach der Genehmigung teile ich Ihnen dieses mit." In seinem Buch „Airforce versus Submarines" durfte er noch nichts veröffentlichen. — Die Briten haben diese Bergung als einen ganz besonderen Erfolg angesehen! Mit Hilfe dieses Materials konnten im Laufe der Zeit alle Funksprüche, sogar verschiedener Schlüsseleinstellungen, einwandfrei entschlüsselt werden, allerdings unter Einsatz von einigen Tausend Menschen!

Von Mitte Juni 1942 bis Mai 1943 konnten auf Grund der Entzifferung etwa 60% aller Geleitzüge zwischen Amerika und England um die Ubootaufstellungen herumgeleitet werden.

Auf der Geleitzuglage nach Murmansk war die Lage ganz anders, da durch die Eisgrenze im Norden und die Küste Norwegens im Süden die Ausweichmöglichkeiten erheblich eingeschränkt waren.

Nach Verlegung der „Scharnhorst" Anfang 1943 in den Altafjord wurde mit der „Tirpitz" und den Zerstörern eine Kampfgruppe gebildet. Es wurde damit gerechnet, daß etwa Mitte Mai der Geleitverkehr nach Murmansk wieder aufgenommen wurde. In diesem Jahr blieb aber dieser aus, da die britische Flotte wegen der kritischen Lage im Atlantik einen Teil der Sicherungszerstörer abziehen mußte und ferner weitere Einheiten im Mittelmeer benötigt wurden.

Um die Einheiten der Kampfgruppe weiter in Übung zu halten, wurden „Scharnhorst" und „Tirpitz" im September zu einem Handstreich nach Spitzbergen entsandt. Am 22. September wurde „Tirpitz" durch den Angriff mit Kleinstubooten für längere Zeit außer Gefecht gesetzt. Von den schweren Einheiten blieb jetzt nur noch „Scharnhorst" für einen Angriff übrig. Die Seekriegsleitung entschloß sich, eine Zerstörerflottille nach Südnorwegen zu verlegen, da gerüchtweise verlautete, daß Landungen der Briten in Südnorwegen geplant seien.

Im November wurde durch unsere Funkaufklärung ermittelt, daß nach einer Analyse des britischen Funkverkehrs der Geleitverkehr nach Murmansk wieder aufgenommen werden sollte. Das bedingte eine erneute Diskussion zwischen den deutschen Führungsstellen über den Einsatz der „Scharnhorst" und den fünf Zerstörern, sowie ihre Unterstützung durch die Luftwaffe, die nur über einige Aufklärungsflugzeuge, aber nicht über Kampfverbände verfügte.

Die Deutsche Führungsorganisation

Die deutsche Führungsorganisation war aus britischer Sicht kompliziert. Hitler mischte sich zwar in die eigentlichen Flottenoperationen nicht ein. Es war aber notwendig, ihn über den beabsichtigten Einsatz der „Scharnhorst" zu unterrichten. Der operative Befehlsweg führte von Berlin nach Kiel zur Gruppe Nord, die mit dem Flottenkommando vereinigt war. 1941 wurde wegen der zahlreichen Funkstörungen in Nordnorwegen die Stelle des Admirals Nordmeer geschaffen, der mit dem in Narwik sitzenden Führer der Uboote Norwegen zusammenarbeitete. Im Dezember 1943 vertrat der FdU Norwegen, Kapt. z. S. Peters, den auf Urlaub befindlichen Admiral Nordmeer. Für den Einsatz der Luftwaffe war das Luftflottenkommando 5 Norwegen in Oslo zuständig. Diesem unterstanden in Nordnorwegen der Fliegerführer

Lofoten. Die fliegenden Verbände wurden ihm jeweils unterstellt. Sie waren dann auf Zusammenarbeit mit dem Admiral Nordmeer angewiesen.

Die Nachrichtenverbindungen waren z.T. unbefriedigend. In den arktischen Gebieten dauerte es wegen schlechter Funkempfangsbedingungen oft bis zu einer Stunde, bis Funksprüche der in See befindlichen Kampfgruppe die Befehlsstelle des Admirals Nordmeer erreichten. Zwei Stunden dauerte es bis zur Gruppe Nord/Flotte und drei oder vier Stunden bis zur Seekriegsleitung in Berlin. Die Drahtverbindungen liefen zum Teil über schwedisches Gebiet. 1943 wurde eine Funkfernschreibverbindung nach Norwegen eingerichtet. Die Landverbindungen waren naturgemäß schneller und für die Briten nicht zugänglich. Die im Langfjord liegende „Scharnhorst" konnte an die Drahtverbindungen nicht angeschlossen werden, Nachrichten für sie mußten mit einem Motorboot oder Schlepper durch Kurier überbracht werden, Dauer etwa 2 Stunden, falls nicht der Funkverkehr vorgezogen wurde. Diese Einschränkung sollte verhängnisvolle Folgen haben.

Im November/Dezember haben sich langwierige Diskussionen und Meinungsunterschiede über die Bedingungen ergeben, wie ein erfolgreicher Einsatz der Kampfgruppe möglich sein könnte. Eine weitreichende Luftaufklärung war die Voraussetzung zur rechtzeitigen Feststellung des Geleits und zur Sicherstellung, daß die Home Fleet nicht in einer Position stand, aus der sie noch eingreifen konnte. Für die deutschen Zerstörer, die nicht sehr gute Seeschiffe waren, waren günstige Wetterbedingungen Voraussetzung. Ferner mußte ausreichendes Tageslicht bestehen, damit „Scharnhorst" mit ihren älteren Radargeräten, die den britischen unterlegen waren, ihre schwere Artillerie voll einsetzen konnte.

Die Wiederaufnahme der Geleitzüge

Als die Murmansk-Geleitzüge von den Briten wieder aufgenommen wurden, nahmen wir an, daß diese regelmäßig laufen würden. Admiral Bey diskutierte mit Kapt. z. S. Johannesson, dem Chef der 4. Zerstörerflottille, die Möglichkeiten eines gemeinsamen Angriffs der „Scharnhorst" mit den Zerstörern auf den nächsten Geleitzug. Sie schätzten die Aussichten für einen Erfolg nicht sehr hoch ein. Aber die Seekriegsleitung war in Berlin optimistischer und glaubte, daß man die „Scharnhorst" wegen der sehr schwierigen Lage an der Ostfront nicht zurückhalten dürfte!

Der nächste Geleitzug, der aus 19 Schiffen bestand, lief am 20. Dez. mit der Nahsicherung aus Loch Eve aus. Die Ocean Escort Group bestand aus 8 Flottenzerstörern unter Capt. J. W. McCoy, dem Chef der 17. Zerstörerflottille, der am 22. Dez. die Führung übernahm. Der Geleitzug RA 55 A, der aus 22 Schiffen bestand, hatte eine Nahsicherung von 10 Zerstörern, und lief am 23. Dez. aus Murmansk aus.

Auf deutscher Seite hatte man inzwischen Vorbereitungen für das Auslaufen der Kampfgruppe getroffen. Der vorbereitete Befehl „Ostfront" hatte für diese Operation Gültigkeit.

Dönitz besuchte am 19. und 20. Dezember das Führerhauptquartier. Hierbei erhielt er von Hitler die Genehmigung, das Schlachtschiff „Scharnhorst" einzusetzen für den Fall, daß die Aussichten für einen Erfolg günstig angesehen werden und die genaue Kenntnis der britischen Dispositionen vorliegen. Die Briten sahen bereits die Anwesenheit der deutschen Schiffe im Alta-Fjord als eine Bedrohung an. Die Special Intelligence zeigte sehr früh, daß die Verwendung der „Scharnhorst" wahrscheinlich sei.

Die britische Funkaufklärung

Der deutsche Funkverkehr der Kriegsmarine und Luftwaffe konnte zu dieser Zeit recht regelmäßig entziffert werden. Vordringlich wurden die „Schaltungen" bearbeitet, auf denen die für die eigenen Operationen relevanten Funksprüche erwartet werden konnten. Im Dezember 1943 konnten die für vordringlich gehaltenen Schlüsselkreise so schnell bearbeitet werden, daß diese der Admiralität 3 bis 6 Stunden nach der Aufnahme vorlagen, also kaum später als bei den deutschen Empfängern. Hierbei muß berücksichtigt werden, daß die nach „M-Offizier" oder „M-Stab" verschlüsselten Funksprüche teilweise nicht entschlüsselt werden konnten. Es lagen jedoch dem verantwortlichen Offizier, der für die Feindlage verantwortlich war, Paymaster Cdr. Denning, stets soviel Material vor, daß er eine recht klare Vorstellung hatte, was auf der anderen Seite vor sich ging. Man muß außerdem berücksichtigen, daß gleichzeitig im Raum der Biscaya deutsche Operationen zur Einholung von Blockadebrechern zu einem Anschwellen des deutschen Funkverkehrs und schließlich zum Gefecht vom 27. Dezember führte. Außerdem wuchs der Funkverkehr während der Auseinandersetzung der Ubootgruppe „Borkum" an, der schließlich zu einem Zusammenstoß mit einer anglo-amerikanischen Geleitträgergruppe führte.

Das Lagebild im Office Intelligence Center (OIC)

In der Nacht vom 19. zum 20. Dezember wurden Cdr. Denning in der Admiralität, wo er schlief, 4 Funksprüche vorgelegt. Der erste war am 18. Dez. um 19.23 Uhr (= brit. Zeit + 1 Std. deutsche Zeit) vom Admiral Nordmeer an Scharnhorst und befahl dreistündige Bereitschaft. Der zweite war von Admiral Nordmeer an Fliegerführer Lofoten, er forderte Luftaufklärung gegen den Geleitzug und gegen die schwere Deckungsgruppe an, die wahrscheinlich in See sind. Der Dritte war am 18. Dez. um 19.58 Uhr an die Kampfgruppe gerichtet, er war nach Schlüssel „M-Offizier" verschlüsselt und 151 Gruppen lang. Er konnte nicht rechtzeitig entziffert werden. Der vierte war vom 19. 08.55 Uhr nur 10 Stunden alt. Er enthielt die Meldung, daß die Luftaufklärung abgebrochen war und ein mit Radar ausgerüstetes Flugzeug bereitgehalten wurde.

Am 20. 12. erfuhr das OIC, daß die Luftaufklärung ebenfalls abgebrochen werden mußte. Aus einem früheren Funkspruch von Admiral Nordmeer, der erst nach 41 Std. entziffert vorlag, weil er nach „M-Offizier" verschlüsselt war, wurde die Kampfgruppe angewiesen, sich zum Auslaufen bereit zu halten. Die letzten beiden Funksprüche wurden sofort an die Admirale Fraser und Burnett übermittelt. Am 21. 12. erhielt „Scharnhorst" wieder Befehl zur dreistündigen Bereitschaft, am 23. hat sie Befehl erhalten zum sofortigen Auslaufen bereit zu sein. Der Geleitzug wurde am 22.12. erneut erfaßt.

Der Ubootfunkverkehr in Nordnorwegen konnte bis zu diesem Zeitpunkt etwa gleichzeitig entziffert werden. „Scharnhorst" wurde unterrichtet, daß die Uboote keine Fühlung mit dem Geleit hatten.

Am Vormittag des 24.12. war die Lage etwa so: Der ostgehende Geleitzug JW 55 B stand südwestlich der Bäreninsel. Flugzeuge hatten ihn erfaßt und hielten Fühlung. Der nach Westen gehende Geleitzug RA 55 A stand weiter im Norden und war von deutscher Seite noch

nicht erfaßt. „Force I" stand noch weiter ostwärts, während „Force II"
(Fraser) weit entfernt im Südosten kreuzte. Cdr. Denning machte darauf
aufmerksam, daß „Scharnhorst" den Geleitzug noch erreichen könnte,
falls sie ausgelaufen sei, und zwar bevor Force I und II ihre Auffang-
stellungen erreicht hatten. Fraser teilte diese Befürchtung, er brach die
Funkstille und gab dem nach Osten fahrenden Geleitzug den Befehl für
3 Stunden kehrt zu machen. Der Escort Commander und der Geleit
Commodore konnten diesen Befehl nicht befolgen, da infolge der Wetterlage das Geleit weit zerstreut war. Es verringerte die Fahrt und erzielte
so den gleichen Effekt. Dieser Funkspruch wurde von den deutschen
Peilstellen, von denen 2 in der Deutschen Bucht und eine bei Kirkenes
lagen, gepeilt. Die deutsche Seekriegsleitung stufte diese Peilungen als
„ungenau" ein, sie nahm zwar an, daß der Absender eine schwere
britische Einheit war, die sich aber — wie üblich — noch in größerer
Entfernung aufhielt. Der stellvertretende Admiral Nordmeer, KzS
Peters in Narvik, war weniger selbstgefällig. Schon am Vortage warnte
er seine Uboote, daß wahrscheinlich die Kampfgruppe in einiger Entfernung vom Geleit stände.

Kurz vor Mitternacht am 24. 12. funkte der Fliegerführer Lofoten,
daß er am Weihnachtstage beabsichtige, 2 BV 138 (Flugboote) gegen
eine durch Funkpeilung festgestellte Kampfgruppe, die von Südwesten
heranschloß, aufklären wolle. Später wurde dieser Plan noch um ein
drittes mit Radar ausgerüstetes Flugzeug erweitert. Dieser recht erhebliche Einsatz wäre sicher nicht beabsichtigt gewesen, wenn er nicht die
Gefahr von der „Home Fleet" ernster eingeschätzt hätte als in Berlin oder
Kiel. Dieser entschlüsselte Funkspruch erreichte fast zur gleichen Zeit
die Admirale Fraser und Burnett, wie die Seekriegsleitung in Berlin!

Der Entschluß zum Angriff

Die Haltung der deutschen Befehlstellen war am 25.12. fast noch
widersprüchlicher: Die Admirale Bey und Admiral Nordmeer hielten
keine der für den Einsatz der „Scharnhorst" notwendigen Voraussetzungen für gegeben, so daß als einzige Alternative ein Vorstoß der
5 Zerstörer übrig blieb. Gruppe Nord/Flotte und die Seekriegsleitung
dagegen waren der Ansicht, wenn die Luftwaffe die Anwesenheit der
starken Bedeckungsgruppe nicht bestätigen könne, daß man dann an-

nehmen müsse, diese Gefahr bestände nicht. „Scharnhorst" und die Zerstörer könnten dann am Abend auslaufen. Der Angriff auf das Geleit könne dann beim ersten Zwielicht des folgenden Tages erfolgen.

Der Geleitzug JW 55 B passierte um 09.01 Uhr den Vorpostenstreifen der Gruppe Eisenhart, U601 gab darauf das Fühlungshaltersignal ab. Der FdU Norwegen setzte dann den Rest der Ubootsgruppe um 10.45 Uhr auf den Geleitzug an. Für „Scharnhorst" wurde um 10.55 Uhr einstündige Bereitschaft befohlen. Dieser Befehl war nach „M-Offizier" verschlüsselt, er war erst nach 32 Stunden entschlüsselt und wurde am Nachmittag des 26.12. an das OIC weitergeleitet, er war aber bereits durch die Ereignisse überholt.

Die Lage schien sich für die Seekriegsleitung günstig zu entwickeln. Der Auslaufbefehl für „Scharnhorst" wurde vorsorglich gegeben, da bei einer gegenteiligen Entscheidung des ObdM — er wurde im Laufe des Nachmittags aus Paris zurückerwartet — war der Verband noch innerhalb der Schären und konnte so leicht erreicht werden. Die Problematik der Fernmeldeverbindungen zeigte sich sehr deutlich bei diesem Befehl: Um 14.10 Uhr ging das folgende Fernschreiben von der Seekriegsleitung an Gruppe Nord/Flotte ein: „BdK zeitgerecht auslaufen zur Operation gegen gemeldeten Geleitzug." Noch bevor dieses Fernschreiben bei Gruppe Nord um 14.41 Uhr vorlag, ließ die Gruppe auf Grund einer fernmündlichen Vorwarnung um 14.34 Uhr das vorbereitete Stichwort „Ostfront 17.00 Uhr 25.12." an den Admiral Nordmeer abgeben. Es dauerte bis 15.27 Uhr bis das Stichwort „17.00 Uhr" abgesetzt werden konnte. Es wurde hierbei wegen der kurzen Zeit auf die befohlene Verschlüsselung nach „M-Offizier" verzichtet, mit verhängnisvollen Folgen, wie wir noch sehen werden.

Nach der Lage war der Geleitzug mit Waffen nach Murmansk unterwegs, Kreuzersicherung war erkannt, sie war „Scharnhorst" unterlegen, Kurs und Fahrt waren zuverlässig bekannt. Eine schwere Einheit war nicht erkannt, sie konnte aber noch so weit entfernt sein, daß ein schneller Angriff von „Scharnhorst" durchaus Erfolg haben konnte. Um 19.25 Uhr ließ Dönitz das bekannte Fernschreiben an Admiral Bey senden (Text s. S. 231), der zur Zeit auf dem Wege von Altafjord zu „Scharnhorst" unterwegs war. Dieses Fernschreiben lag um 20.00 Uhr dem Flottenchef in Kiel vor. Es enthielt die Weisung, es sofort als „M-Offizier" an die Kampfgruppe zu funken. Um 21.03 Uhr war der

Text verschlüsselt, 21.35 Uhr erhielt die Funkstelle den Befehl, es an die Kampfgruppe abzusetzen, um 21.56 Uhr ging der Funkspruch ab, um 24.00 Uhr lag der entschlüsselte Text Admiral Bey vor.

Die britische Funkempfangsstelle hat diesen um 23.44 Uhr (22.44 deutsche Zeit) aufgenommen. Da dieser FT 116 Gruppen lang war und nach „M-Offizier" verschlüsselt war, wurde er zu den anderen noch nicht entschlüsselten Funksprüchen gelegt.

Am 25.12. verschlechterte sich das Wetter in Nordnorwegen ständig weiter. Die Luftwaffe befürchtete, daß keine Aufklärung mehr geflogen werden konnte. Der Admiral Nordmeer war der Ansicht, daß wegen der Wetterlage und ohne genaue Information über die schwere Kampfgruppe die Operation abgebrochen werden sollte. Er rief Generaladmiral Schniewind in Kiel an und informierte ihn entsprechend. Dönitz sprach um 20.30 mit Schniewind. Es wurde beschlossen, daß die Entscheidung ob und in welcher Weise die Unternehmung weitergeführt werden sollte, Admiral Bey überlassen bleibt. Zu dieser Zeit war noch genügend Zeit für eine Verschiebung oder Abbruch der Unternehmung. Bey, der bis zum letzten Augenblick auf „Tirpitz" geblieben war, um so die direkten Fernschreib- und Fernsprechverbindungen auszunutzen, war zu der Zeit auf der Fahrt von „Tirpitz" zur „Scharnhorst", Dauer 2 Std. 19.01 Uhr ging „Scharnhorst" Anker auf. Bei Eintritt in den Äußeren Fjord traf „Scharnhorst" die volle Wirkung des schlechten Wetters. Bey setzte um 21.16 Uhr folgenden Funkspruch an Gruppe/Nord/Flotte ab: „Im Operationsgebiet voraussichtlich SW 6—9. Waffenverwendung Zerstörer stark beeinträchtigt. Fahrtbeschränkung." Das scheint das Äußerste gewesen zu sein, was sich Bey zutraute, um den Abbruch der Operation anzuregen. Es dauerte bis 02.19 Uhr bei der Gruppe Nord/Flotte und bis 03.56 Uhr bis er in Berlin bei der Seekriegsleitung vorlag! Bis 09.13 Uhr konnte das OIC diesen FT zusammen mit dem Seeklarbefehl an die beiden Admirale übermitteln.

Hierbei war man sich nicht im klaren darüber, welchen Eindruck der Funkspruch von 19.25 auf Admiral Bey macht, wenn dieser 3 Std. nach Abgabe seiner „Anregung" eintrifft. Bey hielt Kurs und Fahrt durch, um den Geleitzug abzufangen. Um 07.00 Uhr entließ er die Zerstörer zu einem Aufklärungsstreifen. Die Zerstörer verfehlten den Geleitzug nur knapp, weil der britische Admiral ihm entsprechende Unterrichtungen geben konnte.

Die Funkaufklärung der Briten am 26. Dez.

Das OIC erhielt um 20.50 Uhr am 25. Dez. einen entschlüsselten Funkspruch von 11.58 Uhr des gleichen Tages: Von Kampfgruppe an „R 121". SSD. „Zu Scharnhorst gehen. Weitere Befehle dort." Das deutete darauf hin, daß „Scharnhorst" auszulaufen beabsichtigte. Die brit. Admirale Fraser und Burnett wurden sofort unterrichtet. Kurz nach Mitternacht wurde diese Vermutung Sicherheit. Eine um 00.25 Uhr vorliegende Entzifferung des Fliegerführers Lofoten vom 25.12. ließ erkennen, daß der Geleitzug erneut um 14.13 Uhr gesichtet war, wenig später um 01.33 Uhr wurde entziffert, in dem das Vorpostenboot V 5903 von „Scharnhorst" benachrichtigt wurde, wonach ab 18.00 Uhr „Scharnhorst" auslaufend zu erwarten sei.

Um 03.19 Uhr erhielten alle britischen Führungsstellen einen Funkspruch der Admiralität, daß sie annehme, „Scharnhorst" sei in See. Beim OIC waren zu dieser Zeit noch etwa 10 Funksprüche in Bearbeitung. Ihre Entzifferung dauerte noch längere Zeit, so daß diese die Ereignisse nicht mehr beeinflussen konnten. Damit hat das OIC seine Arbeit getan, in der taktischen Phase lag die Verantwortung nunmehr bei den Seebefehlshabern.

Admiral Fraser hatte ein recht klares Bild von den Bewegungen des Gegners, dank der vorzüglichen Leistungen des OIC. Er war jedoch in Unruhe über die tatsächlichen Standorte der Force I und des Geleits. Er entschloß sich daher, nochmals die Funkstille zu brechen und gab um 04.01 Uhr an die Geleitführer den Befehl, nach Nordosten zu steuern, ferner sollte der Befehlshaber der Force I und der Senior Officer Escort Kurs und Fahrt melden. Um 05.40 Uhr gingen die Standorte der Force I ein. Sie erhielt darauf den Befehl, an das Geleit heranzuschließen. Nach Ausführung dieses Befehls wurde um 08.15 Uhr befohlen, von Nordost auf Nordkurs zu gehen.

Offenbar wurden diese Funksprüche nicht von den deutschen Funkaufklärungsstellen gepeilt. Daher konnten die deutschen Befehlsstellen nicht sofort die Kampfgruppe über die drohende Gefahr unterrichten. Ohne diese Ausweichbefehle wäre der Geleitzug in den Aufklärungsstreifen der deutschen Zerstörer hineingefahren. So aber hatten die von Süden heranlaufenden Kreuzer die „Scharnhorst" um 08.40 Uhr mit Radar erfaßt. Sie eröffneten das Feuer zum ersten Gefecht.

Während sich die Befehlshaber der Briten im weiteren Verlauf dieses Tages sehr geschickt über ihre Beobachtungen und Absichten unterrichteten, gaben Admiral Bey's Funksprüche dem Chef der 4. Zerstörerflotte mehr Rätsel auf, als Absichten kund. Obgleich der deutsche B-Dienst seit 09.36 Uhr die Fühlungshaltermeldungen der Force I erfaßte, wurde erst sehr viel später deutlich, daß es sich bei dem Adressaten um den Chef der Home Fleet auf „Duke of York" handelte. Daher konnten die deutschen Führungsstellen an Land der Kampfgruppe keine Hilfe geben, weil sie selber kein klares Lagebild hatten.

Die viel diskutierten Aufklärungsmeldungen eines Flugbootes, das die Force II um 10.12 Uhr mit Radar erfaßte und zunächst „mehrere Fahrzeuge", dann „nach dem Erscheinungsbild ein großes und mehrere kleine Fahrzeuge" gemeldet hatte, sind auf „Scharnhorst" sehr wahrscheinlich noch vor dem Gefecht aufgenommen worden, da das Schiff wie auch einer der Zerstörer die Flugzeugaufklärungswelle geschaltet haben dürfte. „Z 38" hat z.B. den ersten Funkspruch um 14.45 Uhr aufgenommen, also noch 90 Minuten bevor „Duke of York" um 16.17 Uhr Radarkontakt mit „Scharnhorst" bekam.

Über die weiteren Ereignisse ist in dem vorherigen Kapital eingehender berichtet worden. Um 19.45 Uhr sank „Scharnhorst" nach einem tapferen Kampf und nahm nahezu die ganze Besatzung mit sich in die Tiefe!

Zusammenfassung

Nach dieser Schilderung der Operation „Ostfront" aus britischer Sicht muß der deutsche Leser sehr betroffen sein, daß wir mit offenen Karten zur See gefahren sind, ohne auch nur die geringsten Kenntnisse davon zu haben, daß es den Briten gelungen war, unser Chiffrierverfahren zu lösen. Wir haben bis jetzt geglaubt, daß unser „Funkschlüssel M" absolut sicher war. Nun war der britische Flottenchef praktisch über alle Absichten und Bewegungen der deutschen Kampfgruppe unterrichtet. So konnte er die Sicherungsstreitkräfte der Geleitzüge im richtigen Augenblick verstärken und diesen umleiten, damit er nicht unerwartet mit unseren Streitkräften zusammtraf. Admiral Fraser spielte vorzüglich mit den Informationen, die ihm das OIC zuleitete.

Das gleiche kann man nicht für die deutsche Seite sagen. Admiral Bey ist oft kritisiert worden, besonders daß er noch innerhalb der Schären gefunkt hat. Man nahm an, daß dieser Funkspruch von den Briten gepeilt worden ist und dadurch die Engländer sehr frühzeitig vom Auslaufen der Kampfgruppe unterrichtet wurden. Wir haben gesehen, daß die Briten schon lange davor durch entzifferte Funksprüche unterrichtet waren, daß der Einsatz der Kampfgruppe beabsichtigt sei.

Der vorstehende Bericht zeigt deutlich, daß die deutsche Führungsorganisation recht kompliziert war. Es bestanden außerdem entgegengesetzte Ansichten über die Operation. Sowohl Bey wie der Admiral Nordmeer waren der Ansicht, daß diese Unternehmung nicht stattfinden dürfe, weil nicht eine der Voraussetzungen, die für unbedingt notwendig erachtet wurden, erfüllt war. Außerdem wurde die Wetterlage immer schlechter.

Im Gegensatz hierzu befürworteten der ObdM und Gruppe Nord/Flotte die Durchführung, sie überließen aber Admiral Bey die letzte Entscheidung. Es hat den Anschein, als ob der Funkspruch, der mit Uhrzeitgruppe 19.25 Uhr am 25. Dez. von der Seekriegsleitung an die Kampfgruppe abgegeben wurde, um 24.00 Uhr auf „Scharnhorst" Admiral Bey vorgelegt wurde, also etwa 3 Std. später als er seinen Funkspruch aufgegeben hatte, der Auslöser gewesen sein muß für sein weiteres Vorgehen. Über alle Bedenken setzte er sich hinweg und führte die Unternehmung durch, die der „Scharnhorst" den Untergang brachte.

Die Leistung der Briten, das deutsche Chiffrierverfahren zu lösen, verdient alle Anerkennung. Jetzt ist klar, daß die Briten nicht durch Verrat zu diesem Ergebnis gekommen sind, sondern durch zähen Willen und etwas Glück. Sie mußten alles einsetzen und haben mit etwa 8000 Menschen, die Tag und Nacht arbeiteten, in Bletchley Park diese Aufgabe gelöst. Mit dieser Möglichkeit haben wir nie gerechnet, zumal die Briten nach der Kapitulation, als sie über unsere Entzifferung sich unterrichteten und erfuhren, wie weit wir in ihre Verfahren eingedrungen waren, sofort Gegenmaßnahmen einleiten mußten.

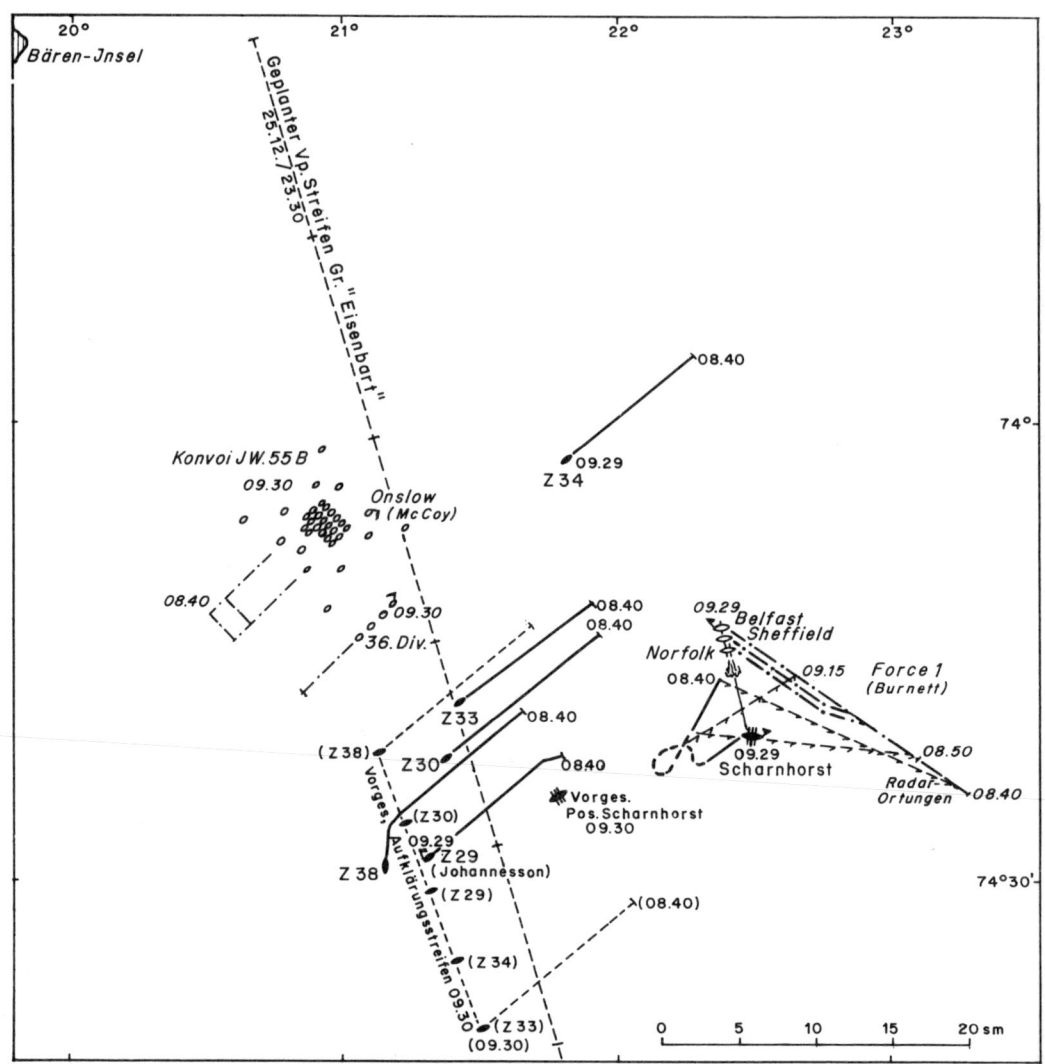

Die Konvoisuche und das erste Gefecht mit Force I

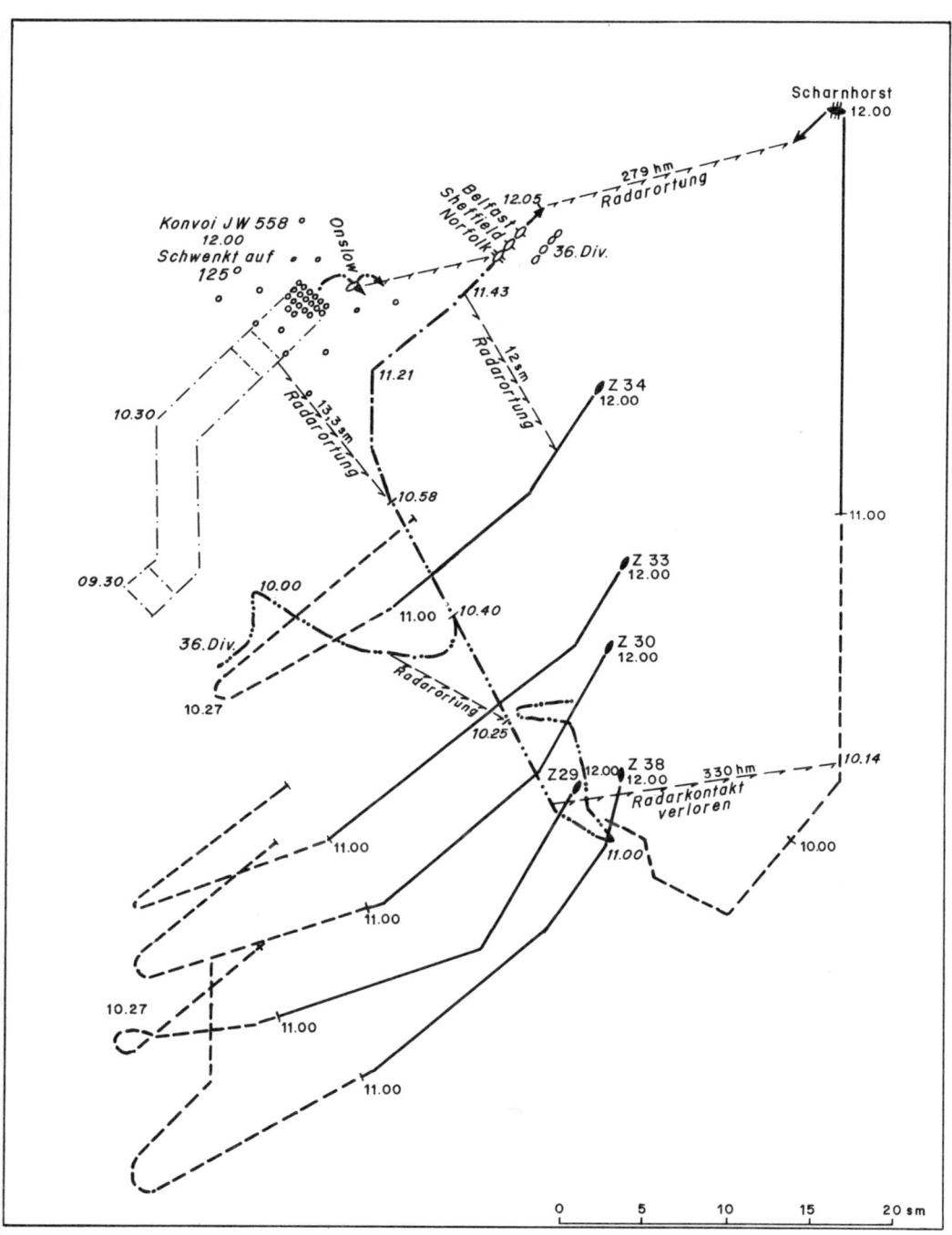

Die Lage um 12.00 Uhr   277

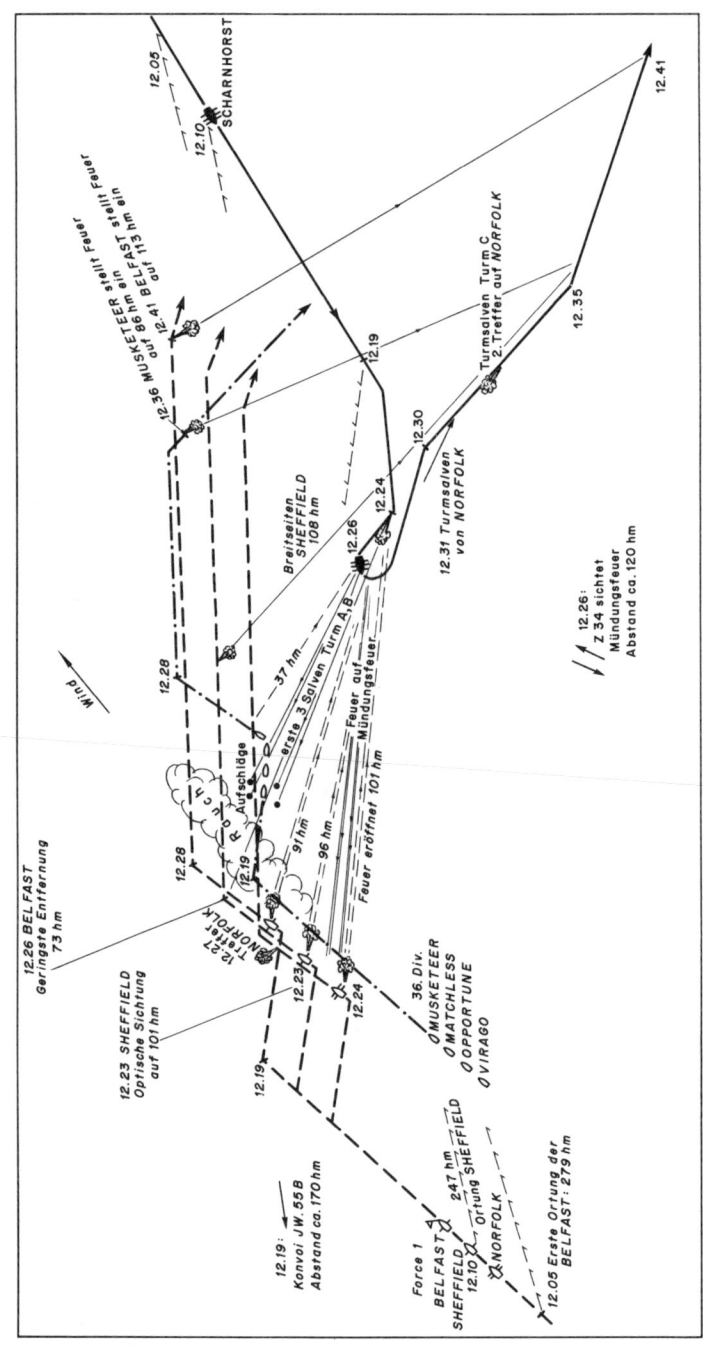

Das zweite Gefecht der „Scharnhorst" mit der Force I, 12.05—12.41 Uhr

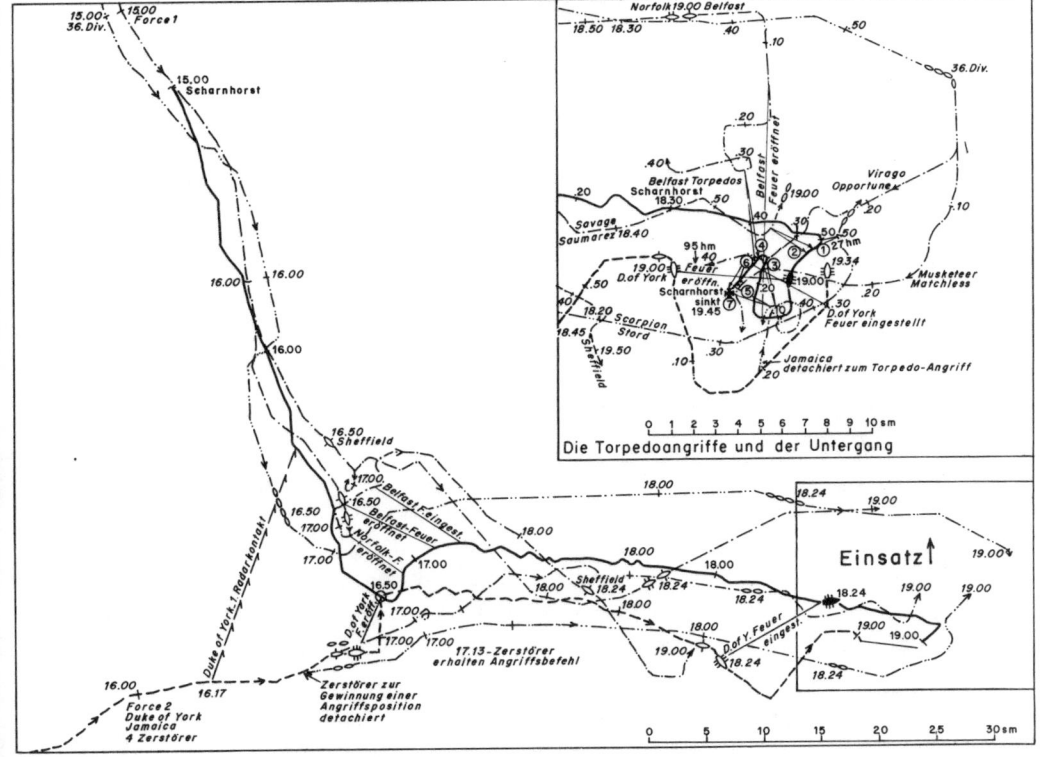

Der Endkampf der „Scharnhorst" 15.00—19.45 Uhr

RÜCKSCHAU

Mehr als drei Jahrzehnte sind nun schon seit jenem Dezembertage vergangen, in dem die Fahrten des Schlachtschiffes „Scharnhorst" im Dunkel der Polarnacht ihr Ende fanden.

Um den Verlust des großen Schiffes und seiner tapferen Besatzung trauerten nicht nur die Angehörigen der Gefallenen. Auch die Männer, die vorher einmal zur Besatzung zählten und nun an anderen Stellen der weltweiten Front ihren Dienst versahen, wie aber auch die vielen anderen Menschen in der Heimat, die die Kriegsfahrten des Schiffes stets voller Spannung und Anteilnahme verfolgt hatten, waren zutiefst betroffen. Im hektischen Fieber des nahenden Zusammenbruchs wurden die Gedanken an den so erschütternden Endkampf dieses Schiffes bei vielen jedoch bald durch andere Ereignisse und Erlebnisse überschattet und verdrängt.

Das Band der alten Schiffskameradschaft hielt. Es zerriß auch nicht unter den harten Belastungen während der schweren Nachkriegsjahre. Schon 1952 haben die früheren Scharnhorstfahrer — dank der Initiative ihres alten I.O., des späteren Konteradmirals Schubert — auf dem Ehrenfriedhof in Kiel über dem Grabe ihrer im Gloriousgefecht im Nordmeer gefallenen Kameraden ein eindrucksvolles Ehrenmal errichtet und es unter starker Beteiligung alter Besatzungsangehöriger feierlich eingeweiht. Es wurden nach dem Kriege auch viele Zeichen gegenseitiger, echter Kameradschaft bekannt — oft waren es Hilfen in höchster Not.

Das Schlachtschiff „Scharnhorst", das „Glückhafte Schiff", wie es seinerzeit häufig und gern benannt wurde, gehört als reiner Artillerieträger heute bereits einer vergangenen Epoche an. In wenigen

280

Jahren schon wird man von diesem Schiffstyp, dem Hauptträger so vieler Seeschlachten, wohl nur noch sehr unklare Vorstellungen haben. Ob nun aber Segelschiff, Artillerie-, Torpedo- oder Raketenträger, ob Boot oder großes Schiff, stets werden seine Leistungen vom Können und der Tapferkeit des einzelnen, von der Führung, der Zusammenarbeit und dem Geist der Besatzung bestimmt. Daran wird sich auch in unserem Zeitalter fortschreitender Technisierung nichts ändern: „Nicht Schiffe, sondern Menschen kämpfen!"

Wenn sich alte Freunde treffen, geht der Rückblick meist auf die gemeinsamen Erlebnisse während der Jugend-, Schul- oder Ausbildungsjahre. Unter alten Marineleuten sind es die Erinnerungen an die See und das Schiff, die sie verbinden. Die auf den Fahrten zusammengeschweißte Schiffskameradschaft erfüllt diese Männer ihr ferneres Leben hindurch. Als besondere Verpflichtung empfinden sie es, das Gedenken an ihre mit dem Schiff gebliebenen Kameraden in Ehrfurcht zu pflegen und dieses Vermächtnis nachfolgenden Generationen zu übermitteln. So ist es auch bei den Männern vom

Schlachtschiff „Scharnhorst".

SCHLACHTSCHIFF „SCHARNHORST"

Bauwerft	Kriegsmarinewerft Wilhelmshaven
Auf Stapel gelegt	1935
Stapellauf	3.10.1936
Indienststellung	7.1.1939
Besatzung	ca. 1950 Mann (inkl. Kriegszuschlag)
Kommandanten	Kpt. z. See Ciliax (ab 7.1.1939)
	Kpt. z. See Hoffmann, K.C. (ab 23.9. 1939)
	Kpt. z. See Hüffmeier (ab 1.4.1942)
	Kpt. z. See Hintze (ab 14.10.1943)
Verdrängung	39 536 t (max.)
Länge	235,39 m (mit neuem Vorsteven)
Breite	30 m
Tiefgang	10,5 m (max.)
Maschine	12 Wagner-Deschimag-Hochdruck-Heiß-dampf-Kessel (63 atü max.)
	3 Satz Brown-Boveri-Getriebe-Turbinen 160 000 Psw — 3 Schrauben
Höchstgeschwindigkeit	31,5 Seemeilen p. Stunde (ca. 58 km/Std.)
Bewaffnung	Schwere Artillerie:
	3 Drillingstürme mit 9 — 28 cm Ge-schützen
	Mittelartillerie:
	4 Zwillingstürme mit 8 — 15 cm Ge-schützen und 4 — 15 cm Geschütze in Einzelaufstellg.

Flak und FlaMW.:
14 — 10,5 cm Flak in Zwillingslafetten
16 — 3,7 cm Flak in Zwillingslafetten
10 bis 34 — 2 cm FlaMW
Torpedowaffe: (ab 1941)
2 Drillingssätze mit 6 — 53,3 cm Torpedo-
rohren
Bordflugzeuge:
3 Arado 196
2 Katapulte (ab 1940 — 1)
Eine Flugzeughalle

Panzerung   Gürtelpanzerung 350 mm, Stirnseite der
schweren Türme 360 mm, Panzerdeck
80 mm, Böschungen 105 mm

TRADITION SCHLACHTSCHIFF
S. M. S. „SCHARNHORST"

General Gerhard Johann David von Scharnhorst, geboren 12. 11.
1755 zu Bordenau/Hannover als Sohn eines Bauern, trat zunächst in hannoverschen, 1801 in preußischen Militärdienst.
1804 geadelt.

1807 Direktor des Kriegsdepartements und Chef des General-
stabes der Armee.

Als solcher schuf er im Zusammenhang mit der Staats-
reform des Frhr. vom Stein das neue preußische Heer
auf der Grundlage der allgemeinen Wehrpflicht.

2. 5. 1813 als Generalstabschef der Armee Blüchers in der
Schlacht bei Großgörschen verwundet.

28.6. 1813 an erlittener Verwundung in Prag verstorben.

Panzerkreuzer „Scharnhorst"

Stapellauf 1906 (wie auch Schwesterschiff „Gneisenau")

Verdrängung 11 600 t

3 Dreifach-Expansionsdampfmaschinen

Geschwindigkeit ca. 23,8 sm

Armierung: acht 21 cm-, sechs 15 cm- und achtzehn 8,8 cm
Geschütze, vier Torpedorohre

Besatzung etwa 770 Mann (Friedensstärke).

Nach Indienststellung wurden beide Panzerkreuzer dem ost-
asiatischen Kreuzergeschwader zugeteilt — „Scharnhorst" als
Flaggschiff des Geschwaderchefs (ab 1912 Vizeadmiral Graf
Spee).

Bei Ausbruch des Krieges 1914 verließ das Kreuzergeschwader
den deutschen Hafen Tsingtau/Ostasien — Marsch nach Osten

— Kreuzerkrieg in der Südsee — 1. 11. 1914 vernichtender Schlag gegen ein englisches Kreuzergeschwader bei Coronel/chilenische Küste.

8. 12. 1914 Falkland-Inseln. Bei dem Versuch, die Funkstation auf den Inseln zu zerstören, stieß unser Geschwader auf mehrfach überlegene britische Streitkräfte. Graf Spee detachierte die zu schwachen kleinen Kreuzer „Nürnberg", „Dresden" und „Leipzig" und stellte sich mit „Scharnhorst" und „Gneisenau" den weit stärkeren Schlachtkreuzern „Invincible" und „Inflexible". Nach dreistündigem tapferem, aber aussichtslosem Kampf sank „Scharnhorst" mit Befehlshaber und der gesamten Besatzung. Mit schweren Beschädigungen und nach Erschöpfung ihrer Kampfmittel versenkte sich „Gneisenau" zwei Stunden später selbst. —

So wie General v. Scharnhorst und Generalfeldmarschall Graf Neithardt v. Gneisenau (1760—1831) in ihrem Leben eng zusammenarbeiteten, so waren auch die beiden Panzerkreuzer gleichen Namens stets gute Kampfgefährten.

Das neue Schlachtschiff „Scharnhorst" und das ein Jahr zuvor indienstgestellte Schwesterschiff, das Schlachtschiff „Gneisenau", waren sich auf den vielen gemeinsamen Fahrten während des zweiten Weltkrieges stets der Verpflichtung bewußt, die ihnen aus der Tradition ihrer Namen erwuchs.

Im Dezember 1914 und im Dezember 1943 endeten nach tapferem Widerstande die Einsätze zweier deutscher Flaggschiffe im Kampfe gegen eine erdrückende Übermacht.

Beide trugen den Namen

„SCHARNHORST"

INHALTSVERZEICHNIS

Zum Geleit. Von Vizeadmiral a. D. Kurt Caesar Hoffmann . 5

Vorwort zur zweiten und dritten Auflage 7

Schiffsstamm Scharnhorst 9

Indienststellung, Ausbildung 17

Vorstoß in die Island-Enge 27

Gefecht bei den Lofoten 37

Gefecht im Nordmeer 64

Atlantik-Unternehmung 92

Brest — La Pallice 150

Der Durchbruch durch den Englischen Kanal 169

Verlegung nach Nordnorwegen 203

Die letzte Unternehmung 222

Die geheime Funkaufklärung der Briten
und der Untergang der „Scharnhorst" 264

Rückschau 280

Schlachtschiff „Scharnhorst": Technische Daten 282

Tradition Schlachtschiff S. M. S. „Scharnhorst" 284

Verzeichnis der Abbildungen 286

Verzeichnis der Karten 287

Quellenangabe 288

VERZEICHNIS DER ABBILDUNGEN

1. Stapellauf am 3. 10. 1936 16
2. Schlachtschiff „Scharnhorst" vor dem Umbau 16
3. Schlachtschiff „Scharnhorst" nach dem Umbau 16
4. „Allemann" auf der Schanze 17
5. Kapitän z. See Kurt Caesar Hoffmann 17
6. Fregattenkapitän Günther Schubert 17
7. „Rise … rise …!" Wecken durch den UvD 30
8. „Backen und Banken", der angenehmste Dienst 30

9. Auf Kriegsmarsch: Im Kielwasser der „Gneisenau" . . . 31
10. Begegnung mit U-Prien 31
11. „Klarschiff zum Gefecht" 78
12. „Gneisenau" hat Feuer auf „Glorious" eröffnet 79
13. Der britische Zerstörer „Ardent" legt eine Rauchwand 79
14. „Scharnhorst" greift an:
    Salve der vorderen schweren Türme 79
15. „Glorious" kurz vor dem Kentern 79
16. „Scharnhorst" auf Kriegsmarsch im Atlantik 110
17. Der Verfasser 111
18. Schleuderstart eines Bordflugzeugs 111
19. Bordflugzeug Arado 196 111
20. „Scharnhorst" im Gefecht 126
21. Angreifende Schnellboote von Scheinwerfern erfaßt . . 126
22. Nordmeerfahrt: Vereiste Reling 127
23. Nordmeerfahrt: Vereiste 3,7-cm-Doppelflak 127
24. Marsch hinter Sperrbrechern 190
25. Durchbruch durch den Englischen Kanal:
    Der Verband in Kiellinie 190
26. Die Sicherung hat dicht herangeschlossen 191
27. „Scharnhorst" an der Pier in Gotenhafen 206
28. Munitionsübernahme 206
29. Im Schwimmdock zu Gotenhafen unter Tarnnetzen . . . 207
30. Der Steven der „Scharnhorst" 207
31. „Scharnhorst" im Schwimmdock von Gotenhafen 220
32. Admiral Ciliax spricht zur Besatzung
    nach dem Kanaldurchbruch 221
33. Schwere Doppelflak 10,5 cm 221
34. „Scharnhorst" unter Tarnnetzen 236
35. „Scharnhorst" im Nordatlantik 236
36. Admiral Lütjens begrüßt den
    Kommandanten 237
37. Bauhafen in Wilhelmshaven 237
38. Kapitän z. See Hüffmeier und Kapitän z. See Gießler . 252
39. „Scharnhorst" in der Mittagsdämmerung im Nordmeer . 252
40. Konteradmiral Bey 253
41. Kapitän z. See Hintze 253

VERZEICHNIS DER KARTEN

1. Vorstoß der Schlachtschiffe in isländische Gewässer
   21. bis 27. Nov. 1939 28

2. Gefecht bei den Lofoten 7. bis 12. April 1940 56

3. Gefecht im Nordmeer 4. bis 23. Juni 1940 67

4. Atlantik-Unternehmung 22. Jan. bis 22. März 1941 99

5. Kanaldurchbruch 12. bis 13. Febr. 1942 . . . . . . 184/185

6. Der Handstreich auf Spitzbergen 7. bis 9. Sept. 1943   216

7. Die Liegeplätze der Kampfgruppe im Ka-Fjord
   am 22. Sept. 1943 217

8. Die Konvoisuche und das erste Gefecht mit Force I . . 276

9. Die Lage um 12.00 Uhr 277

10. Das zweite Gefecht der „Scharnhorst" mit der Force I . 278

11. Der Endkampf der „Scharnhorst" 279

12. Die letzte Unternehmung 25. bis 26. Dezember 1943 Hinteres
                                                        Vorsatz

Quellenangabe

Tagebuchaufzeichnungen des Verfassers
Kriegstagebuch „Scharnhorst"
Kriegstagebuchauszüge Skl. Gruppe Nord/Flotte, Admiral Nordmeer,
    4. Z.-Flottille
F. O. Busch, Tragödie am Nordkap
Cajus Bekker, Verdammte See
Karl Dönitz, Zehn Jahre und Zwanzig Tage
E. B. Potter, Ch. W. Nimitz, J. Rohwer, Seemacht
    Von der Antike bis zur Gegenwart, diesem Buch sind auch die Karten
    auf den Seiten 276—279 entnommen.
Helmuth Gießler, Der Marine-Nachrichten- und Ortungsdienst,
    Technische Entwicklung und Kriegserfahrungen
Lord Fraser, Earl of Northcape; „London Gazette", Amtliche Ausgabe,
    Bericht über die Versenkung der Scharnhorst
H. B. Schofield, The Russian Convoys
A. J. Watts, Loss of the Scharnhorst
Albert Vulliez, Jacques Mordal, La tragique destinée du Scharnhorst
The Story of the Admiralty's Operations Intelligence Centre 1939-1945
    Hamish Hamilton, London
Marine Rundschau Jahrgang 1977, Heft 10, Patrick Beesly und Jürgen Rohwer,
    „Special Intelligence" und die Vernichtung der „Scharnhorst"

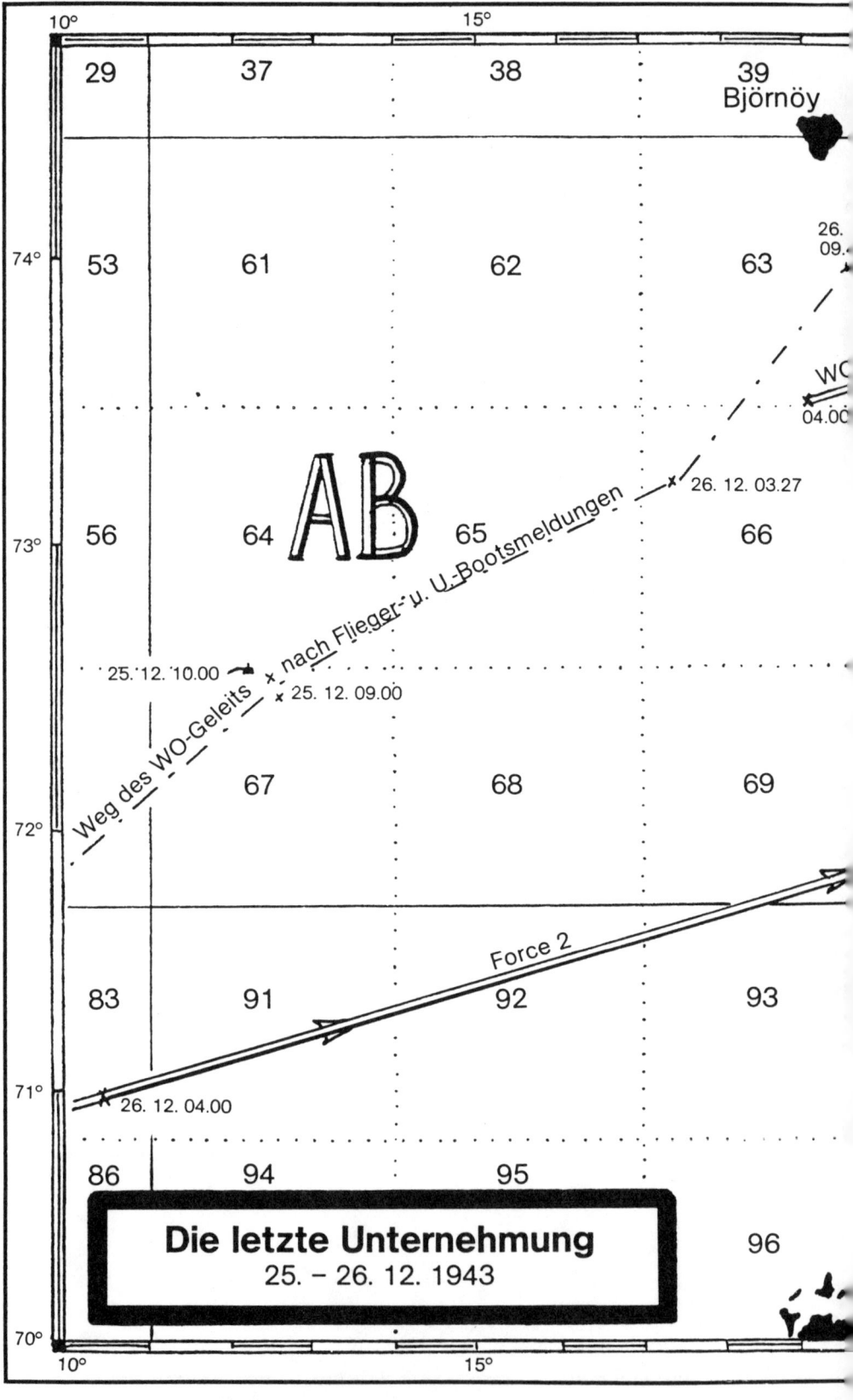

Die letzte Unternehmung
25. – 26. 12. 1943